CONVERSANDO COM GASPARE SPATUZZA

Alessandra Dino

CONVERSANDO COM GASPARE SPATUZZA

Um relato de vida, uma história de chacinas

Tradução
Valéria Pereira da Silva

Título original: *A colloquio con Gaspare Spatuzza – Un racconto di vita, una storia di stragi*

Direitos de publicação reservados à:
Fundação Editora da Unesp (FEU)
Praça da Sé, 108
01001-900 – São Paulo – SP
Tel.: (0xl1) 3242-7171
Fax: (0xl1) 3242-7172
www.editoraunesp.com.br
www.livrariaunesp.com.br
feu@editora.unesp.br

Dados Internacionais de Catalogação na Publicação (CIP)
Vagner Rodolfo da Silva – CRB-8/9410

D586c

Dino, Alessandra
Conversando com Gaspare Spatuzza: um relato de vida, uma história de chacinas / Alessandra Dino; traduzido por Valéria Pereira da Silva. – São Paulo: Editora Unesp, 2018.

Tradução de: *A colloquio con Gaspare Spatuzza: un racconto di vita, una storia di stragi*
ISBN: 978-85-393-0716-6

1. Crime organizado. 2. Máfia. 3. Máfia italiana. 4. Cosa Nostra. 5. Spatuzza, Gaspare. I. Silva, Valéria Pereira da. II. Título.

2018-8 CDD 364.106
CDU 343.341

Editora afiliada:

Asociación de Editoriales Universitarias de América Latina y el Caribe

Associação Brasileira de Editoras Universitárias

Para Alice e para a vida que sabe se transformar

Pelo fato de eu achar – ou todo mundo – que uma coisa é assim, não quer dizer que ela realmente seja. O que podemos perguntar é se faz sentido duvidar dela.

Ludwig Wittgenstein, *Da certeza*

À diferença de muitas pessoas, [...] acredito que não se deve maltratar, atormentar, extorquir a memória; nem tentar torná-la mais atraente com iscas especiais; eu me curvo diante da memória, da memória de qualquer ser humano. Mas quero deixá-la intacta, tal como ela pertence ao homem, que existe para ser livre; e não escondo minha repulsa por aqueles que reivindicam o poder de submeter a memória a uma série de operações cirúrgicas que, no final, a tornam semelhante à memória de todos os outros.

Elias Canetti, *Uma luz em meu ouvido*

Para escutar é preciso ter fome
e também sede,
sede que seja o mesmo que o deserto,
fome que é pedacinho de pão no bolso
e migalhas para atrair os voos,
pois é voando que se tem a sensação
e não refazendo o caminho de volta, pois o trajeto,
até quando é o mesmo,
nunca é idêntico ao do caminhar.
Assim, abrace as palavras
como as andorinhas abraçam o céu,
jogando-se, abertas ao infinito,
abismo do sentido.

Chandra Livia Candiani, *La bambina pugile ovvero La precisione dell'amore*
[A garota pugilista ou A precisão do amor]

SUMÁRIO

– PRÓLOGO –
IR AO CERNE DAS FERIDAS

> Acreditei ter me libertado das histórias de loucura, reclusão e gelo. [...] E, no entanto, fui escolhido (é exagerado, eu sei, mas não consigo dizer de outro jeito) por aquela história atroz, e sem querer entrei na mesma frequência de onda do homem responsável por aquilo. Tinha medo. Medo e vergonha. Sentia vergonha, diante de meus filhos, de me ocupar daquela história. Ainda havia tempo de fugir? Ou minha vocação peculiar era justamente entendê-la, encará-la?
>
> Emmanuel Carrère, *O adversário*

1. O CARRASCO AUXILIAR DE BRANCACCIO

Durante dois anos tentei me encontrar com Gaspare Spatuzza, cheia de determinação e perseverança. No início talvez fosse por curiosidade; uma curiosidade intelectual que me impelia a descobrir detalhes e "peças faltantes" de um quebra-cabeça de eventos que, há quase vinte anos, tento reconstituir. Um desejo de me aprofundar nesse período da história da Itália, ainda emaranhado e obscuro, privado de um enquadramento coerente, visivelmente marcado por lances implausíveis, incongruências e contradições, que inflamaram o conflito político ora com posicionamentos ostensivos, ora com tentativas veladas de mistificação, normalização ou esquecimento.

E quem melhor que Gaspare Spatuzza, "o carrasco auxiliar de Brancaccio",[1] para me fornecer detalhes adicionais sobre esse período tão carregado de eventos? Sobre episódios simbólica e materialmente situados no centro de uma teia de interesses, à qual ainda hoje se liga a história de nossa democracia?

Após onze anos de prisão em regime de 41-*bis* e depois de uma trajetória conturbada, em 4 de junho de 2008 Gaspare Spatuzza decidiu assinar, pela primeira vez, as atas do interrogatório investigativo, iniciando um processo de releitura do atentado de Via D'Amelio, tornado público em 26 de junho diante das Procuradorias de Caltanissetta, Florença e Palermo, acarretando, em outubro de 2011, a requisição formal de revisão de importantes processos por parte da Procuradoria-Geral de Caltanissetta.[2]

Seus colóquios com os magistrados, finalmente formalizados e utilizáveis para fins processuais,[3] logo seriam considerados

---

1 O sinistro apelido, lembrado com irritação pelo próprio Spatuzza em um de nossos encontros, aparece em um artigo sobre as prisões que se seguiram à chamada "operação Golden Market": "Na gíria mafiosa, um matador hábil 'é uma pessoa que corre'. Quem corria em Brancaccio entre 1987 e 1989? Giovanni Drago, Giuseppe Graviano, Filippo La Rosa, Ciccio Tagliavia, Giuseppe Lucchese, apelidado *u Lucchiseddu*, e Lorenzo Tinnirello. [...] O carrasco auxiliar. Essa tarefa foi desempenhada frequentemente por um rapaz, Gaspare Spatuzza, que nem sequer era um associado. Ele era o encarregado de atrair as vítimas às emboscadas, quem fornecia todas as indicações aos capangas. Os juízes escreveram no decreto de prisão preventiva: 'Era o carrasco auxiliar da quadrilha de Ciaculli'" (Bolzoni, "Médicos, advogados e bancários a serviço da Cosa Nostra", *La Repubblica*, 3 fev. 1994).

2 Cf. Procuradoria-Geral da República junto à Tribunal de Apelação de Caltanissetta, Requisição de revisão (art. 629 ss. c.p.p.) – Requisição de suspensão de execução da pena (art. 635 c.p.p.), NR 792/11 R. Pareri, Caltanissetta, 13 out. 2011. Cf. também o longo memorial entregue em apoio à solicitação de revisão: Procuradoria da República junto ao Tribunal de Caltanissetta, Divisão Distrital Antimáfia (DDA), Memorial do gabinete do procurador da República ilustrativa de novas provas ex. art. 630 c.c.p., cartas c) e d), Proc. n. 1595/08 RgNR Mod. 21 DDA (depositada junto à Procuradoria-Geral da República junto ao Tribunal de Apelação de Caltanissetta em 13 set. 2011 pelo DDA da Procuradoria da República de Caltanissetta).

3 Mesmo antes de decidir subscrever a ata ilustrativa da colaboração, Gaspare Spatuzza reuniu-se com os juízes pelo menos em duas ocasiões. A primeira vez em 26 jun. 1998, quando – na prisão de L'Aquila, onde estava detido – recebeu a visita do então Procurador Nacional Antimáfia Pier Luigi Vigna e

verossímeis, desintegrando as "verdades" judiciárias que haviam escapado incólumes até do escrutínio da Cassação. Treze anos de trabalho de juízes e investigadores foram suprimidos num átimo, praticamente se anularam os processos "Borsellino Um" e "Borsellino Bis"; apenas os dados obtidos pelo "Borsellino Três"[4] continuavam, em parte, válidos.

Tudo isso depreciava as instituições e os agentes do Estado, sobre os quais pairava a suspeita de uma condução pouco transparente das investigações, abrindo espaço às hipóteses mais ecléticas: desde aquela de um "trágico erro, em primeiro lugar investigativo, e depois judiciário" à teoria "de uma autêntica obstrução", tal como demonstrado pelo procurador Sergio Lari durante uma deposição perante a Comissão Antimáfia em março de 2012:

> Trata-se de acontecimentos que marcaram a história de nosso país e todos sabem que, sobretudo no contexto da reconstituição do massacre de Via D'Amelio, estão interligadas questões extremamente complexas, como por exemplo a do pacto entre o Estado e a Máfia e aquela inerente a um dos mais escandalosos erros judiciários – ou obstruções, de acordo com a interpretação que se queira dar ao caso – da história italiana. Refiro-me às onze

de seu vice, dr. Pietro Grasso, e a segunda vez em 2004, quando – durante o período de detenção na prisão de Tolmezzo – reencontrou o procurador Vigna (cf. Deaglio, Il mistero Spatuzza, *Il venerdì di Repubblica*, 28 jun. 2013, p.42-5). Voltarei à questão diversas vezes no decorrer do trabalho.

4 O caráter explosivo das declarações de Spatuzza é destacado pelo Requerimento de revisão da Procuradoria-Geral de Caltanissetta: "Depois de tanto tempo, parece curioso que, a partir de jul. 2008, tenham sido realizadas, pelo DDA de Caltanissetta, novas investigações destinadas [...] a questionar verdades processuais definitivas, que já pareciam ter sido inscritas na história de nosso país. E isso principalmente quando se considera que se trata de verdades que passaram pela análise de nada menos que três processos ('Borsellino Um', 'Borsellino Bis' e 'Borsellino Três'), todos eles definidos a partir de sentenças como coisas julgadas, o que, é útil enfatizar, foram tratados ao longo de treze anos, diante de juízes diversos e no âmbito de três níveis de justiça" (Procuradoria-Geral da República junto ao Tribunal de Apelação de Caltanissetta, Requerimento de revisão, p.26).

condenações, entre as quais sete penas de prisão perpétua, que consideramos terem sido injustamente impostas com a conclusão dos processos "Borsellino Um" e "Borsellino Bis".[5]

Uma autêntica revolução que atingia no âmago os pontos nevrálgicos dos aparatos de poder, reapresentando, no âmbito judiciário, a suspeita de "presenças externas" à Cosa Nostra, cuja identidade permanecia (e ainda continua) indeterminada:

> Se Spatuzza disse a verdade, é preciso compreender se a versão diversa dos fatos consagrada pelas investigações do grupo Falcone-Borsellino, na época dirigido pelo dr. Arnaldo La Barbera, tenha sido fruto de um rumoroso erro investigativo, no início, e depois judiciário, possivelmente determinado pela ânsia de dar uma resposta imediata à opinião pública, alarmada e desorientada pelo agravamento dos atentados, ou o resultado de uma autêntica obstrução. E, nessa segunda e inquietante hipótese, é preciso tentar entender se houve a intenção de encobrir a responsabilidade de "sujeitos externos à Cosa Nostra", abstratamente relacionáveis, segundo um leque de hipóteses sugerido por pistas de investigações contidas em outros processos, a aparatos extraviados dos

5 Comissão parlamentar de inquérito sobre o fenômeno da Máfia e sobre outras associações criminosas, inclusive estrangeiras, XVI Legislatura, presidente Giuseppe Pisanu, Deposição do procurador da República junto ao Tribunal de Caltanissetta, dr. Sergio Lari, 102ª seção, 26 mar. 2012, p.4. Em uma outra passagem da deposição, o procurador Lari enfatiza a dramaticidade do cenário aberto pelos novos dados investigativos: "Os juízes da procuradoria que represento nestes anos, e principalmente a partir de junho de 2008, com o início da colaboração entre Gaspare Spatuzza e a Justiça, precisaram gerir e revisar investigações sobre fenômenos que não podem ser relacionados a manifestações criminosas normais. De fato, já se sabe como as investigações das quais estamos falando hoje foram direcionadas, além da Cosa Nostra, também para avaliar potenciais inter-relações entre essa organização mafiosa e entidades externas a ela, inclusive membros de instituições participantes de acordos secretos e misteriosos; isso sem falar das falsas colaborações com a Justiça, registradas em número de quatro, nos processos sobre o massacre de Via D'Amelio. [...] não posso deixar de constatar que se tratou de averiguações investigativas que ultrapassaram o terreno fisiológico da investigação criminal comum" (ibid.).

serviços secretos ou a outras instituições, ou, ainda, a organizações terroristas-subversivas.[6]

As revelações de Spatuzza deram à Procuradoria local não só a oportunidade de identificar as "peças faltantes" do mosaico até então reconstituído sobre a chacina de Via D'Amelio, mas também, e acima de tudo, o incentivo para identificar as "peças falsas" inseridas durante as investigações, redirecionando o curso da trama processual ao resultado almejado:

> Já a leitura dos primeiros depoimentos de Spatuzza evidencia a delicadeza e a dramaticidade da sua problemática, "arremessada", por assim dizer, à mesa dos magistrados: se o que foi dito pelo colaborador for verdadeiro, então não se trata apenas de encontrar "as peças faltantes do mosaico" (não identificadas nas perquirições e nos processos anteriores), mas é preciso um esforço numa escala muito maior, que consiste também, e especialmente, na identificação das "tésseras falsas" que alguém teria, quase com certeza, inserido no mosaico.[7]

Ainda assim, a reconstituição judicial permanecerá incompleta. Identificar as *peças falsas*, as *violações* e as *insinuações* que acompanharam os "resultados investigativos que ultrapassaram o terreno fisiológico da investigação criminal comum" não fará que se chegue a obter qualquer "prova" concreta acerca da origem dessas sérias anomalias.

Ao depor diante da Comissão Antimáfia, o procurador substituto junto à Procuradoria da República de Caltanissetta, Amedeo Bertonne, relatou algumas delas, indicando o caminho de um itinerário ainda a ser percorrido:

6 Procuradoria-Geral da República junto ao Tribunal de Apelação de Caltanissetta, Requerimento de revisão, p.38.

7 Ibid., p.28. Sobre as tais peças faltantes, e sobre os misteriosos extravios de objetos e personagens, que cercam de enigmas crimes importantes e eventos mais ou menos recentes ligados à Máfia, cf. Palazzolo (2010).

> [...] podemos considerar já provado que a colaboração de Candura e de Scarantino [...] foram certamente contaminadas por constrangimentos e insinuações introduzidos no processo depois de audiências de investigação e pressões por parte do dr. La Barbera e dos seus colaboradores. [...] O que parece ao Estado, apesar de não fundamentada em evidências concretas de comprovação, é a hipótese de que a mudança conferida às investigações, com a obstinada perseguição da pista Candura-Scarantino e as notáveis lacunas das mesmas, tenha sido resultado de uma opção preestabelecida pelo grupo investigativo ou, ainda pior, de um complô institucional de funcionários, agora investigados, com vistas à obstrução. A esse respeito, deve-se destacar que os supracitados funcionários resolutamente negaram qualquer irregularidade.[8]

2. AUTOBIOGRAFIAS PLURAIS

Com o passar do tempo, enquanto o cenário que cercava suas declarações se tornava cada vez mais intrincado, meus esforços para encontrar Gaspare Spatuzza se intensificavam.

---

8 Comissão parlamentar de inquérito sobre o fenômeno da Máfia e sobre outras associações criminosas, inclusive estrangeiras, XVI Legislatura, presidente Giuseppe Pisanu, Deposição do procurador da República junto ao Tribunal de Caltanissetta, dr. Sergio Lari, p.37. É de 4 de agosto de 2015 a informação de que a Procuradoria de Caltanissetta requer o arquivamento do processo por difamação agravada contra Mario Bo, Vincenzo Ricciardi e Salvatore La Barbera, os três policiais acusados de obstruir as investigações sobre o massacre de Via D'Amelio, induzindo Vincenzo Scarantino a se confessar pelo furto do Fiat modelo 126 utilizado no atentado ao juiz Borsellino (cf. *Il Fatto Quotidiano*, 4 ago. 2015). Em 8 de janeiro de 2016, informa-se o arquivamento do processo contra os três policiais por Alessandra Giunta, do GIP (Grupo de Investigações Preliminares) de Caltanissetta, motivado pela baixa confiabilidade de seus acusadores, os ex-colaboradores de justiça Vincenzo Scarantino, Francesco Andriotta e Salvatore Candura (cf. *Live Sicilia*, 8 jan. 2016). Porém, como prova da fragilidade da questão – cujos resultados ainda estão em aberto –, em 2 de março de 2016 a imprensa noticiou um novo inquérito a respeito da obstrução da investigação sobre o massacre de Via D'Amelio, que teria envolvido seis policiais do mesmo grupo investigativo (conhecido como "*pool* Falcone-Borsellino"), acusados da autoria de ameaças e pressões sobre três ex-colaboradores (cf. *La Repubblica*, 2 mar. 2016).

Após o primeiro requerimento, enviado no verão de 2011 às Procuradorias de Palermo, Caltanissetta e Florença e à Comissão Central de Proteção, em junho de 2012 decidi tentar de novo.

O cenário descrito pelo colaborador e o contexto revelado pelos processos deixavam entrever muitas interrogações não resolvidas, pistas analíticas relevantes com as quais seria muito interessante defrontar-me.

Claramente, para a Cosa Nostra e os Graviano, Gaspare Spatuzza tinha sido algo mais que "o carrasco auxiliar de Brancaccio". E se, do ponto de vista profissional, a oportunidade de encontrá-lo poderia abrir novos caminhos de pesquisa, no plano pessoal eu sentia cada vez mais que sua história e os eventos ligados a ele marcariam profundamente minha biografia: criei-me, contra minha vontade, naquele clima, durante aqueles anos, naqueles lugares, absorvendo seus humores e respirando sua atmosfera no cotidiano. Mais um motivo para tentar de novo.

Em junho de 2012, as controvérsias e o tumulto pareciam ter serenado, e talvez houvesse uma chance de acolherem meu pedido.[9]

Eu não estava enganada. Tendo obtido pela segunda vez a autorização das três Procuradorias envolvidas, recebi também a permissão da Direção Nacional Antimáfia (DNA). Enfim, fui oficialmente autorizada pela Comissão Central a encontrar o *killer* de Brancaccio, no dia 12 de outubro de 2012, apenas por uma hora.

Enquanto isso, durante o verão, tive alguns encontros significativos.

Em junho conheci Valeria Maffei, a jovem e brilhante advogada de Spatuzza, que me prognosticou algumas dificuldades concretas, da parte de seu cliente, para aceitar um encontro. Até aquele momento, aliás, ele não quisera dar nenhuma declaração,

9 O processo que irá conduzir, em setembro de 2011, à admissão formal de Gaspare Spatuzza ao programa especial de proteção previsto para os colaboradores de justiça foi especialmente longo e tortuoso, interligado ao prosseguimento de suas declarações sobre as relações políticas dos irmãos Graviano. Falarei mais detalhadamente do assunto no capítulo 3, ao tratar do tema das relações entre Máfia e política.

além das ocasiões institucionais, e não pretendia fazê-lo até que sua situação legal fosse definida.

Em julho, revi a advogada Maffei no tribunal. Deparei-me com um quadro diferente, desta vez. Uma brecha fora aberta, e, embora seu cliente tivesse reiterado suas resistências em dar uma entrevista, declarou-se disposto a um encontro, com a condição de que eu me comprometesse a não divulgar nada que viesse a surgir durante nosso eventual colóquio.

Enquanto eu mergulhava na leitura dos materiais judiciários, publicações e artigos da imprensa relativos à vida e aos julgamentos de Spatuzza, tentei lentamente reunir outras peças desse caso intrincado. E também identificar cada um dos fios da trama existencial desse homem, para, em seguida, melhor reconstruí-los.

Logo percebi estar diante de uma *biografia plural,*[10] ao redor e dentro da qual se entrelaçavam as histórias de inúmeros outros indivíduos; compreendi que poderia reconstruir o relato de sua vida simplesmente reunindo diferentes testemunhos.[11]

No mesmo instante percebi como eram múltiplas as pistas a seguir. Dependendo da pista que eu escolhesse – ou da que surgisse na relação com Spatuzza – o desenho final de meu relato seria delineado de forma diferente.[12]

Mais que em outras situações, o "texto" que eu tinha em mãos se apresentava fluido e incandescente. É verdade que, no

---

10 Renate Siebert (2012) falou de "autobiografia plural" em um belo livro sobre Franz Fanon e Assia Djebar, a propósito da força evocativa da narrativa biográfica, capaz de entrelaçar a "micro-história" com a História com "h" maiúsculo, incorporando as vivências dos indivíduos na trama mais ampla de um relato que compõe o "desenho arquitetônico". Sobre o trabalho do historiador ser mais semelhante ao do caçador de trufas que ao do paraquedista, cf. Stone (1981). Sobre as relações entre história e etnografia social, cf. Molinari (2002).

11 Adriana Cavarero (2009, p.52) escreveu: "Histórias de vida nunca têm um autor. Biográficas ou autobiográficas, elas resultam de uma existência que pertence ao mundo sob a forma relacional e contextual do expor-se aos demais". Sobre esse ponto, cf. também Jedlowski (2009, p.86).

12 A dimensão gnosiológica da narrativa através da qual, no relato, é construída a identidade foi explorada por Todorov (1978).

centro de meu interesse, estava o percurso existencial de um só indivíduo; mas eu sabia que a história de Spatuzza – a despeito dele e de qualquer presunção – não era a história de um homem qualquer.

Sua vida esteve entrelaçada com momentos decisivos e episódios cruciais da história italiana recente. Para além de suas características específicas, e já "somente" em virtude das funções executadas por ele durante as chacinas do início dos anos 1990, os acontecimentos de sua vida ofereciam um paradigma e um prisma através dos quais considerar aqueles eventos decisivos, que me eram tão próximos.

Singulares foram as tarefas – adaptáveis e multiformes – executadas por ele no mundo da Cosa Nostra; quase única sua participação em todas as chacinas cometidas entre 1992 e 1994; considerável sua proximidade com a cúpula da organização; explosivas as consequências de sua colaboração; inquietantes suas declarações sobre o mundo político; significativa a conversão religiosa, defendida com orgulho; e jamais totalmente interrompidos seus vínculos "afetivos" com os antigos chefões da Cosa Nostra.

No pano de fundo da reconstrução de suas experiências pessoais e dos episódios de crimes, apresentava-se a possibilidade de identificar chaves de leitura proveitosas para decifrar histórias recentes e obscuras de um país envenenado pelos compromissos escusos, desorientado pelas mentiras, entorpecido pela razão de Estado. Observando na contraluz as tramas esboçadas pelo "mistério Spatuzza", convenci-me de poder encontrar ligações úteis com outros mistérios ligados a massacres não esclarecidos e a conluios. Intuía a vertigem ao encontrar-me diante de um jogo infinito de caixas chinesas.

À espera de encontrá-lo, decidi aprofundar minhas informações esquadrinhando sua vida, começando pelo fim. A partir do último capítulo do relato que ele recentemente revelara aos magistrados. Do quadro no qual havia tecido a trama de sua história, ao tentar atribuir um sentido às suas escolhas e, atravessando mais de uma ruptura em seu itinerário biográfico; colocando em cena – publicamente, e mediante uma leitura retrospectiva – sua nova identidade de "arrependido".[13]

Decidi, assim, partir da conversão religiosa.

Entrei em contato com os sacerdotes que o acompanharam nessa transição biográfica:[14] o padre Pietro Capoccia, dos Frades Menores Capuchinhos, capelão do presídio de Ascoli Piceno; dom Massimiliano De Simone, sacerdote diocesano, ex-capelão junto ao cárcere de L'Aquila; o monsenhor Giuseppe Molinari, que comandou a arquidiocese de L'Aquila entre junho de 1998 e junho de 2013.[15]

Tentei várias vezes contatar o padre Capoccia por telefone, entre julho e setembro de 2012, mas obtive apenas uma resoluta negativa a qualquer forma de encontro. Ele não queria de maneira alguma ser apresentado como "protagonista" de uma história que não lhe pertencia. Reafirmava não ter feito nada de especial com Spatuzza, a não ser pregar o Evangelho, como fazia com todos os outros presos, e que não fora ele, e sim Jesus Cristo, a causa da transformação: fora a graça do Senhor que agira sobre aquele detento.

Em julho, também não consegui muito mais que uma polida conversa telefônica com o monsenhor Molinari, na qual o bispo de L'Aquila me explicou, com firmeza, que sua dificuldade de

---

13 Ao falar de "exibição em público do próprio *self*", remeto-me especialmente às reflexões de Goffman (1961; 1967; 1983).

14 Ao examinar as narrativas das histórias de conversão como instrumentos simbólicos que auxiliam o agente social a resolver problemas de significado da própria vida, Stromberg (1990, p.43) enfatiza seu caráter processual e indefinido: "*Change does not occur once and for all, but rather must be constantly re-created. Conflicts do not disappear subsequente to the conversion, but rather come to be approached in a manner that makes their ongoing resolution possible*" ("A mudança não ocorre de uma vez por todas, mas deve ser constantemente recriada. Os conflitos não desaparecem logo após a conversão, mas devem ser abordados de um modo que conduza à sua possível resolução". Em inglês no original).

15 DIA – Centro operacional de Florença, Massacres de Florença, Roma, Milão 1993-1994 – Processo penal 10625/08 Mod. 44. Execução do mandato de 1º jul. 2009. Resultados da atividade executada, n. 125/FI/2°/G2-33-2 do prot. 3382/09.

me encontrar era por medo de divulgar, de modo involuntário, detalhes pessoais revelados por Spatuzza durante a confissão.

Foi mais fácil com De Simone, com quem me encontrei em 28 de setembro de 2012, alguns dias antes do colóquio com Spatuzza.

Dom Massimiliano era pródigo em palavras. Passamos juntos uma manhã inteira, durante a qual fui informada sobre muitos detalhes importantes, começando a perceber a atmosfera com a qual logo me defrontaria. Foram revelados momentos de grande proximidade e claras rupturas, sintomas de uma relação que havia sido profunda:

> AD (Alessandra Dino) – Pode me falar sobre suas impressões, na primeira vez em que encontrou Spatuzza?
>
> MDS (dom Massimiliano De Simone) – Sim. Bem, primeiro, fui chamado porque este indivíduo queria falar comigo [...]. Não sabia quem era [...] me disseram um nome em código, que obviamente, não posso lhe contar [...]. Disseram-me: tem este sujeito que deseja encontrá-lo. Fui lá e ele se apresentou com seu verdadeiro nome e sobrenome, o que para mim não significava nada, sinceramente, pois eu não me lembrava de ter ouvido aquele nome [...]. Lembro que, na primeira vez, o encontrei durante cerca de meia hora [...] e ele me disse "prometa voltar" e eu "de bom grado" [...] e aí na segunda vez nos deixaram a sós [...] e então começamos a conversar [...], mas o que é estranho, "estranho" entre aspas, é que eu sentia que estava conversando com uma pessoa que conhecia desde sempre [...] não tive dificuldades em relação a ele e ele também não teve dificuldades comigo. [...]
>
> AD – O que ele lhe contava?
>
> MDS – [...] o que havia feito, aquilo que o atormentava. [...].
>
> AD – Contava sobre os crimes em que esteve envolvido?
>
> MDS – Sim [...] não entrava em detalhes [...] e sinceramente, eu não tinha vontade alguma de conhecê-los; porque – repito – era um mundo diferente, algo que para mim era inconcebível; e ele tinha essa necessidade de falar, de falar, de se autoanalisar, e eu sentia que praticamente [...] as conversas muitas vezes eram in-

terrompidas porque ele chorava [...] Daí, eu mesmo, ao contrário de outras situações que me aconteceram, ali havia mesmo a dor, no relato, havia realmente algo que vinha de dentro, algo muito forte que vinha de dentro.[16]

Perfilavam-se, um diante do outro, dois mundos "longínquos", que se encontravam dentro da cela de uma prisão, pressionados fortemente pelo ímpeto emotivo e pela premência de se comunicar, e logo em seguida, bruscamente separados, talvez por uma incompreensão, talvez pela intervenção de exigências diversas, que trouxeram à tona suas diferentes perspectivas.[17]

AD – O senhor tem visto Spatuzza recentemente?

MDS – Não.

AD – Por quê, já que houve entre ambos um relacionamento tão íntimo, tão humanamente intenso?

MDS – Deixei de ser seu confessor [...]. Eu, na medida em que fui embora da prisão, pouco depois ele revogou minha nomeação [...] mas fiquei sabendo, pelo advogado, do motivo [...] porque ele quis me proteger [...] ele pensava que, na medida em que eu era o capelão do presídio, me via – de algum modo, protegido – dizia: "assim eu o deixo em apuros". [...]

AD – O senhor nunca lhe escreveu?

MDS – Não, não escrevi. Até porque sei que, qualquer dia desses, nos encontraremos. Não porque eu tenha planejado algo

16 De minha entrevista com dom Massimiliano De Simone, Castelnuovo (L'Aquila), 28 set. 2012.

17 Após tê-lo escolhido como tutor desde o fim de 2008, Gaspare Spatuzza decidiu, de improviso, desfazer essa importante incumbência. Na reconstituição dos dois interlocutores, são diferentes os motivos que conduziram essa decisão. Sem entrar no mérito de suas motivações – e, muito menos, sem querer estabelecer quem dos dois tivesse mais "razão" –, uma coisa é certa: a mudança ocorreu após o clamor midiático provocado pelo depoimento de Gaspare Spatuzza diante do Tribunal de Florença sobre os contatos políticos dos irmãos Giuseppe e Filippo Graviano (DIA – Centro operacional de Florença, Massacres de Florença, Roma, Milão 1993-1994). Cf. também Petrini, Spatuzza? Convertito grazie a don Puglisi (Spatuzza, convertido graças a dom Puglisi), *Il Fatto Quotidiano*, 4 nov. 2010. Voltarei ao assunto no capítulo 4.

> [...] no meu íntimo, algo me diz que nos reencontraremos. [...]. Porque tenho que lhe devolver o uniforme do Palermo [...] Ele me deixou o uniforme do Palermo. Era a única coisa que não quis que jogassem fora, pois foi um presente da sua mãe.[18]

O diálogo com dom Massimiliano, mais que respostas, criou uma série de interrogações, deixando espaço a muitas dúvidas, que talvez fossem esclarecidas – ou seriam expostas de forma mais precisa – ao longo do relato da história que eu logo iria escutar: a de Gaspare Spatuzza, o carrasco auxiliar de Brancaccio.

18 De minha entrevista com dom Massimiliano De Simone, Castelnuovo (L'Aquila), 28 set. 2012.

– 1 –

NEGOCIAÇÕES

> Que no "fundo" do humano não haja senão uma impossibilidade de ver: isso é a Górgona, cuja visão transformou o homem em não homem. Mas que seja exatamente a impossibilidade não humana de ver o que invoca e interpela o humano, a apóstrofe a respeito da qual o homem não pode distrair-se – isso, e não outra coisa, é o testemunho.
>
> Giorgio Agamben, *O que resta de Auschwitz:* O arquivo e a testemunha.

1. VIVER PARA CONTAR

Os encontros com Gaspare Spatuzza estão ligados por um longo e descontínuo fio narrativo.[1]

---

1 Segundo Bourdieu (1979; 1994; 1996), "o real é relacional", já que se estrutura com base em relações que mantêm unidos os sujeitos e que se desdobram no interior de diferentes campos de luta simbólica, cujo resultado é o reconhecimento de si mesmo e das próprias "verdades".

Era forte nele a necessidade de falar de si, para dar sentido, solidez e consistência à sua nova identidade, recomposta a duras penas apenas pelo insuficiente "relato judiciário". Um relato forçosamente parcial, encerrado em uma trama que não permite divagações nem divulgações, que deixa pouco espaço às vivências e à subjetividade; que sujeita as histórias pessoais às lógicas predefinidas. Onde é *verdadeiro* apenas o que pode ser comprovado a partir de procedimentos estabelecidos nos quadros de um processo de julgamento.[2]

Após quatro anos de colaboração, ao decidir me encontrar, Gaspare Spatuzza ia em busca de um novo registro para relatar em primeira pessoa "sua" história.

Intuindo o poder demiúrgico da palavra, embora com muitas hesitações e com extrema cautela, enfrentou o risco da exposição pública, reinterpretando – à luz do presente – suas experiências passadas, buscando explicar de modo plausível as causas de seu envolvimento nos fatos sanguinários que haviam aberto feridas irremediáveis. Amalgamando eventos pessoais com episódios de grande relevância política e pessoal:

> Gostaria de escrever algo que refletisse meu sofrimento na prisão – confidenciou-me durante o terceiro encontro, quando nossos respectivos papéis já estavam mais claros – para explicar àqueles que vendem a própria alma e destroem a vida alheia, como se vive aqui dentro. [...]. Não quero dar uma de escritor, acho que um testemunho histórico sobre fatos tão chocantes, fatos que deixaram um Estado quase de joelhos e tantas vidas destruídas, pode ser útil como um documento, mas pode também ser um exemplo que faça refletir aqueles tantos que se esconderam por trás do medo e da covardia (e não me refiro apenas aos criminosos).

2 Sobre as práticas comunicativas que contribuem para determinar a credibilidade dos mafiosos no tribunal, cf. Jacquemet (1996; 2016), que evidencia as dinâmicas de poder subjacentes aos interrogatórios judiciais e o caráter construído do "discurso de verdade" nos tribunais. Cf. também Matoesian (2001) e Dino (2015a). A respeito dos limites da verdade judiciária, cf. Bellucci (2005); Ferrari (2010); Ginzburg (2001; 2006); Just (1988); Taruffo (2009) e Tuzet (2006).

Em seguida, indicando sua preferência pelo registro autobiográfico, acrescentou:

> Não quero tentar justificar todos os atos ignóbeis que cometi. Quero apenas contar a história de um garoto que jamais soube o que era a liberdade ou o sossego. Aos 12 anos já estava dentro do ambiente da Cosa Nostra, abandonou a escola e foi trabalhar.[3]

Há, de minha parte, o desejo de escutá-lo para confrontar sua narração com minhas informações. Para esclarecer fatos e episódios ainda indecifráveis, dos quais Spatuzza havia participado em primeira pessoa. Para reler suas palavras e verificar sua consistência dentro de meu campo simbólico de observação, dentro do "sistema de regras" que adotei como guia.[4]

Por isso, não me admira o fato de que, desde o início, nosso encontro tenha sido um confronto dialético às vezes ríspido (apesar de formalmente sempre muito sereno), que se desenrolou no interior de perspectivas diversas em sentido, abertas a diferentes percursos de "verdade". De resto, o que desejo é compreender seu ponto de vista, não chegar a visões conciliadoras ou a versões justificativas, nem julgar suas escolhas anteriores e posteriores à colaboração.

Também estava ciente de que as "verdades" que surgiriam desse encontro seriam parciais, fruto da negociação, da "luta simbólica" que nos envolveria, cada um em sua própria linha de frente.[5]

---

3 Encontro de 15 dez. 2012. Sobre as dificuldades necessárias para salvar do esquecimento recordações e trechos de reminiscências, através do relato e sobre a necessidade de "se narrar", cf. Sebald (2001; ed. it. 2006, p.31).

4 Nas relações entre autor e intérprete estão em jogo "intenções cognitivas" diferentes, que são estruturadas no interior de diversos sistemas de regras. Cf., a esse respeito, as reflexões de Pennisi (1991, p.13).

5 Como escreveu Bourdieu (1994; ed. it. 2009, p.81), "se existe uma verdade, é que a verdade é um lugar de lutas" que são combatidas nos diversos universos sociais e na qual se defrontam os "profissionais da produção simbólica" em competições que têm como objetivo "impor princípios legítimos de visão e divisão do mundo natural e social". Sobre a luta pelo predomínio ligada à ordem do discurso, cf. também Foucault (2003), Poggi

Ao decidir me encontrar, Gaspare Spatuzza tinha em mente um objetivo preciso:

> Qual é o propósito desta entrevista? Eu, com certeza, não quero me expor. Mas quero mandar uma mensagem social. A senhora tem o direito de me perguntar o que quiser: "Quero conhecer o Spatuzza duplo: aquele que foi e aquele que é hoje". Se o objetivo for nobre, humano e honesto, então vale a pena fazermos o que estamos fazendo.[6]

Sabe também que deverá utilizar o instrumento da comunicação com grande habilidade. Como qualquer outro mafioso "profissional", Spatuzza, de fato, não ignora a centralidade da linguagem e do simbólico na construção do poder reputacional dos *homens de honra*:

> A linguagem é muito importante na Cosa Nostra, assim como o uso de códigos cifrados que permitem aos mafiosos se comunicar entre eles – explicou durante o primeiro encontro. Na comunicação entre mafiosos, as estratégias de divulgação nunca são casuais. Há uma grande atenção ao que se comunica e a como se faz isso. Sobretudo quando se comunica em público.[7]

Além disso, ele conhece bem – por sua própria experiência, direta e contínua – os equilibrismos linguísticos e as batalhas dialéticas que constituem a práxis de um mundo – o mafioso – no qual, por trás da obrigação formal de "dizer a verdade", sancionada por uma regra áurea, o que prevalece nos intercâmbios entre os associados é uma ambiguidade perene, que permite aos chefões justificarem "logicamente" a única regra indispensável

---

(2001), Posner (2000) e Ruggiero (2015). Para uma leitura do controle mafioso sob a perspectiva do panóptico de Foucault, cf. Rizzoli (2010).

6 Encontro de 15 dez. 2012.

7 Encontro de 12 out. 2012. Sobre a profissionalização da atividade do mafioso, cf. os trabalhos de Armao (2000), Sciarrone (2006) e Siebert (2010b) inspirados no modelo weberiano.

para manter o controle e o poder: a "razão" do mais forte.[8] Essa regra, porém, é dificilmente aplicável no contexto externo à organização, e pode expor a perigosas consequências o mafioso que a adotar dentro dos tribunais:

> Quando estávamos detidos em Tolmezzo, avaliávamos juntos os resultados dos interrogatórios, nas salas do tribunal, entre Buscetta e Calò, entre Calò e Riina. Falávamos sobre isso para entender quem se saíra melhor e para decidir o que devíamos fazer durante as eventuais acareações. Imaginávamos que atitude devíamos adotar, caso tivéssemos que confrontar um colaborador. Enfim, decidimos que a melhor atitude era a de Riina, que – de fato – não aceitou a acareação, decidindo ficar calado. Se, porém, a decisão é falar, em geral quem sai vitorioso é o colaborador, pois o que ele disser pode ser comprovado. O que o mafioso diz, de fato, na maior parte das vezes é genérico, ambíguo e principalmente não pode ser submetido a nenhuma comprovação. Assim, é arriscado, da parte de um mafioso, aceitar ser acareado com um colaborador. É preciso possuir elementos objetivos para fazer prevalecer a própria argumentação.[9]

Associar-se à Cosa Nostra é uma autêntica arena simbólica, disputada a partir dos não ditos e dos múltiplos níveis de decodificação, cujo prêmio, frequentemente, é a sobrevivência (Dino, 2009; Di Piazza, 2010; Gambetta, 2009).

Trata-se de um contexto no qual o implícito, que impregna as trocas comunicativas, não é um simples não dito, e sim um instrumento para expressar, de modo alusivo, palavras mais im-

---

8 Como virá à tona claramente do relato de Spatuzza, a respeito das regras da Cosa Nostra, nem mesmo os mafiosos creem nelas: "Riina fazia as próprias regras, era ele que... guiava a situação [...] – relatou o colaborador de justiça Salvatore Cancemi – [...] aqui não temos um código de procedimento penal, advogado, aqui temos Riina e Provenzano que faziam as coisas como bem entendiam, e assim não tinham que respeitar a lei" (Tribunal Criminal de Caltanissetta – III Seção, Sentença no processo penal n. 23/99 RgCAA contra Agate Mariano + 26).

9 Encontro de 12 out. 2012.

portantes que aquelas efetivamente pronunciadas. Um ambiente no qual as intenções de quem comunica, nunca explicitadas por completo, são superestimadas, através da forma ambígua e alusiva da interlocução. Aqui, o mal-entendido é geralmente apresentado como o único canal no qual é possível comunicar:[10]

> É difícil descrever o mafioso, porque nunca se sabe onde termina o homem e começa o desconhecido. Sua gentileza e atenção pela sua família é uma loucura. É difícil entender se se trata de um sentimento sincero ou se é uma tática de conquista.[11]
>
> Um mafioso, para encobrir suas ações ilícitas, deve sempre mentir: deve mentir à sua família, à sua mulher, aos seus filhos, deve mentir o tempo todo, pois é obrigado a mentir.[12]

Ao encontrá-lo para o primeiro – e talvez único – diálogo, eu sabia bem que a atenção meticulosa pelas formas comunicativas, a controvérsia dialética dos não ditos, o valor ambíguo das palavras iriam constituir o *fil rouge*[13] de nossa conversação. Era o instrumento para nos conhecermos e decidirmos se prosseguiríamos ou não com o relato.

2. CONVERSA OU ENTREVISTA?

Conversa, não *entrevista*, Spatuzza fez questão de precisar, delimitando escrupulosamente o quadro relacional dentro do qual iríamos nos encontrar. Desse modo, ganhava tempo para "estudar-me", para compreender se eu era a destinatária adequada de "seu" relato. Deixava-me em um limbo, onde meu papel

10 Ao tratar do uso do equívoco no mundo da Cosa Nostra, refiro-me ao que Vladimir Jankelevitch (1957; ed. it. 1987, p.255) definiu como "equívoco duplamente compreensível", fundado sobre uma situação falsa, uma dupla consciência do engano; um acordo "indizível" construído sobre a mentira. Desenvolvi esse tema em Dino (2013a; 2015a).

11 Encontro de 10 nov. 2012.

12 Encontro de 24 nov. 2012.

13 Em francês no original: fio vermelho. (N. T.)

profissional de pesquisadora – ao qual seria mais adequado o instrumento da entrevista – passava a se mover em um espaço indefinido e privado, mais apropriado a outras figuras: educadores, religiosos, familiares. Sobretudo tirava de mim, por um tempo, ao menos, a possibilidade de tornar públicas nossas conversações.

Spatuzza pressentia que, decidindo falar sobre si, perderia o controle direto de sua imagem e de sua história. Ele teria de confiar em minhas palavras. Em minha releitura de sua narrativa. E não podia desconsiderar que a história que eu iria reconstruir podia não o satisfazer.[14] Já havia enfrentado tantas "desilusões", traições e enganos. Muita cautela fora necessária para lidar com a difícil tarefa de colaborador de justiça.

Embora pudesse decidir apresentar-me uma trama e um roteiro já testados nos tribunais – amortizando, assim, os riscos de perigosos extravios –, sensível e perspicaz como era em suas relações, intuía nunca estar totalmente seguro do quanto seria revelado, antes de começar seu relato.

De minha parte, embora eu repetisse a mim mesma que desejava apenas "escutar sua história", sabia bem como era ingênuo pensar não só que houvesse um modo único de relatar a si próprio, mas que fosse possível reduzir uma vida a um relato, transformando-a em um todo indivisível de acontecimentos consequenciais.

Contudo, precisava evitar o risco de assumir o papel de ideóloga da vida de Gaspare Spatuzza, deixando prevalecer a ordem e a racionalidade, a necessidade de ligar as diversas passagens em uma capciosa "lógica retrospectiva e também prospectiva", interpretando-a forçadamente como "etapas de um desenvolvimento necessário" (Bourdieu, 1994; ed. it. 2009, p.72). Ao mesmo tempo, devia evitar atuar como censora de suas escolhas, inclinando-me ora para a acusação, ora para a defesa

14 Sobre a violência exercida pela tentativa de encerrar o outro no interior de identidades monocórdias, cf. Sen (2007; ed. it. 2008, p.6). Cf. também Jedlowski (2000; 2002).

de suas ações, ora pela certificação da verdade de seu relato e de sua "conversão".

Inútil tentar querer descobrir *quem* ele verdadeiramente era. Poderia, no máximo, tentar coletar as diversas facetas de suas ações, utilizando todos os instrumentos cognoscitivos à minha disposição, dos mais estruturados aos mais informais, dentro do contexto do confronto e do intercâmbio, baseado, de qualquer modo, em uma dimensão relacional.[15]

Como guia à coleta e análise de seu *récit de vie*,[16] usei como enquadramento a gramática dos jogos linguísticos de Wittgenstein (1953; 1961), combinando-a com o modelo dramatúrgico de Goffman (1961; 1967; 1971a). Ou melhor, decidi concentrar minha atenção no retículo de regras linguísticas e comunicativas no interior das quais Gaspare Spatuzza escolheu representar sua *trajetória de vida*, tentando legitimar, aos meus olhos, a imagem mais agradável e mais idônea de colaborador de justiça.

Nem a conjuntura judiciária, nem aquela da conversão religiosa ou da escolha colaborativa, muito menos aquela do pertencimento anterior ao mundo mafioso, podiam ser utilizadas com exclusividade para atribuir um sentido ao relato de Spatuzza.

Tanto mais rico seria o percurso narrativo e biográfico quanto mais eu me mostrasse capaz – pondo de lado julgamentos, avaliações e tentativas de simplificações – de dar voz e expressão à pluralidade de suas "verdades", ainda que isso trouxesse à tona aparentes contradições, aspectos pouco agradáveis para mim e possíveis incoerências (Olagnero; Saraceno, 1993; Atkinson, 1998).[17]

---

15 Ao reafirmar a consubstancialidade entre singular e plural, Nancy (1996; ed. it. 2001, p.45) liga indissoluvelmente a essência do ser à linguagem e ao processo comunicativo, fazendo uma releitura do conceito de "sentido" e de "diálogo" sob essa ótica de simultânea multiplicidade (ibid., p.116-7).

16 Em francês no original: relato de vida. (N. T.)

17 Embora a relação seja estruturada em um contexto aberto, do qual não se deve ignorar o elemento cognoscitivo e dramatúrgico, caberá ao intérprete a missão de efetuar a avaliação do que surge em função do sistema de regras estabelecido. Estamos longe de pretender reconstruir a verdade factual, reivindicada pelo interrogatório judicial (Sormano, 2008, p.329).

3. O CÁRCERE COMO CENÁRIO

Em 12 de outubro de 2012, atravessei pela primeira vez a soleira da prisão do local protegido no qual Gaspare Spatuzza estava detido. Fazia mais de um ano que eu esperava e me preparava para esse encontro. Sabia que as chances de nos revermos estavam estritamente ligadas ao tipo de relação que seria instituída entre nós.

Esse primeiro encontro, com a duração de uma hora, seria determinante.

Preparei uma lista de temas a partir dos quais eu gostaria de desenvolver nossa conversação. Era apenas uma sugestão. Para além dos conteúdos que discutiríamos, seria decisivo que cada um de nós verificasse as condições para um diálogo mais duradouro. Spatuzza devia considerar-me uma interlocutora confiável de sua história. Eu também devia verificar a possibilidade de me aprofundar no relato, de lê-lo de forma suficientemente distanciada e analítica, superando clichês e estereótipos, revelando suas contradições e as ambiguidades.

Pretendi esclarecer desde o início os objetivos científicos de meu trabalho. Por esse motivo, enviei a Spatuzza algumas publicações minhas, por intermédio de sua advogada.

Por mais que isso pudesse "condicionar" o desenvolvimento de nossos colóquios, julgo ser melhor partir de posições claras e explícitas. Ademais, meu interlocutor não é um homem qualquer e, quando fui ao seu encontro, eu também já o conhecia, através do que amplamente lera sobre ele em livros, materiais judiciários e jornais.

Ao desejo de escutar dele mesmo o relato dos fatos dos quais fora protagonista, para acrescentar detalhes à sua compreensão, unia-se a vontade de entender quais lógicas guiaram suas ações, dentro e fora da Cosa Nostra; como ele atribuíra, progressivamente, "sentido" e racionalidade a algumas escolhas que, observadas de fora, parecem não só cruéis, como também incoerentes; através de que trama ele foi capaz de reconstruir uma continuidade biográfica, em uma existência caracterizada por rupturas profundas e fortes descontinuidades.[18]

É importante para mim verificar de que modo saberei traduzir em minhas palavras sua narrativa.[19] Sinto fortemente o peso da responsabilidade de meu papel de intérprete, seja pelo desejo de ser intelectualmente honesta com ele,[20] seja por conhecer os efeitos involuntariamente perversos do envolvimento emocional que acompanha o relato das biografias de personagens notáveis do mundo criminal.[21]

Acompanhada por essas reflexões, atravesso a soleira do cárcere.

O portão de entrada está fechado. Antes de mim, entram duas mulheres de olhos amendoados e pele cor de mel com uma menininha muito animada, usando um grosso par de óculos violeta. O portão de ferro se fecha pesadamente por trás delas. Quando toco a campainha, é uma das mulheres que vem me atender e me deixa entrar.

A primeira coisa que percebo é a impessoalidade gélida do local. Na pequena sala de entrada do instituto correcional – um edifício baixo, todo de concreto, isolado da cidade que parece ignorá-lo – faz frio. As janelas estão abertas, e uma passagem fétida que conduz aos banheiros está escancarada.

---

18 Uma entrevista jamais restitui "fatos", e sim "palavras". Por isso, escolhi escutar "as definições das situações vividas" no relato de meu interlocutor, para identificar suas estruturas de produção de sentido, desnudando as oposições e as correspondências mais estruturantes (Demazière; Dubar, 1997; ed. it. 2000, p.6).

19 Ao ressaltar o papel de intérprete desempenhado pelo pesquisador, Demazière e Dubar (ibid., p.35 e 37-8) defendem que a conduta sociológica mais fecunda não é nem o *procedimento explicativo* (que usa palavras para confirmar as próprias crenças) nem o *procedimento restitutivo* (que apresenta as entrevistas como materiais que "falam por si"), mas um *procedimento analítico* que esclarece o processo interativo de "apropriações de formas sociais", cuja finalidade é a produção de sentido.

20 A respeito da responsabilidade moral do pesquisador, cf. Bobbio (1994; 1999; 2005). Cf. também Foucault (1994), Camus (2013) e, naturalmente, Weber (1919).

21 Sobre os riscos do fascínio e sobre as apologéticas da Máfia, cf. Dino (2009). Cf. também Moe (2009), Lupo (2008) e Forti e Bertolino (2005).

É dia de visitas e muitas pessoas esperam sua vez na saleta de acesso. Duas crianças pequenas – ela, com 3 ou 4 anos, ataviada com um vestidinho de largos babados de tule e uma jaqueta branca reluzente, e ele, um pouco maior, com jeans e um agasalho novo. Uma mulher, talvez a mãe das duas crianças, está de pé ao lado deles, distraída, aparentemente desinteressada pelo que se passa ao seu redor. Ao seu lado, um jovem. Um rapaz. Muito magro, com feições duras e expressão sofrida. Sei lá por quê, penso que ele veio encontrar seu irmão. Deitadas no assoalho, as crianças brincam, seguindo um "bichinho" indefinido que perambula sob o banco de madeira apoiado à parede. No chão, junto delas, há sacos de plástico dos quais se avistam roupas e alimentos.

Enquanto imagino como eu mesma estou sendo considerada por eles, a agente penitenciária, que evidentemente já havia me excluído do grupo dos parentes, fala comigo através do vidro blindado. Apresento-me e explico por que estou ali. Assim que menciono o nome do inspetor que cuidou de minha solicitação, ela abre a porta para mim e me conduz à saleta interna da portaria. Enquanto avisa pelo telefone o inspetor dos GOM[22] para vir me buscar, me diz, muito atenciosa: "Entre, doutora. Venha por aqui".

Enquanto aguardo meu acompanhante, tomo conhecimento do ambiente onde estou.

Respiro no ar a dor e também a raiva que esses lugares absorveram. Recordo – compreendendo, só então, seu sentido – as palavras que lera pouco antes em um livro de Vincenzo Ruggiero (2011, p.116): "A prisão provoca feridas que ultrapassam o sofrimento causado pela limitação da liberdade".[23]

Não se tratava de nenhuma intenção justificatória nem qualquer disposição absolutiva. Apenas a constatação de um

22 GOM – Grupo Operacional Móvel (Gruppo Operativo Mobile), é uma repartição móvel do Corpo de Polícia Penitenciária e responde diretamente ao Chefe do Departamento de Administração Penitenciária. (N. T.)

23 Sobre essa questão, cf. também Manconi et al. (2015) e Manconi e Torrente (2015).

dado sensorial que percebi e registrei, porque devo aprender a me mover dentro desse contexto. Essa sensação de dor e desconforto, de fato, ao invés de se dissipar, vai se intensificar no decorrer do tempo.

Nas numerosas visitas que se seguiram, a prisão, com sua atmosfera pesada, irá penetrar progressivamente em minha pele: isolamento, jornadas sem fim, dilatadas por um intervalo temporal interminável de dezesseis anos. Privação afetiva. Vazio. Portas, trancas. Um silêncio cheio de ruídos. Serão dados imprescindíveis com os quais deverei lidar, a cada vez.

4. AS REGRAS DA INTERAÇÃO

Enfim, estou na sala onde será nosso encontro. Um ambiente nu, básico. Uma mesa e duas cadeiras no centro, uma diante da outra. Um cabideiro na parede e nada mais. Espero de pé. Em alguns segundos chega Gaspare Spatuzza, acompanhado pelo mesmo inspetor do GOM que havia me conduzido até ali e que, após se apresentar, nos deixa a sós. A sós é um modo de dizer. Envoltos naquele isolamento carregado de ruídos, típico do cárcere. Em nosso caso, aliás, a porta permanece sempre aberta, e do corredor chegam vozes e rumores surdos que, às vezes, dificultam nossa conversa.[24]

Cumprimentamo-nos com um resoluto aperto de mãos. Sentamo-nos em seguida. Começamos a falar como se nos conhecêssemos há muito tempo, abordando assuntos variados, de questões pessoais a considerações sobre a Cosa Nostra, até mencionar alguns episódios criminais específicos. É tudo apenas um pretexto. Na verdade, neste primeiro encontro, não prestamos atenção no que dizemos. Estamos atentos em experimentar as regras da interação. Verificamos os limites e as possibilidades concretas para prosseguir o trabalho, avaliando

24 A respeito da solidão e da perda de identidade vivenciadas na prisão, cf. a tocante reportagem de Robert (2006, p.13-4 e 43).

os espaços que – embora em diferentes papéis – cada um de nós estará disposto a negociar.[25]

A despeito da aparente desenvoltura, ambos agimos com muita cautela; ancorados em nossos respectivos papéis, estamos atentos em perceber qualquer mínimo sinal enviado da outra parte. Quanto ao meu papel de pesquisadora, não sei o quanto meu interlocutor o compreende ou aceita suas finalidades. Em geral é fácil confundir o trabalho do pesquisador social com a coleta – quase colecionista – das opiniões alheias.

Apresento-me e exponho os objetivos de meu estudo. Falo de meu interesse pelo período das chacinas, do desejo de ouvir o relato daqueles episódios e daquela época a partir de sua perspectiva: do testemunho de sua história, de sua vivência.

Esclareço imediatamente a diferença entre minha abordagem e a judicial, não só do ponto de vista dos conteúdos, mas, sobretudo, em relação ao método.[26]

Não estou à procura de verdades factuais incontestáveis, que deveriam ser comprovadas por meio de inquéritos externos ao *setting*[27] da entrevista. Também não estou em busca de conhecer *quem* é o real Gaspare Spatuzza, explorando-o profundamente para estabelecer uma entidade definida, a ser considerada autêntica. Não tenho uma abordagem que conceitua a identidade, tornando-a uma substância desconectada de suas manifestações.[28]

---

25 Antes de cada entrevista, entrevistado e entrevistador se submetem ao jogo da "proposta de entrevista". A presença deste jogo, cujas regras preveem a recusa, além da aceitação, torna a entrevista uma *possibilidade de palavra* (Sormiano, 2008, p.329). Quanto à importância dos espaços e dos lugares na pesquisa etnográfica, cf. as análises de Pink (2015, p.39) elaboradas na esteira da *sensory ethnography*. (Etnografia sensorial, em inglês no original, N. T.)

26 A incumbência do entrevistador é ater-se à exposição linguística oferecida pelo entrevistado, já que a única verdade em jogo é justamente o sentido dos inúmeros jogos linguísticos possibilitados pela regra da entrevista, lembra Sormano (2008, p.329), inspirando-se na teoria dos jogos linguísticos de Wittgenstein (1961). De resto, o próprio Wittgenstein (1953; ed. it. 1995, p.20 e 26) ressaltou o nexo indissociável entre argumentação e sistema.

27 Em inglês no original: no sentido de cenário, contexto, enquadramento. (N. T.)

28 Rejeitando uma concepção intimista e tornada hipotética pelo *quem*, e retomando as reflexões de Hannah Arendt, Cavarero (2009, p.166) repudia a

As "verdades" de Gaspare Spatuzza estarão, para mim, ligadas ao seu relato. Tudo o que me for dito servirá para compreender as lógicas que regulam seus pensamentos.

E exatamente o rígido respeito pelas regras (as do cárcere, as estabelecidas pelo pacto de colaboração e, ainda antes, as regras sancionadas pela associação à Cosa Nostra) representam, para meu interlocutor, um objetivo imprescindível a ser perseguido com rigor extremo e sólido autocontrole.

Sua aparente desenvoltura ao me receber é na realidade o resultado de uma escolha atenta e ponderada. Descobrirei, por exemplo – durante um encontro sucessivo –, que antes de aceitar me receber ele procurou se informar a meu respeito, para descobrir se eu era uma "pessoa séria". Não me surpreende que o tenha feito. O que me espanta é que ele me conte isso, decidindo enfrentar diretamente o tema de nossa relação e despojando-se – mesmo que por alguns momentos – de seu ar indiferente e amigável para deixar transparecer o homem que ele fora, o mafioso astuto e desconfiado. A conexão é meu livro *Os últimos chefões*. Em especial os capítulos dedicados à figura de Matteo Messina Denaro, que ele havia lido atentamente.

Percebo a delicadeza da situação, o perigo, sempre latente quando se decide entrar em contato com o material incandescente da própria pesquisa. As palavras de Spatuzza agora soam como um alerta velado. Como uma abertura a uma confiança que não poderá ser traída.

4.1. Pronomes e palavras: da oralidade à escritura

Durante o primeiro encontro são estabelecidas as regras que guiarão nosso relacionamento. Minha atenção está em alerta para colher sinais e elementos com base nos quais deverei estruturar o trabalho futuro.

---

noção de "eu interior" como dimensão estável que caracteriza a aparência individual. Sob outra perspectiva, Ferrari (2010, p.88) ressalta que a identidade de um indivíduo é "claramente objeto de uma convenção", estreitamente condicionada também pelo *que* acerca dela "é dito" e de *como* se é dito.

A primeira coisa que me impressiona é o uso que Gaspare Spatuzza faz dos pronomes pessoais, o que, junto a outros expedientes retóricos, lhe permitem estabelecer a distância pretendida entre ele, o interlocutor e seu relato.[29]

De imediato, dirige-se a mim usando o pronome "vós". E apenas quando se exalta ao falar de assuntos ligados à política atual, acontece de "errar" e usar o tratamento formal, na terceira pessoa.[30] Quando se refere a outros mafiosos notórios, assinala seu distanciamento com um frio "eles".

Terei a oportunidade de notar, além disso, como o jogo dos pronomes, codificado por normas precisas, e a passagem atenta e ritual da terceira à segunda pessoa, são recorrentes nas conversas com os mafiosos e, igualmente, durante as acareações ou na redação de cartas dirigidas a eles.

É o que ocorre, por exemplo, na carta que Spatuzza enviou a Pietro Aglieri, em 21 de junho de 2010:

> Gentilíssimo Pietro Aglieri. Sou Gaspare Spatuzza, e lhe escrevo num momento muito particular da minha vida.

Assim começa o colaborador. Mas antes de passar ao essencial e explicar o motivo de sua missiva, formaliza a passagem ritual do "senhor" ao "você", justificando a proximidade criada pelo uso mais informal dos pronomes pessoais, com a presença de um terreno "comum" constituído pelos amigos e pela fé "comuns":

> O senhor não sabe, mas eu já o conheço há cerca de uma década. Sei algumas coisas sobre o senhor, até porque temos um

---

29 Cavarero (2009) trata de um código linguístico específico do relato biográfico, fundamentado na "moralidade intrínseca dos pronomes". Também Saramago (1995; ed. it. 2015, p.237 e 246), em seu belo romance *Ensaio sobre a cegueira*, delonga-se em evocar a relação entre palavras e sentimento oculta e revelada pelos expedientes linguísticos e retóricos, pelo uso alternado de advérbios, pronomes e adjetivos.

30 Ver abaixo, n.12 do Epílogo. (N. T.)

certo número de amigos em comum. Portanto, me perdoe se o chamo por você. Em primeiro lugar porque sei que você é bastante crente, e me perdoe se digo bastante [...]. Mas sei que é muito inteligente e certamente entenderá, por isso me prolongarei em alguns pontos que vale a pena informar-lhe neste momento.[31]

Por outro lado, durante o confronto com Giuseppe Graviano, Spatuzza evita falar diretamente com o ex-chefe, dirigindo suas palavras ao presidente do Tribunal, para que ele as repita, e interpelando seu interlocutor como o "sr. Graviano", a quem, deixa explícito, pretende se dirigir usando um distanciado "senhor":

RÉU SPATUZZA – O sr. Graviano me perguntou [...] pois desejo que, quando o sr. Graviano se dirigir a mim, me chame de senhor, e o tratarei da mesma forma, e esta é a primeira...

Isso não o impede de passar a uma segunda pessoa direta e a um tom resoluto, quando Giuseppe Graviano se refere à própria educação religiosa e à exígua moralidade da família da qual Spatuzza provém:

RÉU GRAVIANO – [...] ele sabe que eu trabalhava de manhã à noite e também frequentava a escola, porque, quando meu pai morreu, eu estava no quinto ano de Contabilidade e ele sabe disso muito bem [...] por sua vez, ele vem de uma família, da qual não quero dar nomes [...] que cometia assaltos [...] a bancos, agências dos correios...

RÉU SPATUZZA – Quer dar uma de colaborador? Venha cá então, colaborar! O que você quer, dar uma de arrependido? O que você quer, ô homem de honra? Que vai fazer, ô cristão? Diga a verdade! O que você quer dizer, o que quer...

RÉU GRAVIANO – Eu colaboro...

31 Gaspare Spatuzza, Carta a Pietro Aglieri, local secreto, 21 jun. 2010 (Montanaro, 2013, p.267).

RÉU SPATUZZA – Eu, eu, eu, eu quem? Estamos falando há uma hora e você só disse besteiras![32]

A atenção que Spatuzza dá à linguagem e às palavras em si não se restringe ao uso cauteloso dos provérbios. Assim, ao ser confrontado com um assunto polêmico, sobre o qual não deseja ou não pode responder, ou quando coloco em discussão – a partir das lógicas do discurso – as contradições de seus argumentos, muda repentinamente de expressão, mencionando as dificuldades relacionadas à sua colaboração.

Às vezes, o ritualismo se torna mais complexo e em mais de uma ocasião, quando lhe peço para revelar sua opinião sobre algum ponto delicado, faz a seguinte observação: "Essa é a ideia que você provavelmente teria sobre isso"; "vou explicar como se fosse você que estivesse observando o que aconteceu".

Trata-se de um estratagema para me relatar coisas que não deseja lhe sejam atribuídas. Não se concede o luxo de divagar; pois é sensível aos ardis e às manipulações que podem culminar em verdadeiras tentativas de deslegitimação. Como na ocasião em que o ex-ministro Claudio Martelli, ao ouvi-lo fazer recons-

---

32 Tribunal Ordinário de Palermo – Tribunal Criminal, II Seção, Processo penal n. 7/09 Rg contra Giuseppe Graviano e outros, Audiência de 8 mar. 2011, p.66, 88 e 89. Quando, no decorrer de nossas conversas, perguntei-lhe o significado dessa passagem do "você" ao "senhor", Spatuzza enfatizou o valor simbólico daquela escolha: "Ao pedir que ele me chamasse de 'senhor', não queria de forma alguma ofendê-lo, no senso comum; mas queria ressaltar a distância de nossas escolhas, o corte preciso que eu havia efetuado entre a vida de antes e a atual, entre quem saiu e decidiu ficar do lado do bem e quem permaneceu dentro, e continuou do lado do mal. Da mesma forma, chamá-lo de 'senhor' era um jeito de fazê-lo compreender a diferença que havia entre quem havia passado para o lado da razão e quem continuava perseverando em seus erros" (Encontro de 12 out. 2012). A seguir, ele acrescentou preciosos detalhes sobre as regras da interação mafiosa durante as acareações nos tribunais: "Há quase um ritual a ser respeitado e eu, que conheço esse mundo, ajo de acordo [...]. Ao começar uma acareação – por exemplo, aquele com Filippo Graviano –, primeiro eu pergunto se posso chamar meu interlocutor pela segunda pessoa, para não arruinar o confronto do início. Para entender se o diálogo vai funcionar" (Encontro de 24 nov. 2012).

truções de cenário, lhe contestou: "Mas quem o senhor acha que é, um filósofo?".

O cuidado de Spatuzza ao escolher as palavras é quase obsessivo. Por um lado, o aprendizado mafioso, a atenção meticulosa ao mínimo detalhe para decodificar os inúmeros sinais aninhados nas palavras e nos não ditos; por outro, a exigência de precisão exigida pelos tribunais, onde as palavras carregam a confiabilidade e, por conseguinte, a sobrevivência, além do reconhecimento do próprio status (D'Agostino, 1989; Di Piazza, 2011; Garfinkel, 1955; Giglioli; Cavicchioli; Fele, 1997; Ginzburg, 2006; Jacquemet, 1996; Matoesian, 2001).

Por dentro e através da linguagem, Gaspare Spatuzza reconstruiu sua nova identidade:

> A linguagem é fundamental; hoje, muitas vezes paro até encontrar o adjetivo correto. Veja bem, um semianalfabeto – porque me considero assim – que está atento às sutilezas [...]. Através da linguagem, expressamos a nós mesmos, comunicamos quem somos. A linguagem sincera é o espelho da alma; é nosso cartão de visitas.[33]

Uma linguagem que é reconhecida como meio de controle e signo de participação; que pode ser utilizada como instrumento de liberdade e veículo para ressaltar – em público, diante dos velhos camaradas – um claro distanciamento:

> Mesmo na prisão, por que um único elemento subversivo consegue arrastar todos para o abismo? Porque se é escravo dessa prepotência. É sintomático observar o que acontece quando um novo indivíduo entra num grupo: sua capacidade de se conformar é incrível. É possível inculcar nele novos pensamentos e palavras.[34]

Daí a necessidade de falar de si mesmo escolhendo as "palavras corretas":

---

33 Encontro de 15 dez. 2012.
34 Id.

> Manter-se íntegro na linguagem é algo indescritível. [...]. É fácil se deixar contaminar, isto é, mesmo que involuntariamente, entrar em contato com mentalidades que estão anos-luz de distância daquelas com as quais gostaríamos de nos relacionar. Por isso é preciso estar sempre por dentro do que acontece. Refiro-me a uma situação onde é possível defender sua liberdade e sua nova identidade, se conseguir controlar sua linguagem... É preciso um esforço enorme para continuar fiel ao seu próprio jeito de ser. E a linguagem é o espelho dessa busca da transparência mais absoluta.[35]

Mas é também a forma de Gaspare Spatuzza se expressar que atiça meu interesse, revelando uma contaminação de níveis que ilumina as estratificações de sua personalidade e de sua vida. Em sua fala, prevalece uma forma que alterna e confunde expressões dialetais e jargões com termos requintados, embora nem sempre usados de forma apropriada. Sua sintaxe, ortografia e gramática apresentam altos e baixos.[36]

Na escritura – aquela dirigida ao público, baseada em correspondências e memoriais – emergem níveis descontínuos de elaboração do texto. Passamos, assim – no decorrer do tempo e dependendo dos interlocutores –, de escritos que reproduzem o imediatismo e a enunciação incerta da forma oral a produções mais "refinadas", que mostram níveis de elaboração mais meticulosos e aquisições retóricas ainda pouco sólidas:

> Só posso dizer que ninguém imagina o que uma pessoa passa na fase transitória que antecede a decisão de passar para o lado do Estado, como era o caso em que me envolvi pessoalmente, era mais que legítimo agir com cautela, por várias razões, das quais

35 Encontro de 2 mar. 2013.

36 Quanto aos efeitos performativos criados pela passagem da prosa oral à escritura na comunicação entre mafiosos, cf. Dino (2008; 2009; 2011); sobre o significado político da escritura de Provenzano, cf. Catanzaro e Santoro (2009).

já falei abundantemente às autoridades competentes, e que já foi algo confirmado numa audiência pública.[37]

Em 24 de junho de 2010, em carta endereçada à Associação dos familiares das vítimas do massacre de Via dei Georgofili, ele declara, em resposta à exortação para não desistir de colaborar com a Justiça, mesmo após a Comissão Central do Ministério do Interior negar-lhe o programa de proteção por ter dado novas declarações depois dos 180 dias previstos pela lei:

> Sou Gaspare Spatuzza, o mesmo Gaspare Spatuzza que foi autor de tantos, inúmeros crimes: em primeiro lugar, contra Deus e, depois, contra os homens. Por tudo isso, estou cumprindo a pena de prisão perpétua. [...]. Como se tudo isso não bastasse: com meus crimes profanei o Templo do Espírito Santo que a Santa Igreja edificou em mim, através do Sacramento do Batismo.[38]

Em outra ocasião, escreverá, apresentando-se nas vestes de pecador, ao arcebispo de L'Aquila, o monsenhor Giuseppe Molinare, a quem pedirá confissão.

O tom se torna coloquial e a prosa, direta, na carta enviada a Giuseppe Graviano em 13 de setembro de 2009, com a qual solicita sua colaboração:

> Caro Giusè, quero usar este nome que me é querido e familiar. O que me levou a escrever é aquela pessoa cristã que me faz amar o homem por ter sido criado à imagem e semelhança de Deus. Não é meu dever julgar suas escolhas, mas de adverti-lo, pois é dever de todo cristão reconduzir à via reta o irmão que se extraviou. [...]. Percebo como é difícil passar para o lado do Estado, mas uma vez

37 Encontro de 2 mar. 2013.
38 DIA – Centro Operacional de Florença, Massacres de Florença, Roma, Milão 1993-1994 – Processo penal 10625/08 Mod. 44. Execução do mandato de 1º jul. 2009. Resultados da atividade executada, n. 125/FI/2º/G2-33-2 do prot. 3382/09, All. 5-ter.

que se dá o primeiro passo tudo fica mais belo, por não ter mais nada a esconder, é como passar das trevas à luz, meu amigo, os homens erram: os grandes homens confessam seus erros.[39]

Eu me questionei a respeito dessa prosa densa e estratificada e sobre essa marcha rica de metáforas e solicitações extratextuais, para procurar entender quais eram seus ancoradouros, os pilares em torno dos quais se dera a passagem de *homem de honra* a colaborador, quais suas novas referências teóricas e conceituais.

5. LEITURAS...

A resposta surgiu quase por acaso, quando – durante um encontro especialmente tocante próximo do Natal de 2012 – Gaspare Spatuzza decidiu me presentear com um livro munido de uma bela dedicatória manuscrita; mas, sobretudo, decidiu permitir – com o consentimento prévio do presídio que o alojava – que eu tivesse acesso a um espaço mais privado, a cela na qual mantinha seus livros e passava parte de seu tempo ocupado em ler e escrever.

É estranho falar de "espaços privados" dentro de estruturas anônimas como as celas de uma prisão. E, aparentemente, o novo cômodo em que fui introduzida pouco diferia daquele em que costumávamos nos encontrar. Também é um espaço nu. As paredes têm a mesma cor indefinida; a janela é idêntica e o mobiliário exíguo é parecido com o da sala dos encontros, assim como é idêntico o pesado portão de ferro na entrada.

Porém, ali dentro, apesar de tudo, sente-se a presença de uma marca pessoal. Um computador e uma mesa de trabalho. E também uma pequena biblioteca. No mesmo instante me impressiono com Dostoiévski, naturalmente *Crime e castigo*; Tolstói, *Guerra e paz*; e também Svevo, *A consciência de Zeno*. E Pirandello. Os três volumes do manual de filosofia de Reale e Antiseri.

---

39 Transcrição verbal de 14 set. 2009, *Io accuso*, 2010, p.291.

Livros variados sobre assuntos entre o religioso e o teológico. Obviamente a Bíblia e o Evangelho. Um curso de violão e um de informática. Gaspare Spatuzza parece emocionado ao me mostrar seu mundo: "Queria muito mostrar-lhe meus livros e minha sala de trabalho", comenta.

As leituras que ele absorve com avidez são modelo de inspiração à sua prosa escrita. Gaspare Spatuzza mergulha nessas leituras. Com a paciência e o rigor de um estudante que se prepara para uma prova. Faz transcrições em finos cadernos de capas desbotadas, ou às vezes copia no computador, em arquivos classificados de modo ordenado, trechos inteiros, os mais significativos para ele, até quase memorizá-los.

Leituras aparentemente desconexas que vão dos manuais de divulgação sobre física quântica aos testes de meditação, romances e reflexões filosóficas. Acima de tudo há um desejo: substanciar sua escolha em colaborar e dar sentido à sua "nova" existência, hibridando e juntando – como ocorreu quando a jornada interior da "conversão" encontrou a face leiga da colaboração com a Justiça – mundos diferentes, mantidos em equilíbrio pelo desejo de recomeçar.

É significativo o que ele anota em um arquivo de cerca de vinte pastas – que me oferecerá –, que contém uma síntese do texto de Joe Dispensa (2012), *Transforme o hábito de ser você mesmo*.

Síntese que se concentra nas possibilidades de transformar a realidade através da mudança do próprio modo de pensá-la e que tem um título também eloquente: *O caminho da felicidade está dentro de você, deve simplesmente segui-lo*.

Na abertura e no epílogo, ele descreve suas reflexões pessoais. Lê-se no *incipit*:

> Quem poderia imaginar que um dia Gaspare, um semianalfabeto, fosse capaz de explicar, ainda que com as palavras do dr. Joe Dispensa, algo sobre a física quântica?
>
> No meu processo de transformação, aliás de transfiguração, encaixo as reflexões seguintes ao estudo do texto analisado, além das minhas reflexões pessoais, fruto do meu atormentado percurso

de vida, com o objetivo de explicar, em parte, o enredo complexo que tem sido minha existência, perdida, porém reencontrada e resgatada.

Às pessoas que me acompanharam nesse longo caminho, dedico as páginas que se seguem, lembrando-lhes, com carinho, nossas longas e profícuas conversas, que me deram a possibilidade de mergulhar longamente no campo da literatura religiosa, cultural e histórica: ocasião ímpar para refinar e enriquecer meus conhecimentos.

Acrescento que não é suficiente apenas agradecer por tudo aquilo que foi feito por mim.

Por sua vez, no epílogo:

No que me diz respeito, posso assegurar que o conhecimento dessa ciência em nada modificou a substância do meu credo, isto é, minha fé; deu-me apenas a possibilidade de compreender, de forma leiga, a imensa força de vontade liberada dentro de mim, para resgatar o homem que havia se perdido.

Quanto à minha experiência pessoal de vida, posso testemunhar que estou de acordo com as análises acuradas do autor do texto citado, embora, muito humildemente, tendo em vista meu despreparo no assunto, não pude entender, em sua totalidade, todos os múltiplos aspectos contidos no livro.

Para terminar, queria dizer que o diálogo com diversas pessoas, as leituras e o auxílio de Deus me levaram a um mundo misterioso no qual enxerguei muitas luzes. Certamente, ninguém é capaz de transformar a vida dos outros, mas são fundamentais as sugestões que vêm de fora, sobretudo quanto se tem tanta vontade de crescer e aprender a difícil arte do viver.

Desejo que todos possam encontrar a via mestra, indicada por Deus, que conduz a alma a uma dimensão extraterrena. Quando a paz habita a alma, temos a plena liberdade de desfrutar, "já no presente", o Regozijo revelado por Nosso Senhor Jesus Cristo.

Localidade protegida, 20 de agosto de 2013.

Gaspare Spatuzza

A exigência de fundamentar sua mudança em algo sólido, de lhe dar uma explicação racional – já que à luz da "racionalidade" da Cosa Nostra ele havia construído seu eu –, leva Gaspare Spatuzza a não se sentir totalmente satisfeito sequer pelas leituras religiosas. Embora tenha encontrado na fé um conforto solitário e provisório, sente a necessidade de um reconhecimento terreno de sua transformação;[40] deseja ser reintegrado na sociedade civil além do acolhimento na comunidade religiosa, obtido através do "arrependimento" e do perdão.

O que o pressiona é superar a cesura entre um "antes" feito de escolhas cruéis, na época consideradas justas, e o cotidiano presente, construído sobre princípios, decisões e comportamentos incompatíveis com seu estado anterior de mafioso. Não se trata de uma operação fácil, sobretudo pelo desejo de evitar feridas profundas e com a busca de redimensionar o peso de um fardo realmente pesado demais.

Daí sua perpétua oscilação – que às vezes parece artificial – entre uma necessidade idealista de absoluto (verdade absoluta, certezas absolutas, formalismo absoluto, extremo rigor nos depoimentos, obsessivo respeito às regras etc.)[41] e um lúcido (às vezes implacável) senso da realidade, que o levou a se adaptar com flexibilidade a um mundo feito mais de sombras que de luzes, no qual decidiu sobreviver, evitando ser esmagado; um

---

40 O belo livro de Piero Boitani (2014) é dedicado ao reconhecimento, a *anagnose*, no qual se relaciona estreitamente o trajeto que conduz ao reconhecimento do outro ao compartilhamento do sofrimento. O conhecimento é adquirido apenas através da dor. "Com a dor se aprende", recorda Ésquilo no *Hino a Zeus*, entoado pelo coro do *Agamêmnon*. Também o diálogo "torna-se possível precisamente em nome da dor compartilhada" (ibid., p.444).

41 Em alguns momentos de nosso encontro, a determinação e a busca obstinada pela "verdade" de Gaspare Spatuzza me levaram a pensar na figura de Balthazar Claës, protagonista do romance de Balzac, *A procura do absoluto*. Naturalmente, trata-se apenas de uma sugestão baseada em analogias parciais. Spatuzza demonstra outro percurso e uma adesão à realidade muito diversas, comparado ao personagem balzaquiano, completamente esmagado por sua paixão cognitiva.

mundo do qual conhece perfeitamente o funcionamento, possuindo os instrumentos justos para manipulá-lo.

Em seu aprendizado como "cidadão", tudo pode ser útil. No confronto com o mundo "novo" com o qual deve se relacionar (mas sobretudo na construção do novo personagem que deve renascer das cinzas do carrasco de Brancaccio), sente a necessidade de consolidar seus parcos conhecimentos. Para isso se dedica à leitura – desigual e episódica, como acontece quando se recorre à biblioteca de institutos penitenciários – a fim de extrair inspiração para suas reflexões, para seu processo de amadurecimento interior, mas também para a redação de sua correspondência.

Até aqui, nada de estranho. Surpreende, porém, encontrar entre seus modelos de escritura as *Cartas do cárcere*, de Antonio Gramsci.

Tomei conhecimento de seu interesse pelo epistolário gramsciano por acaso: em um de nossos últimos encontros, enquanto discutíamos a *dissociação* – e Gaspare Spatuzza reiterava que, para dar um sinal palpável de seu afastamento da Cosa Nostra, desde o período em que estava detido em Tolmezzo, havia recusado qualquer auxílio econômico de seus velhos camaradas –, em certo momento, ele se levanta para pegar uma caderneta onde anotou, no fim da página, com a escrita precisa e em ordem impecável, os gastos de sua mulher para encontrá-lo na prisão, incluindo os horários e datas de partida e chegada. Terminada a operação, mostrou-me as primeiras páginas do bloco de notas, nas quais havia transcrito longos excertos de artigos lidos na revista *Família Cristã*, além de páginas e páginas copiadas das *Cartas do cárcere* de Gramsci. Pedaço de missivas das quais Spatuzza extraiu frases inteiras: *incipit*, epílogos, dizeres, expressões retóricas que podem ser úteis em sua correspondência pessoal. A associação com a Bíblia de Provenzano é imediata.[42]

42 O cuidado especial, os *topoi* estereotipados e o estilo rebuscado no qual – erros gramaticais à parte – os homens da Cosa Nostra redigem suas epístolas surge também na correspondência do cárcere entre Giuseppe Graviano e Francesco (Ciccio) Tagliavia. "Meu caríssimo e amadíssimo irmão Giu-

Cada um é livre para escolher a contento seus mestres para os próprios exercícios de estilo. Mas que Spatuzza tenha escolhido justamente Gramsci é algo a se refletir.

É aqui que algumas passagens se esclareceram para mim. Para explicar a profunda diferença entre escrita e fala, pensei na hipótese da presença de um interceptador, alguém que corrigia sua correspondência. Porém, é mais verossímil o fato de que ele seja o único autor, compondo e reelaborando trechos de origem variada.

Como em uma colcha de retalhos: sua vida e seu novo estilo de escrita são compostos de vários eus recosturados – às vezes de forma apressada – em um corpo que não pode ficar descoberto porque, como no caso do olhar da Medusa, paralisaria de horror quem fixasse nele o olhar.

Da ávida leitura de seus livros, Gaspare Spatuzza compreendeu que só poderia encontrar um ponto de apoio seguro em si mesmo. Era uma lição que já tinha precisado interiorizar dentro do mundo da Cosa Nostra, onde, mesmo que se deva confiar – e se confia – no chefe para se desresponsabilizar, ao manifestar seu lado mais animalesco, sabe-se estar participando de uma situação ambígua de mentira (Volpato, 2011). E, no final, se encontra realmente só.

É uma lição que ele teve como reforçar, encontrando pistas falsas, ambiguidades, mentiras e mesquinhez mesmo durante sua trajetória como colaborador.

---

seppe", escreve Tagliavia em 23 set. 2009. "Renovo o amor adamantino e fraterno que me liga a ti, abraçando-te calorosamente", ecoa Graviano em 25 nov. 2009. Em uma carta de 23 mar. 2010 – também endereçada a Tagliavia –, Graviano continua a emular o estilo hierático de Provenzano: "Afortunadamente, a fé em Deus e o amor de todos vocês, meus caríssimos, vence as vexações e as injustiças, as quais não afetam meu bom humor" (Tribunal de Florença – II Tribunal Criminal de Florença, Sentença emitida em 5 out. 2011 no processo penal contra Tagliavia Francesco, NR Sent 3/10, RgNR 5/10, RgNR 9043/10, p.377-8). Sobre o uso da Bíblia em Provenzano como modelo de identidade, fonte de inspiração para o próprio estilo de liderança e instrumento de legitimação, cf. Dino (2011).

6. O ESTILO DA NARRATIVA

6.1. Fragmentos

É difícil contar a história de uma pessoa cujo percurso de vida atravessou rupturas tão acentuadas e cuja existência entrecruzou – e contribuiu para determinar –, com impiedade e crueza, os destinos de indivíduos e também a evolução dos acontecimentos políticos na Itália. É difícil encontrar uma trama; ainda mais difícil identificar um único fio condutor, estabelecer os ângulos e a perspectiva sob os quais principiar a releitura dos eventos.

É igualmente complexo encontrar um estilo de escrita através do qual reconstruir o relato.

Em meu caso, aliás, a essas dificuldades soma-se o fato de que os encontros com Gaspare Spatuzza se iniciaram dentro de uma configuração de "conversa", com o compromisso de não informar nada sobre seu conteúdo e só aos poucos foram passando à dimensão da entrevista.

Ao encontrá-lo, levo comigo apenas cadernos coloridos (no final, terei preenchido cinco deles, com escrita rápida e fragmentária), nos quais busco anotar avidamente tudo o que meu interlocutor me conta, partindo das perguntas propostas por mim. Embora eu já tivesse tido a experiência de observar por dentro o mundo da Cosa Nostra, dialogando com pessoas que dela participaram (Dino, 2006; 2010; Dino; Callari, 2011), ao vê-lo pela primeira vez, senti uma forte sensação de desconcerto, ao observar seu olhar e seu comportamento desenvolto e "normal".[43]

Se eu o tivesse encontrado fora do contexto carcerário, não o teria reconhecido. Tinha uma expressão absorta, quase inspirada, e uma luz estranha nos olhos; quase como a atuação um tanto exagerada de um espião. A figura do Spatuzza real não corresponde à imagem que reconstruí através da leitura

---

43 Weber abordou a "ausência de consciência do trágico" (1919; ed. it. 1980, p.103). Por sua vez, Siebert (1996; 2010b) tratou da familiaridade com a violência no contexto mafioso. Cf. também Dino (2012a).

dos processos e dos jornais. Deixando de lado sua vida passada, ele insiste em falar sobre sua experiência religiosa. Porém, seu olhar resoluto deixa transparecer alguns lampejos do passado. Com certa dificuldade, consigo adiar o momento de falar de sua "conversão". Primeiro desejo que me relate trechos de sua vida na Cosa Nostra.

O tema da memória (negada com frequência) e o da dor será sempre o pano de fundo de nossos diálogos, acompanhados pela necessidade de remoção e reedificação, que permitem a Spatuzza imaginar um futuro, apesar do peso de um passado difícil de digerir.

É uma junção importante, tanto em sua vida quanto em nossa relação:

> No que se refere ao meu passado, posso dizer que guardo um inferno por dentro, causado por todo o mal cometido. Apesar do meu credo me permitir viver meu cotidiano sob o signo de uma paz interior reencontrada. [...] O que mais me agrada na minha condição atual é que, quando encontro uma pessoa, vejo nela uma qualidade, dignidade, especificidade humana. Antes, porém, eu tinha um poder absoluto (mesmo que indireto, já que obedecia a ordens) sobre as pessoas, para o bem e para o mal. [...]. Tudo isso também pode ser perturbador. Quando se começa a diferenciar aquilo que você foi no passado e o que é agora, você começa a sentir o desconforto pelo que foi antes, a experimentar o constrangimento pelas crueldades cometidas e infligidas.[44]

A ruptura entre passado e presente é inexoravelmente profunda, a despeito de Spatuzza tentar preenchê-la por meio de diferentes formas de racionalização:

> Dentro da Cosa Nostra não existe a dimensão da culpa. Porque ela é atribuída aos outros. Mesmo quando parece absurdo fazer algo, sempre se encontram justificativas para os próprios crimes.

44 Encontro de 10 nov. 2012.

É aflitivo para mim retornar a esses acontecimentos dolorosos, porém indispensáveis para levar à compreensão do sentimento de um homem ligado ao crime organizado.[45]

Além disso, nossa conversação passa da condição atual de Spatuzza ao seu ingresso na Cosa Nostra; da escolha da colaboração às suas relações com os irmãos Graviano, até tocar temas mais delicados como o da dissociação, ou mais pessoais, como a opinião que ele faz de si mesmo atualmente.

Os sessenta minutos do primeiro colóquio voam e, enquanto ainda falamos, chega o inspetor, comunicando que o tempo à nossa disposição acabou e que devemos concluir. No mesmo instante Gaspare Spatuzza para de falar, mostrando um respeito pelas regras carcerárias que me surpreende.

Deixa entender, por outro lado, que está disposto a me rever. O encontro obteve sucesso; alguns dias depois seu advogado me envia uma mensagem: "Encontrei 'Iddu' e ele teria prazer em revê-la em breve".

6.2. O desenho é composto

Volto a falar com Gaspare Spatuzza um mês depois e desta vez nosso encontro realiza-se em um clima bem mais descontraído. Assim que entro na pequena cela dos colóquios vejo-o chegar, sorridente e com as mãos repletas.

Ele abandonou em parte o aspecto inspirado que me impressionara no primeiro encontro. Parece mais relaxado. Quase contente ao me ver. De um lado, há uma garrafa d'água com alguns copos; do outro, uma garrafinha de café fumegante. "Tomei a liberdade de lhe preparar um pouco de café", diz logo após a troca de saudações. Agradeço-lhe e me sento, bebericando o café. É muito reconfortante. Experimento uma sensação ambivalente, sentada diante dele, pensando em tantos outros cafés

45 Encontro de 15 dez. 2012.

inevitáveis bebidos nas celas de outras prisões. Mas é apenas um pensamento que cintila por um instante.

Aceitar estar com ele ali por três horas significa já ter calculado as implicações ligadas a essa proximidade. Saber que terei de caminhar precariamente nesse limiar entre distância e intimidade.[46] Por isso, ao entregar-lhe o livro que trouxe de presente, comunico ter pedido antes autorização ao pessoal da prisão.

Ressalto meu interesse profissional por sua história e meu desejo de utilizar o material produzido por nossos diálogos em uma publicação.

Para tranquilizá-lo, tendo em vista sua convulsiva atenção às regras, informo a ele que já havia falado com o juiz, que me indicou os procedimentos a ser seguidos (aliás, idênticos àqueles já seguidos no caso de outros colaboradores). Pergunto-lhe, assim, se ele discorda de algo quanto à utilização dos conteúdos de nossos colóquios em uma publicação. Responde-me que não. Dou um suspiro de alívio. É um salto em relação ao meu trabalho e à nossa relação.

De imediato, porém, acrescenta que deseja falar sem gravador. Eu poderia tomar notas no caderno ao invés de gravar. Insisto um pouco, explicando-lhe que uma possível gravação seria uma garantia para ele, contra o risco de mal-entendidos. E que, ao mesmo tempo em que me permitiria ser fiel ao seu modo de se expressar, iria lhe garantir a autoria do relato em primeira pessoa.

Mas Spatuzza é inflexível a esse respeito. Nada de gravador. Só caneta e caderno.

Tal escolha não é inconsequente em relação ao tipo de narração que serei capaz de fazer de sua história, a qual – pelo menos no início – anoto em terceira pessoa, de forma direta,

46 Ao tratar da "potencialidade ambivalente do relato autobiográfico" e do "risco constante de perder o equilíbrio em relação a si ou em relação aos outros", Siebert (1999, p.190) descreveu a capacidade ao mesmo tempo *produtiva* e *destrutiva* da "estrutura de transferência e contratransferência" que relaciona o pesquisador ao objeto da própria pesquisa. Depois, mencionando a *angústia* citada por Devereux (1967; ed. it. 1984, p.101), recordou como esses fatores de *desordem*, ao ser esclarecidos, podem se tornar elementos de verdade e conhecimento.

relatando fielmente apenas as poucas frases que consigo capturar na memória, enquanto seu relato prossegue, mais veloz que minha caneta.

Às vezes, mesmo esse pequeno auxílio vem a falhar. Quando conversamos sobre questões especialmente delicadas, Spatuzza me pede para não fazer anotações e espera até que eu pare de escrever para continuar a falar. Nesses casos, na frase de reconstrução do relato, posso apenas recorrer à memória.

Na verdade, ao me impedir de gravar, Gaspare Spatuzza me atribui uma tarefa da maior gravidade, escolhendo recontar-se por intermédio de minha voz.

Resultará daí um estilo carregado de sobreposições e de contaminações; fruto da mediação entre minhas transcrições (anotadas mais ou menos sinteticamente e depois desenvolvidas com calma, buscando permanecer fiel ao seu modo de recontar-se) e a revisão final, que faríamos juntos, antes de conseguir a autorização para divulgar "suas" palavras.

A exigência de revisão do material também revela um procedimento vacilante que alterna confiança e cautela, incumbência e reapropriação. O que me leva a reescrever meus apontamentos, traduzindo-os em primeira pessoa, como se fosse o próprio Gaspare Spatuzza que fala.

Essa maneira de interagir, essas contaminações contínuas me fazem pensar nos "gêneros confusos" citados por Clifford Geertz; nas sobreposições de planos expressivos de que Erving Goffman fala quando menciona os rituais da interação, carregados de símbolos e sempre modificados pelos contextos dentro dos quais são realizados; na forma de proceder posta como base da observação etnográfica, desestruturada pelos estilos padronizados e pelas pressuposições (Goffman, 1969; ed. it. 1988, p.11; Geertz, 1983; Marzano, 2006).

Penso no complicado processo narrativo utilizado por Gertrude Stein, que narra sua biografia através do relato autobiográfico de sua companheira, Alice Toklas (Stein, 1933).[47]

47 "Gertrude Stein escreve e assina a autobiografia de outra, ou seja, *A autobiografia de Alice Toklas*, na qual Alice fala em primeira pessoa. [...] Gertrude

Em todo caso, não tenho alternativa: esse itinerário é o único acesso que meu interlocutor me oferece para entrar em seu mundo.

Contudo, ao reler, no final, o texto "contaminado" e híbrido que surgirá de tantas mediações, acho que essa é, afinal de contas, a forma mais "confiável", não só por restituir ao leitor o proceder lento e tortuoso da relação entre entrevistado e entrevistador – que esclarece os locais de encontro e as sobreposições –, como também por revelar as fases de um processo de reconstrução de uma identidade desenvolvida de modo fragmentário. Aquele toque de aparente inautenticidade (um discurso às vezes polido e refinado demais, alternado com formas dialetais), fruto de remanejamentos e sobreposições, é o espelho mais fiel para reproduzir as inúmeras ramificações de uma vida, as contradições e mistérios que servem de cenário à biografia de Spatuzza, e da qual o próprio Spatuzza não pode e não quer se separar totalmente.[48]

Tal como o estilo contaminado do relato, nossa relação registrará momentos de maior distanciamento e fases de apro-

---

escreve à mão e Alice bate à máquina. Alice, portanto, reescreve, copiando-a palavra por palavra, *sua* autobiografia, escrita pela outra, na qual ela própria é a narradora. [...] *A autobiografia de Alice Toklas* é, pois, uma autobiografia de Gertrude Stein, escrita por Gertrude, na qual a própria Gertrude surge, porém, no texto, como uma personagem narrada por Alice. [...]. Os papéis do eu narrador e do eu narrado confundem o nome de Alice com o de Gertrude, embaraçando deliberadamente o leitor" (Cavarero, 2009, p.105-6).

48 Antes de começar a redação deste livro, buscando pacientemente identificar o estilo narrativo e a abordagem mais adequada para recontar a história de Spatuzza, mergulhei na leitura de algumas biografias de personagens cuja história – por diversas razões – havia assumido a integridade do relato. Entre estas, considerei muito interessante a biografia que Emmanuel Carrère (2011) dedica a Eduard Veniaminovich Savenko, conhecido no mundo da arte como Limonov, mostrando ao mesmo tempo atração e repulsa por sua personalidade multiforme, externando suas dificuldades na passagem de uma relação quase amigável a uma tentativa mais "distanciada" de apresentar as contradições de seu trabalho; assinalando a distância entre narrador e sujeito do relato mas, ao mesmo tempo, identificado enredos, sobreposições e referências cruzadas entre suas vidas e descobrindo, afinal, na singular biografia de Limonov elementos que relatam aspectos da história "de todos nós após o fim da Segunda Guerra Mundial" (ibid.; ed. it. 2012, p.29).

ximação, em geral simultâneos à abordagem de assuntos mais comoventes (a relação com a mulher e o filho, as incertezas em relação ao futuro, o sofrimento atual e que acompanha as diversas fases de suas transições biográficas); ou politicamente controversos (relações entre Máfia e política, a cautela no processo de colaboração, as partes ainda envolvidas em mistério, as opiniões sobre políticos e figuras institucionais).

Quase todos os vestígios dessas aberturas no relato, porém, serão suprimidos na revisão final.

Gaspare Spatuzza se mostra muito atento em detectar os humores do clima político. É desconfiado, ao decodificar os sinais do mundo mafioso, por um lado, e da política e da opinião pública pelo outro, que o alcançam através das grades. Aprendeu a controlar as emoções e a pôr em primeiro lugar o senso da realidade, adequando seu comportamento às circunstâncias externas, nutrindo uma sólida desconfiança em relação ao seu meio, e praticando o absoluto respeito às regras, que é quase uma profissão de fé.

Com o passar do tempo e o acúmulo das horas passadas juntos, os níveis de profundidade da narração se intensificam, chegando ao ápice por ocasião do relato dos massacres e das estratégias políticas da Cosa Nostra.

Quando o incentivo a evocar o passado, buscando confrontá-lo com suas responsabilidades e com a perversidade e a crueldade que nem menos o "arrependimento" pode eliminar; após desmentidos e racionalizações, obtenho revelações inesperadas, aberturas à sua privacidade que, depois, sistematicamente ele pede para excluir, porque fogem – assim me explica – aos conteúdos padronizados da entrevista. Porque poderiam expô-lo excessivamente ou prejudicar pessoas caras a ele. Porque "não seriam críveis". De nada vale meu esforço para explicar que não existe apenas a verdade judiciária, e que a economia de um relato biográfico não exige provas empíricas rigorosas, mas é constituída também por reflexões e opiniões pessoais. De seu ponto de vista, pelo menos nessa fase, seus interlocutores principais são os juízes, de um lado, e a Cosa Nostra, do outro.

De acordo com meu ponto de vista, essa forma de agir complica bastante as coisas; obriga-me a um difícil esforço de decodificação para buscar colher, através de suas palavras e os não ditos, chaves de leitura capazes de interpretar as consequências dos episódios narrados sobre os atuais equilíbrios políticos na Itália. E sobretudo para entender o quão capaz a Cosa Nostra ainda é de manter relações com aquelas "presenças externas" que contribuíram para arquitetar o projeto de desestabilização da Itália, no início da década de 1990. O quanto tais "poderes fortes" ou essas "entidades" estão atualmente agindo para orientar as escolhas políticas de nosso país.[49]

Quando percebe ter superado o limite imposto pela rígida moldura judiciária, Gaspare Spatuzza se fecha, sem se deixar penetrar por nenhuma emoção. Sem perdas aparentes. A realidade e o presente parecem ser sua única dimensão. Sua vida parece rigidamente classificada – quase monasticamente – em ritmos repetidos e idênticos que lhe permitiram, após dezesseis anos de prisão, conservar intactas a memória e a lucidez. E também preservar seus desejos e sua adesão à realidade.

Justamente por esse motivo, os últimos três encontros – durante os quais ele me permitiu trabalhar ao seu lado desde a manhã até o fim da tarde – foram passados com a releitura, palavra por palavra, das transcrições que registrei durante nossos colóquios.

Foram momentos importantes para minha pesquisa. Durante os mesmos, reconfirmou-se o enorme peso e a meticulosa

49 Da obscuridade que ainda envolve uma fase crucial da vida da Itália – que se desenrolou na primeira metade dos anos 1990 – encontra-se uma reconstrução na *Memória* produzida pela Procuradoria-Geral da República junto ao Tribunal de Apelação de Palermo, no processo Mori-Obinu, em 26 set. 2014. É preciso ressaltar, porém, que – como já havia ocorrido no processo de primeiro grau, onde as acusações eram mais graves – o ex-general do ROS Mario Mori e o ex-coronel Mauro Obinu foram absolvidos recentemente também no processo de apelação da V Seção penal do Tribunal de Palermo, que considerou infundada a acusação de favorecimento agravado em relação à falha na captura do "chefão" Bernardo Provenzano em Mezzojuso em outubro de 1995 (cf. *La Repubblica*, 19 maio 2016; e *Corriere della Sera*, 19 maio 2016).

atenção que meu interlocutor reserva às palavras. Suas intervenções são decisivas em relação a certos assuntos – que são imediatamente anulados onde quer que ele perceba o mínimo risco de "equívocos" – e também muito cuidadosas quanto à "forma". Detivemo-nos muitas vezes para discutir a escolha de um adjetivo ou de um substantivo.

Spatuzza trata minhas transcrições como faria diante de um depoimento produzido em tribunal; pede a correção de todas as expressões que lhe parecem "genéricas" demais, por não se referirem a fatos e pessoas específicos, ou por não terem fundamento em evidências substanciais.

Às vezes, após concordar, depois de muito trabalho, com um texto, ao revê-lo alguns dias depois Spatuzza quer modificá-lo novamente. É um trabalho analítico. Mantendo a estrutura de meu antigo texto, reparo que ele mudou sua forma para torná-la, em sua opinião, mais discursiva; em geral, introduzindo alguns erros gramaticais sobre os quais devo decidir o que fazer.

Embora esteja satisfeito pelo modo que, no relato, os eventos são descritos historicamente, preocupa-se com a abordagem do aspecto político, suas opiniões sobre a Cosa Nostra, sua atual condição e seus relacionamentos pessoais. Nesses pontos, as rasuras em relação ao texto original são inúmeras. Elimino tudo o que ele pede para cortar, respeitando sua vontade.

Enquanto isso, tento imaginar as pressões às quais este homem é submetido e sua atitude me surpreende; cada vez mais me conscientizo da delicadeza da matéria que estou enfrentando e da cautela que deverei utilizar.

Superados os primeiros obstáculos, o trabalho de revisão prossegue com rapidez. Ao compreender o método de seu procedimento, sei quando e onde ele irá me interromper para pedir uma supressão. Chego mesmo a propor-lhe alguns cortes em pontos que considero serem mais sensíveis para ele, obtendo assim a confirmação das lógicas de seu raciocínio.

O momento mais complicado para mim coincidiu com o último encontro. Quando – após aprovar o texto inteiro da entrevista –, uma vez sozinho, Gaspare Spatuzza interviu muito, dividindo-o praticamente ao meio e decidindo enviá-lo – de forma autônoma – à Comissão de Proteção, para que a publicação fosse autorizada.

Com certa dificuldade, obtive permissão de revê-lo para tornar a criar um novo formato de entrevista que pudesse satisfazer a ambos.

No final da última tarde que passei em sua companhia, consegui recuperar amplos excertos anteriormente anulados; porém, ficaram de fora passagens importantes e todas as opiniões sobre o relacionamento Máfia-política.

O que resultou foi um misto ambíguo de sentimentos, a sensação de ter de jogar em vários campos ao mesmo tempo. Aceito o fato de que todas as possibilidades podem coexistir em um mesmo homem.

Antes de ir embora, ele me reitera a plena confiança no trabalho que estou fazendo.

Ao reler as anotações, diante do inevitável caráter fragmentário do relato, das inúmeras censuras exigidas, decido integrar, no momento da escrita, a história que escutei com outras narrações – de Spatuzza ou sobre Spatuzza – recebidas de outras fontes e em outras circunstâncias e através das quais posso esclarecer o sentido de suas palavras, dar corpo à sua biografia no reflexo do relato de quem o conheceu, dar voz aos seus inúmeros não ditos.[50]

É um silêncio pesado, aquele que Spatuzza me deixa de herança.

Nesse pano de fundo de indizíveis, o retículo das contaminações torna-se mais denso.

---

50 As abordagens teóricas do "campo biográfico" e de suas narrações são inúmeras; são variadas quanto à terminologia utilizada pelos diversos autores e pelas diferentes disciplinas com as quais eles se depararam. Quando me dispus a relatar a história de Gaspare Spatuzza, considerei as inúmeras estradas possíveis e, partindo do *récit de vie* de Bertaux (1980), adaptei-o, integrando-o a outros modelos teóricos, sempre que exigido pelas circunstâncias específicas de minha pesquisa.

-2-

POR DENTRO DO COTIDIANO MAFIOSO

> Toda história que contamos sobre nós mesmos só pode ser narrada no passado. Ela volta para trás, de onde estamos agora, e já não somos mais os atores da história, mas seus espectadores que escolheram falar. Às vezes resta uma trilha assinalada por indícios, como os que João e Maria deixavam para trás. Às vezes não há mais vereda; ao nascer do sol, os passarinhos descem em bando e devoram todas as migalhas [...]. Isso ocorre também nestas páginas, na tentativa de restituir um percurso que [...] foi interrompido por pequenos desníveis e buracos profundos. Escrever é uma forma de limitar minha fome, e a fome nada mais é que um vazio.
>
> Siri Hustvedt, *O que eu amava*

1. UMA TEIA DE SENTIMENTOS

Depois do primeiro encontro, o relato de Spatuzza prossegue, definido no quadro de episódios singulares que seguem, em geral, um desenvolvimento coerente acerca dos temas que eu havia assinalado. Mas, a cada encontro, algum imprevisto mostra relances inesperados e reveladores. Cada encontro é marcado por uma atmosfera diferente do esperado, em parte por causa dos assuntos abordados, em parte pelas circunstâncias e episódios que os acompanham, incutindo-lhes um ritmo sempre inconstante.

Em geral os momentos mais significativos são os silêncios, os não ditos, os olhares, as mudanças de humor, as expressões e as emoções que acompanham a narrativa e que tentei capturar com a mesma atenção dedicada à sua fala. No domínio da escrita, é difícil limitar-se a transmitir apenas as palavras que afloram na entrevista, e não tentar fundamentar o relato de Spatuzza dentro de outros relatos (depoimentos, transcrições, interrogatórios) que ajudam a compreender o não dito que serve de fundo aos nossos colóquios, esclarecendo suas ponderações como uma imagem refletida.[1]

Embora eu já houvesse experimentado, mais de uma vez, a paradoxal *normalidade* que circunda a vida cotidiana mafiosa, não foi simples compreender as raízes do asséptico distanciamento com o qual Gaspare Spatuzza me falou de seu passado, como se não lhe pertencesse; o que lhe permitia executar um rompimento tão agudo entre a vida "de antes" e sua condição atual (Dino, 2002; 2006; Lo Verso, 1998; Lo Verso; Lo Coco, 2003; Scarpinato, 1996; Siebert, 1994; 1996). Como entender a aparente ausência de emotividade que acompanhava as lembranças de horrendas crueldades. A convicção de ter agido sempre movido pelo que ele acreditava ser uma "causa justa".

---

1 Do ponto de vista metodológico, a reconstrução da história de Gaspare Spatuzza pode ser inserida no filão do "relato de vida" (*récit de vie*). Assinalo a distinção proposta por Denzin (1970) entre *life history* ("história de vida") e *life story* ("relato de vida"). A esse respeito, cf. a introdução do texto de Bertaux (1997) organizado por Rita Bichi, que contém amplas referências às diversas escolas de pensamento, entre estes: Atkinson (1998); Bertaux (1980); Catani (1983); Cipriani (1995); Elder (1985); Ferrarotti (1981); Montaldi (1960; 1961); Olagnero e Saraceno (1993); Poirier, Clapier-Valladon e Raybaut (1983).

Quando, durante nosso primeiro encontro, lhe perguntei o que ele havia sentido na primeira vez em que atirara em um homem, Spatuzza fez questão de especificar que seu primeiro homicídio – no qual ele desempenhou claramente o papel de pistoleiro – não se deu por arma de fogo. Na primeira vez que matou um homem, foi por estrangulamento. Em seguida, como se estivesse numa sala de tribunal,[2] acrescenta:

> Meu primeiro homicídio foi executado com as modalidades da chamada *lupara branca*.[3] O rapaz era um tal Salvatore Faia, um ladrãozinho do bairro de Brancaccio, de uns 30 anos.
>
> Meu papel foi atraí-lo para uma emboscada e conduzi-lo a um depósito onde o bando o esperava. Depois de entregá-lo pessoalmente a Giuseppe Graviano e Giuseppe Lucchese e outros acusados, saí para criar um álibi. Eu tinha menos de 30 anos na época, mais precisamente 23.
>
> Eu achava que tinha feito meu dever, tal como me foi ordenado e, portanto, não sentia nenhuma culpa. Além disso, por se tratar de um ladrãozinho do bairro que prejudicava os habitantes de Brancaccio, eu achava que tinha feito "justiça", livrando meu bairro de um inimigo [...].

---

2 Spatuzza tende a considerar o contexto judiciário como guia de nossas conversações, decidindo o que e como me comunicar sob a perspectiva de um quadro normativo preciso, ao qual se refere e que é baseado no que ele julga ser a "verdade" de seu relato. O respeito às novas regras torna, paradoxalmente, mais "mórbida" a transição do velho mundo da Cosa Nostra ao novo papel de colaborador. A respeito do direito como "poderoso mecanismo instituidor ou reforçador de papéis sociais tendencialmente rígidos", "sistema social de significação", cf. Ferrari (2010, p.15 e 18). Cf. também Tomeo (1981).

3 *Lupara*, palavra derivada de *lupo* (lobo), é a munição para fuzis de caça, com balas de 8 ou 9 milímetros de diâmetro, usada para a caça de lobos ou javalis; e, no uso corrente, passou a designar o próprio fuzil de caça. Na linguagem jornalística, o termo *lupara bianca* passou a designar crimes, geralmente ligados às organizações mafiosas, nos quais há o desaparecimento e provável assassinato de uma pessoa, cujo cadáver jamais é encontrado. (N. T.)

> O que posso dizer de então é que, se você está dentro, tudo lhe parece normal, porque você está tão afundado naquela realidade que seu coração não consegue sentir a dor.[4]

Pergunto-lhe como é possível manter o distanciamento e o equilíbrio depois de ajudar a matar um homem, como se consegue dormir, como é possível continuar a aproveitar a vida. Responde-me, sério, que o segredo está em reencontrar a fé. Ao prosseguir seu relato, porém, essa explicação parece menos óbvia e simplista.[5]

Conversar com Spatuzza testa minhas convicções, provoca uma ginástica contínua entre emoções e racionalidade para evitar preconceitos ou fáceis reducionismos. Por exemplo, é difícil eu entender o que significa seu pedido de perdão. Seu desejo de redenção me leva a questionar a natureza de sua mudança.

É como me mover em um labirinto. Não há uma explicação unívoca. Nem faz sentido buscá-la. Respostas aparentemente contraditórias são capazes de apresentar argumentos válidos para seu embasamento. Reflito sobre o fato de que, com a mesma força com a qual hoje Spatuzza requer para si uma vida sob a insígnia da verdade, com a mesma convicção com a qual hoje defende os princípios da verdade e da justiça, ontem defendeu cegamente as regras da Cosa Nostra. E o caso dele não é isolado.

Sua narrativa tem uma lógica. Suas explicações parecem coerentes em relação aos pressupostos que as fundamentam.

---

4 Encontro de 12 out. 2012. Limonov também, na biografia de Carrère citada, distingue – na Rússia do imediato pós-Segunda Guerra – os prisioneiros políticos, aos quais demonstra seu desprezo, da elite dos criminosos, formada por "ladrões que obedecem à lei" (2001; ed. it. 2012, p.49). Sobre o processo de congelamento das emoções entre os homens da Camorra, cf. Starace (2014, p.151-2). Quanto aos efeitos do entorpecimento emotivo produzidos pela repetida exposição à dor alheia, cf. também Sontag (2003).

5 Nos encontros seguintes, foi o próprio Spatuzza quem me sugeriu uma pista de interpretação, quando compara suas ações àquelas dos oficiais das SS no campo de extermínio de Auschwitz. Embora consciente da profunda diferença entre as duas situações, a relação pode servir para explicar quer o embotamento do senso de culpa, quer a dificuldade em testemunhar o mal cometido, reconhecendo sua crueldade inclemente.

Relembro as reflexões de Jervis sobre a fronteira evanescente entre bem e mal, quando – ao discutir o conceito de "maldade inata" – explica como é simples e banal o exercício da maldade, sobretudo aquela praticada dentro de um grupo ou como resposta a uma ordem vinda de fora.[6]

No início de novembro, encontrei-me pela segunda vez com Spatuzza. Dispondo de mais tempo e com a perspectiva de encontrá-lo com mais frequência, pedi-lhe que começasse por suas lembranças infantis, da vida passada no bairro de Brancaccio e de seus primeiros contatos com o mundo da Cosa Nostra.

Mostrando-se descontraído e seguindo um roteiro já experimentado durante os frequentes depoimentos judiciais, ele traçou o enredo de um longo e esmerado itinerário narrativo:

> Minha história começa aos 10 anos, quando abandonei o terceiro ano primário, depois de repeti-lo por dois anos. Daí, com meu pai, decidimos que eu devia trabalhar. Na verdade, eu não era contra essa escolha na época, na medida em que é possível ter consciência das escolhas nessa idade. Eu também desejava contribuir para o sustento da minha família.
>
> Meu pai era muito trabalhador. A ponto de, quando não pôde mais trabalhar como servente de obras, ter arranjado uma moto Ape com a qual vendia frutas e verduras. E justamente uma manhã em que ia para o mercado hortifrúti sofreu o acidente que lhe custou a vida. Meu pai estava totalmente afastado de qualquer ambiente criminal. Mas, infelizmente, não consegui seguir

---

6 "Em circunstâncias favoráveis, quaisquer pessoas seriam capazes de organizar novos extermínios de massa", escreve Jarvis. Quaisquer pessoas, porém, não significa uma única pessoa qualquer. O grupo favorece a desindividualização e garante o anonimato; dentro dele, porém, é possível se sentir "interiormente autorizados", experimentando "a exaltadora sensação de não precisar responder quanto à própria liberdade ao tirar proveito de indivíduos considerados estranhos ao grupo de associados" (Jervis, 2007, p.13 e 16). Cf. também os textos de Bocchiaro (2009) e Volpato (2011), que aprofundam o peso dos aspectos situacionais e das dinâmicas cognitivas nos processos de desumanização.

seu exemplo porque eu sentia esse forte impulso de vingar meu irmão...

Minha família era numerosa – éramos cinco irmãos e três irmãs –; assim, era necessário nos virarmos para ajudar a mantê-la.

Havia uma carpintaria perto de casa e me empreguei como carpinteiro. Depois fui trabalhar com meu primo Rosario, como pintor. Mas esse meu primo já frequentava o mundo da Cosa Nostra. E me inseriu aos poucos nesse mundo. Além disso, começamos a frequentar nessa época, a trabalho, as casas "das pessoas que contam" em Brancaccio e acabamos trabalhando na casa da família Graviano. Uma família importante [...] a despeito de, naqueles tempos, a família Di Maggio (na época, chefe de *mandamento*)[7] ser a mais importante de Brancaccio.

Os Graviano, porém, eram abastados. Já possuíam vários apartamentos e grandes terrenos.

Ao trabalhar na casa deles, conheci Giuseppe, Filippo e Benedetto Graviano. Era o fim dos anos 1970. Naquele período, morreu também meu irmão Salvatore, responsável por um sequestro em Monreale, o de Graziella Mandalà, mulher de um construtor conhecido, sequestrada no verão de 1976. Todos os envolvidos naquele sequestro foram assassinados.[8]

Pelo que Giuseppe Graviano me contou, o responsável pela morte do meu irmão foi Salvatore Contorno. Da dor e da raiva surgiu em mim o desejo de uma justiça pessoal, e quando come-

7 Em italiano, *mandamento*, isto é, um distrito ou uma circunscrição entregue a um *capomandamento*, ou chefe de *mandamento*, representante de alto nível da Cosa Nostra, eleito por votação e ponto de referência de um grupo de famílias limítrofes, as quais formam um *mandamento*. (N. T.)

8 "Graziella Mandalà foi raptada em 1976 por alguns delinquentes 'desautorizados'." O roteiro era previsível: a senhora foi libertada por um comando de homens de honra que entraram em campo para restabelecer a ordem. Quase todos os autores da transgressão, em poucos dias, foram encontrados estrangulados* dentro das lixeiras da Circunvalação de Palermo (La Licata, Il "no" dei padrini: un reato maledetto da Cosa Nostra, *La Stampa*, 16 jan. 2007).

* No original *incapretatti*; na gíria mafiosa, amarrar um homem com as mãos nas costas e as pernas para trás, amarradas com uma corda em volta do pescoço, que acaba por estrangular a vítima. (N. T.)

çou a segunda guerra da Máfia, fiquei ao lado da família Graviano, aliada dos corleoneses.

Meu primo Rosario já pertencia à Máfia e eu ia junto com ele pegar os baldes cheios de pó branco. Não sabia se era heroína ou cocaína; mas certamente eram drogas.

Quando Stefano Bontate foi morto, comecei a entender o que estava acontecendo. E eu estava mais próximo da Máfia que seria a perdedora (Grado, Contorno e Mafara), me aliei à família Graviano, para facilitar meu projeto de vingança.[9]

Desde as primeiras páginas de sua biografia, o relato de Spatuzza põe em dois setores adjacentes sua história privada e a entrada na Cosa Nostra, interconectando fortemente a pressão ambiental, os episódios vividos e a escolha individual.

O acesso ao mundo da Cosa Nostra – até 1995 desprovido de uma oficialização ou de qualquer afiliação formal – tinge-se (talvez por causa dessa "informalidade" originária) de uma conotação pessoal ambígua, na qual as motivações do rancor privado – o *ódio* contra Salvatore Contorno, considerado o artífice do assassínio do irmão – e o *afeto* pela família Graviano – conhecida desde a infância, e junto à qual, desde criança, tinha trabalhado como ajudante de pintor – fundem-se em um amálgama perverso.

Minha relação com a família Graviano vem de longa data, nasceu quando, menino de 9 ou 10 anos – estamos em 1974 –, depois de abandonar a escola, com meu pai, decidimos achar um trabalho para mim, até para ajudar minha família economicamente. Comecei a trabalhar de pintor e fiz trabalhos, entre outros lugares, em alguns apartamentos de propriedade da família Graviano.

9 Encontro de 10 nov. 2012. Ao longo dos diversos interrogatórios em procuradorias e nos tribunais onde foi inquirido, Spatuzza produziu reconstruções semelhantes a essa. Um precioso compêndio desses materiais encontra-se na Procuradoria da República junto ao Tribunal de Caltanissetta – DDA, Memória do Gabinete do Procurador da República ilustrativa de novas provas.

> Daí nasceu o conhecimento e também o sentimento de afeto em relação a eles.[10]

É significativo o fato de que o "afeto" pela família Graviano esteja enraizado no ato de compartilhar do ódio por Salvatore Contorno, também acusado de ser o assassino de Michele Graviano, pai de Benedetto, Filippo e Giuseppe.[11] E é graças a esse rancor em comum que Spatuzza tem a "sorte" não apenas de começar a fazer parte do grupo que sairá vencedor da guerra de Máfia então no início, mas de ser cooptado pela família de Brancaccio, destinada a desempenhar um papel fundamental na história consecutiva da Cosa Nostra. Em seu caso, porém, não se trata apenas de sorte. O jovem, sem dúvida, tem qualidades pessoais a oferecer.

Sua total confiabilidade e grande versatilidade no crime – resultado de habilidades adquiridas durante um difícil e prematuro aprendizado da vida adulta – suavizam seu caminho e lhe permitem conquistar a confiança absoluta de Giuseppe e Filippo Graviano.

Ele oferece a primeira prova de confiança com pouco mais de 20 anos, quando – no decorrer de uma reunião da quadrilha de Brancaccio junto à "Palermitana Blocchetti" –, após a incursão da polícia, não consegue escapar e é levado à *questura*:[12]

---

10 Encontro de 12 out. 2012.

11 O próprio Spatuzza é quem explica, de modo mais articulado, no decorrer de um interrogatório: "A morte do meu irmão foi imputada a Salvatore Contorno, que fazia parte do bando dos perdedores, de Bontade e outros mais. Daí que Contorno havia matado Michele Graviano, o pai de Giuseppe Graviano, e digamos que essa vingança contra Contorno era o que me unia à família Graviano" (Tribunal de Caltanissetta – Rito GIP Seção GIP/GUP penal, Transcrição verbal de audiência, Processo penal RgGIP 1125/09 – RgNR 1595/08, contra Spatuzza Gaspare + 8, Audiência de 7 jun. 2012, p.166-7).

12 A *Polizia di Stato* ou PdS (Polícia do Estado) é a força nacional de polícia italiana. Sua direção-geral está localizada em Roma, tendo como dirigente máximo o *capo della polizia* (chefe de polícia). Sua organização é nacional, regional e provincial. Nas cidades principais, a repartição policial da PdS é denominada *questura*, chefiada pelo *questore*. (N. T.)

O que aconteceu foi que, não que eu tenha sido maltratado, mas fui interrogado de forma bem dura. [...]. Assim, digamos que eu, podemos dizer, superei a prova de fogo, porque, digamos, não falei o que acontecia naquele local e sobretudo não dei o nome das pessoas que conseguiram escapar da apreensão. [...]. Praticamente, pode-se dizer, isso representou a prova de fogo, porque me mantive íntegro, por assim dizer.[13]

Cooptado de maneira informal pelos irmãos Graviano na família de Brancaccio, rapidamente ele se torna um de seus homens de confiança, e recebe – justamente em virtude de sua plena fidelidade e cega obediência – a desagradável tarefa de "atrair enganosamente as vítimas predestinadas". Trata-se, como lembra Giovanni Drago em um depoimento, de uma verdadeira "especialidade" na qual Spatuzza "se sobressaía", uma competência que ele próprio reconhecia:[14]

Na época, minha função era de vigia, olheiro, supervisor. Praticamente onde eu morava, na Via Conte Federico, certo? Lá era justamente o epicentro, onde morava a sogra de Totuccio Contorno, isto é, uma pessoa que podia levar a Totuccio Contorno, assim eu

13 O delicado tema das violências infligidas nos quartéis da polícia ou nas estruturas carcerárias é um assunto tabu, ao qual Spatuzza alude várias vezes para se distanciar imediatamente do mesmo. Também na entrevista concedida a Giovanna Montanaro (2013, p.27), ao reconstituir as fases agitadas de sua detenção, recordou: "Me prenderam, e como eu estava ferido na mão e na cabeça, me levaram primeiro ao pronto-socorro. Depois me levaram aos quartéis do esquadrão móvel de Palermo, onde coisas feias aconteceram [...] que não quero lembrar [...] atenção, não quero generalizar". Para um duro depoimento sobre as violências sofridas na prisão pelos detentos sob o regime 41-*bis* e sobre os inexplicáveis suicídios de "homens de honra" detidos, cf. Di Gregorio e Lauricella (2014), texto cuja abordagem deprecativa relativa aos colaboradores de justiça é discutível (Tribunal de Caltanissetta – Rito GIP Seção GIP/GUP penal, Transcrição verbal de audiência, Processo penal RgGIP 1125/09 – RgNR 1595/08, contra Spatuzza Gaspare + 8, Audiência de 7 jun. 2012, p.171).

14 Tribunal de Florença – II Tribunal Criminal de Florença, Sentença emitida em 5 out. 2011 no processo penal contra Tagliavia Francesco, NR Sent 3/10, RgNR 5/10, RgNR 9043/10, p.305.

> era uma espécie de infiltrado, praticamente controlava todos os movimentos de todos aqueles em volta que estavam marcados, e que logo depois seriam executados.[15]

Em seguida, acrescenta:

> Assim, comecei a cuidar dos movimentos de vários indivíduos, que já desapareceram. Um rapaz da Guadagna, que chamávamos de Totò, ele desapareceu, foi atraído para uma emboscada por mim e eu o levei a um depósito, onde ele foi morto. O mesmo aconteceu com um rapaz chamado Salvatore Faia, eu o atraí para uma emboscada e logo depois ele foi morto.[16]

2. "SE SPATUZZA FALAR, GRAVIANO FALA..."

A confiança, a total fidelidade, a cega obediência são os primeiros requisitos para ser acolhido no mundo da Cosa Nostra. São mais importantes quanto mais se trabalha em estreita proximidade com os chefes.[17] Até mesmo mais importantes do que o domínio de habilidades específicas, sobretudo quando se deve executar incumbências particularmente delicadas. Foi por esse motivo que, na expectativa do massacre de Via D'Amelio, a tarefa de roubar o Fiat 126 utilizado como carro-bomba no atentado foi confiada precisamente a Gaspare Spatuzza, mesmo que – ele próprio o admitiu – ele não tivesse muita experiência em matéria de furtos.[18]

---

15 Tribunal de Caltanissetta – Rito GIP Seção GIP/GUP penal, Transcrição verbal de audiência, Processo penal RgGIP 1125/09 – RgNR 1595/08, contra Spatuzza Gaspare + 8, Audiência de 7 jun. 2012, p.167-8.

16 Ibid., p.173-4.

17 Ao descrever a relação entre confiança e conhecimento, Simmel (1908; ed. it. 1989, p.299) posiciona a primeira em um estado intermediário entre conhecimento e ignorância, observando que: "Quem sabe completamente não precisa *confiar*, quem *não* sabe de fato não pode, racionalmente, *confiar*".

18 A inabilidade de Spatuzza como ladrão de carros é testemunhada por um episódio específico que ele rememorou no tribunal. Após ter recebido como presente de Filippo Graviano um Fiat 126 de "modelo antigo", ao

> Um dia, eu estava com Fifetto Cannella, [...] que me diz que tem que roubar um *126* e eu respondi que nunca tinha roubado carros, porque não era bom nisso, e Cannella insistiu, mais categórico, e falou que o *126* era mesmo necessário. [...] "Se realmente é necessário roubar um *126*", falei, "preciso de alguém para me dar uma mão."[19]

Obtendo a autorização de Giuseppe Graviano, Spatuzza pede ajuda a Vittorio Tutino, escolhendo seu cúmplice, também nesse caso, não com base em sua "competência" específica, mas, sobretudo, por ser alguém de sua absoluta confiança.[20]

Tudo isso acaba provocando alguns problemas, pois o furto foi feito com grande lentidão, com o risco de se transformar em uma farsa, quando, ao não conseguir ligar o motor do carro, os dois "ladrões" foram obrigados a empurrar o carro roubado, com as próprias mãos e também com a ajuda de outro veículo, até chegar ao local onde programaram escondê-lo.[21]

Para quem não conhece as lógicas da Cosa Nostra, o relato de Gaspare Spatuzza parece inverossímil. Como uma organização tão poderosa pode usar indivíduos tão claramente incompetentes para executar uma tarefa tão delicada?

---

necessitar de peças de reposição, Gaspare Spatuzza pagou 1 milhão de liras a alguns ladrões locais com os quais tinha boas relações, para roubar um 126 do último modelo para tirar as peças de que precisava: "Sim, e ainda fui criticado porque paguei 1 milhão por este carro, [...] que, depois, mais tarde, quando conheci Trombetta Agostino, lhe contei isso, que eu paguei 1 milhão para roubar um carro e ele me disse um palavrão meio pesado" (Tribunal de Caltanissetta - Rito GIP Seção GIP/GUP penal, Transcrição verbal de audiência, Audiência de 7 jun. 2012, p.257-8).

19 Ibid., p.197.

20 A dimensão relacional é tida em alta consideração na formação de "grupos de trabalho" dentro da Cosa Nostra. Spatuzza observa: "Os chefes procuravam selecionar os melhores e criar grupos harmoniosos e de acordo entre si. Os Graviano procuravam nos combinar entre aqueles que se davam bem. Eram competentes na gestão de seus homens. Buscavam transmitir o sentido da união e da colaboração" (Encontro de 15 dez. 2012).

21 Tribunal de Caltanissetta - Rito GIP Seção GIP/GUP penal, Transcrição verbal de audiência, Audiência de 7 jun. 2012, p.199-201).

Aproveitando essa aparente contradição, o advogado Flavio Sinatra, defensor de Vittorio Tutino, investe no tribunal contra Gaspare Spatuzza, que, com calma, lhe explica convincentemente a lógica das ações de Giuseppe Graviano:

> ADV. SINATRA – O senhor disse várias vezes que Vittorio Tutino não era, por assim dizer, competente no assunto, o senhor não podia pedir a Graviano [...] "Tem alguém de confiança, já que temos que pegar um *126*, é preciso um certo tipo de habilidade". [...]
>
> RÉU SPATUZZA – Advogado, se Graviano tivesse [...] quem nos roubasse o *126*, não iria procurar nem a mim nem Vittorio Tutino. [...] Graviano é o mentor, eu, Tutino, Cannella, quem somos? Os peões [...]. Mas eu preferia morrer [...]. Esqueça o perito, advogado, fomos encarregados de uma missão, pra mim Tutino, se lhe dissermos: "Vá a Brancaccio e corte a montanha e jogue ela no mar", Tutino vai em Brancaccio cortar a montanha e jogar ela no mar [...], a mesma coisa era eu no lugar de Tutino. [...] pra mim Tutino representava a máxima garantia e a máxima confiança.[22]

Tendo esclarecido a dinâmica da escolha, o advogado Sinatra continua sua inquirição, o que permite a Spatuzza explicar melhor a natureza dos laços que o uniam aos irmãos Graviano:

> ADV. SINATRA – Pois então, era apenas por um problema de confiança, e não um problema de ser especializado em roubar o *126*?
>
> RÉU SPATUZZA – Não... Esqueça a confiança, a questão é executar qualquer ação [...] seja confiada a Tutino, e a mesma coisa acontecia comigo, esqueça a confiança, esqueça todo o resto.[23]

---

22 Tribunal de Caltanissetta – Rito GIP Seção GIP/GUP penal, Transcrição verbal de audiência, Audiência de 8 jun. 2012, p.233-8. A respeito do chamado "crime de obediência", cf. Kelman e Hamilton (1989).

23 Tribunal de Caltanissetta – Rito GIP Seção GIP/GUP penal, Transcrição verbal de audiência, Audiência de 8 jun. 2012, p.238.

Quer seja confiança ou obediência cega, os Graviano constroem relacionamentos pessoais muito íntimos com os homens que os cercam. E tão forte é o vínculo emocional que os liga aos protegidos, que regras mais ou menos compulsórias, deveres mais ou menos rígidos podem mesmo ser questionados, nos casos em que é preciso punir os próprios homens "de confiança".[24]

É o que se verifica por ocasião de um episódio que envolveu, além do próprio Vittorio Tutino, Fabio Tranchina, que se tornou a sombra, motorista e fiel acompanhante de Giuseppe Graviano.

Certo dia, Tranchina entregou cerca de 20 milhões de liras a Tutino, encarregando-o de entregá-los a Giuseppe Graviano. Tutino, porém, diz a Graviano que Tranchina lhe dissera para ficar com a soma, considerando-a um presente para sua filha. Giuseppe Graviano, furioso, pediu satisfações a Tranchina, que negou ter dito a Tutino que este podia ficar com o dinheiro. Para liquidar a polêmica, marca-se um encontro entre Tranchina e Tutino, na presença de Filippo e Giuseppe Graviano. No acareamento que se segue, Tranchina reafirma sua inocência, acusando Tutino de ser um *infame*.[25] Porém, embora Giuseppe Graviano pareça acreditar na versão de seu protegido, Tutino não é absolutamente punido. É salvo pelo vínculo de absoluta obediência que o liga ao chefe.[26]

---

24 Sobre o vínculo entre violência e obediência cega à autoridade, cf. Milgram (1974). As relações entre poder, autoridade e confiança são tratadas por Holzner (cit. in Sciolla, 1983, p.124). Quanto à intimidade do vínculo fundamentado na combinação entre segredo e confiança com o fim de garantir a *proteção*, cf. Simmel (1908; ed. it. 1989, p.320).

25 Procuradoria da República junto ao Tribunal de Caltanissetta – DDA, Memorial do Gabinete do Procurador da República ilustrativa de novas provas ex. art. 630 c.c.p., cartas c) e d), Proc. n. 1595/08 RgNR Mod. 21 DDA (depositada junto à Procuradoria-Geral da República junto ao Tribunal de Apelação de Caltanissetta em 13 set. 2011 pela DDA da Procuradoria da República de Caltanissetta), p.710 e 714-6.

26 Tranchina explica: "Vittorio Tutino era a sombra de Filippo Graviano, a sombra, onde estava Filippo Graviano, Vittorio Tutino estava, [...] ele tinha essa enorme consideração por Filippo Graviano porque, [...] era a pessoa, por exemplo, Filippo Graviano, se lhe dizia, Vittorio, preciso, preciso, preciso de 1 bilhão, esta noite você deve me trazer 1 bilhão, ele sabia onde ir para trazer esse dinheiro" (ibid., p.715-6).

A devoção de Vittorio Tutino aos irmãos Graviano não foi abalada sequer pelo confronto com Gaspare Spatuzza, no qual Tutino – acuado entre a *fidelidade* jurada aos Graviano e a *amizade* por Spatuzza – demonstrou seu equilibrismo, recorrendo a tantos e tais esclarecimentos e *distingos*,[27] e produzindo tantas declarações de afeto, que o combalido procurador Lari, condutor do interrogatório, o repreendeu:

> Não se trata de uma sessão psicanalítica, certo? É um confronto judiciário. [...]. Hoje eu o acareei com seu acusador.[28]

E quando Spatuzza exige que ele confesse explicitamente ser um mentiroso, percebendo ter sido encurralado, tenta, de todas as formas, escapar da pressão:

> SPATUZZA – Quer dizer que foi um erro...
> TUTINO – E o que é que eu faço com esse erro, Asparino?
> [...]
> SPATUZZA – Não... então... admita então apenas que Asparino Spatuzza é um farsante porque está te dizendo...
> TUTINO – Não, não vou dizer isso! Porque você está me colocando entre a cruz e a espada pra dizer se você é um trapaceiro ou se está falando a verdade... Não digo nada... [...] digo só que você, nesses três fatos que está mencionando... entendeu? Nesses três fatos que você me mencionou você está fazendo confusão...[29]

27 No original, *distinguo*: usado na filosofia escolástica, o termo indica a fórmula que introduzia a análise de uma argumentação, com o objetivo de fazer uma distinção. Por extensão, a palavra tem o sentido de uma distinção extremamente sutil e/ou artificial. (N. T.)

28 Procuradoria da República junto ao Tribunal de Caltanissetta – DDA, Memorial do Gabinete do Procurador da República ilustrativa de novas provas, p.260. Sobre o valor terapêutico da compreensão nas relações interpessoais, cf. Finkenauer e Righetti (2011); quanto às implicações relacionais dos confrontos nos tribunais, cf. Jacquemet (1996) e Matoesian (2001).

29 Procuradoria da República junto ao Tribunal de Caltanissetta – DDA, Memorial do Gabinete do Procurador da República ilustrativa de novas provas, p.262.

Concluída a acareação com Spatuzza, Tutino percebe que, pelo fato de se deixar levar demasiado pelas emoções, fizera importantes revelações diante dos juízes, apesar de não ser um colaborador. Avaliando com frieza qual dos dois "afetos" era mais conveniente adular, não hesita em renegar Spatuzza, ratificando sua fidelidade primária aos irmãos Graviano. Assim, o antigo *amigo* é definido agora como um indivíduo "capaz até de vender a mãe", "alguém de pouca confiança e que não tinha nada a ver comigo".[30]

Subindo de tom, Tutino renega simbolicamente o beijo com o qual recebera Spatuzza no tribunal, insinuando suspeitas sobre a relação entre o colaborador e seu advogado e deixando transparecer, enfim, que percebeu nas atitudes de Spatuzza sinais de certo desequilíbrio mental. Tudo em nome da velha amizade! Suas palavras são transcritas assim na ata do interrogatório:[31]

> Vossas Senhorias me dizem que beijei e abracei SPATUZZA naquela ocasião, embora eu já soubesse que ele estava me acusando e que minha conduta pode ser interpretada como uma atitude de abertura. Em minha defesa, posso dizer que me comportei assim porque eu sequer o havia reconhecido, e fui eu mesmo durante a acareação quando disse que, se fosse há um tempo, eu o insultaria, mas agora seu comportamento me deixa indiferente.
>
> Até achei que a moça ao lado de SPATUZZA fosse sua mulher, sabendo depois, pelo dr. GOZZO, que a família de SPATUZZA tinha abandonado ele; soube depois que se tratava da advogada de SPATUZZA. [...] O sr. SPATUZZA, além disso, começou a falar dizendo que estava com Deus e com o Estado, prosseguindo, depois, que estava ressentido quanto à Radio Radicale, e nesse ponto eu interrompi perguntando se ele estava lendo livros de

30 Ibid., p.272-3.

31 Em relação aos limites e sobre a dificuldade do uso, para fins de pesquisa, das transcrições judiciárias, cf. Palmerini (2008) e Paoloni e Zavattaro (2007). Sobre as relações entre texto falado e texto escrito, cf. Simone (1996).

teologia: posso dizer, baseado na minha experiência carcerária que, quando as pessoas na prisão se dedicam a essas leituras, elas "entram de cabeça com tudo", isto é, se envolvem demais nisso. Olhei SPATUZZA e fiquei perplexo com a fala dele.[32]

3. ENTRE RAZÃO E EMOÇÕES...

O tema da confiança, da obediência cega ao forte vínculo afetivo em relação aos próprios chefes é um assunto recorrente nas declarações de inúmeros mafiosos (colaboradores ou não); uma constante comunicativa e um requisito que se tornou ainda mais compulsório na Cosa Nostra a partir do modelo de comando introduzido por Salvatore Riina, o qual, justamente pela infiltração de homens de sua absoluta *fidelidade* dentro dos *mandamentos* de Palermo, foi capaz de erodir o sistema de governo mais *laico* de Stefano Bontate, maculando seu carisma e tirando-lhe o controle de camadas cada vez maiores de população mafiosa; alternando declarações de amizade ao uso cruel da violência, tramando em segredo e construindo seu poder sobre intrigas e *tragédias* (VV. AA., 2004; Chinnici; Santino, 1989; Marino, 2001).[33]

Gaspare Spatuzza relata:

---

32 Procuradoria da República junto ao Tribunal de Caltanissetta – DDA, Memorial do Gabinete do Procurador da República ilustrativa de novas provas, p.273. Não é comum que a insanidade seja instrumentalmente invocada no mundo da Cosa Nostra, tanto para desacreditar, como nesse caso, a veracidade das declarações de outrem, quanto para obter a impunidade e um regime punitivo mais leve. Uma casuística do recurso às doenças mentais no mundo da Cosa Nostra pode ser encontrada em De Rosa e Galesi (2013). Quanto à inevitável cumplicidade dos médicos convocados para comprovar cientificamente a disfunção psíquica, cf. também De Rosa (2011). As relações entre simulação e loucura no mundo da Cosa Nostra são aprofundadas em Dino (2002); Gruppo Abele (2005); Lo Verso (1998) e Lo Verso e Lo Coco (2003).

33 Em relação ao nexo entre violência e poder, Hannah Arendt (1970; ed. it. 1996, p.39) recorda as reflexões de Alessandro Passerin d'Entrèves: "Se a essência do poder está na eficácia do comando, então não há poder maior que o nascido do cano de uma arma, e seria difícil dizer de 'que modo a ordem dada por um policial seja diverso da ordem dada por um bandido'".

Pelo que me contaram, Stefano Bontate se achava onipotente. Tinha uma família enorme, com mais de trezentos afiliados.

Ninguém entendeu o golpe de Estado de Riina, que infiltrou aos poucos seus homens dentro das várias famílias. Ninguém entendeu o que estava acontecendo.

A estratégia vitoriosa de Riina se baseava em alguns pontos-chave: 1) infiltrando seus homens nas várias famílias; 2) ataque com vários homicídios: Bontate etc.; 3) eliminação dos que tinham se tornado aliados, mas que poderiam causar danos, vencida a guerra: Pino Greco etc.; 4) a instituição de jovenzinhos como chefes de família: Giuseppe Lucchese etc.

Riina foi muito astuto. Nem sempre seus planos foram totalmente compreendidos. E alguns episódios ainda não foram realmente esclarecidos. Um destes foi o chamado "golpe de Estado" contra Riina – mais ou menos no final de 1989 –, no qual estavam envolvidos os irmãos Puccio e o próprio Bagarella.[34] Existe a suspeita de que jamais houve na realidade esse golpe de Estado. Seria uma invenção de Riina para eliminar alguns adversários inoportunos. Pessoalmente, não acredito que Bagarella pudesse se envolver nessa tentativa de golpe.[35]

A fidelidade plena prestada aos chefes permite-lhes exercitar o poder absoluto; mas, a partir do momento em que o verdadeiro objetivo é tirar proveito, a *amizade* é liquidada com rapidez e motivação, recorrendo-se a falsas acusações de *traição*, em um emaranhado de sentimentos cada vez mais confuso.[36]

O "afeto" impregnado de obediência gera um vínculo no qual as motivações pessoais não se distinguem das "profissionais"; uma relação na qual a dimensão privada é suplantada pelo trato

34 Vincenzo Puccio foi assassinado na prisão de Ucciardone em 11 de maio de 1989; ao mesmo tempo, fora da prisão, foi morto seu irmão Pietro. Um terceiro irmão foi assassinado em 5 de julho do mesmo ano.

35 Encontro de 10 nov. 2012. Sobre o "golpe de Estado" contra a liderança de Riina em 1989, cf. Dino (2011).

36 Sobre o vínculo inextrincável entre fidelidade e traição, cf. Kaës (2009; ed. it. 2010, p.49-50).

com o chefe, que engloba e totaliza, em uma unicidade indiferenciada, toda a existência. Assim, Spatuzza pode declarar:

> O sr. Giuseppe Graviano, assim como sua família, vinha em primeiro lugar; havia a família Graviano e depois, em segundo lugar, vinha minha família, fui claro? [...]. Privilegiado, porque, para mim... [...]. Sim, uma relação fraternal, não era uma relação de amizade comum, então pra mim é uma relação... [...] pra mim é uma relação privilegiada tudo o que diz respeito ao crime... [...]. Um relacionamento privilegiado por tudo o que diz respeito à afeição pessoal.[37]

Quem está inserido no contexto mafioso, sobretudo quando ocupa funções subalternas, compreende progressivamente a instrumentalidade desses laços *afetivos*: uma mescla de medo, reconhecimento e "afeição", reforçada pelo vínculo da afiliação, e fortalecido ainda mais pelas violências cometidas em grupo.[38]

Gaspare Spatuzza também vivenciou (e talvez ainda vivencie) a ambiguidade de um sentimento que associa amor e desprezo em relação a quem primeiro exigiu dele (e dele obteve) a plena devoção e, depois, *traiu* (segundo ele) o vínculo de fidelidade e de lealdade recíproca:

> Dentro da Cosa Nostra, o respeito é mais importante que a confiança. Se você tem que fazer mal a alguém, pensa que deve

37 Tribunal Criminal de Palermo – II Seção penal, Transcrição verbal de audiência, Processo penal 007/09 Rg. contra Graviano Giuseppe + outros, Audiência de 14 dez. 2010, p.28-9.

38 Segundo Bandura (1996; 1999), a ativação do mecanismo de *desempenho moral* é fundamentada em quatro processos que tornam aceitáveis, aos olhos de quem os comete, comportamentos especialmente reprováveis: as reestruturações cognitivas, a minimização do agente, a minimização dos atos cometidos, a culpabilidade das vítimas. Analogamente, Volpato (2011, p.31) fala da "desumanização" e da "autorização à violência" por parte de autoridades legítimas, da "rotinização" na execução das incumbências e da "difusão da responsabilidade". Sobre os processos de neutralização dos desvios de comportamento, cf. também Matza (1969), Sykes e Matza (1957) e Robinson e Kraatz (1998).

haver uma justificativa lógica, um motivo válido. Só mais tarde vêm à tona as perversidades das violências cometidas sem nenhum motivo nem justificação. O respeito prevalece e é baseado na autoridade que o indivíduo representa.[39]

Na verdade, as relações estruturadas no seio da Cosa Nostra se fundamentam sobre um opaco amálgama de interesses e sentimentos, mais do que sobre um vínculo de confiança. É principalmente o poder pessoal – poder econômico, capital de violência, carisma e redes de contatos pessoais – que permite aos indivíduos persistirem e aos chefes exercerem o próprio domínio. Um domínio baseado na violência e constantemente exposto ao embuste e à traição (VV. AA., 2002; Armao, 2000; Lampe; Johansen, 2004; Pepino; Nebiolo, 2006; Sciarrone, 2011).[40]

Desse modo, não surpreendem os estratagemas pelos quais Giuseppe Graviano e o próprio Gaspare Spatuzza testavam a confiabilidade de seus homens:

> Na Cosa Nostra, perde-se a dimensão pessoal. Eu não era, porém, um subalterno na Cosa Nostra, pois estava inserido na família Graviano, era um deles.
>
> Pra explicar melhor o que quero dizer, vou contar os expedientes que eu usava quando, na Cosa Nostra, queria saber se meu interlocutor era sincero ou um falastrão.[41]
>
> Por exemplo, quando Giuseppe Graviano me encontrava, perguntava o que eu "estava aprontando", dando-me a entender que sabia de algo que eu queria esconder dele. "Que beleza o que

39 Encontro de 2 mar. 2013. Sobre o vínculo entre autoridade e obediência, cf. Bauman (1989). Quanto aos artifícios sobre os quais é fundado o poder, ver Collins (1975; ed. it. 1980, p.388): "A principal via em direção ao poder [...] consiste em transformar um determinado sistema de ameaças e recompensas em uma comunidade ritual que afirme representar os ideais morais e os símbolos da realidade válidos para todos".

40 Sobre as conexões entre confiança, traição e equívocos, cf. Turnaturi (2014, p.18 e 21).

41 No original *babbiaturi*; em dialeto siciliano, um gozador, brincalhão, uma pessoa que não é de confiança. (N. T.)

você anda aprontando...", dizia. E eu fazia o mesmo com meus subordinados. Quem tivesse de fato algo a esconder se sentia descoberto e em geral confessava. Quem, ao contrário, nada tinha a esconder protestava e se defendia das acusações de ser pouco confiável. Assim, você percebia quem agia direito e em quem você podia confiar.[42]

Com o tempo, os laços com os irmãos Graviano se aprofundam. O "afeto" incondicional que Spatuzza declara sentir pela família inteira não o impede de traçar distinções quanto ao perfil humano e criminal dos irmãos:

> Apesar do que possa parecer, na realidade o verdadeiro chefe devia ser Filippo Graviano. Voltando no tempo, nos anos 1980 quem chefiava a família era o primogênito, Benedetto, mas, pelo que entendi, este não tinha capacidade de chefiar; assim, foi substituído por Filippo. Quando Filippo foi preso, em 1985, Giuseppe tomou as rédeas da família.[43] Enquanto isso, Filippo, preso, percebeu a importância e a prudência de manter – sobretudo para os de fora – um baixo perfil criminal, de forma a poder agir sem obstáculos, afastando de si os suspeitos, e desse modo inserindo-se no mundo empresarial.
>
> Exprimindo um pensamento de caráter pessoal, posso afirmar com certeza que, pelas suas características de diálogo, seu falar um pouco em "politiquês", sua previdência e outras coisas mais, Filippo Graviano tem todas as qualidades de chefe; apesar de, formalmente, meu chefe ter sido Giuseppe Graviano.[44]

---

42 Encontro de 2 mar. 2013.

43 Por causa dos depoimentos de Buscetta e Contorno, Filippo Graviano foi preso pela Esquadra Móvel em Torretta di Casteldaccia em 21 de agosto de 1985 (mandado de captura de 24 de outubro de 1984 no processo de Adelfio Giovanni + 126 n. 2015/82); condenado em 1987 a seis anos de reclusão e a três anos de liberdade vigiada, em 6 de dezembro de 1987, o Tribunal de Palermo concedeu-lhe prisão domiciliar.

44 Encontro de 12 out. 2012. Como no caso do relacionamento entre Riina e Provenzano, também Giuseppe e Filippo Graviano – e ainda mais, pelos laços de sangue que os unem – aproveitam sua sintonia de visões e diversidades de caráter para uma subdivisão de deveres que se releva extrema-

Como também não o impede de se conscientizar – sobretudo, quando, após sua detenção, é nomeado chefe em Brancaccio – de como os dois irmãos haviam sido tão pouco sinceros com ele. A confiança em seus "pais" começa a vacilar:

> Daí, de repente aconteceu algo que me fez perder toda a confiança que eu havia depositado nessas pessoas. Na hora em que me fizeram chefe do *mandamento* de Brancaccio, chefe da família, descobri tudo o que haviam feito pelas minhas costas. [...]
>
> Todos os ganhos, os lucros que eu... trabalhei durante quatro ou cinco anos com o contrabando de cigarros, daí sabia o quanto eu tinha ganhado, e sabia, como outros caras como eu, que esse tráfico era pra ajudar os presos. Assim, quando descobri que, ao contrário, efetivamente, não era assim de fato e que eles ganhavam 20 milhões por mês... um mês... Tagliavia, um mês a família Graviano, da propina do Hotel San Paolo. Uma série de coisas. "Mas como assim? Nós te demos nossa vida e somos maltratados desse jeito!"[45]

Ao declarar sua desilusão, Spatuzza traça uma clara linha de demarcação entre seu próprio comportamento, caracterizado pelo desinteresse e dedicação, e a ação oportunista e interesseira de seus protetores; entre um antes, qualificado pela harmonia plena, e um depois, marcado pelos dissabores, desacordos cada vez mais relevantes e, enfim, pela amargura quanto à traição dos sentimentos:

> Durante todo o tempo que militei na Cosa Nostra, fiz isso com um sentimento de irmandade, com um forte vínculo de fidelidade;

---

mente útil na gestão do poder. Fabio Tranchina observou que: "Giuseppe e Filippo são a mesma coisa... exatamente. São unha e carne..., a mesma coisa [...] isto é, um é a mente e o outro meio que o braço, digamos, de tantas coisas" (Procuradoria da República junto ao Tribunal de Caltanissetta – DDA, Memorial do Gabinete do Procurador da República ilustrativa de novas provas, p.642).

45 Transcrição verbal de 29 jun. 2009, em *Io accuso*, 2010, p.207.

a convicção de que valia a pena confiar naqueles que eu considerava meus pais, seguindo fielmente suas ordens.

Jamais fui pago pela família de origem, isto é, pelos Graviano. Tinha meu trabalho e vivi sempre dele. Certamente, no exercício das minhas poucas atividades, a proximidade com os Graviano sempre me ajudou.

A despeito de algumas vezes eu ter feito isso – embora não fosse minha obrigação –, cobrar taxas era um peso pra mim, pois eu não ganhava nada.

Minha dívida com os irmãos Graviano chega, no total, a 20 milhões das velhas liras. Dinheiro que os irmãos me deram em várias ocasiões. E como eu disse durante a acareação com Giuseppe Graviano: "Me comprometi em restituir-lhe o dinheiro, assim que eu puder. Mas não vou dá-lo a você e sim à caridade".

Os Graviano, porém, mostraram ser calculistas e interesseiros. Foi uma grande desilusão. Aproveitaram-se da minha boa-fé, e não só da minha, mas a de tantos outros pobres coitados que, como eu, lhes confiaram sua vida.[46]

3.1. *Dúvidas e justificações*

Na verdade, o desenrolar dos sentimentos de Spatuzza em relação aos irmãos Graviano e ao mundo da Cosa Nostra está longe de ser linear. Indícios e sugestões da ambiguidade das relações vividas no contexto mafioso, da lógica contraditória que move sua "justiça" estão presentes ao longo de toda a sua militância, mas são contidos por uma mescla de admiração, conveniência, obediência, sentimento de superioridade em relação ao mundo externo, aliados ao medo das retaliações em caso de desobediência ou de discordância:

Ao viver naquela realidade, é muito normal que um cara admire quem possua capacidades incomuns. Você enxerga nessa pessoa alguém excepcional, forte, confiável [...].

46 Encontro de 2 jul. 2013.

> Eu fazia parte de uma organização e, portanto, me dividia, ou melhor, vivenciava todos os seus deveres e obrigações, sem preconceito nenhum.
>
> Nós exageramos no caso do pequeno Di Matteo, filho de um colaborador de justiça. Como grupo de Brancaccio, fomos os autores do seu sequestro. Naquela ocasião, tivemos uma briga. Como já contei durante o processo, durante o rapto do garoto, num certo ponto eu, junto com outros do grupo, nos rebelamos pela crueldade mostrada contra o pequeno pelo grupo ao qual, nós que o sequestramos, tínhamos que entregá-lo, pra vigiá-lo. Houve uma discussão e quase chegamos às vias de fato.[47]

E assim, quase marcando um ponto de ruptura, recupera o surrado mito da "velha e boa Máfia" que usa a violência com cautela, e prossegue:

> Somos homens e não animais. Mesmo naqueles tempos, havia ações que eu era capaz de justificar e outras não: matar uma mulher ou uma criança é injustificável. Tudo deve ser entendido dentro do contexto. Temos sempre um contexto. Matar por quê? Porque há uma razão. Existe uma sentença que torna o ato justificável. Se você supõe que alguém deve ser liquidado, você não acha que está errado.[48]

Na realidade, muito além das declarações de princípio, o próprio Spatuzza admite sinceramente que descumpriu as regras da Cosa Nostra sempre que foi necessário fazê-lo, encontrando,

---

47 Encontro de 2 mar. 2013. O episódio ao qual Gaspare Spatuzza se refere trata de uma fase do sequestro de Giuseppe Di Matteo quando, executado o sequestro e ainda não estando presente o grupo que deveria pegar o garoto para tratar de seu encarceramento, Fifetto Canella ordenou a Spatuzza e a seus companheiros que amarrassem o pequeno e o trancassem durante toda a noite no bagageiro do Fiat Fiorino usada para seu transporte (cf. Tribunal de Palermo – Tribunal Criminal, II Seção, Sentença contra Graviano Giuseppe + 5, n. 1/2012, RgSent; n. 7/2009, Rg; n. 2014/00, NR; n. 1657/01, GIP, p.38-9).

48 Encontro de 2 mar. 2013.

sem grandes dificuldades, motivos convenientes para silenciar o sentido de culpa ou incongruências lógicas perturbadoras, incorporando tudo isso na "fé cega" da "missão mafiosa":

> Uma vez, por exemplo, matamos uma mulher por "engano". Ao falar com um membro do comando, ele expressou perplexidade pelo fato de que uma das duas vítimas fosse justamente uma mulher. Nesse ponto, tentei achar uma desculpa convincente, pra tentar justificar o injustificável. Disse ao rapaz que estava comigo: "Não liga, não tem importância. Com certeza ela era como eles...".[49]

Dessa forma, não lhe era difícil interceptar o surgimento de qualquer dúvida acerca da bondade e da coerência das próprias ações, enquanto se manteve dentro do contexto mafioso:

> As dúvidas surgem quando você começa a não achar mais uma justificativa. Enquanto você estiver dentro da Cosa Nostra, o que a opinião pública pensa meio que não te interessa.
>
> As pessoas estão enganadas quando acham que podem nos abalar...
>
> Não nos importamos com eles, pois quando vemos suas manifestações, pensamos: "Eles são fortes por estarem juntos. Mas somos mais fortes ainda porque somos unidos. Quando eles voltarem pra suas casas, estarão de novo sozinhos e nós seremos novamente mais fortes"...[50]

---

49 Encontro de 15 dez. 2012. Spatuzza relatou outro episódio sórdido de violência cometida contra uma mulher durante a acareação contra Giuseppe Graviano, ao relembrar ter obrigado uma moça, engravidada após uma relação com "um senhor que fazia parte da Cosa Nostra", a abortar, por ordem de seu chefe. "Quero lembrar o nome dessa criança, que eu, junto com Vittorio Tutino, o sr. Giuseppe Graviano nos mandou matar, mesmo antes de nascer [...]. Aconteceu que um senhor que fazia parte da 'Cosa Nostra' engravidou uma moça, e o sr. Graviano me autorizou, a mim e a Vittorio Tutino, a sequestrar essa moça e obrigá-la a abortar" (Tribunal Ordinário de Palermo – Tribunal criminal, II Seção, Processo penal n. 7/09 Rg contra Giuseppe Graviano e outros, Audiência de 8 mar. 2011, p.85).

50 Encontro de 2 mar. 2013.

A convicção de "estar do lado certo", ou melhor, a convicção de estar do lado de quem estabelece o que é "certo", impondo pela força seu critério de avaliação, fortalece o vínculo mafioso.

Pergunto a Gaspare Spatuzza por que – apesar de sua análise lúcida da degradação do mundo mafioso – decidira participar dele e não se eximira de executar incumbências que hoje considerava desprezíveis:

> A motivação é subjetiva. Existem tantos fatores que podem interagir na vida de um homem. Certamente o contexto social prejudica muito.
>
> A família mafiosa era minha família. Depois da segunda guerra da Máfia, muitos fugiram; outros ficaram, mas passaram para o outro lado, traindo os velhos amigos. Há sempre uma tensão constante no seio da Cosa Nostra.
>
> O Estado e a sociedade são considerados um mundo alheio, inimigo. Os cidadãos, por sua vez, nem sequer são considerados pela Cosa Nostra. Eles são apenas subordinados. Todos são subordinados.
>
> Tudo o que acontecia em nosso território era controlado. Tínhamos infiltrados por todo canto. Até no Centro "Padre Nostro" havia infiltrados, pessoas que relatavam diariamente o que acontecia. Até nas escolas do bairro tínhamos gente nossa. [...] O que mais incomoda a Cosa Nostra é a liberdade: de movimento, de pensamento, de expressão. A liberdade, sermos livres.[51]

Estranha é a lógica da Cosa Nostra, na qual Spatuzza me introduz inexoravelmente através de seu relato: a traição conjugal é proclamada como inadmissível, enquanto o assassinato de um ser humano não é considerado imoral. Tomam várias precauções para não "faltar com o respeito" às mulheres dos comparsas, que, por sua vez, não têm reconhecidas nem a dignidade nem a autonomia.

---

51 Encontro de 2 mar. 2013.

Mas Spatuzza não parece nem ao menos reparar nestas que, para mim, são óbvias contradições:

> Queimar uma santinha[52] nas mãos de uma mulher... Percebe? Francamente é impensável na Cosa Nostra... Talvez existam funções que possam ser desempenhadas por mulheres. Papéis bem precisos que podem ser confiados às mulheres: delegações sem importância... funções ligadas ao disse não disse... Mas confiar a uma mulher a caixa da "família" ou a possibilidade de ordenar extorsões ou homicídios não tem lógica na moral, embora cruel, da Máfia.[53]

E explica o que ele considera as degenerações da "moral mafiosa" recorrendo ao conhecido clichê da barbarização:

> A presença atual das mulheres na Máfia dá a entender algo fundamental. A ditadura de um chefe de família que, para não dar espaço e receitas aos gerentes, utiliza – ou desfruta – de pessoas que jamais nesse mundo deveriam estar envolvidas na Máfia: um filho, principalmente se menor de idade, ou uma mulher.[54]

Por seu lado, ele faz questão de se apresentar como o intérprete da autêntica voz da honra mafiosa:

> Eu jamais aceitaria falar com uma mulher, em especial sobre assuntos ligados à Cosa Nostra, e quando houve necessidade de ter que falar com uma mulher – por exemplo, esposa de um

---

52 Referência ao ritual da "santinha": ao entrar na Cosa Nostra, o novo afiliado tem uma imagem de uma santa queimada nas mãos, enquanto pronuncia um juramento. (N. T.)

53 Encontro de 10 nov. 2012.

54 Id. O desconhecimento dos papéis femininos dentro do mundo mafioso constitui um fértil filão de análises da literatura que buscou aprofundar o tema das funções das mulheres na Cosa Nostra. Sobre esse ponto, cf. Principato e Dino (1997); Dino (1998; 2000a; 2007; 2010). Cf. também Siebert (1994; 2010b); Puglisi (1998); Fiandaca (2007) e VV. AA. (2010b).

detento – havia sempre a presença de um terceiro: me parecia "moral" me comportar assim. Sobretudo ao se tratar da mulher de um preso. Eu precisava tutelar minha reputação, a da mulher e a do encarcerado.[55]

E, enfim, explicitando a lógica de seu raciocínio:

> Na visão da Cosa Nostra, não é imoral assassinar um homem quando ele foi sentenciado à morte. Pessoalmente, eu não agia por impulso ou interesses pessoais. Agostino Trombetta, por exemplo, e não só ele, está vivo graças a mim, pois consegui intervir pra salvá-lo. Mas quando eram sentenciados à morte, aparentemente havia um motivo bem válido. Eu ou algum outro devíamos fazê-lo.
>
> O sentimento de culpa nasce pelos mortos que não nos pertencem. Refiro-me aos massacres executados fora da Sicília, em especial aquele que exterminou toda a família Nencioni, com a morte de duas meninas de pouquíssima idade. Ou também o assassinato do pequeno Giuseppe Di Matteo, o beato dom Puglisi. Quanto ao resto, cumprimos ordens. Tudo isso não nos exime da responsabilidade moral.[56]

A linearidade de sua lógica não me convence. Seguindo sua argumentação, pergunto-lhe como foi possível, apesar do desgosto sentido pela morte das meninas durante o massacre de Via dei Georgofili em Florença, não ter se negado a participar de outros atentados cruentos, os quais – pelas modalidades "terroristas" com que foram executados – poderiam causar a morte de outros inocentes.

Spatuzza começa dizendo que ignorou por longo tempo a extensão real das consequências do massacre de Florença; acrescenta depois que foi tranquilizado por Giuseppe Graviano e, enfim, conclui com uma afirmação que parece, mais que o

55 Encontro de 10 nov. 2012.
56 Id.

resultado de uma lúcida marcha racional, um ato cego de fé diante de uma realidade muito diversa da descrita:

> Tudo tem uma justificação dentro da lógica da Cosa Nostra, quando se age no interesse da organização. Tudo lá é motivado, enquanto você está inconsciente... Às vezes você toma consciência, mas dá um jeito de ignorar de vez dando uma desculpa conveniente, como eu fiz tantas vezes. De vez em quando, alguém desperta completamente e passa a colaborar com a Justiça...[57]

4. DE SOLDADO A GERENTE

Em 27 de janeiro de 1994, Giuseppe e Filippo Graviano são presos em Milão. Em junho de 1995, é a vez de Antonino Mangano, que havia sucedido os Graviano na gestão do *mandamento* e da "família" de Brancaccio. No decorrer de um dia, Gaspare Spatuzza deixa o papel de matador para assumir o de gerente da "família" e de todo o *mandamento* de Brancaccio:[58]

> Depois da detenção de Nino Mangano, digamos que eu, que não me meto a comandar, mas era a pessoa mais indicada para exercer a função de chefe de família, até porque gerenciava um grupo de matadores e pessoas dispostas a tudo, pois. Houve uma fase confusa, pois se falava de Pietro Tagliavia, e de pessoas de fora e tudo era incerto, e depois Pietro Tagliavia comunicou que eu

57 Encontro de 2 mar. 2013.

58 Na fase das audiências, Spatuzza expressou sua indiferença quanto ao ritual de afiliação, afirmando que o tipo de ligação que o vinculava a Giuseppe Graviano não havia se modificado em nada após sua admissão formal: "Eu não era encanador nem eletricista, estava à disposição da família Graviano, quando me mandavam cometer crimes, homicídios, não é que eu apresentava uma carteira para mostrar se eu era um homem de honra ou não, eram incumbências que eu recebia e eu, desgraçadamente, executava graças ao sr. Graviano" (Tribunal Criminal de Palermo – II Seção penal, Transcrição verbal de audiência, p.28).

não era mais um camarada, isto é, estavam discutindo [...] minha inserção entre os líderes das famílias de Brancaccio.[59]

Mas, para que Spatuzza pudesse assumir a função para a qual foi tão prestigiosamente indicado, era necessário realizar uma importante passagem. De fato, embora não se atribua um grande peso à afiliação formal quando não se assumem funções hierárquicas – e as tarefas extremamente delicadas que, até então, lhe tinham sido atribuídas o demonstram –, a regra exige que não é possível ser gerente sem ter formalmente prestado juramento e queimado a *santinha*, seguindo o antigo e tradicional rito de afiliação. Trata-se de outro exemplo da duplicidade lógica da racionalidade mafiosa:

> Apesar de, desde criança, ter crescido dentro do mundo da Cosa Nostra e desde pequeno ter feito parte dele, fui admitido apenas em 1995, depois da prisão de Nino Mangano. Por indicação das famílias do *mandamento* de Brancaccio (refiro-me especialmente à família Graviano e à família Tagliavia), vieram indicações pra me passar a gerência da família de Brancaccio. Porém, surgiu um problema. Para ser nomeado chefe de família, era necessário que eu fosse admitido. Eu jamais tinha visto isso como um problema. Pra mim, não fazia muita diferença. Sempre me concentrei nos fatos concretos...[60]

---

59 Tribunal de Caltanissetta – Rito GIP Seção GIP/GUP penal, Transcrição verbal de audiência, Audiência de 7 jun. 2012, p.177-8.

60 Encontro de 10 nov. 2012. A desconsideração quanto ao ritual afiliativo parece ser uma característica do grupo armado da "família" de Brancaccio, bem mais interessado no aspecto pragmático da "participação" do que nos aparatos simbólicos. Eis como responde Salvatore Grigoli – companheiro de Spatuzza também no homicídio do padre Puglisi – à pergunta do juiz sobre sua afiliação: "Se o senhor quer dizer tipo, ter sido picado,* não. Porém, isto é, agora não é que me importe tanto, falou-se disso também com Nino Mangano, que me explicou que isso não tinha uma grande relevância, até porque havia pessoas que participavam da Cosa Nostra há trinta anos e jamais tinham tido contato com Bagarella, com Matteo Messina Denaro; uma coisa que eu já tinha feito" (Procuradoria da República junto ao Tribunal de Caltanissetta – DDA, Memorial do Gbinete do Procurador da República ilustrativa de novas provas, p.458-9).

Assim, Gaspare Spatuzza – após vinte anos de militância – é submetido a um ritual de afiliação executado como um recital rotineiro, representado por atores destituídos de *pathos*, que fingem uma solenidade de fachada:

> Fui então convocado para um encontro com Matteo Messina Denaro...
>
> Eu não esperava que nessas circunstâncias – estando ali pra outros assuntos sempre ligados à Cosa Nostra, em particular o desaparecimento de Pieruccio Lo Bianco – iriam me propor o rito da admissão.
>
> Matteo Messina Denaro num certo momento virou pra mim e, depois de me convidar pra nos afastarmos do grupo, me perguntou "se eu tinha amigos", expressão que em linguagem cifrada significa se eu já tinha sido aceito. De fato, eu estava na Cosa Nostra desde menino; mas ninguém de fora do *mandamento* de Brancaccio sabia nada sobre mim.
>
> Nessa ocasião, lembro de ter aceitado ser admitido quase como se fosse uma formalidade. Eu havia sofrido uma perda imensa com a prisão dos Graviano. Com a gerência de Mangano, a balança pendia mais pra família de Rocella do que pra de Brancaccio...[61]

O relato sobre a admissão é apressado e sintético. Um ato burocrático, interpretado por Spatuzza como uma espécie de reconhecimento pela dedicação de vinte anos aos irmãos Graviano, como um dever a ser cumprido para defender a posição predominante da "família" de Brancaccio no interior do *mandamento* homônimo.[62] Seu relato não apresenta qualquer dimensão "sagrada" ou envolvimento emocional:

---

* Picado, no original *pungiuto*. Referência ao ritual de afiliação da Cosa Nostra, no qual o neófito presta o juramento de fidelidade e obediência na presença de três "homens de honra", segura uma imagem da Madonna dell'Annunziata, considerada a padroeira da Cosa Nostra, e a molha com o sangue que escorre do dedo "picado" por um espinho de laranjeira ou uma agulha, pronunciando um juramento ritual. (N. T.)

61 Encontro de 10 nov. 2012.

62 Em nosso primeiro encontro, Gaspare Spatuzza já havia acenado à sua "admissão", acentuando seu distanciamento emocional em relação ao

> Encontramo-nos nas imediações de Segesta. Estavam presentes Giovanni Brusca, Matteo Messina Denaro, Vincenzo Sinacori (gerente de Marsala), Antonino Melodia (gerente de Alcamo) e Nicola Di Trapani (gerente de San Lorenzo). [...] começa a discussão sobre quem seria meu padrinho e decide-se por Nicola Di Trapani. Sou admitido e nomeado gerente e responsável pelo *mandamento*. Senti essa nomeação como um reconhecimento à minha fidelidade. De fato, havia muitos com muito mais crédito que eu.[63]

Realizado o rito formal da admissão, Spatuzza passa a lidar com a ambiguidade dos irmãos Graviano. Quando pede a entrega da caixa para poder administrar o patrimônio do *mandamento*, percebe ter recebido um cargo estropiado: ele é responsável pelo aparato militar e tem a função de realizar o "serviço sujo", enquanto Pietro Tagliavia controla o dinheiro e a disponibilidade de capital. Trata-se de outro golpe baixo que deteriora a confiança e os sentimentos de afeto em relação aos seus protetores e amigos:

> Ciccio Tagliavia era, pra mim, como um irmão de Giuseppe Graviano e da família Graviano. Pietro Tagliavia era pai de Ciccio Tagliavia, então, pra mim, era como um irmão, e mais que um irmão, um pai, Pietro Tagliavia. Aí deu que tinha sido decidido, ou pelo menos, ou o que Francesco Tagliavia tinha decidido... ou Giuseppe Graviano, que o caixa do *mandamento* seria gerido por Pietro Tagliavia e eu seria responsável somente pelo serviço sujo, se assim podemos dizer.[64]

Spatuzza considera a situação inaceitável. Por respeito às regras mafiosas, tenta remediar, em primeiro lugar, através da negociação, e depois – falindo todas as tentativas – consideran-

---

evento: "Pra mim, ter me tornado formalmente um homem de honra era totalmente indiferente; eu já me sentia ativamente inserido na Cosa Nostra e não precisava dessa 'patente'" (Encontro de 10 nov. 2012).

63 Encontro de 10 nov. 2012.

64 Tribunal de Caltanissetta – Rito GIP Seção GIP/GUP penal, Relatório de audiência, Audiência de 7 jun. 2012, p.182.

do soluções mais drásticas para defender sua honra traída e as necessidades ignoradas de seus homens:[65]

> Torno-me o responsável e assim peço a Pietro Tagliavia, o pai de Ciccio, o livro-razão que estava com ele. Mas Tagliavia desconsidera e assim falo com Nicola Di Trapani e Giovanni Brusca. Até Matteo Messina Denaro foi informado, pois eu queria entender por que Tagliavia não me passava o caixa. Depois de obter o consenso da Cosa Nostra, peço um encontro com Pietro Tagliavia e percebo que ele não está me levando a sério. Nesse momento, precisei tomar decisões. Até porque nós (eu, o resto das famílias de Corso dei Mille, de Brancaccio e de Roccella) estávamos sem dinheiro e ele ganhava tempo.
>
> A partir do momento em que eu era o responsável, precisava demonstrar aos membros das famílias que não pretendia tolerar essa atitude hostil de Pietro Tagliavia. Assim, cheguei ao ponto de, durante uma reunião, dizer: "Uma noite dessas vamos atirar no Pietro Tagliavia".
>
> Formalmente eu tinha razão. A ofensa não era, de fato, endereçada a mim como indivíduo, mas a toda a Cosa Nostra e especialmente às famílias do *mandamento* de Brancaccio. O problema do caixa jamais foi resolvido: Brusca foi detido. Os contatos com Matteo Messina Denaro foram interrompidos. E Antonino Melodia e Nicola Di Trapani também foram presos. Por sorte, me prenderam também, ou não sei o que teria acontecido. Mesmo duvidando que eu realmente decidiria mandar matar Pietro Tagliavia.[66]

A recusa de Tagliavia revela o plano para excluir Spatuzza da gestão econômica do *mandamento*. Mas o que mais o fere é o fato de que os condutores dessa operação sejam os próprios

65 Para tentar solucionar a controvérsia sem recorrer à violência, Spatuzza procura Giovanni Brusca, que o incentiva a fazer valer sua nova condição de chefe: "Você é o responsável, então arranque a caixa das mãos do Pietro Tagliavia" (ibid.).

66 Encontro de 10 nov. 2012.

irmãos Graviano, que ignoraram a fidelidade e a absoluta dedicação externada a eles:

> A família Tagliavia é unida com um só cordão umbilical à família Graviano. Tagliavia e Graviano são extremamente ligados em todos os negócios lícitos e ilícitos nos quais participam. Por isso surgiu em mim a suspeita, ou talvez mais que uma suspeita, de que os Graviano tivessem sido cúmplices nessa minha exclusão da gestão do caixa do *mandamento*.
>
> Os Graviano fizeram um jogo duplo; de fato, jamais me confiaram o caixa. [...]. Na verdade, fui tratado de um jeito que, dada minha militância e meu afeto fraterno, eu realmente não merecia. Como fizeram antes com Nino Mangano, acusado de ter se apropriado do dinheiro da Cosa Nostra, depois fizeram isso comigo. Fui acusado de ter me apossado de um dinheiro, mas nada disso é verdade. [...]
>
> Não enriqueci na Cosa Nostra, não era um mercenário, não deixei dinheiro pra minha família e me orgulho disso. Minha família não possui nada de ilegal, especialmente dinheiro sujo, banhado no sangue de vítimas inocentes. [...]
>
> Você acredita que, depois da minha prisão, pessoas pertencentes à Máfia fizeram uma coleta pra que minha família pudesse vir me visitar? [...] minha mulher vinha me ver de trem, viajando 48 horas de ida e volta pra vir me visitar na prisão de Tolmezzo e certamente não viajava no vagão-leito... E pior ainda, com uma criança de 3 anos.[67]

A gestão econômica dos bens do *mandamento* sempre foi um ponto crítico para os Graviano e já havia sido motivo de disputa entre Nino Mangano e Cesare Lupo, antes da gerência de Spatuzza:

> Depois da prisão dos Graviano em 27 de janeiro de 1994, a direção do *mandamento* de Brancaccio foi entregue a Nino Manga-

67 Encontro de 10 nov. 2012.

> no. Os Graviano continuaram a controlar tudo (principalmente o dinheiro), já que as rendas eram administradas por Cesare Lupo, em nome da família Graviano. Surgiu uma disputa, pois Mangano era gerente e Lupo, o encarregado dos negócios econômicos dos Graviano. Nesse ponto, Leoluca Bagarella interveio e se chegou a um acordo formal com a aprovação dos Graviano. Ficou decidido que tudo o que estivesse ligado aos bens de propriedade pessoal dos Graviano não dizia respeito à organização e poderia ser gerido por Lupo, mas o que dissesse respeito à Máfia deveria passar às mãos do gerente, ou seja, de Mangano.[68]

O acordo firmado, irrepreensível na forma, esconde uma conduta pouco transparente, que dissimula o arbítrio do poderoso; o qual sabe como encontrar a forma de usufruir legalmente de suas próprias vantagens, fingindo respeitar as regras e agir até mesmo de forma filantrópica e no interesse da organização.[69]

Embora seja doloroso admitir, Spatuzza tem plena consciência da hipocrisia que reina na Cosa Nostra. Uma hipocrisia que ele compartilhou ao se adaptar aos malabarismos da "dupla moral mafiosa", enquanto a considerou funcional para o alcance de seus objetivos, mas que se torna intolerável quando é ele que sofre suas desagradáveis consequências (Aqueci, 1989):

> Os Graviano, como todos os industriais, mantinham dois caixas: um da família mafiosa, onde recolhiam só os trocados, e um pessoal, que enchiam de dinheiro...[70]

---

68 Encontro de 10 nov. 2012.

69 Em um ensaio sobre o crime dos poderosos, Ruggiero (2008, p.201) define essa modalidade predatória e dissimulada como o "crime de poder filantrópico", através do qual os poderosos que cometem um crime são capazes de "afastar a etiqueta criminal de si próprios e da própria atividade e a persuadir os demais de que seus objetivos correspondem aos fins da coletividade". Essa análise foi desenvolvida em Ruggiero (2015).

70 Ao analisar os chamados "crimes de poder" a partir da definição de Sutherland (1983), Ruggiero identifica uma tipologia inicial no chamado "crime operacional de poder", que consiste na violação de regras e princípios por parte dos mesmos indivíduos que os estabeleceram. Poder-se-ia pensar nas "organizações parodistas" das quais fala Gouldner (1954), que se

> É preciso documentar tudo. O gerente, porém, pode investir como deseja parte do dinheiro oriundo das atividades legais e ilícitas. Ninguém controla o que o chefe de *mandamento* ou chefe de família faz, a não ser que surjam problemas. Mesmo nesse caso é muito difícil demonstrar a existência de uma má gestão do caixa.
>
> Vou contar um caso que aconteceu na época de Filippo Marchese, morto – entre outros motivos – por ter sido acusado de ter se apropriado do dinheiro da organização. Mesmo no caso dele foi difícil provar essa apropriação. Havia um livro-razão. E, em vários aspectos, estava correto. O chefe de família é hábil o suficiente pra manter as contas formalmente em ordem.[71]

Enquanto permanece na Cosa Nostra, as crescentes dúvidas em relação aos chefes não abalam sua fidelidade à organização. Assim, Spatuzza continua se esforçando para exercer sua função com a máxima eficiência, experimentando uma estratégia diversiva que possa favorecer "sua" família e o *mandamento* do qual ele foi nomeado chefe, embora em caráter temporário e substitutivo:

> Quando eu era chefe do *mandamento*, quis fazer uma espécie de revolução. Queria acabar com a família de Brancaccio e começar outra família em Conte Federico, a rua em que nasci, pra que acreditassem que a família de Brancaccio tinha sido dissolvida, não existia mais. Queria, assim, iniciar uma nova era.[72]

É interessante notar – se pensarmos em sua condição atual de colaborador – que o desmembramento e a recomposição das

---

distinguem pelo fato de que "violar as normas produz um incremento de *status* e respeitá-las, um decrescimento" (Ruggiero, 2008, p.195).

71 Encontro de 10 nov. 2012.

72 Encontro de 2 mar. 2013. A afirmação de Spatuzza de que, ao ser nomeado chefe, pensa até mesmo em redefinir as fronteiras de um território de importância "histórica" para a Cosa Nostra pode representar o sintoma de um desejo de autonomia e redefinição da própria identidade de homem de honra. Sobre a questão, cf. Gribaudi (2009), Starace (2014) e Brancaccio e Castellano (2015).

novas fronteiras do *mandamento* foram projetados justamente para agir contra os "arrependidos":[73]

> Eu deveria pedir autorização, em primeiro lugar aos Graviano, e depois à Comissão. Mas, se o motivo era justificável, eu podia fazê-lo.
>
> As vantagens vindas daí seriam muitas: os novos colaboradores poderiam dizer que não havia mais a família de Brancaccio, com todas as consequências dessa afirmação.[74]

5. NO ÂMAGO DAS CONTRADIÇÕES

À medida que Spatuzza prossegue seu relato, delineiam-se com mais clareza contradições e conflitos que – apesar de seus esforços para racionalizá-los – não chegam a compor uma trama linear na narrativa nem um sentimento unívoco e definido. A impressão de quem o ouve é de que há algo sempre fugidio, que cada significado evidente esconde outro, latente; de que tudo – não obstante a veracidade do relato (ou talvez justamente por causa disso) – está coberto de um perene matiz de ambiguidade.

"Na Cosa Nostra, somos obrigados a mentir todos os dias da nossa vida, e isso não é viver", repete várias vezes meu interlocutor. No entanto, ele passou mais de trinta anos lá dentro, saboreando com orgulho sua filiação; não hesitou em mentir a fim de atrair para suas ciladas mortais as vítimas designadas, enganadas e traídas em sua confiança. Tudo com naturalidade e sem a menor hesitação, deixando-se guiar pela lógica da fidelidade à organização e à devoção aos seus chefes.[75]

---

73 Em italiano *pentito* (arrependido): trata-se de um indivíduo membro de uma organização criminal (tanto mafiosa quanto terrorista) que, após sua captura, decide colaborar com as investigações em troca de redução de pena, tornando-se um colaborador da justiça, ou *pentito*, na linguagem usual. (N. T.)

74 Encontro de 2 mar. 2013.

75 Sobre a dialética verdade/mentira e sobre o uso da mentira como instrumento de poder nas sociedades secretas, cf. Simmel (1908; ed. it. 1989, p.295-6).

Devoção e "afeto" que, com notável esforço, Gaspare Spatuzza deseja preservar de sua "dissociação" da confraria mafiosa e de sua escolha de colaboração. O processo de combinar instâncias tão diversas revela-se complexo e meu interlocutor nem sempre é capaz de compor os elementos dissonantes de sua narrativa:

> Quando fui preso e estava na prisão de Tolmezzo com Giuseppe Graviano e Filippo Graviano, falamos um pouco sobre o passado, um pouco sobre sua gestão, um pouco sobre a minha, sobre a acusação de que eu havia me apropriado de dinheiro, uma calúnia assim, sem pés nem cabeça, já que sabiam da minha fidelidade, eu que sempre dei minha vida por esses senhores. Mas, com tudo isso, tomei uma iniciativa e disse expressamente, tanto a Filippo Graviano quanto a Giuseppe Graviano, e eu não queria ouvir mais nada disso... não queria mais ouvir falar da Cosa Nostra, eu ficaria tranquilamente na cadeia, mas que pretendia me dissociar de modo formal.[76]

Spatuzza sabe perfeitamente que uma coisa é a *dissociação*, e outra muito diferente é a colaboração.[77] Sabe também que não é possível dissociar-se da Máfia sem risco de perder a vida ou o prestígio diante da organização, a qual, aliás, considera os *arrependidos* como *infames*, puníveis com a pena máxima. Ao mesmo tempo, sabe que o Estado não admite o instituto da dissociação e exige de quem queira se beneficiar com reduções de pena e garantias de proteção pessoal a plena colaboração, com a formulação de acusações detalhadas e relatando o próprio conhecimento sobre as atividades da organização (VV. AA., 1995; D'Ambrosio, 2002; Dino, 2006; Fumo, 2001; Gruppo Abele, 2005; Ruga Riva, 2002).

---

76 Tribunal de Caltanissetta – Rito GIP Seção GIP/GUP penal, Transcrição verbal de audiência, Audiência de 7 jun. 2012, p.189.

77 A ideia da dissociação – nem com o Estado nem contra a Máfia – é uma ideia antiga, emprestada da legislação antiterrorismo introduzida nos anos 1970 (Dematteo, 2006; Sommier, 2000). A instituição da dissociação dos mafiosos jamais foi reconhecida pela legislação italiana. Já me ocupei desse tema (Dino, 2002).

Todavia, tem como meta uma dupla legitimação (diante do Estado e diante de seus antigos colegas), distinguindo sua dissociação da Cosa Nostra da colaboração com o Estado, e desejando validar suas escolhas também aos olhos dos irmãos Graviano. A operação, embora motivada, suscita algumas estranhezas:

> Me dissociei formalmente da Cosa Nostra, de Giuseppe Graviano e de Filippo Graviano, mas com a premissa de que jamais deixaria de ser amigo deles, porque lhes quero muito bem ainda hoje, pois digo essas coisas como colaborador que empregou sua vida pra colaborar com a justiça e por isso pagou um preço altíssimo. Assim, infelizmente, fiquei enclausurado naquela mentalidade perversa, mas gosto tanto deles, de modo cristão, porém não aceito mais as ideias deles, sua mentalidade, e por isso me dissociei.[78]

5.1. *A família e as mulheres*

O tema das relações entre Gaspare Spatuzza e sua família de sangue (sobretudo a mulher e o filho) é doloroso e delicado. É um aspecto sobre o qual conversamos várias vezes durante nossos encontros.

Além de outras questões que ele considerava especialmente delicadas, foi também o assunto que sofreu a maior parte dos cortes na última versão do relato esquadrinhada por sua censura vigilante. O desejo de não expor seus familiares a perigos inúteis, a discrição em relação a um âmbito considerado estritamente pessoal, a dor de enfrentar uma distância e uma separação difíceis de se conciliar, a saudade de uma afeição da qual foi privado e que poderia, inclusive, aplacar as dificuldades de sua solidão, fizeram que Gaspare Spatuzza me pedisse para cortar grandes trechos de nossas conversas que tratavam de suas relações com a mulher e o filho. O que fiz, respeitando seu pedido.

78 Tribunal de Caltanissetta – Rito GIP Seção GIP/GUP penal, Transcrição verbal de audiência, Audiência de 7 jun. 2012, p.190.

A única passagem longa que ele me permitiu conservar é a seguinte, na qual emerge – como em outros relatos de outros colaboradores – a tentativa de distinguir a vida privada – mesmo que reduzida a uma mera rotina repleta de fantasias – do comprometimento totalizante com a Cosa Nostra:

> Conhecia minha mulher desde menino. Quando deixei o serviço militar, em abril de 1984, encontrei esta moça no mês de agosto. Veja só: em agosto me declarei e em dezembro já estava oficialmente noivo...
>
> Na verdade, não queria me ligar emocionalmente a ninguém. Pelo menos nesse ponto eu era consciente de não querer arruinar a vida de outros, tendo em vista minha atividade suja, mas me apaixonei... Ela, antes como noiva e depois como esposa, não sabia de nada. Essa mulher se casou com um pintor de paredes. Quanto ao resto, frequentar a família Graviano em Brancaccio não era nada fora do comum.
>
> Minha mulher não sabia de nada sobre as atividades ilícitas em que eu me envolvi. Quando Francesco Marino Mannoia começou a colaborar, eu temia que Agostino, seu irmão, tivesse contado a ele sobre minha participação na Cosa Nostra. Naquela época eu era recém-casado, falamos de 1988, e por medo de ser detido eu nem sequer dormia em casa; isso não levantava suspeitas na minha mulher e entre meus parentes, pois eu trabalhava como vigilante na empresa Valtrans.
>
> Meu filho nasceu em 1991 e só Deus sabe o que me custa hoje não ter podido aproveitar a riqueza do casamento e as alegrias da paternidade.
>
> Vou contar um caso que deixará claro o quanto minha família estava longe de conhecer minha dupla identidade. Um dia, era a noite de 2 de fevereiro de 1994, fizeram uma incursão e chegaram até meus parentes (acho que se tratava da operação "Golden Market").[79]

79 Em 2 de fevereiro de 1994, após a chamada "operação Golden Market", Gaspare Spatuzza passa a ser considerado oficialmente como foragido da

Nessa ocasião, eu fiquei muito preocupado. Na primeira página do jornal apareceu meu nome com a legenda "o carrasco auxiliar de Brancaccio". Como é que se explica uma situação dessa aos parentes... Eu precisava afastar qualquer suspeita. Assim, comecei a me enfurecer contra os colaboradores, contra os juízes... dizendo que se tratava apenas de calúnias.

Uma esposa e mesmo uma mãe não consegue desconfiar de um parente ou esposo, não consegue deixar de acreditar nele. Porque é difícil aceitar uma realidade tão monstruosa. Tende a acreditar no que seu familiar diz. Minha mulher me perguntou várias coisas, mas eu sempre neguei tudo. De resto, era fácil acreditar em mim porque nós, em certos aspectos, não vivíamos no luxo, não éramos ricos, vivíamos do que eu conseguia ganhar de forma legal. Apesar de algum dinheiro, de vez em quando, entrar da Cosa Nostra.[80]

O exíguo relato sobre sua mulher e família que Spatuzza permite tornar público fornece um ponto de comparação e instrumentos interpretativos úteis em relação ao que ele declarou no tribunal quando, a propósito de sua escolha de colaborar com a Justiça, afirma tê-la já considerado logo após sua prisão, em 1997, e de tê-la atrasado diante da firme desaprovação de sua mulher e pelo medo de perder suas pessoas mais queridas:

Quando eu... fui preso, já decidi colaborar ali mesmo. [...] Mas disse a eles... "Olha... se eu puder encontrar minha mulher"

Justiça. Na verdade, já em 1989, após as primeiras delações de Francesco Marino Mannoia, Spatuzza começa a tomar uma série de precauções: "No momento em que (Francesco Marino Mannoia) começa a colaborar, há o desaparecimento de Agostino Marino Mannoia e o assassinato da sua mãe, da irmã e da tia, Mannoia começa a colaborar, e eu tinha cometido assassinatos junto com Agostino Marino Mannoia, daí eu tinha, assim como Giuseppe Graviano, medo de que Agostino Marino Mannoia tivesse contado ao irmão sobre minha participação. Então já aí, não formalmente, mas já em 1989 eu era foragido [...] ou meio foragido, se assim podemos dizer" (Tribunal de Caltanissetta – Rito GIP Seção GIP/GUP penal, Transcrição verbal de audiência, Audiência de 7 jun. 2012, p.252).

80 Encontro de 10 nov. 2012.

> e aí falaria com ela sobre a proposta. [...]. Fui então autorizado a encontrar minha mulher. E daí minha mulher não concordou. Daí eu disse a eles que não podia perder minha família.[81]

Alguns anos depois, em 2005, detido na prisão de Ascoli Piceno, tentou novamente obter a aprovação da mulher antes de se comprometer a colaborar com a Justiça, buscando proteger um afeto longamente negligenciado, mas cuja importância, na solidão de sua cela, havia redescoberto. Mais uma vez, porém, deparou-se com uma negativa absoluta:

> Durante esses anos, sempre procurei dar um jeito de amolecer... minha família, principalmente minha mulher, buscava convencê-los... [...]. Sim, pelo menino, por nós mesmos, para o futuro, buscava atrair minha mulher para... meu caminho, nosso caminho, assim podemos dizer hoje. [...] quando eu tocava nesse assunto, ela virava uma fera porque não aceitava.[82]

E quando, em 2008, decide enfim colaborar com a Justiça apesar da discordância de seus familiares, terá de encarar a dolorosa ruptura com o filho, a mulher e sua família de origem:

> Pois eu não tenho mais ninguém. Perdi tudo o que tinha. Os parentes. [...]. Não me acompanharam. Daí que eu vivi... estou vivendo uma tragédia [...] quando se espalhou sobre a colaboração, que eu estava colaborando, eu tinha entregado uma carta ao procurador Grasso pra que... assim que a notícia se espalhou, pra entrar em contato com meus parentes, na qual eu explicava o porquê dessa escolha, porque decidi, especialmente pro meu filho. Quer dizer que meus parentes foram avisados. E daí que não aceitaram nem mesmo aquela mínima proteção que lhes foi... [...] oferecida.[83]

---

81 Ata do depoimento verbal de 29 jun. 2010 em *Io accuso*, 2010, p.265.
82 Ibid., p.211.
83 Ibid., p.223.

> Não é fácil tomar uma decisão desse tipo por vários motivos. Veja, eu estou pagando um preço muito doloroso pra... [...] A ligação com minha mulher e meu filho que... é uma tortura contínua. Não tenho nada, meus únicos interesses são minha mulher, meu filho e meus irmãos. Não tenho propriedades, não possuímos investimentos ou atividades ilícitas.[84]

Os dolorosos silêncios de Spatuzza fazem imaginar as tentativas repetidas e infrutíferas de retomar as relações com sua família. Ao esperar poder em breve se beneficiar de uma liberdade maior e de poder finalmente deixar a prisão, é compreensível conjecturar que ele sinta hoje mais forte ainda o desejo de ter consigo seus entes queridos. Mas a rejeição deles é clara. Ressurge a percepção de ser um alvo desejável; está ciente de que não falta muito tempo para aqueles que ele ajudou a condenar saírem da cadeia, e então para ele começará um período realmente difícil. Vivenciou por dentro – e compartilhou longamente – o ódio que a Cosa Nostra conserva contra os colaboradores e seus próximos.

Enquanto fala sobre o tratamento reservado aos arrependidos e sobre o uso instrumental de seus em geral incautos parentes, para atrair às emboscadas os infames que passaram para o lado do Estado, admitindo ter pessoalmente seguido as mulheres de Emanuele e Pasquale De Filippo para chegar, por intermédio delas, à "toca do lobo" e vingar-se da traição dos dois irmãos; volto a me perguntar o que esse homem pode sentir agora que as relações de poder mudaram, e ele não se encontra mais na posição do algoz e sim no incômodo papel de vítima potencial; agora que mesmo seus entes mais caros poderiam ser o alvo da vingança de alguns de seus antigos confrades. De sua parte, Spatuzza não trai qualquer emoção.

Com essa mesma capacidade de distanciamento, posso especular que não deve ser difícil para ele compreender a posição de sua mulher e sua clara recusa em compartilhar de suas escolhas.

---

84 Ata do depoimento verbal de 30 jul. 2009, em *Io accuso*, 2010, p.265.

Mulher que ele crê ressentida, diante de suas repetidas mentiras acerca da própria identidade. Mulher que o viu progressivamente transformar-se de pintor de paredes em *homem de honra*. Que aceitou segui-lo na prisão, submetendo-se a exaustivas viagens com o filho pequeno – da Sicília ao Friuli, de trem, sem cabine por falta de recursos – para encontrá-lo na prisão. Mulher que se recusou decididamente à sua última transformação de homem de honra em infame. Decidir acompanhá-lo faria que ela perdesse os liames com a própria terra e o próprio passado; iria expô-la a privações e perigos, devolvendo-lhe um homem que ela considera um desconhecido e que sempre antepôs a fidelidade à organização à esfera dos afetos.[85]

Minhas suposições são diretamente confirmadas quando, ao responder a uma pergunta sobre o tempo que ainda devia cumprir na prisão, Spatuzza revelou:

> Antes de sair da prisão, quero combinar meu futuro com as instituições. Depois de dezesseis anos de reclusão eu não saberia como recomeçar, já que me encontrarei numa sociedade que não conheço e, além do mais, sozinho.
>
> De resto, mesmo não compartilhando a escolha da minha mulher, posso entender os motivos desta mulher que se casa com um pintor de paredes, descobre que ele é mafioso, e agora se

85 Durante a entrevista com dom Massimiliano De Simone, abordamos, com delicadeza e discrição, as relações de Spatuzza com seus familiares, em primeiro lugar com a mulher e o filho. O que emerge é a dor dilacerante pela ruptura que se tornou inevitável a partir do momento em que seus respectivos caminhos se dividiram. Dom Massimiliano observou: "Quando ele rompeu definitivamente com a família... uma das inúmeras provações... quando a mulher foi lá e lhe disse claramente que se ele continuasse com esse propósito deveria se esquecer da família... Ele viveu momentos de verdadeiro pânico e sofrimento, porém disse 'um dia entenderão, se eu conseguir pelo menos a...', e continuou 'talvez pelo fato de eu pelo menos seguir meu caminho do meu jeito... talvez eu afaste meu filho daquele sistema... e consigo salvar pelo menos ele'... e continuava a dizer 'porque é uma coisa brutal... impensável' [...] Era apaixonado pelo filho, mas o filho não queria mais ter nenhum contato com o pai...após a colaboração..." (Entrevista com Dom Massimiliano De Simone, 28 set. 2012).

apresenta como colaborador de justiça. É natural que ela pergunte "Quem é meu marido?". [...] No último período do tempo em que eu estava foragido, estava com minha mulher e negava tudo, jogando-a contra as instituições. E ela acreditava em mim.[86]

E logo revela, apenas por alguns instantes, um toque de melancolia:

> As lembranças são dolorosas e a saudade é muita. A primeira coisa que eu fazia, quando chegava uma carta de casa, apesar de saber que ela passava pela censura, era abri-la e cheirá-la, para sentir o perfume de casa. Hoje não chega mais nenhuma carta...[87]

Hermético e reservado ao falar de mulheres, Spatuzza raramente se entrega à expressão dos sentimentos, dificultando a interpretação de alguns gestos que poderiam ocultar proximidade e intimidade.

Como quando, no último dia em que nos encontramos, querendo mostrar-me o lenço com o qual o bispo de L'Aquila lhe ministrou a unção aos enfermos, dirigiu-se à sua cela e voltou com um envelope amarelo. Extraiu dele um pedacinho de papel – fechado num saco transparente – junto a algumas fotos que me mostrava, visivelmente emocionado. Eram na maioria imagens do filho: menino alegre e animado, adolescente inquieto e sisudo.

Não faltam as fotos que o retratam pessoalmente: como rapaz, como militar, junto à sua família. Uma família numerosa, que demonstra uma humilde sobriedade. Fica a dúvida se isso seja motivado pela discrição, pela desilusão ou apenas pela casualidade. Se é o reflexo de um tipo de relação ligada ao passado ou se é consequência das escolhas recentes que acabaram por envolvê-la.

Gaspare Spatuzza não adora falar de mulheres. Sua relação com as figuras femininas parece fugidia e ocasional. Oscila entre

86 Encontro de 10 nov. 2012.
87 Id.

o "respeito" e o desinteresse; a subestimação e a vontade de não lhes deixar espaço na própria vida. De não se deixar "contaminar" por uma diversidade que é incapaz de decifrar.

Por esse motivo, falando-me, muitas vezes recorre a estereótipos. Como quando me apresenta suas opiniões sobre o papel das figuras femininas na Cosa Nostra, mostrando-se recalcitrante em tratar do assunto e em plena sintonia com as posições "oficiais" da organização:[88]

> Eu era muito desconfiado a respeito do envolvimento de mulheres na Cosa Nostra. Acredito que as funções das mulheres são desempenhadas principalmente na dimensão familiar privada e que as mulheres não têm nada a ver com a dimensão criminal. Pelo que eu saiba, as mulheres não tinham nenhum papel de liderança, mas hoje sei que existem mulheres que se comportam como homens de honra.
>
> Pessoalmente, considero que as mulheres [...] devem ficar de fora do contexto perverso mafioso da Cosa Nostra; porque não se deve fazer confidências nem mesmo ao seu irmão, se ele não for da Cosa Nostra.
>
> Envolver as mulheres em crimes [...] é imoral. É uma falta de respeito seja à mulher como mulher, seja à mulher como mãe dos seus filhos, seja ao Sacramento, ao pacto firmado diante de Deus no momento do matrimônio. Jamais envolveria minha irmã ou minha mulher; não teria sido moral envolvê-las.[89]

---

88 Quanto à dialética entre ser e aparecer, na qual estão envolvidas as mulheres da Máfia, tratei longamente do assunto (Principato e Dino, 1997; Dino, 1998; 2000a; 2007; 2012b). Sobre o tema, cf. o número monográfico da revista *Meridiana* (VV. AA., 2010b), os trabalhos de Renate Siebert (1994; 1996; 2010b), o estudo de Ombretta Ingrascì (2007) e as pesquisas de Anna Puglisi (1990; 1998) e de Puglisi e Santino (1995).

89 Encontro de 10 nov. 2012. A opinião que Spatuzza expressa sobre as mulheres (sempre muito "respeitosa" e muito reticente) sofrerá uma mudança após sua colaboração. Embora continue sendo difícil para ele atribuir a autonomia aos indivíduos femininos, na prática ele acabará por reconhecer os papéis cada vez mais importantes de algumas mulheres que ele irá encontrar em sua experiência como colaborador.

Todavia, no decorrer de sua argumentação, Spatuzza faz distinções sutis entre as regras e sua aplicação, acompanhando com frequência suas considerações sobre os papéis femininos na Cosa Nostra com divagações sobre as situações de ambiguidade nas quais a organização usualmente se move:

> Mas, como em todos os assuntos humanos, a Máfia também adota critérios específicos para escolher suas regras. E no final prevalece a utilidade. Vou contar um episódio pra explicar melhor e pra esclarecer a ideia do valor das regras na Cosa Nostra.
>
> Eu já estava em Tolmezzo há algum tempo, quando prenderam um homem de 70 anos que se chamava Diego, um tal que pertencia a uma família mafiosa da Cosa Nostra, deixo claro, de Agrigento. Eu nunca falava sobre a Cosa Nostra na cadeia com pessoas estranhas, mas esse Diego deixou claro que, na sua opinião, todos os homens da Cosa Nostra tinham enlouquecido pois falavam de dissociação, de acordos judiciais, de ritos abreviados, e que na sua opinião tinham todos se tornado *miseráveis*, inclusive injuriando o nome de Pippo Calò com frases depreciativas. Falando com o "tio" Diego, tentei fazê-lo entender o valor instrumental das regras e das escolhas dos detentos. Expliquei que, enquanto o rito abreviado[90] é aceitável, pois não exige ter que acusar ninguém ou admitir qualquer responsabilidade, o acordo judicial não é admissível pois significa uma confissão de culpa. Muito bem, saiba que assim que ele voltou à prisão de Ascoli Piceno, fico sabendo que o tio Diego tinha feito um acordo judicial! Isso demonstra como, em geral, mesmo na Cosa Nostra se age de modo muito diferente de como se fala. Principalmente quando no meio se encontra o

90 Rito abreviado: no processo penal italiano, usam-se, comumente, três ritos processuais: o direitíssimo, o rito abreviado e o comum. No direitíssimo, o magistrado do Ministério Público ou procurador da República pede julgamento antecipado quando o autor do ato criminoso é preso em flagrante, dispensando a investigação e pedindo instrução oral, já oferecendo a acusação. No rito abreviado, por sua vez, é a defesa que o solicita; porém, o réu deve confessar no início do processo e pedir ao magistrado judicial a dispensa de provas e que seja julgado com redução da pena em um terço. (N. T.)

próprio interesse pessoal. Apesar de tudo isso, as regras existem e têm grande importância.

Creio que as inversões, as distorções começaram com a colaboração de Tommaso Buscetta. Com a delação de Buscetta começou a desagregação das famílias e começaram a surgir as primeiras brechas. Há necessidade de novos peões e por isso afiliam indivíduos sem fazer qualquer seleção.[91]

Comparada a tal ampla digressão, sua resposta à pergunta sobre o papel desempenhado por Nunzia Graviano nos negócios da família de Brancaccio é tão sintética quanto vaga:

> Pessoalmente não sei nada sobre Nunzia Graviano ou sobre qualquer papel seu na Cosa Nostra. Foi em Tolmezzo que soube da sua detenção.[92] Os Graviano governaram em Brancaccio por trinta anos... Torço mesmo pra que não sejam eles que ainda comandem, assim como outros, naturalmente.
>
> Eles já eram ricos e, pelo que sei, ganharam um monte de dinheiro com a construção civil e os tráficos ilícitos. Estavam envolvidos em todos os tráficos em Brancaccio e, pelo que sei, mesmo fora de Brancaccio.[93]

Uma visão muito clara do papel de Nunzia Graviano na "família" de Brancaccio foi apresentada, por sua vez, pelos juízes de Palermo, que na ordem de prisão preventiva a descreveram como

91 Encontro de 10 nov. 2012.

92 No final dos anos 1990, uma das investigações sobre a "família" Graviano, envolvendo também um consultor fiscal e um advogado, causou um grande impacto. As investigações realizadas pelo DDA da capital siciliana revelaram o nível elevado de profissionalismo com o qual os chefões, embora encarcerados em regime de rigor máximo, dirigiam os investimentos de seus patrimônios graças a uma rede de contatos e de consultorias locais e internacionais. O polo final dessas operações era Nunzia Graviano, irmã mais nova de Giuseppe e Filippo (Tribunal de Palermo – Seção do GIP, Decreto de prisão preventiva, Processo penal n. 1623/99 RgGIP, 19 jul. 1999).

93 Encontro de 10 nov. 2012.

uma mulher "moderna e emancipada" (estudou francês, vivia em Nice, utilizava a internet, investia na Bolsa e se encarregou da gestão de todo o patrimônio familiar), definindo-a como "o *alter ego* dos dois irmãos no território, capaz de gerir um vasto patrimônio [...] ponto de referência *externo* de toda a família".[94]

As interceptações telefônicas e ambientais relatam sobre investimentos imobiliários em Nice e na Côte d'Azur, do gerenciamento de um "estabelecimento" vagamente identificado, de um lucrativo comércio de torrefação de café, exportado de Palermo e comercializado no Canadá – através de conexões com a família Cuntrera – e na Alemanha, além de uma série de acordos comerciais para a exportação de carne, produtos hortifrúti e café para a Rússia, cujas negociações foram auxiliadas por um diplomata russo, provavelmente, supõem os investigadores, um funcionário do Consulado-Geral de Marselha.

Condenada em 1999, Nunzia Graviano mudou-se para Roma, mas se manteve estreitamente ligada ao seu território de origem, reivindicando o reconhecimento da função que até pouco antes ela desempenhou.[95]

Em Palermo ela encontra Fabio Tranchina, ao qual informa que ainda é o ponto de referência para as atividades da família mafiosa no território de Brancaccio:

---

94 A prisão preventiva de Nunzia Graviano foi decretada porque, segundo os magistrados: "Ela não se limitou a exercer os papéis subalternos tradicionalmente atribuídos às 'mulheres da Máfia' (favorecimento e assistência aos foragidos, papéis secundários em algumas ações criminosas), mas estava [...] presente em todas as decisões mais importantes para a sobrevivência da família mafiosa" (Tribunal de Parlermo – Seção do GIP, Ordenança de custódia cautelar na prisão, p.138 e 5).

95 Embora tenha sido evasivo comigo a respeito de Nunzia Graviano, durante o interrogatório de 30 de julho de 2009, Spatuzza fez uma pausa para comentar a transferência dela a Roma: "(Filippo Graviano) falava de Bolsa, falava de Fulano, falava de Beltrano. De investimentos. [...]. Inclusive a irmã ficou em Roma. [...]. Ora, faz sentido que a família voltasse a Palermo quando estavam seguros em Roma? E lá em Roma ficou só a irmã. Eu a conheço, conheço sua mãe. A mãe e a irmã são como unha e carne. Para a mãe se separar da filha, que ficou em Roma, é porque esta deve estar gerindo ou tentando administrar o patrimônio da família" (cit. in *Io accuso*, 2010, p.269).

> [...] tem aquele detalhe que eu já contei – relata Tranchina no interrogatório de 16 de maio de 2011 –, quando, mais ou menos em 2000, ela me disse com suas próprias palavras, na casa dela em Via Pietro Randazzo: "A partir de agora é comigo"... [...] Me disse: "A partir de agora sou eu quem toma conta desta zona, e recomendo que você mantenha isso entre nós", e me fez um sinal com as mãos... [...] Me disse isso querendo dizer tipo "não saia espalhando por aí", ela falou: "Fique de boca fechada".[96]

As atas processuais revelam ainda que a mulher administrava o livro-razão da família. Seu gerenciamento é preciso e rigoroso, a ponto de provocar nos próprios homens de honra da zona atitudes de reverência, pelo temor de que pudessem ocorrer "coisas ruins" (retaliações pesadas) em caso de falta ou atraso dos pagamentos das somas exigidas por ela.[97] Mas Gaspare Spatuzza não sabe de nada disso.

5.2. *O aprendizado mafioso*

A imagem da Cosa Nostra que surge dos primeiros encontros com Spatuzza – quando a maior parte de nossos diálogos se concentrou em questões de caráter geral e os assuntos mais espinhosos foram apenas parcialmente abordados – é deprimente. Tudo parece coberto por uma pátina de mesquinhez e

---

96 Tribunal de Palermo – Seção do GIP, Ordem por requisição de validação de detenção e aplicação de medida preventiva pessoal contra Lupo Cesare + 16, Proc. n. 10090/10 RgGIP, n. 1291/10 RgNRDDA, p.307-8. Sobre as funções desempenhadas por Nunzia Graviano na Cosa Nostra, cf. também o Tribunal de Palermo – Gabinete do GUP, Sentença contra Graviano Nunzia + 4, 27 nov. 2000, e Procuradoria da República junto ao Tribunal de Palermo – DDA, Detenção de indiciados de delito no âmbito do Processo penal 1291/10 NC contra Lupo Cesare + 16, 28 nov. 2011.

97 Somente as receitas oriundas dos aluguéis dos apartamentos em nomes de "laranjas" ligados a Nunzia Graviano representam uma imensa soma de dinheiro, calculada pelos colaboradores em torno de 66 mil euros mensais (Tribunal de Palermo – Seção do GIP, Ordem por requisição de validação de detenção e aplicação de medida preventiva pessoal contra Lupo Cesare + 16, p.313).

ambiguidade. Por mais que meu interlocutor tente apresentar uma motivação à sua entrada na associação mafiosa mais "nobre" que o mero benefício pessoal ou interesse econômico, é difícil imaginar algo superior diante de uma realidade visivelmente violenta, que desafiaria duramente até mesmo o novato mais confiante e ingênuo.

Partindo do quadro desanimador que ele próprio traçou, volto a perguntar quais foram os motivos que o impeliram a se aproximar desse mundo. E mais uma vez sua resposta apresenta instâncias plurais e motivações variadas:

> No que me diz respeito, o contexto social desempenhou um papel substancial, apesar de eu não pretender atribuir-lhe todas as responsabilidades; mas me fez encontrar, no meu trajeto de vida, pessoas que estavam plenamente inseridas na Cosa Nostra, e que me permitiram executar meu projeto de vingar a morte do meu irmão. Mais tarde, fiquei ligado pela amizade fraternal à família Graviano, o que me facilitou tudo, infelizmente de forma negativa!
>
> Enquanto se está na Cosa Nostra, se está preso a uma corrente que condiciona sua vida, não só a sua, mas também a de outros, principalmente a dos seus parentes. Quanto, porém, você se apodera de si mesmo, fica livre pra decidir o que é o bem e o que é o mal, não agindo mais como subordinado de um outro que quer tudo, exceto seu bem. Sim, eu me sentia livre na época, mas de que liberdade estamos falando? Tudo é uma mistificação.[98]

Seguindo sua argumentação, pergunto-lhe se existe um processo de educação formal que permita aprender o difícil mister de mafioso. Spatuzza sorri e responde:

> Um processo de educação formal, não. Ao seguir os passos de quem o introduziu nesse mundo, você age de acordo. Por exem-

98 Encontro de 24 nov. 2012. Sobre o processo de desresponsabilização produzido dentro das sociedades secretas hierarquizadas, cf. Simmel (1908; ed. it. 1989, p.343-4).

plo, ninguém fumava na minha frente ou usava uma linguagem desrespeitosa. Era um sinal de respeito em relação a mim.

Num bairro, é fácil achar alguém mais esperto, você o identifica e o escolhe; com o tempo, vai aperfeiçoando cada vez mais seu modo de agir, sempre o mantendo sob vigilância e sob o olhar vigilante do supervisor.

Não há um aprendizado explícito e formalizado. As pessoas se adaptam antes que você lhes peça. Quanto ao resto, essas regras são seguidas. Eu, por exemplo, jamais tive amantes. Certamente eu não era santo. Mas precisava servir de exemplo para os outros, e mulher, tenho uma só. Na Cosa Nostra, as pessoas devem te enxergar com uma auréola de santidade. Controlar a linguagem também é muito importante na Cosa Nostra. Não se usam blasfêmias nem uma linguagem indecente, naturalmente estou falando das pessoas inseridas no *mandamento* de Brancaccio. Às vezes os gestos ensinam mais que as palavras, são os discípulos que assimilam as atitudes dos mestres, observando-os. Da parte dos chefes, busca-se selecionar os melhores e criar um grupo harmonioso e de acordo entre si.[99]

Como as habilidades específicas a ser atingidas não são definidas nem unívocas, são poucas as regras a ser respeitadas.

---

99 Encontro de 15 dez. 2012. Salvatore Cancemi se exprime de forma muito parecida: "Antes de entrar para a Cosa Nostra, ninguém sabe o que é a Cosa Nostra. É possível saber um pouco, que lá existem pessoas de respeito, pessoas com algo de diferente das pessoas normais, mas não é possível saber as regras, o que é a Cosa Nostra... Enfim, são todas coisas que aprendemos com o tempo. Não, veja, ninguém decide. Não se pede para entrar... Tipo: 'Eu faço um pedido pra entrar na prefeitura, ou ser funcionário das ferrovias'. [...] o fulano, é, digamos, procurado por alguém que já faz parte da Cosa Nostra e aquele o apresenta depois de um tempo. E o outro entra pra Cosa Nostra, este é o costume" (Tribunal de Florença – II Tribunal Criminal de Florença, Sentença emitida em 5 out. 2011 no processo penal contra Tagliavia Francesco, p.245). Quanto aos processos educativos e sobre a transmissão de conhecimento nos contextos mafiosos, cf. Ardica (2010), Bascietto (2009), Casarrubea e Blandano (1991), Ciccarello e Nebiolo (2007), Dino (2012a), Mastropasqua e Branchi (2011), Occhiogrosso (1993), Priore e Lavanco (2007), Siebert (1994; 1996; 2010b) e Schermi (2010).

De resto, a entrada no clã criminoso ocorre de forma progressiva, através de um rígido processo de seleção e de assimilação também cognitiva, onde o exemplo e o vínculo de confiança com o chefe constituem o dado mais relevante, e no qual as palavras e as explicações são reduzidas ao essencial, substituídas por um entendimento baseado, em parte, na obediência, e, em parte, no compartilhamento de vivências e interesses comuns. Pelo menos, essa é a experiência de Gaspare Spatuzza, que entrou para fazer parte de uma "família" na qual a autoridade dos chefes era fortemente enraizada no carisma, embora também fosse legitimada por dotes e habilidades reconhecidos, além de uma tradição familiar de todo respeito.[100]

Em seu caso, enfim, a natureza do vínculo é complexa. Além de motivações como o ódio comum e o interesse econômico conjunto, há uma ligação afetiva baseada na confiança e na admiração,[101] baseada na convicção de um pertencimento e de um objetivo comum a ser alcançado; todos eles fatores que – pelo menos na opinião de Spatuzza – parecem conseguir anular mesmo as hierarquias institucionais.

Por esse motivo, sua desilusão é intensa. Uma desilusão que é mais fácil de ser aceita quando envolve a dimensão dos negócios, mas que progressivamente corrói a esfera dos afetos, levando-o a reconsiderar profundamente sua vida, sem se furtar a reflexões bem amargas:

> O território de Brancaccio é belíssimo... [...]. Ouça, eu muitas vezes subia ao monte que domina Brancaccio, acho que se chama

---

100 Traçando uma ligação entre o processo de seleção dos homens de honra e a fonte de legitimação do poder dos chefes, dos quais a escolha depende, Armao (2000, p.78) distingue três situações que recordam o modelo weberiano: "É possível se tornar mafiosos por 'vocação', por transmissão hereditária ou por vontade do clã e de seu líder".

101 A experiência de Fabio Tranchina é diferente. Com maior distanciamento, ele irá revelar aos magistrados ter aceitado a incumbência de acompanhante de Giuseppe Graviano, oferecido pelo cunhado Cesare Lupo, por mero interesse econômico (Tribunal de Caltanissetta – DDA, Memória do Gabinete do Procurador da República ilustrativa de novas provas, p.642).

Monte Grifone. De lá eu via todo o território que me pertencia: o território sobre o qual, como chefe de *mandamento*, eu possuía o direito de veto que se estendia sobre tudo aquilo que eu era capaz de ver, em movimento ou imóvel. No final, o verdadeiro significado não era o que eu percebia naquele momento, porque, se bem que era eu quem comandava, não podia me dar ao luxo sequer de descer do morro e caminhar livremente no bairro. É como um rico que tem um monte de dinheiro depositado no banco, mas vive como um maltrapilho. [...]

Quem sempre viveu nos ambientes da Máfia não sabe o que é a liberdade. É como um pássaro criado na gaiola. Não tem sequer a consciência do que existe do lado de fora. Quantas vezes não mentimos a nós mesmos? Quantas vezes não queremos enfrentar a realidade? No entanto, é preciso enfrentar a realidade tal como ela é. Hoje penso que sou até capaz de morrer por essa verdade.[102]

Ao olhar para trás, ressurgem hipocrisias e falsidades. Os "valores" de um tempo mostram sua natureza mistificadora; é penoso dever reconhecer ter acreditado no simulacro deles, que ostentavam religiosidade e rigor moral:

Toda vez que passava diante de uma igreja, Giuseppe Graviano fazia o sinal da cruz, e eu também, como quase todos os membros da Cosa Nostra. O valor da religião na Cosa Nostra é exagerado. Porque faz que você se sinta como um servidor da legalidade e da justiça, algo como os templários. Assume uma missão de justiça, ou talvez fosse melhor dizer, de justiceiro. A gente se sente um benfeitor da coletividade. Provenzano achava que estava agindo em nome e por conta de Deus, e era um criminoso, mas estava convencido de não o ser, e isso era o bastante pra absolver sua consciência. [...]

---

102 Encontro de 15 dez. 2012. A análise das atas processuais e dos relatórios policiais do período fascista revela que a presença mafiosa no território de Brancaccio e em toda a zona que se estende do lado sudeste da Conca d'Oro* é bastante antiga, e os nomes das famílias mafiosas mais célebres são recorrentes (Patti, 2014).

* Planície onde se localiza Palermo, capital da Sicília, e algumas localidades do seu interior. (N. T.)

> Queima-se a santinha... entre nós, nos chamávamos de cristãos. E quando íamos em alguma missão pra um assassinato ou mesmo pra cometer algum crime menor, dizíamos esta frase ritual: "Vamos em nome de Deus". Isso já diz muito sobre o que significa não compreender a lógica da santidade do que é a palavra de Deus. "Vamos em nome de Deus." Que absurdo... é impensável. Mas estamos mergulhados tão profundamente numa realidade que não tem nada em comum com a vida autêntica que só Deus pode nos oferecer, e que certamente não pode delegar ao homem a possibilidade de tirá-la, que tudo parece coerente com seus princípios. Princípios que todos possuem fora dessa vida.[103]

A partir daqui amadurece um sentimento contraditório, uma vontade de escapar sem "trair" ou renegar ninguém, um cansaço que primeiro levou Spatuzza quase a desejar ser preso e depois – uma vez na prisão – a experimentar uma espécie de "alívio":

> Pode parecer estranho o que vou te dizer, mas quando eu estava foragido, às vezes, ao passar diante da prisão de Pagliarelli, eu a olhava com a sensação de que, antes ou depois, eu acabaria lá dentro. Mesmo que eu risse e debochasse, ela me esperava atrás das suas grades. [...]. Desde que entrei na cadeia, comecei a pensar no que havia feito. Com os anos, comecei a refletir. Apesar de eu já ter sentido uma certa fraqueza antes mesmo de ser preso. Uma das coisas que mais me fizeram refletir foi a morte das duas garotinhas no atentado de Florença, uma de 50 dias e a outra de 9 anos. Aliás, só há poucos anos vim a saber que haviam morrido duas e não uma menina, como eu achava no primeiro momento.
>
> Só em 1997 fiquei sabendo da morte do pequeno Giuseppe Di Matteo. Quando Chiodo e Monticciolo começaram a colaborar.[104]

Apesar do desejo de encontrar um significado e uma justificativa que tornem suas escolhas aceitáveis, voltando as costas

103 Encontro de 15 dez. 2012.
104 Encontro de 24 nov. 2012.

ao passado e à pilha de escombros fumegantes que deixou atrás de si, Spatuzza não é capaz de esconder sua amargura.[105] Uma amargura pela qual, porém, não se considera diretamente responsável:

> Com Graviano, eu acreditava ser livre. Deixar-se influenciar pelos outros é a derrota absoluta do homem. [...]. No momento em que se renuncia à sua liberdade e se recua, mesmo que um passo, acabou.
>
> Os irmãos Graviano assassinaram minha alma. Destruíram minha vida e a da minha família, e não só isso. Eles são os responsáveis pela minha destruição e a de inúmeras famílias.[106]

Diante dessa reconstrução que o apresenta quase como uma vítima de um engano ou de um processo de manipulação, sou impelida a perguntar-lhe se alguém o obrigou a seguir os irmãos Graviano.[107] Olhando-me diretamente nos olhos e sem trair qualquer emoção, Spatuzza responde, lacônico:

> Não fui obrigado. O negócio é outro. Eu, de certa forma, confiei neles. E a confiança não deve ser traída. Deve ser retribuída.[108]

---

105 A amargura de Spatuzza ao rememorar seu passado e a tomada de consciência da pilha de escombros da qual ele é composto lembrou-me a descrição do anjo da história de Walter Benjamin (1955a; ed. it. 1995, p.80).

106 Encontro de 2 mar. 2013.

107 Detendo-se para me explicar sobre a "margem de escolha" permitida a quem recebia uma solicitação explícita de ingresso na Cosa Nostra, Spatuzza relata: "Em 1996, como chefe de família, eu tinha a intenção de reorganizar as famílias do *mandamento* de Brancaccio, e convoquei um velho homem de honra, propondo-lhe de aceitar o filho. Mas ele se recusou. Embora eu tenha aceitado sua decisão, para mim – naquela época – foi quase um ultraje, esse desejo de querer preservar os próprios filhos e arruinar os dos outros" (Encontro de 12 out. 2012).

108 Encontro de 2 mar. 2013. A aparente contradição dos argumentos de meu interlocutor, seu sentimento de ter sido traído nos liames morais que o unia aos irmãos Graviano encontra correspondência nas reflexões de Simmel (1908; ed. it. 1989, p.323) sobre o papel das sociedades secretas como instrumentos para "uma educação extremamente eficaz do vínculo moral entre os homens".

– 3 –

ENTRE A MÁFIA E A POLÍTICA

> Pus-me então a considerar todas as opressões exercidas sob o sol. Eis aqui as lágrimas dos oprimidos e não há ninguém para consolá-los; seus opressores fazem-lhes violência e não há ninguém para os consolar. Então julguei os mortos, que estão mortos, mais felizes que os vivos que ainda estão em vida; e mais feliz que uns e outros quem ainda não é e não viu o mal que se comete debaixo do sol.
>
> Eclesiastes 4,1-3

1. APROXIMAÇÕES E SÚBITOS DISTANCIAMENTOS

A partir do terceiro encontro, registro uma intensificação na profundidade do relato e na dialética relacional. Um salto de qualidade acompanhado, quase como uma consequência, por algumas perguntas e uma série de assuntos que decido lhe apresentar; por um lado, percebo que a relação de confiança está se estreitando, mas por outro lado sinto que meu interlocutor tende a se fechar em si mesmo, entrincheirando-se por trás de silêncios significativos.

Pergunto-lhe sobre a escolha de se dissociar, sobre os massacres de 1992 a 1994, da relação entre a Máfia e a política. Procuro ouvi-lo a respeito das supostas manobras para confundir as forças da ordem, sobre as anômalas "vigilâncias" dos magistrados durante as investigações a respeito do massacre de Via D'Amelio, sobre os estranhos suicídios nos cárceres, sobre as presenças externas à Cosa Nostra nos locais dos massacres, sobre as hipóteses de acordos e sobre muito mais, do futuro da organização ao papel da família Graviano.

Tais perguntas provocam uma espécie de desconfiança velada que o acompanhará nos encontros posteriores. Momentos de aproximação e de profundidade humana são alternados com escaramuças dialéticas para esclarecer (de minha parte) ou para esconder (da parte dele) as questões mais espinhosas; consigo vislumbrar sentimentos, episódios e indivíduos sobre os quais, porém, não terei a menor possibilidade de relatar, pelo menos através das palavras diretas de seu protagonista.

Enquanto Spatuzza fala, continuo a transcrever apressadamente em meus cadernos. Anoto suas resistências, suas fases de endurecimento repentino e as mudanças de humor que acompanham suas memórias. Também registro minhas emoções, os sentimentos que suscitam em mim o relato desta história. São encontros fatigantes, dos quais em geral saio fisicamente esgotada, quando a tensão diminui e abandono a atenta concentração com a qual tento manter a "distância justa".

Preciso me concentrar em seu relato para capturar sua lógica e enquadrá-lo em cenários analíticos mais amplos; para compreender sem justificar; para ouvir sem julgar nem me enrijecer em um falso esquematismo.[1] É um exercício difícil. Torna-se ainda mais complexo pelos temas que discutimos, que dizem respeito a mim individualmente, assim como dizem

1 Referindo-se às características e aos limites dos "relatos de vida", Siebert (1999, p.245-6) alude ao "mutável jogo entre *identificação e distanciamento*", à teia de sentimentos e emoções que a pesquisa centrada na subjetividade coloca inevitavelmente em causa (ibid., p.192).

respeito a qualquer um que tenha vivido em Palermo naqueles anos, sentindo na atmosfera o violento e inexorável percurso das ações da Máfia. Tais episódios marcaram profundamente minha existência, determinaram escolhas de vida e decisões dolorosas, misturando de forma inextrincável o público e o privado, experiências individuais e história coletiva.

Esse turbilhão de estados de espírito e emoções faz que eu aprecie os momentos de pausa: os tempos que separam os encontros agem como uma câmera hiperbárica, programada para sedimentar as paixões e colocar em um espaço adequado as repercussões mais dolorosas.[2]

Como quando – após uma entrevista com Spatuzza ocorrida antes do Natal de 2012 – me afasto transtornada da cela e me dirijo à saída como se estivesse embriagada. Na portaria, recupero meu documento. Saio da prisão. Chove. Distraidamente entro em um carro que não é o meu e no qual um senhor ao volante atende um passageiro que certamente não devia ser eu. Percebo meu erro e peço desculpas. Afasto-me, entro em meu carro e dirijo para casa sem falar, enquanto mundos paralelos se entrecruzam em minha mente.

Com o passar do tempo, as frias celas da prisão na qual se dão nossos encontros parecem se tornar mais familiares. Começo a me acostumar com os lugares. A ponto de, em um dos últimos encontros, após deixar meus documentos na portaria, a agente de guarda na entrada me dizer que posso prosseguir sozinha, pelo menos até a segunda guarita. "Afinal, já conhece o caminho", acrescenta.

Prosseguir sozinha me provoca sensações contraditórias. Acho agradável não ter ninguém ao meu lado quando atravesso o pátio, ao ar livre e sob o vento frio e cortante. Não sou obrigada a falar e posso me concentrar em meu trabalho. A solidão, porém,

2 Minhas emoções não são diversas daquelas anotadas no prólogo de um texto de Giovanni Starace que, com outra perspectiva, examina a vida dos associados da Camorra (2014, p.viii): "Para poder compreender, fui obrigado a me abrir a experiências dolorosas e repugnantes. [...] Quando os relatos superam o limiar da tolerância é necessário saber se afastar deles".

exacerba a sensação de estranheza e rejeição desses lugares dos quais sempre percebo o caráter contraditório. O cárcere: uma fração de espaço no qual se concentram os resíduos humanos, necessariamente violento e isolado. Um local onde se desenrolam tramas de vidas que passam sem deixar vestígios... Circundadas por um silêncio e um olvido que a ninguém interessa penetrar. Já me ocupei várias vezes, a trabalho, da situação das prisões italianas e da função da pena, chegando a compartilhar as hipóteses abolicionistas. Mas atravessar esses lugares do lado de dentro é muito diferente. Como ter a esperança – em tais condições – de uma reinserção social, repetidamente contrariada pelas regras e pelas condições de existência que governam os centros de detenção? (Ruggiero, 2011; Manconi et al., 2015; Manconi; Torrente, 2015).

O diálogo com Spatuzza prossegue cada vez mais diligente. Mas nada é previsível. Cada encontro é diferente, assim como diferentes são os agentes que se revezam em tòrno e por trás de uma moldura aparentemente inalterada; enquanto nos falamos, são definidas passagem únicas e irrepetíveis de um relato que lentamente é composto.

2. UM QUADRO, UM SONHO, UM PRESENTE

2.1. Uma tênue linha fronteiriça entre o bem e o mal

É dia 24 de novembro de 2012. Assim que ponho os pés na pequena sala onde acontecem nossos encontros, Spatuzza entra, sorridente. Traz consigo água, copos e o café quente. Parece relaxado, contente de poder passar um tempo falando de si mesmo, rompendo a monotonia de seus dias. Pergunto-lhe se poderemos continuar a nos ver. Concorda. A atmosfera é serena, diria quase familiar. Algumas barreiras defensivas parecem ter sido atenuadas. Mas também aguçou e cresceu em meu interlocutor o desejo de dar a conhecer "sua" versão dos fatos, legitimando aquela imagem de si que ele lentamente construiu durante esse longo período de reclusão e de isolamento. Seguindo os rastros de suas memórias pessoais, nosso diálogo se inicia com o relato de sua recente experiência com a pintura:

> Num certo momento, senti a necessidade de pintar e, assim, pedi autorização à direção do cárcere. Quando fui autorizado, adquiri os materiais necessários à realização desse meu projeto. O quadro que pintei representa minha vida, ilustra minha passagem da escuridão à luz, do mal ao bem. Por enquanto não posso mostrá-lo. Porém, posso descrevê-lo com prazer.[3]

Ao perceber meu interesse, Spatuzza começa a descrever a pintura na qual ele condensou, de forma metafórica, os momentos mais significativos de sua existência:

> Em primeiro plano estão dois homens, ambos pintados de costas. O espaço do quadro é dividido em duas seções que representam as duas dimensões nas quais vivi por tantos anos; aquela, aparentemente, de um homem de bem (minha vida particular) e a do homem ligado ao mal, ao mundo da Cosa Nostra. O pavimento é bicolor: de um lado cinza, e do outro marrom. A parede é dividida em duas partes, uma de cor fúcsia (que representa o espaço da minha vida privada) e a outra negra (a dimensão da Cosa Nostra). No centro se abre uma terceira dimensão, branca, que tem no alto um sol resplandecente.
>
> A entrada para a dimensão branca é impedida por uma linha vermelha que faz uma clara demarcação entre o bem e o mal. Uma linha tênue, mas determinante.
>
> Um dos dois homens, depois de partir a corrente, caminha em direção à dimensão branca, com as mãos erguidas pra abraçar o Sol (Deus). Seu dorso é negro, mas o contorno do seu corpo é iluminado de amarelo, do clarão da luz do sol, e isso leva a supor que a parte frontal do seu corpo esteja totalmente iluminada pelo sol. O homem negro, o mal, está imóvel; aperta nas mãos um

3 Encontro de 24 nov. 2012.

> pedaço da corrente com a qual já não submete e aprisiona seu escravo. Porque eu quebrei a corrente...[4]

Não obstante a corrente ter sido partida, os laços que o uniam à Cosa Nostra deixaram sinais; uma argola de ferro circunda o pescoço da figura que o retrata; um aro do qual pendem, sobre os ombros, alguns anéis do mesmo material:

> [...] o homem com os braços levantados deixa entrever no que seria seu pescoço um anel de ferro do qual pende um pedaço de corrente partido, que desce pelas suas costas quase como uma recordação da sua escravidão anterior. [...] o número de anéis das duas partes da corrente, de fato, não é casual: onze anéis (os anos passados na prisão antes de decidir colaborar com a Justiça) compõem a parte da corrente ainda nas mãos do ser demoníaco, quatro anéis (os anos desde que iniciou o percurso da colaboração com a Justiça, embora hoje devessem ser cinco) que descem da argola de ferro que cinge o pescoço do homem colocado na posição central, que sou eu mesmo.[5]

Vejo o quadro durante um encontro posterior, pendurado na parede da sala em que estamos. Surpreendo-me pelo fato de ele ser menor do que eu havia imaginado. Impressiono-me com a clareza dos traços e das linhas; a geometria regular das linhas que encerram as diversas seções que dividem a tela. Impressiono-me com as características apenas esboçadas e muito rudimentares das figuras "humanas", retratadas de costas e totalmente negras. Parecem animais de uma tauromaquia de Picasso, com os membros pequenos e finos e as costas e o dorso corpulentos. À esquerda, a figura diabólica é apenas sugerida: negra sobre o fundo negro.

A técnica pictórica revela uma certa familiaridade com as regras do desenho geométrico e com o uso da cor, provavelmente

---

4 Id.
5 Id.

um legado do velho ofício de pintor de paredes. Mas o traço tão nítido e decidido, a cor perfeitamente contida por linhas tracejadas com extrema precisão, não deixam de aludir à obsessão pela ordem e pelo cumprimento das ordens que caracterizam o autor.

Também me impressiona o espaço quadrado colorido por um rosa-fúcsia brilhante, à direita da pintura. Enquanto Spatuzza volta a me explicar que as duas repartições que delimitam a parte negra e a fúcsia da tela representam duas dimensões de sua vida anterior, percebo que o espaço dedicado à vida privada, que compreendia as relações íntimas com seus familiares, está completamente vazio...

Um longo retângulo com o fundo branco está posicionado em um plano mais alto em relação à base do quadro; dentro dele se distingue uma figura idêntica àquela demoníaca, postada à esquerda. Essa semelhança que chega à sobreposição no aspecto decididamente animalesco dá o que pensar. Ao pescoço da figura representada sobre o fundo branco, quatro anéis pendem pesadamente do círculo de ferro que circunda sua garganta. O próprio branco cegante do quadrado em que se encontra o duplo Spatuzza tem algo de desolador e transmite mais uma sensação de solidão que de paz.

É uma representação carente de história, em que está ausente qualquer elemento de vida. Uma imagem congelada no tempo, de uma fixidez que desorienta e reporta insistentemente a uma dimensão de morte, na qual a esperança luta para se insinuar. Na parte mais elevada do quadro – significando sua forte conotação simbólica, mais que figurativa – uma escrita: "A verdade e a liberdade são pagas com o sofrimento".

2.2. *Sonhei com Giovanni Falcone...*

Solidão, sofrimento, ódio, violência, vazio, obediência cega. Através de seu quadro, Spatuzza me transmite a atmosfera na qual se movem suas reflexões e se desenredam seus sentimentos. Sentimentos que o ligavam à Cosa Nostra e, sobretudo, aos irmãos Graviano, mas também aqueles que caracterizaram os longos anos que transcorreu no cárcere, local que lhe restituiu a "liberdade", mas também o refúgio no qual deve permanecer o máximo possível antes de enfrentar uma normalidade que, pensa ele, lhe será negada:[6]

> Depois de ter passado dezesseis anos na prisão, finalmente estarei em condições de voltar a ser livre. Mas desejo fazer isso com as devidas garantias. Ficar ao lado da minha família nessa nova situação, que certamente será difícil, seria pra mim uma ótima oportunidade. Um incentivo pra decidir deixar a prisão que hoje representa pra mim – se bem que de forma paradoxal – um refúgio e uma proteção, uma oportunidade, um lugar onde ainda posso sonhar em viver uma vida "normal".
>
> A normalidade pra mim será extremamente difícil... por tudo o que vejo... por tudo o que eu já vi.[7]

É um mundo virado de cabeça para baixo que se apresenta à sua frente. Um mundo marcado pelas memórias de uma violência banal e cotidiana, no qual – diante de certezas aparentemente inabaláveis, de liames de fidelidade absoluta – emerge a ausência de livre-arbítrio, enquanto toma espaço um plano de fundo ambíguo e violento, em que é impossível confiar de verdade em alguém. Eis por que a prisão parece um refúgio quase almejado nos momentos de cansaço e de maior tensão:

---

6 Sobre as experiências de sofrimento que acompanham a vida dos colaboradores de justiça e de suas famílias, cf. a pesquisa realizada por Giovanna Montanaro com o Gruppo Abele (2005). Em relação aos juízos depreciativos apresentados nas representações sociais dos colaboradores de justiça, cf. Dino (2006). Sobre os mesmos temas, mas com um viés mais clínico, cf. Lo Verso e Lo Coco (2003).

7 Encontro de 24 nov. 2012. Descrever o cárcere como um local de "liberdade" é um clichê peculiar, mas recorrente, usado por vários colaboradores. Giusi Vitale também me falou sobre sua experiência de reclusão, utilizando expressões surpreendentemente semelhantes às de Gaspare Spatuzza: "A senhora pode não acreditar, mas me sinto mais livre na prisão do que quando eu estava realmente livre, porque no cárcere eu me redescobri, e agora sei o que devo fazer" (Entrevista de 8 maio 2009; cf. também VV. AA., 2010b).

> Pra mim, a experiência do cárcere foi fundamental. Foi um verdadeiro momento de ruptura, o momento da virada. Uma fratura real na minha vida. Ao entrar na prisão, eu dizia "porca miséria, o que foi que eu fiz". [...]. Quando o homem fica a sós consigo mesmo e começa a refletir, se materializam alguns elementos que o ajudam a tomar iniciativas que ele antes jamais teria pensado em adotar.[8]

As reflexões na prisão frequentemente permeiam nossas conversas.

Folheando os diários no final de cada encontro, percebo que, de uma forma ou de outra, o cárcere está sempre presente. De local físico e moldura na qual o relato de Spatuzza se desenrola, acaba por se transformar em metáfora de sua situação existencial e aglutinação de todas as suas contradições:

> Foi uma experiência positiva que libertou minha alma da raiva, que depois não era raiva, era ódio. Livrar-se do cárcere, daquela prisão interior...por isso me sinto livre.[9]

E ainda:

> Ser preso foi uma libertação. Você pode achar estranho, mas ao entrar na cadeia fui ficando mais calmo. Nunca havia dormido tão bem antes como na prisão... [...]
>
> Descobri a eficácia do isolamento, porque, desse modo, o Estado te dá a possibilidade de ficar a sós consigo mesmo e de reconsiderar o que você foi e todo o mal que cometeu. Dali começou essa belíssima aventura, se bem que muito dolorosa.
>
> Estou convencido de que, se uma pessoa na prisão não consegue mudar nos primeiros anos, acabou; se ele continuar engaiolado no sistema prisional convicto de ser uma vítima da sociedade, vê o Estado como seu próprio inimigo ou algoz.[10]

---

8 Encontro de 24 nov. 2012.
9 Encontro de 15 dez. 2012.
10 Encontro de 10 nov. 2012.

Bem encaminhada pelos relatos sobre o quadro e pelas reflexões sobre a prisão e sobre a liberdade, nossa conversa vai se aprofundando. Tocamos em assuntos incômodos, situações espinhosas sobre as quais – quando da revisão do texto da entrevista – Spatuzza me pedirá, em parte, para me calar, mesmo no caso de serem os mesmos temas sobre os quais ele já havia amplamente deposto no tribunal. Falamos a respeito dos massacres, do explosivo encontrado no mar e sobre a prisão de Cosimo D'Amato após um atraso de vinte anos desde os fatos criminais,[11] e sobre suas relações com Cosimo Lo Nigro:

> Eu já havia falado sobre esta pessoa desde o início, mas se passou muito tempo... certamente precisavam de provas... [...]. Fico contente é que minhas verdades estão sendo continuamente comprovadas...
>
> Quanto ao explosivo: a Cosa Nostra sabe que no trecho de mar em frente a Palermo e província há muitos explosivos que remontam à Segunda Guerra Mundial. Explosivo usado em todos os massacres nos quais me envolvi. Também há outras bombas que não sei de onde vêm.
>
> A pessoa com mais conhecimento em matéria de explosivos, profissionalmente falando, era Cosimo Lo Nigro, pertencente à família mafiosa de Corso dei Mille.
>
> Cosimo Lo Nigro era nosso dinamitador. Tudo o que aprendi sobre bombas, aprendi com ele. Tínhamos uma amizade profunda. Éramos muito ligados.
>
> Veja só, uma vez houve um assalto em Brancaccio, e ele, ao não me ver chegar, começou a chorar. Quando meu viu chegando, começou a chorar e foi repreendido por isso.[12]

---

11 Cosimo D'Amato é o pescador de Santa Flavia preso em novembro de 2012 (após as declarações de Gaspare Spatuzza), acusado de ter fornecido o TNT para os massacres mafiosos de 1993 de Roma, Florença e Milão, tirando-o do fundo do mar de bombas não detonadas, resíduos bélicos da Segunda Guerra Mundial. Na conclusão do processo de primeiro grau, em maio de 2013, foi condenado a prisão perpétua, e essa sentença foi confirmada pela Tribunal Criminal de Apelação de Florença em julho de 2014 (cf. *La Repubblica*, 7 jul. 2014).

12 Encontro de 24 nov. 2012.

Falamos sobre o "papel"[13] e a função do *mandamento* de Brancaccio nos massacres, falamos sobre a solidez da liderança de Salvatore Riina, falamos sobre os irmãos Graviano e seus interlocutores políticos, de sua prisão que eloquentemente interrompeu a onda de atentados e do "ás na manga", do "curinga" que ainda possuíam, e ao qual, na opinião de Spatuzza, os Graviano ainda poderiam apelar.

Meu interesse em suas palavras cresce. Absorvo atentamente e busco transcrever com o máximo de fidelidade o que ele me revela. Chegamos a um ponto crítico do relato, que deixa transparecer um "jogo ainda aberto" entre as gangues e o Estado.

Peço-lhe que esclareça sobre a natureza do "curinga" que os Graviano detêm. Um "curinga" guardado para ser usado quando, mais cedo ou mais tarde, Giuseppe e Filippo deixarem o cárcere. Responde de forma clara, com frases ainda eloquentes mesmo após passarem por sua rigorosa censura:

> Se firmarmos um acordo de cavalheiros – diz, com os olhos fixos nos meus – de que tudo ficará entre nós e um de nós não mantiver o segredo que acordamos, posso te falar que não lhe devo mais obrigações, de imediato. A confidência de Giuseppe Graviano me faz achar que o jogo ainda está em aberto.[14]

Creio ter compreendido o significado da afirmação. Mas o ponto é delicado demais para deixá-lo à mercê de meras suposições. Não posso confiar em minha intuição, preciso de confir-

---

13 No original *papello* (do siciliano *papeddu*), que pode ser um bilhete, um escrito, uma carta ou um relatório. No início dos anos 2000, o termo passou a se referir ao acordo entre elementos da Cosa Nostra e funcionários públicos do Estado italiano que teria vigorado desde o início dos anos 1990. A primeira cópia deste *papello* foi entregue ao Ministério Público de Palermo por Massimo Ciancimino (filho do ex-prefeito de Palermo, Vito Ciancimino) em 15 de outubro de 2009. Segundo suas declarações, o acordo, iniciado por Totò Riina e Bernardo Provenzano no início dos anos 1990, teria durado pelo menos até 2000, com a participação ativa dos irmãos Filippo e Giuseppe Graviano e de Vito Ciancimino. (N. T.)

14 Encontro de 24 nov. 2012.

mações explícitas. Peço-lhe para esclarecer melhor e Spatuzza não se nega:

> Quem falou sobre o tal "papel"? Quem tornou público o papel? Foram os colaboradores de justiça. Foi a Cosa Nostra que rompeu o pacto. Se um de nós não mantém o acordo, sou eu – o que continua a mantê-lo – quem manda no jogo. O primeiro que traiu o pacto, ao contar o acordo, foi Giovanni Brusca. Se não respeitamos mais os pactos (e quem violou os pactos foi a Cosa Nostra), aqueles que conduzem a partida estão autorizados a mudar as regras do jogo. "Já que vocês nos desonraram, não podemos fazer mais nada abertamente."
>
> Não sei o que irá acontecer na Cosa Nostra. Não sou pessimista nem confiante. Sou realista. Você acha que será possível manter Giuseppe Graviano na cadeia pra sempre? O "curinga" de Graviano são seus conhecidos. Graviano não vai colaborar porque não lhe convém. Mas é sempre uma ameaça. Se colaborasse, teria de renunciar aos seus interesses econômicos.[15]

Enquanto o clímax da narrativa segue um curso ascendente, deslindando-se através das expressões cruas de meu interlocutor, e enquanto me surpreendo ao ouvir de novo essas cristalinas revelações – indagando a mim mesma como é que elas não produziram as consequências esperadas –, acontece algo estranho. Como se quisesse atenuar uma tensão demasiado forte – mas, na verdade, acrescentando à gravidade dos fatos narrados uma intensidade emotiva e uma profundidade inesperadas – Spatuzza desvia bruscamente a direção de suas memórias e modifica o tom de seu relato. Passa a uma dimensão mais íntima e manifesta, de improviso, o desejo de me contar um sonho seu.

É um ponto de virada em nosso relacionamento, um momento difícil de esquecer, uma confissão espontânea, não premeditada.

15 Encontro de 24 nov. 2012.

Ouço, agradavelmente surpresa com esse momentâneo relaxamento das defesas. Com o relato do sonho, Spatuzza me deixa intuir algo que não pode ser manifestado através de um raciocínio sequencial e descritivo. Um sonho como lugar da esperança, mas também como território no qual habitam temores ou desejos dificilmente confessáveis.

Procuro transcrever suas palavras em meu caderno azul de forma fiel e escrupulosa.

Na revisão final, porém, minhas anotações sofrem uma redução e uma reformulação parcial: o que perturba Spatuzza – assim me dirá – é a eventualidade de que os familiares de Giovanni Falcone possam se sentir ofendidos por essa insólita intimidade onírica com seu parente. Spatuzza não pode se permitir a liberdade de sonhar. Na esfera de sua realidade, não há espaço para a imaginação livre nem para o desejo. Sua imaginação pública passa através de um controle rigoroso e asfixiante, que filtra até mesmo os raros momentos de relaxamento:

> Caminhava por um corredor e encontrava Giovanni Falcone, com aquele sorriso que ele costumava ter; me dava duas gravatas, bem grandes – estavam amarrotadas –, e um maço de chaves de um carro. Ao mesmo tempo, eu entrevia um Fiat Croma branco blindado. Creio que desse modo, no sonho, ele quisesse me tranquilizar com sua proteção, me entregando seu carro blindado. As gravatas podem representar uma festa. O fato de estarem amarrotadas poderia representar sua desilusão, que depois se tornou também a minha, por tantas verdades não ditas.[16]

16 Id. A cada vez que Spatuzza, ao falar de Giovanni Falcone ou do padre Puglisi, utiliza o "nós" para marcar seu trânsito na esfera da legalidade, não consigo evitar sentir-me perturbada. Na realidade, nessa "sintonia" reencontrada com as vítimas da própria violência, esconde-se o velho "respeito" por um inimigo cujo valor é reconhecido. Spatuzza explica: "As origens de Giovanni Falcone e Paolo Borsellino são o bairro da Kalsa. Ora, quem conhece bem aquela realidade, sabe que a sorte de um homem pode ser decidida – em parte – também pelo local onde vive. Portanto, atrevo-me a dizer que se Falcone e Borsellino tivessem decidido passar para o lado do mal, não teriam nada a invejar de outros chefes mafiosos, mas graças a

2.3. Um livro como viático, como mensagem, como objeto de transição

Entretanto, havíamos chegado às vésperas do Natal. A despeito de terem se passado pouco mais de vinte dias desde nosso último encontro, fiz uma requisição à diretoria do cárcere para rever Spatuzza antes das festividades natalícias. A importância das questões abordadas e a exigência de aprofundá-las, sem adiar excessivamente o momento de esclarecer os pontos ainda em suspenso, me estimulam a apressar as coisas. Com a costumeira disponibilidade, a diretoria da prisão distrital autoriza minha entrevista. É dia 15 de dezembro de 2012.

A chegada à prisão é insólita. Faz muito frio, e talvez por isso mesmo o portão de entrada esteja fechado. Toco com insistência. Espero. Finalmente a porta se abre.

Encosto-me no batente da portaria e me apresento. A agente parece surpresa em me ver. Balbucio, meio perplexa, quanto às razões de minha visita, evitando pronunciar o nome de Spatuzza ali na entrada, diante de outras pessoas. Sem obter muito sucesso, para sair dessa situação embaraçosa, digo o nome do inspetor dos GOM que sempre me acompanhara até as celas. Finalmente me deixam passar.

Deposito a bolsa em um pequeno armário numerado e comunico ao inspetor que trouxe comigo alguns livros para Spatuzza. Já se tornou quase um rito, inaugurado por ocasião de nosso primeiro encontro, quando escolhi presenteá-lo com meu livro *Os últimos chefões*, no qual reconstruí o período dos atentados do início dos anos 1990, analisando as figuras dos chefes da Cosa Nostra, seus estilos de liderança e as tramas entre a Máfia e a política.

Presenteá-lo com algo que eu mesma havia escrito estava ligado ao meu desejo de esclarecer quanto ao objetivo de minha pesquisa e ao conteúdo de nossos encontros.

Deus ambos escolheram ficar da parte do bem [...]. E aliás, é preciso não esquecer que a Cosa Nostra sempre os temeu, isso porque nós reconhecemos suas qualidades de pessoas incomuns" (*L'Expresso*, 28 jul. 2010).

Queria que ele conhecesse meu estilo de trabalho. Que ficasse claro – através da leitura de meu livro – que eu não me comprazia com reconstruções hagiográficas, julgamentos de valor ou subjetivismos. Pretendia oferecer-lhe lealmente indicações úteis para entender o tipo de trabalho que poderia emergir no final de nossos encontros.

Enquanto me preparo para o segundo encontro, lembro das palavras da advogada Maffei sobre a solidão de Spatuzza e seu novo amor pela leitura, e decido ir à livraria para buscar algo para lhe dar. Faço isso por impulso. A despeito de, subitamente, aflorarem à minha mente os inúmeros significados simbólicos que esse gesto pode apresentar.

O dom "tecido de relações pacificadas" é a base do intercâmbio e da coesão social, fundamento dos vínculos entre as pessoas, justamente em virtude de seu profundo valor simbólico e de sua exígua utilidade prática imediata. Mas o dom também é uma metáfora do interdito posto na base de um pacto que consente ao vínculo ser duradouro no tempo. Instrumento de reciprocidade: "tecido de vínculos e obrigações morais" e, portanto, potencialmente ambíguo (Maniscalco, 2002, p.12; Derrida, 2004; Godbuot, 2000).[17]

Mesmo assim, não mudo de ideia. Decido correr o risco de ser mal-entendida. De resto, uma ambiguidade, diria quase estrutural, sempre acompanhou nossos encontros. Ditada pelos respectivos papéis e pelas censuras impostas pelas investigações em curso, pelos medos e o desejo de proteger a própria segurança, pela exígua confiança na solidez do "sistema", e às vezes também pelo desconhecimento de elementos ainda obscuros dessa intricada história de massacres.

Ao selecionar os livros para Spatuzza, escolho uma linha sóbria e o mais clara possível. Os livros que lhe darei, por seus conteúdos e pela forma essencial com que serão "doados" (sem embrulhá-los em papel de presente, dedicatória ou qualquer ele-

17 Estudos "clássicos" sobre o dom são encontrados em Boas (1925), Malinowski (1926) e Mauss (1923-1924).

mento que possa aludir a dimensões relacionais mais privadas), deverão ser mais mensagens que presentes. Nada de ensaios desafiadores (nem quanto à escritura nem quanto às citações bibliográficas), mas obras que possam repercutir profundamente no aspecto ético e emocional. No que me diz respeito, imagino que eles são uma espécie de instrumento útil para enfrentar velhas e novas questões sob perspectivas incomuns; para conhecer novos autores; para supervisionar os múltiplos acessos aos fáceis subterfúgios mentais; para desestruturar certezas cômodas, geradas pela nova convivência com os temas da fé, da liberdade, da verdade e da democracia. Eis o motivo da escolha de textos do cardeal Martini sobre uma fé difícil, da *Apologia de Sócrates* com seu inesquecível hino à verdade, das páginas de um "desobediente" dom Milani, das reflexões de Zagrebelsky sobre a justiça e a democracia (Martini, 2012; Platão, 2000; Corradi, 2012; Mauro; Zagrebelsky, 2011; Zagrebelsky, 2005). Do meu ponto de vista, tais livros têm o valor de um objeto transicional, com o qual amortecer e marcar a passagem do exterior ao interior da prisão e vice-versa; um apoio para não ser sugada pela atmosfera sufocante das histórias banalmente atrozes nas quais o relato de Spatuzza e os recentes eventos italianos se desenrolaram. Sei que Gaspare Spatuzza – muito atento em interpretar cada signo – não será indiferente ao meu gesto. Não sei se os livros que levo serão de seu agrado e nem mesmo se os lerá.

Atravessando a soleira do cárcere, em 15 de dezembro de 2012, levo comigo um texto de Adriana Zarri sobre a teologia do cotidiano e dois livros de Flores D'Arcais: um sobre Jesus e o outro sobre liberdade e democracia (Zarri, 2012; Flores D'Arcais, 2011; 2012).

Quando falo deles ao inspetor dos GOM, ele me olha sorrindo e diz que Spatuzza também, naquele dia, tem um livro para me dar. A novidade não me deixa indiferente.

Perpassam dolorosamente, em sequência, diante de meus olhos, as imagens dos atentados, enquanto me interrogo sobre o significado daquele gesto e a atitude que adotarei para manter nossas relações nos trilhos do intercâmbio profissional, cuidadosamente negociado pelo pacto elaborado em nossos primeiros encontros.

Depois, refletindo com calma, me convenço de que esse presente de Natal tem uma lógica precisa. Eu deveria esperar por algo assim mais cedo ou mais tarde. Spatuzza não podia deixar de "retribuir" minha atenção a ele. Todavia, aquele presente pede o restabelecimento de uma simetria, assumindo importantes significados simbólicos.

As surpresas não se limitam ao anúncio do presente. Ao chegar à sala dos encontros, não preciso esperar para que Spatuzza venha ao meu encontro, saindo da porta ao fundo do amplo corredor. Ele se aproxima do guarda que me acompanha, e dirigindo-se a nós dois, diz: "Pedi permissão para lhe mostrar os locais onde passo meu tempo aqui na prisão". "Ele deseja mostrar sua biblioteca", acrescenta o inspetor. Por instinto, eu não queria ultrapassar aquele limiar. Trata-se, sem dúvida, de um ato de confiança, que não deixo de apreciar; contudo, significa também um pedido de aproximação, para o qual eu não estava preparada.

Com alguma hesitação, sigo-o enquanto ele me introduz em um salão do qual se veem outras salas, todas regularmente dotadas de portas de ferro e enormes fechaduras. Apoiada a uma das paredes, há uma mesa sobre a qual foi montado um presépio básico. Ao lado, uma pequena árvore de Natal um tanto pelada, com uma única fileira de luzes. Spatuzza insiste em mostrá-la, acrescentando: "Este é meu modo de viver o Natal". A primeira porta à esquerda conduz à dependência que ele deseja me mostrar: seu estúdio.[18]

Após esse breve e intenso intervalo, voltamos à sala dos encontros. Ele está de ótimo humor. Eu estou um pouco confusa. Gostaria de um café. Sobre a mesa há apenas uma garrafa de água e alguns copos. Mas Spatuzza parece ler meus pensamentos e, dirigindo-se a mim, diz que a cafeteira está pronta no fogão. Ao me ver sorrir, sai da sala e retorna segundos depois, para me

18 Sobre o estúdio de Spatuzza escrevi no cap.1, par.5.

anunciar que em poucos minutos o café estará pronto. Quando a bebida quente chega, experimento uma sensação de conforto.

Antes de iniciarmos a conversa, ele me estende seu presente de Natal. Trata-se de um livro de Henri Nouwen (1992), sacerdote holandês que eu desconhecia, *A volta do filho pródigo*. É uma longa meditação inspirada no quadro de Rembrandt que retrata a parábola da volta do filho pródigo, conservado no Museu Hermitage em São Petersburgo. Dentro, uma longa dedicatória escrita à mão com uma letra precisa; uma escrita que forma quase um desenho geométrico através da série de consoantes que despontam, profundas, para cima e para baixo, inclinadas alternadamente para a direita e para a esquerda, de forma tão acentuada que não é raro que suas pontas se toquem:

> Não devemos ter medo de estender os braços ao irmão que nos pede perdão: devolvamos sua dignidade obscurecida pelo pecado e libertemos a nós mesmos do rancor que devasta a alma.
>
> No perdão, o homem se torna o cantor da justiça e da paz.
>
> Obrigado pelos livros e saudações pelas festas natalícias.
>
> Gaspare Spatuzza
>
> PS: Desejando-lhe "que tudo que empreender, prospere" (Sl 1,3).

3. "DISSOCIAR-SE" DA MÁFIA...

Ao passo que nossas relações se definem, enriquecendo-se com momentos de forte valor simbólico e de abertura a uma esfera mais pessoal, prossegue, paralelamente, a narração da história de Spatuzza que, seguindo o percurso inverso, dos eventos mais privados e do relato das dimensões culturais e relacionais relativos à Cosa Nostra, tende cada vez mais a delinear o quadro dos fenômenos criminais que o envolveram pessoalmente, abordando – através de minha insistente solicitação – os episódios mais obscuros e delicados, sobre os quais nem mesmo a magistratura foi capaz de esclarecer por completo.

Na verdade, no decorrer de todos os nossos encontros, jamais ocultei meu interesse em aprofundar tais temas, pedindo explicitamente a Gaspare Spatuzza que os abordasse e buscando neutralizar – com maior ou menor veemência – suas repetidas tentativas de desviar o assunto para territórios menos arriscados; e lutando – durante a reelaboração e aprovação da entrevista – para subtrair à sua censura as aberturas alcançadas.

Já em nosso primeiro encontro de "esclarecimento", ao apresentar os temas e assuntos que gostaria de discutir, introduzi nesse rol a questão da *dissociação*.[19]

Gaspare Spatuzza já havia, de fato, falado várias vezes a Filippo Graviano sobre uma eventual possibilidade de dissociação, durante a detenção de ambos na prisão de Tolmezzo; entre 1998 e 1999, pediu ao seu chefe esclarecimentos sobre sua viabilidade, e voltou a insistir no assunto em 2004, ao voltar de uma audiência de investigação com o então Procurador Nacional Antimáfia Pier Luigi Vigna. Ao responder à minha solicitação, Spatuzza se manteve bastante vago naquela ocasião:

> É preciso fazer uma premissa, porque as coisas nem sempre são como contadas de fora. Aqueles que afirmam que não é possível sair da Cosa Nostra mentem. De fato, é possível ser "destituído". Aliás, às vezes, são os próprios afiliados que se deixam "destituir" andando na corda bamba: cometendo erros que, porém, não devem ser graves a ponto de merecer a pena de morte (andar com prostitutas, ostentar riqueza etc.); coisas que o façam parecer irresponsável. Naturalmente, não há um rito ou uma cerimônia formal, nem uma comunicação oficial pra ratificar a saída da Cosa

19 Paralelamente aos propósitos de "dissociação" oriundos dos ambientes mafiosos já a partir de meados dos anos 1990, em junho de 2000 a proposta encontrou um apoio político concreto com a entrevista dada ao diário *Il Giornale* pelo advogado Carlo Taormina. Nela, o criminalista e posterior parlamentar da Forza Italia lançou a hipótese de "abrandamento do cárcere duro para os mafiosos que se dissociarem da Cosa Nostra", não excluindo a possibilidade de uma anistia, apresentada como solução ao problema da "superlotação das prisões", em função da "recuperação" de todos os detentos, inclusive aqueles por crimes de Máfia (Dino, 2002; 2011).

> Nostra, e que sancione o fato de ter sido "deposto". Basta começar a isolar o indivíduo, deixando de lhe dar confiança.
>
> Giuseppe Graviano, em várias ocasiões, costumava dizer de forma bem eficaz: "Quem não ajuda a dar duro não se senta à mesa conosco pra comer". Pros afiliados é fácil entender quem foi destituído e, por consequência, regular seu próprio comportamento. [...]
>
> Em Tolmezzo, em mais de uma ocasião falamos de dissociação, mas na época – pelo menos na ala militar ligada aos corleoneses – ela nem sequer foi considerada. Porém, por exemplo, era considerado admissível pra um homem de honra aceitar o rito abreviado, sem por isso dar a impressão de admitir as próprias responsabilidades.
>
> Vou contar um episódio. Um dia (acho que foi em 1997, quando se conduzia o processo chamado "Bagarella + 66"), na sala de segurança máxima do tribunal em Palermo, o presidente começou a perguntar aos réus de Máfia se eles aceitariam o rito abreviado [...]. Quase todos – avisados a tempo pela organização – concordaram. Um deles, que não tinha sido avisado na prisão da notícia, se dirigiu ao presidente, provocando uma explosão de riso dos outros afiliados: "Presidente, posso responder amanhã?". Ele precisava, é óbvio, de tempo pra se consultar com os outros e conhecer a linha de conduta oficial da organização...
>
> Nem todos na Cosa Nostra, porém, estavam de acordo em aceitar o rito abreviado. De fato, Matteo Messina Denaro, por exemplo, por um telegrama, informou ao tribunal que não pretendia utilizar a fórmula do chamado "rito abreviado". E nós, portanto, percebemos que ele estava distante anos-luz da orientação dos homens de honra reclusos no cárcere.[20]

Apesar das aparentes divagações, o tema da dissociação está indissoluvelmente ligado a outras delicadas escolhas estratégicas e – embora seja apresentado como uma decisão individual – sua viabilidade deve ser acordada com os dirigentes mafiosos, cujo

20 Encontro de 12 out. 2012.

consenso prévio é indispensável para evitar choques. Na verdade, qualquer decisão relativa ao comportamento e às atitudes que todo homem de honra deve demonstrar em relação aos órgãos judiciários é atentamente avaliada pelos chefes. Assim, é de espantar a indiferença quanto à discordância de Matteo Messina Denaro em relação à linha judiciária combinada pelos mafiosos detidos. Mas Spatuzza dissipa todas as dúvidas, traçando uma clara linha de demarcação entre quem está dentro e quem está fora do cárcere:

> Não há contradição. Quem está fora não conhece a realidade do cárcere; dentro do cárcere, os presos podem decidir. Até porque nas penitenciárias – mesmo naquela época – havia muitos chefes da Cosa Nostra que podiam deliberar de forma autônoma.
>
> Além do mais, aceitar o rito abreviado não constitui admissão de culpa; o que não acontece em caso de um acordo judicial. De qualquer modo, pode-se até aceitar quem fez um acordo quanto à pena, mas não uma confissão de culpa. De resto, tudo é mutável: "A Cosa Nostra faz seu próprio metro e o diminui e o estica ao seu bel-prazer". [...]. Devemos lembrar que o modo de agir da Cosa Nostra é sempre profundamente ambíguo.[21]

Nesse quadro, em que a duplicidade e o pragmatismo andam lado a lado, ocultos por trás das apologéticas regras de honra, o tema da dissociação parece ser a essência da ambiguidade. Uma estratégia que o próprio Spatuzza não hesita em definir "mal adaptada" às usuais lógicas mafiosas e, justamente por isso, provavelmente sugeridas do lado *de fora*. Peço-lhe que esclareça melhor essa passagem:

> Considero que a ideia da dissociação foi sugerida de fora, porque entre os corleoneses – que são "fundamentalistas" – não há espaço algum pra dissociação.

---

21 Id.

> Calò é uma exceção; mas o gesto de Calò é obviamente interesseiro. A dissociação é mais praticada entre os membros da ala moderada. Os métodos dos corleoneses são violentos e decididos. Os Graviano e o *mandamento* de Brancaccio também estão dentro da área corleonesa.[22]

Uma estratégia instrumental, portanto, a da dissociação, amadurecida em um preciso momento histórico, sugerida por quem recordava seu uso na época da luta contra o terrorismo, para amortecer a pressão vinda das prisões onde estavam detidos os chefes da organização e, posteriormente, apropriada pelos próprios corleoneses, convencidos de poder utilizá-la como forma de chantagem contra esses interlocutores institucionais (os políticos em primeiro lugar, mas não só eles), acusados de "não terem mantido suas promessas".[23]

---

22 Id. O episódio ao qual Spatuzza se refere remonta a setembro de 2001, quando chegou ao III Tribunal Criminal de Apelação de Caltanissetta, titular do processo chamado "Borsellino ter", uma carta assinada por Giuseppe Calò, então chefe do *mandamento* de Porta Nuova, ligado aos Serviços e à Banda da Magliana, na qual o membro da Cosa Nostra declarou sua intenção de se dissociar, explicando em que consiste tal ato: "Tenho 70 anos, e já fui condenado com sentença passada em julgado à prisão perpétua. Julgado sempre por teoremas, com processos sumários e por ouvir dizer. Estou conformado e consciente que deverei passar os últimos anos da minha vida na prisão. Mas jamais me resignarei em ser condenado por atentados, por qualquer atentado. Não sou um terrorista, não decidi nenhum massacre e não sou um sanguinário. Pra mim é uma questão moral. E por esse motivo decidi me defender, o que não fiz até hoje. Antecipo que não serei um arrependido até porque as responsabilidades que tenho, não sei como me arrepender delas, e não farei delações" (*Antimafia Duemilla*, fev. 2002). Sobre a figura de Pippo Calò, cf. Cucchiarelli e Giannuli (1997), Flamigni (1996), Limiti (2013), Biondo e Ranucci (2009), Torrealta (2010; 2011) e Torrealta e Mottola (2012).

23 Em 2 de julho de 2002, enquanto estava em curso o embate parlamentar entre a maioria de centro-direita e a oposição de centro-esquerda pela estabilização definitiva do regime penitenciário imposto pelo chamado "41-*bis*", Leoluca Bagarella tomou a palavra durante uma audiência em videoconferência, junto ao Tribunal de Trapani, para reivindicar as "promessas não cumpridas" e solicitar "em nome de todos os detentos submetidos ao 41-*bis*" uma intervenção política resolutória: "Estamos cansados de ser humilhados, oprimidos, instrumentalizados e usados como mercadoria de troca pelas várias forças políticas" (*Ansa*, 12 jul. 2002). Cf. também Dino (2008).

Dentro desse quadro de ameaças e de solicitações, inserem-se ainda as conversações em cárcere entre Spatuzza e os irmãos Graviano (sobretudo com Filippo), que têm por objeto justamente o tema da dissociação. A história, também nesse caso, vinha de longe:

> Em 1998-1999 vim pra Tolmezzo, de Viterbo. Por causa da prisão de elementos que, na época, transmitiam mensagens pra fora da prisão (refiro-me à prisão do advogado Memi Salvo[24] e de Nunzia Graviano), Giuseppe Graviano queria montar um outro canal de comunicação: era preciso achar um advogado complacente que pudesse servir de intermediário pra enviar mensagens pra fora do cárcere. Mensagens que, depois, algum dos meus familiares receberia e comunicaria aos membros da associação mafiosa.
>
> Eu me recusei a fazer isso. Disse-lhe formalmente que não queria saber mais nada de tudo o que dissesse respeito à Cosa Nostra, mas nem por isso nossa amizade fraterna acabaria. Assim, nessa ocasião, começou, embora privadamente, minha dissociação.[25]

Mas em que consiste realmente a dissociação? Qual a vantagem em se declarar "dissociado", sobretudo após os benefícios premiais requeridos terem sido totalmente excluídos?

Para conseguir um quadro mais completo, convém integrar o relato de Spatuzza a um depoimento mais articulado, prestado em 8 de junho de 2012, no qual fica claro que a hipótese da escolha de se dissociar – examinada várias vezes pelos homens do grupo dos Graviano detidos – amadureceu aos poucos, assumindo, com o tempo, diferentes conotações e motivações cada vez mais sutis, até em relação às respostas, não esperadas, dos homens de honra:

---

24 Advogado dos irmãos Graviano, Domenico Salvo foi preso pela primeira vez em 1999 e condenado por crime de associação mafiosa. Em 26 de novembro de 2013, foi novamente preso sob acusação de tráfico de entorpecentes e por ter organizado um comércio de cocaína com a ajuda de alguns expoentes da Cosa Nostra (*La Repubblica*, 26 nov. 2013).

25 Encontro de 10 nov. 2012.

> Em 98... 98, 99, eu acho, Giuseppe Graviano saiu de Tolmezzo, foi transferido pra Secondigliano, e fiquei isolado porque me aplicaram o isolamento [...], porém, pelas janelas que dão pros pátios, consigo ver metade do andar superior, e neste andar de cima ficam as celas onde estão Giuseppe Lucchese, Filippo Graviano. [...]. Aconteceu que naquele período estava ocorrendo um processo em Caltanissetta [...] no qual Calò expressou, numa carta, uma eventual dissociação que se.... bom, fiquei sabendo disso e tentei saber bem do Filippo Graviano se.... se estávamos envolvidos nisso aí, isto é, da janela ele me fez um sinal que isso não nos dizia respeito. Mais tarde [...] voltei a participar do grupo do passeio, e nesse grupo de passeio nos encontramos eu, Filippo Graviano, Lucchese... Giuseppe Lucchese [...]. Daí, pedi explicações sobre esse negócio, o que seria essa dissociação, se era um caminho possível, e Filippo Graviano me explicou que era algo que não nos interessava porque não são os juízes que podiam nos dar algo, quando tudo devia vir dos políticos. Assim, visto que o negócio não nos interessava, pois Graviano levantou um problema – "Nós sabemos o que querem os napol... os juízes, isto é, eles falam não de 'dissociação' e sim de arrependimento". Daí, acabou aqui o assunto da nossa dissociação, que não nos interessava.[26]

Entre 1998 e 2001, portanto, os irmãos Graviano julgavam que os tempos não eram oportunos para conjeturar uma marcha rumo à dissociação. Filippo Graviano afirmou-o claramente a Spatuzza, ressaltando que seus interlocutores não eram os juízes, para os quais a dissociação é um instituto inexistente, mas os políticos, os únicos capazes de intervir na questão.

O assunto não termina, porém, e quando, em 2004, Spatuzza decide voltar a falar com o então Procurador Nacional Antimáfia Pier Luigi Vigna para avaliar uma eventual hipótese dissociativo-colaborativa, ao voltar à cadeia, acha conveniente relatar a Fi-

---

26 Tribunal de Caltanissetta – Rito GIP Seção GIP/GUP penal, Transcrição verbal de audiência, Processo penal RgGIP 1125/09 – RgNR 1595/08, contra Spatuzza Gaspare + 8, Audiência de 8 jun. 2012, p.169-70.

lippo Graviano o resultado da conversa, voltando a interrogá-lo sobre a oportunidade de escolher a dissociação e obtendo dele, nessas circunstâncias, uma resposta mais aberta e favorável:

> [...] assim que eu voltei a Tolmezzo, comuniquei a Filippo Graviano, disse: "Sabe, encontrei o dr. Vigna e o achei bem motivado, bem-disposto em aceitar qualquer coisa, uma colaboração nossa" [...]. Daí, tentei incentivar Filippo Graviano a um contato mais... um grande... contatar o Vigna, procurar discutir, ou uma colaboração, ou uma associação, um assunto que eu tomei a liberdade de discutir com Filippo Graviano, com o qual eu já tinha discutido, assim, naquele ponto ele também percebeu que estávamos num beco sem saída [...] ... eu tinha iniciado um percurso pessoal em tudo o que diz respeito à minha colaboração, e naquele ponto Filippo Graviano me falou: "É bom informar ao meu irmão..." – isto é, Giuseppe Graviano – "que, se não chegar nada, dado que alguma coisa deve chegar, é bom nós começarmos a falar com os magistrados".[27]

Em 2004, portanto, a hipótese da dissociação é reconsiderada pelo grupo dos Graviano e explicitamente conectada aos benefícios que a Cosa Nostra espera do mundo político.

A frase de Filippo Graviano é crucial. A ela será dedicada uma acareação inteira com Gaspare Spatuzza, diante dos magistrados florentinos em 2009. Nessa ocasião, porém, Gaspare Spatuzza e Filippo Graviano – ambos demonstrando grande habilidade dialética e procurando não deslegitimar explicitamente cada um a figura do outro – permanecerão ancorados em suas recíprocas posições. Enquanto Spatuzza reafirma a autenticidade de sua escolha de colaborar diante da ideia interesseira de dissociação, atribuída a Filippo Graviano, este último tentará desmentir as afirmações de Spatuzza, negando ter pronunciado a chantagem e buscando eliminar, aos olhos dos juízes, a distância entre sua

27 Ibid., p.171-2.

genérica disponibilidade ao diálogo e a colaboração concreta de Spatuzza (Dino, 2015a).[28]

4. O CONVIDADO DE PEDRA

Na realidade, por trás da ideia da dissociação esconde-se a tentativa de manter aberto um canal subterrâneo de intercâmbio com o mundo político. E se, em um primeiro momento, os homens de honra esperavam que o Parlamento aprovasse uma norma para lhes permitir o acesso aos benefícios premiais por meio da "dissociação" da Cosa Nostra, em um segundo momento, sentindo-se "abandonados" por seus interlocutores, amadureceu, mesmo entre o grupo dos corleoneses, a ideia de utilizar a dissociação como uma "ameaça" aos políticos que não haviam "mantido suas promessas".[29]

As palavras de Spatuzza seguem no mesmo sentido, quando, ao ser interrogado em 17 de dezembro de 2008, conecta a hipótese da dissociação com a revelação de informações ainda secretas sobre os mandantes dos atentados, aludindo a misteriosos acordos entre a Cosa Nostra e importantes nomes da política:

> MP [Promotor do Ministério Público] NICOLOSI – O que significa isso? Quer dizer, uma ameaça de contar o que… enten-

28 Quando perguntei a Gaspare Spatuzza como ele fazia para conciliar a serenidade que hoje ostenta com a dureza mostrada na ocasião das acareações com seus ex-confrades, respondeu: "Não se trata de duplicidade. Trata-se de defender o próprio ponto de vista, partindo de uma nova situação de legalidade. Por essa razão, ainda hoje, quando começa o interrogatório com o advogado da defesa, eu me transformo. Eu me torno mais combativo, porque devo defender minha palavra" (Encontro de 24 nov. 2012).

29 Em um depoimento registrado em processo, em julho de 2008, Spatuzza, referindo-se ao encontro com Filippo Graviano, declarou: "Daí, voltando a conversar sobre essa história da dissociação, ele me afirmou que, sobre os magistrados [...] era melhor nem discutir, porque não era possível esperar nada de bom vindo deles. Não nos interessava a dissociação dos magistrados, assim o que nos interessava era a dissociação através de uma corrente política, isto é, fazer um acordo, sim, mas não com os magistrados, e sim com qualquer político" (Transcrição verbal de 8 jul. 2008, em *Io accuso*, 2010, p.16).

de? Isto é, que Giuseppe Graviano, quer dizer... reserva-se, me entende, Spatuzza? Espera poder dizer: "Está certo, ou nos chega alguma coisa, ou, se não, eu conto como foi que as coisas aconteceram". Porque, Spatuzza, quem provocou os atentados e colocou a bomba, disso tudo já sabemos. Portanto, não é que ainda haja algo pra ameaçar, nesse sentido! Entende? [...]

SPATUZZA – De contar algo sobre as pessoas que estimularam esses atentados. Posso contar com certeza o diálogo que tive diretamente com Filippo Graviano. [...]. Ao que ele se referia, começar a fazer um acordo pela dissociação ou começar a revelar efetivamente quem foi o mandante desses massacres. [...]. Pra mim resta um ponto de interrogação [...].

MP CRINI – Porém, um ponto de interrogação sobre o conteúdo real. No entanto, só pra entendermos, esse é um dado objetivo, que, quando Filippo Graviano lhe falou sobre o fato de que alguém deveria se mexer, pois do contrário: "É bom meu irmão começar a falar...". Bom, é um discurso que se refere, o "se mexer" devia ser a área política que devia então se mexer.

SPATUZZA – Porque nós...

MP CRINI – Portanto, ele juntou tudo. "Algum político vai precisar vir nos dar uma mão, do contrário meu irmão fará bem em dizer tudo que sabe."

SPATUZZA – Porque nós estamos recusando a dissociação.[30]

Spatuzza foi ainda mais claro, ao traçar uma conexão precisa entre a dissociação e as promessas não cumpridas (embora censurando os nomes dos políticos dos quais Giuseppe Graviano lhe havia falado), durante um interrogatório precedente, de 8 de julho de 2008, conduzido pelos mesmos magistrados do Tribunal de Florença.

Porém, antes de ouvir esse testemunho é preciso voltar um pouco no tempo. Tudo teria começado com um encontro, realizado em Campofelice di Rocella (na província de Palermo) no final de 1993; encontro ao qual Spatuzza compareceu para

30 Transcrição verbal de 17 jul. 2008, em *Io accuso*, 2010, p.100.

expressar ao chefe seu mal-estar por uma tragédia que ele considerava inusitada na tradição mafiosa; uma modalidade de ação "terrorista", que incomoda e desagrada até o grupo de seus homens de maior confiança. De sua parte, Giuseppe Graviano o convocou para lhe dar indicações precisas para um novo e espetacular atentado, que seria efetuado em janeiro de 1994 na frente do Estádio Olímpico de Roma, contra os carabineiros[31] presentes no local para o costumeiro serviço de segurança. Spatuzza relata:

> Fui comunicado, através de Cosimo Lo Nigro, que devíamos encontrar "mãe natureza", isto é, Giuseppe Graviano, e assim, junto com Lo Nigro fomos para Campofelice di Rocella [...] lá encontramos Giuseppe Graviano. [...] O objeto da discussão era o... de projetar um atentado contra os carabineiros, atentado que devia se realizar no território romano, assim, discutimos um pouco a situação e naquela circunstância os [incompreensível] ... que fomos levados a essa história dos massacres, cometendo mortes que não tinham nada a ver conosco. Então, de repente, Giuseppe Graviano me comunica que era bom a gente cometer algumas mortes, assim... quem tivesse que se mover, ia dar um jeito. Pergunta se Lo Nigro e eu sabíamos alguma coisa sobre política, e tanto eu quanto Lo Nigro não sabíamos de nada, não éramos... não tínhamos a ver... por política, nunca me interessei. Daí ele disse que era muito bom nisso e nos explicou que haviam armado uma situação que, se desse certo, daria... nos daria todos os benefícios, a partir dos encarcerados.[32]

---

31 Os carabineiros, no original *carabinieri*, constituem uma das cinco forças armadas italianas, tendo como encargos e atribuições a defesa nacional, a polícia militar, a segurança pública e a polícia judiciária. (N. T.)

32 Tribunal de Caltanissetta – Rito GIP Seção GIP/GUP penal, Transcrição verbal de audiência, Audiência de 8 jun. 2012, p.158-9. Que o atentado em preparação contra os carabineiros representasse uma flagrante demonstração da força da Cosa Nostra contra as instituições italianas é testemunhado pelo fato de que – enquanto começa o processo de "maquinação" – Spatuzza recebe a ordem de intensificar o poder de destruição do explosivo: "[...] foi programado o atentado ao Olímpico, assim, é a fase de projeto, começam os trabalhos de maquinação, e tudo o mais, [...] me chega um comunicado

A conversa com Giuseppe Graviano e o esclarecimento sobre o patrocínio político em apoio à linha terrorista ficam impressos na mente de Spatuzza, que não hesita em conectar as palavras ouvidas em Campofelice di Rocella com a menção de Filippo Graviano à oportunidade de informar Giuseppe "que, se não chegar nada de onde deve chegar algo, é bom que nós também comecemos a falar com os magistrados".

Ouçamos o conteúdo de seu depoimento, intercalado, mais uma vez, pelos comentários precisos dos membros do Ministério Público:

> MP NICOLOSI – Mas dizia uma coisa, sempre a respeito dessa reunião. No momento quem lhe explicou, lhe disse, lhe fez entender que havia esse acordo, isto é, com esses atos terroristas, o que ele esperava em contrapartida? A Cosa Nostra queria esses benefícios, queria induzir quem, de onde, a... mas a contrapartida, entre aspas, política, o que prometia, o que esperava desses massacres? Giuseppe Graviano lhe contou? Explicou-lhe isso?
>
> SPATUZZA – Isso não.
>
> MP NICOLOSI – O senhor faz alguma ideia?
>
> SPATUZZA – Minha ideia seria que... alguém poderia entrar no jogo, dizendo: "Vamos combinar uma coisa entre nós, uma outra [incompreensível]" [...] "Arranjamos nós as coisas". Assim... no momento em que..., porém, pra organizar esse negócio queremos isto, isto e isto. Isso é o que pensei. Daí o momento em que entrava o acordo e corria tudo bem, aqui se interrompia tudo. Bom, mas na história italiana, essas coisas não é que são de hoje!
>
> MP CRINI – Por outro lado o senhor disse que, inclusive em 2004, Filippo lhe dizia assim: "Informe a Giuseppe que diga que se...".

---

de aumentar a capacidade, o alcance de devastação do atentado, para o qual o explosivo é incrementado, entre outras coisas juntaram ao explosivo não sei quantos quilos de varetas e hastes de ferro, uns cinquenta fios de arame de poucos milímetros, tudo cortado em dois ou três centímetros e colocado sobre o explosivo, que devia ter um efeito devastador... mais devastador de tudo que a bomba representa por si só" (ibid., p.160).

SPATUZZA – Que se não chegar nada, é bom que nós também comecemos a tratar da dissociação.

MP CRINI – Então quer dizer que existia um acordo?

SPATUZZA – Que há.

MP CRINI – Que havia e que há.

SPATUZZA – É o que eu acho. Eu, às vezes, fico pensando. Vejam bem, ainda se fala de pessoas que nem sequer é possível imaginar que estejam fazendo um pacto. Assim, estávamos envolvidos com as instituições e eu nem sabia com quem estava falando. Daí meu interesse é de... nestes anos, fiz das tripas coração pra tentar entender, chegar a uma conclusão, não tanto por mim, mas porque quem estava tratando comigo ainda está lá.[33]

A cautela de Spatuzza com os magistrados é compreensível. Os personagens em jogo desempenham um papel muito importante no cenário político italiano, e Spatuzza, por não conhecer a real identidade de membros de instituições envolvidos na permuta, não é capaz de saber quem ou quantos indivíduos podem estar por trás daqueles que teriam conduzido a interlocução direta com a Cosa Nostra.

Por isso, hesita em revelar, mesmo aos magistrados, os nomes que Giuseppe Graviano lhe comunicou. E por isso, agora – depois de ter relatado a mim alguns interessantes episódios e falado sobre importantes personalidades da arena política e institucional italiana – pede para apagar todas as referências diretas a essas pessoas e qualquer afirmação que não esteja também presente nos autos judiciais, passíveis de expô-lo a críticas de vários tipos ou que possam colocar em perigo sua segurança. De nada valem minhas explicações acerca da diferença entre um processo no tribunal e as análises apresentadas em um ensaio científico.[34] A vontade de proteger sua integridade e a

33 Ata do processo verbal de 7 jul. 2008, em *Io accuso*, 2010, p.59-60.

34 Quanto às relações entre as verdades históricas e as verdades judiciárias, veja-se Ginzburg (2001; 2006), Taruffo (2009) e Tuzet (2006). Ferrari escreveu a respeito da artificialidade do fato jurídico (2010), enquanto Just (1988, p.48) analisou a verdade judiciária como "campo de práticas sociais".

credibilidade de sua colaboração é mais forte. Contribui para sua cautela a sensação de estar exposto em diversas frontes. Isso em primeiro plano, por ter, através de sua colaboração, desferido um golpe no trabalho de tantos anos dos magistrados e colocando-se – no mínimo – em estado de tensão contra seus velhos chefes. Todavia, sabe também que a situação dos irmãos Graviano não é a melhor possível. Pois, embora eles possuam um "curinga" para jogar no momento justo, e a despeito de manterem quase inalterados seus bens, a salvo das mãos dos investigadores, têm que fazer malabarismos – em sua condição temporária de detentos – para manter viva a tensão com seus interlocutores institucionais e tentar recuperar qualquer coisa no plano das "promessas não cumpridas".

Nesse ínterim, a sensação que se propaga na prisão entre os homens do grupo de Brancaccio é o de "terem sido vendidos" ou, para usar uma expressão de Cosimo Lo Nigro, "terem sido tratados pior que carne pra abate".[35] E, para dissipar qualquer dúvida acerca da identidade dos "traidores", Spatuzza precisa aos magistrados:

> [...] ainda agora continuo a dizer que fomos vendidos e não afirmo que fomos vendidos pelos irmãos Graviano: mas pelo primeiro elo que arquitetou esses massacres.[36]

Pouco depois, acrescenta de forma mais explícita:

> Os irmãos Graviano têm algum acordo. Estou certo disso porque existem todas essas passagens bem minúsculas, e somando todas juntas me dão uma ideia.[37]

---

35 É grande a desilusão entre os "fidelíssimos" dos Graviano, embora poucos tenham coragem de manifestá-la. Spatuzza continua: "Esta, que fomos vendidos como carne pra abate, todos sabemos. Mas ninguém se manifesta" (Transcrição verbal de 17 jul. 2008, em *Io accuso*, 2010, p.61).

36 Ibid., p.76.

37 Ibid., p.79. Para Spatuzza, cada uma das peças do argumento está conectada dentro de um contexto; só assim é possível compreender seu real

Entre os detalhes significativos que Spatuzza indica, ao apresentar o quadro do complexo cenário, está a circunstância particular da fuga e da posterior prisão dos Graviano no território milanês. Se realmente é verdade que os homens de honra preferem se esconder em locais nos quais se sentem mais seguros, é muito estranho que seus ex-chefes se sentissem mais seguros em Milão que em Palermo:

> MP – Como o senhor explica essa presença dos Graviano em Milão?
>
> SPATUZZA – Anômala. [...] Porque, do momento em que você passa a ser caçado, não há território mais seguro que sua vizinhança. [...]. Eu, como ex-criminoso, posso dizer que, do momento em que me sentia perseguido, ia dormir na casa da minha mãe. [...]. Ora, se eles naquela época estavam sendo caçados, que motivo tinham pra ir a Milão! Anômala. [...]. Posso dizer, da minha parte, que pra mim esse modo de pensar é uma contradição, eles morarem em Milão. Especialmente os dois irmãos juntos. Impossível![38]

O caráter anômalo da estada em Milão oculta alguns bastidores que, em um primeiro momento, Spatuzza considera não dever revelar. Bastidores que serão divulgados no decorrer do interrogatório de 16 de junho de 2009, quando, ao pensar ter sido admitido ao programa de proteção, ele revelará no tribunal a identidade das conexões institucionais às quais Giuseppe Graviano explicitamente acenara. As novas informações esclarecerão também os vínculos entre a condição de foragidos em Milão de seus chefes e contatos políticos:

---

significado: "Ora, uma frase pode parecer fora do contexto, insignificante. Mas se nós juntarmos todas essas pequenas frases, e as colocarmos num contexto maior... [...]. São pilares de sustentação. Pode-se dizer, mas não bastam... pra entender com quem estavam tratando. Mas decerto não estavam tratando com qualquer um" (Ibid., p.58).

38 Ibid., p.62-3.

MP NICOLOSI – Mas o senhor, essa presença em Milão, e essas relações na cidade, soube diretamente de informações dadas por Giuseppe Graviano ou por Filippo Graviano ou por outros, e conectou-a a essa... digamos, ao cultivo dessas relações com esse contato político?

SPATUZZA – [...]. Eu já achava, como sempre disse, anormal essa presença dele em Milão. Naquela época, Perone estava sendo agredida pelas forças da ordem. Assim, ir pra uma... pra um lugar onde se está a descoberto é contraproducente. A história nos ensinou, todos os foragidos foram presos... ou em casa... [...]

MP CRINI – Diz: "É tão anômalo estarem em Milão que só posso explicar com o fato de que ele tinha me falado dessa... de ter tido essa forte relação".

SPATUZZA – Mas não é só isso. Eles foram traídos. Eles acham que alguém os vendeu pra eles serem presos.

MP CRINI – Então, assim naquele momento lhe deram uma indicação de uma suspeita que estaria fora da "Cosa Nostra". [...]

MP QUATROCCHI – Que o interesse pela prisão deles vinha de outro lugar. [...]

SPATUZZA – Não só eles. Desculpem, por que tive que me encontrar em Roma com Giuseppe Graviano? Se me dá o impulso pro atentado aos carabineiros, por que precisávamos nos encontrar em Roma pra ele dar as ordens finais? Portanto, ele está indo pro Norte. [...] Nós, eu fiz a ligação com o discurso de Campofelice em que... "teremos todos os benefícios, a começar pelos encarcerados". E depois tem aquela frase de Filippo Graviano, quando ele disse: "Deixa eles fazerem os processos deles que um dia quem irá refazer esses processos seremos nós". [...]. Se nós tivermos o país nas mãos, nessa hora nós seremos os donos de todo o sistema que gira em torno ao país. [...]. Poderemos impor condições e poderemos ditar as leis.[39]

As novas declarações de Spatuzza apresentam cenários mais complexos e com conexões políticas precisas. "Acordos e bombas

39 Transcrição verbal de 16 jun. 2009, em *Io accuso*, 2010, p.163-5.

caminhavam juntos", explica o colaborador aos investigadores, fornecendo detalhes preciosos sobre importantes episódios e sobre seus bastidores. Menciona, sobretudo, os dois encontros com Giuseppe Graviano nos quais teria recebido revelações importantes, que dissiparam suas dúvidas acerca da conveniência de prosseguir no projeto dos atentados.

Já falamos sobre o primeiro encontro, ocorrido em Campofelice di Rocella no final de 1993. O segundo foi realizado em janeiro de 1994, em Roma, no Bar Doney na Via Veneto, para onde Gaspare Spatuzza foi convocado a fim de definir os últimos detalhes do atentado ao Estádio Olímpico e receber a autorização final para os procedimentos, diretamente de seu chefe.

Nessa ocasião, além de Marcello Dell'Utri, o nome de Silvio Berlusconi foi expressamente citado por Giuseppe Graviano. Sempre segundo Spatuzza:

> Ao chegar, vi Giuseppe Graviano fora desse bar. Eu conheço Giuseppe Graviano desde menino. Qualquer gesto seu, de tristeza, de felicidade, eu conheço como cada um de nós é capaz de reconhecer a expressão de alguém muito próximo. Eu o vi alegre, o vi feliz, e aí, assim que eu me aproximei, Giuseppe Graviano me convidou pra entrar no Bar Doney. [...] Giuseppe Graviano me disse que tínhamos fechado tudo e tínhamos obtido tudo o que queríamos, e isso graças à seriedade dessas pessoas que haviam levado isso adiante e que não eram como aqueles quatro... – nem quero repetir hoje, aqui, uma expressão meio pesada – aqueles quatro socialistas que tinham nos vendido – que a questão socialista é uma questão que me preocupava em 88[40] – e aí ele me disse o nome das pessoas que tinham levado adiante essa coisa. Me mencionou... me mencionou especificamente a pessoa de Berlusconi, pois perguntei

40 Apesar de ter errado a época, Spatuzza se refere à decisão da Cosa Nostra de direcionar seus votos para o PSI (Partido Socialista Italiano), ao invés de para o DC (Partido Democrata Cristão), durante as eleições políticas de junho de 1987 (Dino, 2011).

se era a pessoa do Canal 5,[41] e ele falou que no meio estava também um nosso conterrâneo, Marcello Dell'Utri, Dell'Utri. [...] Giuseppe Graviano me disse que "o atentado contra os carabineiros deve ser feito porque com ele vamos dar o golpe de misericórdia". [...] O golpe de misericórdia àqueles que são a parte lesada, ofendida em toda essa história, isto é, a parte que teve que se dobrar ao poder esmagador da Cosa Nostra. Bem, voltemos um pouco no tempo. Nós tínhamos obtido tudo o que queríamos. Tínhamos o país nas nossas mãos, tem toda uma história por trás disso. Daí o golpe de misericórdia nós estávamos dando à pessoa que estava sofrendo, não à pessoa que havia levado adiante – digamos assim – o acordo... então, voltemos às palavras exatas. Quando Graviano me falou que "tínhamos fechado tudo e obtido tudo aquilo que queríamos" [...] graças a essas... à seriedade dessas pessoas conseguimos... E então, referindo-se ao encontro de Campofelice, havia um acordo que nos devia dar alguns benefícios, principalmente aos presos, a partir dos presos. [...] Estes foram os dois nomes que me foram mencionados, o de Berlusconi e o de Dell'Utri, daí que, nesse ponto, são eles os interlocutores. Eu sei que, por intermédio dessas pessoas, ficamos com o país nas nossas mãos...[42]

5. AINDA SOBRE A DISSOCIAÇÃO...

5.1. O que o senhor entende por legalidade?

A conexão Máfia-política é uma das mais delicadas. Durante nossos encontros procuro puxar o assunto, abordar alguns de aspectos, algumas questões; mas diante de perguntas diretas,

41 Canale 5 no original: foi o primeiro canal de TV privado da Itália, faz parte do conglomerado Mediaset, por sua vez controlado pela *holding* Fininvest, propriedade da família Berlusconi. (N. T.)

42 Tribunal de Florença – II Tribunal Criminal de Florença, Sentença emitida em 5 out. 2011 no processo penal contra Tagliavia Francesco, NR Sent 3/10, RgNR 5/10, RgNR 9043/10, p.225-7).

cada vez mais pormenorizadas, Spatuzza às vezes responde, às vezes me direciona às atas processuais.

É precisamente por esse motivo que – ao examinar os temas processualmente mais polêmicos – os dois níveis da narração se entrecruzam de modo ainda mais íntimo. Ele fala através das atas judiciárias, relata algo e depois me pede para interpretar como se fosse fruto de minha reconstrução. Eu acrescento minhas considerações, seguindo o que acredito ser seu pensamento, e depois lhe peço uma confirmação.

É uma negociação contínua, uma barganha incessante; a maior parte das vezes latente e inarticulada, mas que revela de súbito uma tensão subterrânea, através de alguns detalhes. Como quando, ao me descrever sua decisão de colaborar como um ato de liberdade, me olha fixamente nos olhos e precisa: "Hoje eu sou livre", acrescentando: "Se hoje eu não quisesse vê-la, poderia ter avisado à portaria pra dizer que não queria encontrá-la". Me adverte, dessa forma, que não há nada de previsível em nossos encontros. Nada de seguro. Tratar de um assunto ou de outro não é indiferente.

Tento forçar os limites que ele estabeleceu. Falamos da prisão dos irmãos Graviano em Milão. Menciono suas declarações no tribunal. Busco saber algo a mais. Ele acrescenta apenas um comentário sucinto:

> [...] a prisão dos irmãos Graviano é sintomática. Por que razão os dois estavam juntos? Por que em Milão, longe de casa? A um certo ponto parecia que todos caíam como pinos de boliche. Todo dia prendiam uma pessoa nova. O que aconteceu? Ou o que estava acontecendo?[43]

"O que estava acontecendo?", pressiono. "Me disseram que devo falar com a senhora só sobre questões sociológicas", responde, apagando meu entusiasmo.

---

43 Encontro de 2 jul. 2013.

Não obstante, acrescenta algo de novo ao tema de dissociação. Algo que, inserido no quadro mais amplo do que aquele declarado no tribunal e consubstanciado pelos trechos relativos às conexões com a política (os poucos que me permite manter), constitui um material precioso para mim.

Com relação ao tema da dissociação, de fato não é apenas a Cosa Nostra como organização que consuma o ambíguo relacionamento com o mundo político, mas são os homens de honra que tentam itinerários individuais para escaparem ilesos das responsabilidades judiciais. Verdade e ficção mais uma vez se entrelaçam, num jogo sutil encenado no plano linguístico e comunicativo.

Por esse motivo Spatuzza tende a ressaltar a diferença entre sua escolha pessoal de dissociação e aquela pactuada por Filippo Graviano para os homens do grupo de Brancaccio. As diferenças não são simples de entender, sobretudo para quem não vive no contexto mafioso; por trás do uso de uma mesma palavra, ocultam-se intenções e motivações profundamente discordantes:

> A jornada do meu arrependimento começou em 2000, quando – embora ainda privadamente – me dissociei da Cosa Nostra, distanciando-me dela, seja em pensamento, seja nas ações, seja recusando a contribuição econômica reservada aos associados. Embora necessitando e estando preso, não quis mais o dinheiro da Cosa Nostra. Creio que essa seja uma prova de sinceridade antes da dissociação e, depois, da gradual concretização do meu processo de colaboração. De fato, não é verdade que eu decidi colaborar porque estava afastado ou abandonado pela Cosa Nostra, tanto econômica quanto moralmente.[44]

Existe uma distinção precisa, mas sutil, entre a escolha pela "legalidade", motivada pelos benefícios instrumentais e

---

44 Encontro de 15 dez. 2012.

orientada para garantir um futuro aos próprios filhos (também através da conservação dos patrimônios pessoais), e uma evasão convicta do mundo da Cosa Nostra que leva à colaboração, quase um percurso imposto.

Esse tema provoca um vigoroso bate-boca com Filippo Graviano por ocasião de sua acareação diante dos juízes florentinos. Spatuzza havia contado aos magistrados sobre o encontro com Graviano na prisão de Tolmezzo quando, ao voltar da sessão investigativa com Pier Luigi Vigna, discute com Graviano o tema de "uma dissociação, ou buscar remediar alguma coisa". Filippo Graviano o interrompe no mesmo instante, invocando o tema da *legalidade*:

> Desculpe, Gaspare, você se lembra daquela época, digamos, que nós começamos a fazer os discursos voltados pra legalidade?[45]

Percebendo a armadilha linguística oculta por trás dessa sintonia declarada, Spatuzza procura desmascarar a estratégia de Filippo Graviano, pedindo-lhe que esclareça sobre o uso do termo "legalidade":

> Nós falamos... de legalidade, o que o senhor queria dizer, nossos filhos, ou pra nós? [...] Filippo, falamos tanto sobre isso, tanto, de tanto mal-estar que havia. Eu te falava todo dia de tudo o que sofri pessoalmente, de tudo aquilo que foi dito contra mim. Assim, eu estava procurando me distanciar, mas sem que você soubesse eu já estava discutindo algo que ia além. [...]
>
> [...] me dissociei de vocês e de todo o sistema, descendo e não querendo mais ouvir essas conversas [...]. Já é um indício. Mas um indício de que eu já estava querendo me distanciar de você e de todo o resto.[46]

---

45 Procuradoria da República de Florença, Transcrição da acareação em 20 ago. 2009 entre Graviano Filippo e Spatuzza Gaspare, n. 11531/09/21, p.5.
46 Ibid., p.5, 8, 9 e 10.

E quando Filippo Graviano, desviando com habilidade o confronto dos dados processuais ao plano pessoal, pede para que Spatuzza se distancie publicamente dele, como *pessoa*, este último responde buscando manter os dois níveis bem distintos, com o efeito – porém – de alimentar posteriormente o *mal-entendido* que envolve a comunicação relativa aos relacionamentos "afetivos" na Cosa Nostra:

> FILIPPO GRAVIANO – Está bem. Se você diz, o certo é que eu não posso saber o que se passa dentro de você, por dentro. Só posso saber aquilo que você me fala, mas não o que está por baixo disso, se você quer se distanciar de mim também.
>
> GASPARE SPATUZZA – Eu falei de você, no sistema [...] sempre enfatizei em qualquer instância, que eu quero bem aos irmãos Graviano. [...] ... quero guardar dentro do meu coração aquele sentimento da família, Michele Graviano, Enza Graviano, Benede Graviano... aquele sentimento de respeito. Fui impelido a essa escolha porque num certo momento decidi que...
>
> FILIPPO GRAVIANO – Eu não tenho nada contra sua escolha, é bom você saber. Você fez uma escolha, pra mim, tudo bem. Mas o que eu vou te dizer, nossa conversa, pelo menos no início não era uma conversa oportunista pra obter algo do Estado. Mas era pra melhorar pra nós mesmos e pra dar um futuro aos nossos filhos.[47]

Mencionando essa passagem, pedi-lhe para esclarecer sobre o diferente uso do termo "legalidade" da parte dele e da parte de Filippo Graviano:

> Legalidade... minha legalidade é sincera. A legalidade não é cometer delitos, mas ser honesto: isto é, arriscar pessoalmente e não buscar apenas um escape instrumental... É difícil explicar tudo isso, com palavras, e ainda mais difícil de demonstrar num

47 Ibid., p.10-1.

tribunal judiciário, oferecendo as devidas provas pra comprovar o que se diz.[48]

Spatuzza se demonstrou ainda mais decidido a enfatizar a diferença de suas posições no tribunal, quando advertiu os magistrados sobre o jogo oportunista tentado por Filippo Graviano, através do uso interesseiro da própria colaboração:

SPATUZZA – Pelo que achei ter entendido, Filippo Graviano está tentando... seguir meus rastros... ao enfatizar que já havíamos falado nove anos atrás sobre a dissociação. A dissociação era discutida, assim como tentar um futuro melhor... mas pros nossos filhos, não pra nós pessoalmente.

MP – Isso significa que vocês, pessoalmente, continuavam cometendo crimes?

SPATUZZA – Certo. Nesse ponto, se nós falamos que ainda se fala da Cosa Nostra e se não decidimos sair da Cosa Nostra, por que continuamos a falar em fazer pela Cosa Nostra? [...] Isto é, é um dado factual que falávamos dos nossos filhos, e... pela legalidade de um futuro melhor. [...]. Agora ele está tentando se aproveitar dos meus rastros [...]. Está buscando, já que eu colaborei, ele não tem nada pra conseguir, substancialmente, dos benefícios, daí ele está tentando, como podemos dizer? Ele quer se passar por um dissociado de nove anos atrás. Enquanto não é assim. Então por que ele não procurou os magistrados nesses nove anos?[49]

5.2. *Um depoimento reencontrado após quinze anos...*

Na verdade, embora as argumentações de Filippo Graviano possam parecer ambíguas e interesseiras, algumas passagens do relato do percurso que levou à colaboração do próprio Gaspare Spatuzza nem sempre se revelam de todo transparentes.

48 Encontro de 24 nov. 2012.
49 Transcrição verbal de 20 ago. 2009, em *Io accuso*, 2010, p.274.

Exigências de sigilo e intervenções de censura permitem uma reconstituição fragmentada e lacunar em diversos pontos.

Motivações pouco claras (sobre as quais provavelmente recai o segredo instrutório) são verbalizadas de modo incompleto. Questões não resolvidas produzem uma imagem de indeterminação que passa do relato ao seu narrador.

Abordamos o tema da colaboração em nosso último encontro antes das férias de verão, em 2 de julho de 2013. Trata-se, por outro lado, também do último encontro dedicado à recolha de material; aqueles que se seguirão à revisão e à aprovação do texto da entrevista que redigirei baseando-me em nossas conversações. Daí a exigência de aprofundar os pontos críticos ainda não resolvidos, entre os quais se destacam algumas perguntas relacionadas aos massacres e às presenças anômalas registradas em seu cenário, e os inúmeros buracos negros na reconstrução dos eventos, o relacionamento entre a Máfia e a política, entre a Máfia e as instituições e, enfim, os negócios criminosos da organização e o papel de cada um de seus chefes.

Procurei direcionar a conversa para a operação de obstrução das investigações sobre o massacre de Via D'Amelio; sobre as atuais condições e sobre os ânimos dos mafiosos encarcerados; sobre os casos ainda não totalmente esclarecidos do "suicídio de Antonino Gioiè[50] e do assassinato de Luigi Ilardo;[51] sobre a

---

50 Antonino Gioiè, homem de honra da família de Altofonte, ligado estreitamente a Leoluca Bagarella e a Salvatore Riina, foi considerado pelos magistrados "em contato com membros dos serviços secretos, protagonista da onda de atentados de 1992, depositário dos segredos exteriores à Cosa Nostra". Em 29 de julho de 1993, Gioiè morreu por "suicídio" na cela da prisão de Rebibbia onde estava preso, deixando uma longa carta endereçada aos familiares. Sobre o caso, cf. Procuradoria-Geral da República junto ao Tribunal de Apelação de Palermo, Memorial do PG ilustrativa dos requerimentos de renovação da fase de julgamento Art. 603 c.p.p., Palermo, 26 set. 2014, p.11-2; Tribunal de Palermo – Seção do GIP, Decreto de reenvio a juízo, 7 mar. 2013. Cf. também Torrealta (2010; 2011) (esta última referência contém, num apêndice, o texto da carta de Gioiè), Limiti (2013) e Tescaroli (2003).

51 Luigi Ilardo, primo de Giuseppe "Piddu" Madonia, que se tornou confidente do então marechal dos carabineiros Michele Riccio, forneceu informações

suposta tentativa de suicídio de Bernardo Provenzano na prisão de Novara;[52] e sobre a atuação de indivíduos externos à Cosa Nostra nos atentados dos anos 1990.

Eu sabia que não seria fácil pedir a Spatuzza para responder a essas perguntas. Ele poderia se fechar ou continuar sendo vago. Em todo caso, valeria a pena tentar. Até um silêncio eventual ou uma resposta parcial poderiam me oferecer detalhes preciosos para elucidar uma história que parece decididamente muito menos linear do que se propunha.

Para esse último encontro, preparei uma programação de perguntas para apresentar-lhe, mas a ordem que estabeleci foi perturbada por um evento casual e inesperado. Na praia, uma amiga me chamou a atenção para um artigo no *Venerdì di Repubblica* de 28 de junho de 2013, assinado por Enrico Deaglio, justamente sobre Spatuzza. Um texto interessante que trazia à tona as numerosas dúvidas sobre seus tantos silêncios e sobre o processo complexo e conturbado que o conduziu a colaborar com a Justiça.

O artigo trata de uma audiência de 11 de junho de 2013, em Roma, durante a qual o advogado Flavio Sinatra, defensor de Salvino Madonia e de Vittorio Tutino, pediu informações sobre uma ata do interrogatório de Gaspare Spatuzza em 26 de junho

preciosas sobre a organização e os movimentos de seus chefes e, em particular, sobre as locomoções de Bernardo Provenzano. Em 10 de maio de 1996, Ilardo foi assassinado. Tinha acabado de manifestar sua intenção de relatar aos magistrados: "o que sabia sobre o general Subranni e seu papel quanto às peças desviadas nas Instituições na estação dos massacres" (Procuradoria-Geral da República junto ao Tribunal de Apelação de Palermo, Memória do PG, p.11); cf. também Tribunal de Palermo – Seção do GIP, Decreto de reenvio a juízo.

52 Em maio de 2012, difundiu-se a notícia de que Bernardo Provenzano tinha sido encontrado pelos agentes penitenciários em sua cela da prisão de Novara com um saco plástico na cabeça (cf. *Il Fatto Quotidiano*, 10 maio 2012). O episódio deu origem a um frenesi de interpretações que vão desde a tentativa de suicídio à sua simulação, a um sinal de rendição ou uma advertência. Qualquer que seja a "verdade", tratou-se de uma circunstância extremamente importante (até de uma perspectiva simbólica), considerada a dimensão do indivíduo nela envolvido.

de 1998 na prisão de L'Aquila, na presença de Pier Luigi Vigna (então chefe da DNA) e de seu então vice, Pietro Grasso; ata que parecia ter desaparecido completamente e cujo conteúdo parece não ter provocado quaisquer consequências tangíveis quanto às investigações, a despeito das importantes revelações divulgadas por Gaspare Spatuzza na ocasião.

> Na verdade, o terrível Gaspare Spatuzza – escreve Deaglio – começou a falar assim que entrou na prisão. Encontros reservados, promessas e uma verdadeira negociação com a DNA de Pier Luigi Vigna. Em 26 de junho de 1998, na prisão de L'Aquila, para onde Spatuzza foi transferido a pedido seu, Vigna e Grasso falaram com ele sobre uma possível prisão domiciliar, sobre o tratamento de sua família e dos tempos de sua colaboração. Ao mesmo tempo, sondam-no para saber o quanto ele está disposto a falar. E Spatuzza fala sobre um monte de coisas. Detalhes sobre o atentado contra Costanzo (o apresentador e Maria De Filippi devem a vida ao fato de que os dois mafiosos encarregados brigaram sobre quem devia acionar o controle remoto), sobre Florença (o alvo foi escolhido nas páginas da revista *Leonardo*, em *pole position* estava inclusive Ponte Vecchio), sobre Milão (se atrapalharam ao estacionar o carro e assim os bombeiros chegaram). E não só: Spatuzza já revelou, então, o projeto de uma hecatombe de carabineiros no Estádio Olímpico, revelou que o explosivo para Capaci não veio da ex-Iugoslávia, mas de resíduos bélicos recolhidos no mar por pescadores ("tem o suficiente pra explodir a Itália inteira"), reivindicou um atentado ao quartel dos carabineiros em Gravina de Catânia (que ninguém havia atribuído à Cosa Nostra) e outros atentados na Calábria, e contou também que outros grupos, que ele desconhecia, realizaram um atentado contra uma "sede americana" em Roma, e que haviam colocado uma bomba num trem em Gênova.
>
> Falou, sobretudo, da estratégia política por trás das bombas: os Graviano agiram através de um pacto estipulado com Dell'Utri e, através dele, com Berlusconi. Mas depois os dois irmãos foram presos, em Milão, onde teriam ido para reuniões (janeiro de 1994,

os dias da "descida em campo"), e após sua detenção "o contato se fechou" e a gestão passou às mãos do cunhado de Riina, Bagarella.[53]

Após prometerem reencontrá-lo, e pedir-lhe que se esforce para convencer os irmãos Graviano a colaborar, Vigna e Grasso deixam Spatuzza, que se recusa a assinar a ata do interrogatório.[54]

Vão se passar mais quinze anos antes que essa ata de 82 páginas se torne pública, apesar de que, por solicitação da Procuradoria de Caltanissetta, o Tribunal não consinta seu aditamento aos autos, pela ausência de assinatura do futuro colaborador. Descobre-se, assim, que já em 1998 Spatuzza mostrava ser "extraordinariamente informado sobre o atentado de Via D'Amelio".

Enquanto ele fornece detalhes preciosos "indicando carro, oficina, placas, explosivos utilizados para munir o famoso Fiat 126" e esclarece os dois magistrados sobre a identidade de Vincenzo Scarantino,[55] o Tribunal de Caltanissetta apresenta, porém, uma "verdade judicial" muito diversa:

> De fato, pelo mérito do mais brilhante investigador da polícia, Arnaldo La Barbera (e que, por isso, se tornou prefeito), o delito Borsellino foi resolvido em tempo recorde. Três rapazes das miseráveis redondezas da Guadagna, em Palermo, haviam organizado tudo. Um deles, Vincenzo Scarantino, sob a aparência de idiota da aldeia, era na verdade "um homem de honra coberto", ao qual os *boss* Salvatore Riina e Pietro Aglieri haviam confiado a execução do plano.[56]

Essa inverossímil verdade processual – evidentemente cheia de lacunas, contradições e falsidades – foi corroborada, porém,

---

53 Deaglio, Il mistero di Spatuzza (O mistério de Spatuzza), *Il Venerdì di Repubblica*, 28 jun. 2013, p.42-5 (p.44).

54 "É a sua parte no acordo", comenta Deaglio (ibid.).

55 Esta é a opinião de Spatuzza sobre Scarantino, comunicada durante o interrogatório de 1998: "Ele está em Pianosa por ter matado um cristão que devia matar *e ci ficiru diri chiddu ca nu avia a diri.** Toto La Barbera" (ibid., p.45).

* Em dialeto siciliano no original, aproximadamente "nos fizeram dizer coisas que não devíamos falar". (N. T.).

56 Ibid.

por três processos (cada um dos quais conduzido até a terceira instância). Apenas após treze anos, em outubro de 2011, a Procuradoria-Geral de Caltanissetta revelará suas numerosas incongruências, depositando uma solicitação formal de revisão para apurar a verdade.[57]

> Que história estranha – continua a comentar Deaglio –, na qual um mafioso falou dez anos antes de seu arrependimento oficial e os magistrados, por sua vez, parecem ligados, vinte anos depois, a algo que se assemelha a um acordo de silêncio.[58] Que história estranha, na qual o mais valente policial italiano favorece os autores do atentado construindo uma falsa pista que se mantém por quinze anos, e impede que se investigue sobre os reais autores do delito. [...] E se mesmo esse falso arrependido (Scarantino) e esse antigo confidente (Spatuzza) fossem parte de um pacto? Quanto àqueles que hoje investigam, e se tivessem representado uma peça, mais ou menos consciente?[59]

5.3. *Dos interrogatórios à dissociação e à colaboração*

Apropriando-me dessas indagações, em acréscimo a outras questões delicadas deixadas em aberto, atravesso a soleira da cadeia para encontrar Spatuzza pela sexta vez. Estou concentrada

57 Cf. Procuradoria-Geral da República junto à Tribunal de Apelação de Caltanissetta, Requisição de revisão (art. 629 ss. c.p.p.) – Requisição de revisão (art. 629 ss. c.p.p.) – Requisição de suspensão de execução da pena (art. 635 c.p.p.), NR 792/11 R. Pareri, Caltanissetta, 13 out. 2011 e Procuradoria da República junto ao Tribunal de Caltanissetta – DDA, Memorial do Gabinete do Procurador da República ilustrativa de novas provas ex. art. 630 c.c.p., cartas c) e d), Proc. n. 1595/08 RgNR Mod. 21 DDA (depositada junto à Procuradoria-Geral da República junto ao Tribunal de Apelação de Caltanissetta em 13 set. 2011 pela DDA da Procuradoria da República de Caltanissetta).

58 No original *omertà*, isto é, uma forma de cumplicidade entre os membros de uma associação criminosa, pela qual o culpado por um crime é protegido, mesmo por sua vítima, ocultando sua identidade à Justiça, e por extensão, solidariedade entre os membros de uma mesma categoria de pessoas, pela qual todos ocultam as ações de um outro por interesse recíproco. (N. T.)

59 Deaglio, op. cit., p.45.

e pronta para encarar uma conversação que, imagino, não será simples.

Ao entrar, no mesmo instante noto uma luz diferente. É verão, e pela primeira vez a triste portaria apresenta-se luminosa e não mais gélida e cheia de correntes de ar. O processo de admissão é rápido. A agente penitenciária é eficiente e informada. Logo depois chega um inspetor dos GOM que me conduz até Spatuzza. Digo-lhe que trago comigo o livro de Eric Frattini, *Os corvos do Vaticano* (2013). Ele o examina com atenção e responde que posso entregá-lo pessoalmente.

Nesse ínterim, Spatuzza chega. Vem ao meu encontro sorridente. Entramos em sua sala-estúdio, com sua pequena coleção de livros, o computador e o quadro pintado por ele.

Sai o inspetor e a entrevista pode começar. Mas, antes de ser possível formular uma pergunta, ele me informa que quer me mostrar algo. Pega o computador e abandona sua posição à minha frente. Senta-se a meu lado. É a primeira vez que o faz. Mostra-me um documento com muitas páginas: uma composição sobre uma de suas primeiras experiências longas fora do cárcere. É uma crônica detalhada destes dois dias, já preparada para uma leitura externa, da qual atentamente se omite qualquer detalhe que poderia revelar lugares ou pessoas.

Terminada a leitura, afirma que está pronto para a liberdade e desejoso de ser posto à prova começando uma vida nova, enfrentando o cotidiano e seus problemas.

Depois dessa premissa, fica ainda mais difícil pedir-lhe para me falar sobre atentados e obstruções. Uso, porém, o artigo de Deaglio como ponto de partida e não adio mais a questão. Exponho-lhe minhas dúvidas e percebo como, repentinamente, ele muda sua expressão.

Procuro explicar-lhe que minhas perguntas nascem da vontade de aprofundar suas palavras. A partir do momento em que sua história pessoal se entrecruza várias vezes com eventos cruciais para a história da Itália, desejo valorizar seu testemunho, como, aliás, várias vezes ele me pedira, reivindicando a necessidade da verdade, que ultrapassa as vivências pessoais, individuais.

Pergunto-lhe se – dada a delicadeza dos temas que abordaremos – ele me permite gravar nossa entrevista. Spatuzza responde que não. Ou melhor, me pede para nem mesmo anotar o que ele irá me dizer. Tudo fica mais difícil. Consigo, de qualquer modo, transcrever algo e pelo restante – seguindo a lista dos assuntos – procuro reconstruir, assim que chego em casa, o conteúdo de nossa conversação.

A primeira pergunta é sobre o significado a ser atribuído ao interrogatório realizado com Vigna e Grasso em 1998. Peço-lhe para me explicar como é que, enquanto ainda era um mafioso, havia decidido falar com os dois magistrados.

Spatuzza se torna sério. Compreendo ter tocado um assunto delicado, que poderia revelar responsabilidades, erros e omissões. Por isso, ele se apressa em esclarecer que Vigna e Grasso haviam cumprido perfeitamente seu dever, que suas declarações eram sérias e ponderadas, sempre acompanhadas por indícios factuais precisos. Em relação ao interrogatório de 1998 com os dois magistrados, não aceita minha definição quanto às "provas técnicas de dissociação":

> Participei de diversos interrogatórios investigativos. Num deles, fiz menção ao atentado de Via D'Amelio. Não tive a intenção de empreender uma colaboração, pois isso teria significado a perda dos meus afetos mais caros. Sabia que as coisas que teria dito seriam consideradas "lixo" se não fossem assinadas; assim, aceitei parcialmente e sem entrar em detalhes específicos, falar sobre alguns episódios.
>
> Além do mais, eu ainda não tinha encontrado os irmãos Graviano na prisão. Naquela ocasião, aliás, me limitei a dar a eles apenas alguns indícios; importantes, sim, mas intencionalmente "mascarados".[60] As indicações que forneci para os atentados do continente não acrescentavam, por outro lado, nada de substancial-

60 Em siciliano, *mascariati* no original. Misto de neologismo e dialeto siciliano, esse termo é usado principalmente para indicar alguém que é suspeito de ser um mafioso. (N. T.)

> mente novo ao que já tinha sido comprovado pela Procuradoria de Florença durante os processos em curso e através dos depoimentos dos colaboradores de justiça de então.[61]

Apropriando-me de sua expressão, pergunto-lhe se o ato de falar com os magistrados enquanto ainda era um homem de honra não teria podido expô-lo também ao risco de se "mascarar". Seu olhar se torna glacial e distante:

> Não. Não creio. É como uma confidência feita entre dois inimigos que se encontram sem ter feito um acordo de paz entre ambos. De resto, como já lhe disse, eu sabia que o interrogatório investigativo não tinha nenhum valor comprobatório e podia ser usado apenas como uma deixa, se não fosse assinado e subscrito pelo interrogado.
>
> O processo já tinha começado há muito tempo. Muitos já haviam falado. Eu só dei algumas sugestões, não acrescentei muito ao que os magistrados já sabiam e ao que já tinha sido revelado.[62]

Pergunto-lhe se ele havia sempre informado os irmãos Graviano sobre suas entrevistas. Ele responde acrescentando um detalhe importante, revelando-me que sua intenção de colaborar remontava ao momento de sua detenção. Suas palavras, mais que esclarecer, adensam o mistério:

> Fui honesto com Filippo Graviano até o fim. Quando participei do interrogatório investigativo com o dr. Vigna, no final do seu mandato como magistrado, informei Filippo Graviano do interrogatório realizado, sem entrar em detalhes do seu conteúdo.
>
> Fui preso em 1997 e, estando dentro dos gabinetes da Esquadra Móvel, estava avaliando a possibilidade de colaborar.[63]

---

61 Encontro de 2 jul. 2013.

62 Id.

63 Id. Cf. também Tribunal de Caltanissetta – Rito GIP Seção GIP/GUP penal, Transcrição verbal de audiência, cit. Audiência de 7 jun. 2012, p.186-7 e 189-90.

A hostilidade de sua família foi o que impediu seu oportuno propósito de colaboração. Hostilidade, porém, que não o impediu de continuar sondando o terreno com os magistrados, de informar seus chefes, oscilando por muito tempo entre a dissociação e a colaboração:

> Minha família disse não e eu não queria romper com minha mulher e com meu filho. A DNA conhecia minha disponibilidade. Creio que os órgãos judiciários também foram informados sobre minha abertura, manifestada nos recintos da Esquadra Móvel. E talvez por isso vieram me procurar já em 1998.
>
> Em 2004, o dr. Vigna, antes de se aposentar, decidiu vir me encontrar novamente. Para tentar me fazer colaborar. Eu falei com o dr. Vigna sobre a trajetória do meu arrependimento e ele, embora tenha se mostrado contente por mim, me lembrou que se meu arrependimento interior fosse autêntico, era preciso que fosse acompanhado também por uma plena colaboração com o Estado. Depois de falar com o dr. Vigna, contei o acontecido a Filippo Graviano, comunicando-lhe que o magistrado tinha se mostrado muito bem-disposto em me escutar. Naquele ponto, ele pronunciou a famosa frase de informar seu irmão Giuseppe de que, se não chegasse nada de onde devia chegar alguma coisa, era bom que nós também começássemos a falar com os magistrados. Dissociação? Colaboração?[64]

As palavras de Spatuzza me fazem refletir. Induzem-me a repensar a estruturação das relações hierárquicas dentro da Cosa Nostra. Como explicar a coexistência de uma fidelidade e de uma obediência cega aos chefes com a desenvoltura em abordar temas controversos como o da dissociação, ou com a possibilidade de informá-los sobre os interrogatórios investigativos com os magistrados? Como interpretar a verve dialética que chega à discussão verbal, quando – durante a acareação com Giuseppe Graviano – Spatuzza o repreende em público com um "você devia

---

64 Encontro de 2 jul. 2013.

se envergonhar", não demonstrando qualquer traço da antiga deferência em relação a ele?[65]

Para examinar a fundo o tema das relações (passadas e presentes) com os irmãos Graviano, utilizo as análises das duas acareações – muito diversas no tom, conteúdo e linguagem – às quais Spatuzza foi submetido entre 2009 e 2011 e lhe peço que me fale sobre essa diversidade:

> A diferença entre suas personalidades, sobretudo entre Giuseppe e Filippo, apareceu durante as contraposições que tive com eles nas salas dos tribunais. Giuseppe – que, num primeiro momento, havia recusado ser acareado comigo – não foi correto e logo entrou em contradição. Bem contrária é a calma de Filippo. Até ele, porém, ficou em dificuldades quando, no final do encontro, precisou admitir: "Você não está mentindo, mas não é verdade o que você tem afirmado" [...]. Não me senti nada intimidado por Giuseppe Graviano, por isso eu lhe disse que "devia se envergonhar". Além do mais, ele queria desviar a atenção da monstruosidade do assassinato do pequeno Giuseppe Di Matteo pra questões alheias ao tema em discussão. Por isso me senti livre pra dizer o que sentia e que achava oportuno falar. Eu tinha que demonstrar, diante dos juízes, que ele estava mentindo.[66]

O comportamento diferente em relação aos dois irmãos teria sido motivado pela diversidade da disposição de cada um a seu respeito. De seu ponto de vista, Spatuzza apenas se limitou a adequar-se à *ordem da interação* desenvolvida no tribunal:

---

65 A acareação entre Giuseppe Graviano e Gaspare Spatuzza foi realizada diante dos magistrados de Palermo, cerca de dois anos depois daquele com Filippo Graviano (Tribunal Ordinário de Palermo – Tribunal Criminal, II Seção, Processo penal N.7/09 Rg contra Giuseppe Graviano e outros, Audiência de 8 mar. 2011), sendo que Giuseppe Graviano se recusara anteriormente a falar diante do Tribunal de Florença (Procuradoria da República de Florença, Transcrição da acareação realizada em 14 set. 2009, entre Graviano Filippo e Spatuzza Gaspare, n.11531/09/21).

66 Encontro de 12 out. 2012.

> Filippo Graviano, por sua conta, jamais me disse explicitamente "você está mentindo", mas apenas "você se recorda mal". É uma diferença precisa. A verdade é muito importante. E é importante que o próprio Filippo Graviano não tenha sido capaz de me acusar de mentir. [...]. Foi diferente a atitude de Giuseppe Graviano em relação a mim. Na sala do tribunal, eu lhe disse: "Como assim, antes de acontecer a colaboração, comíamos juntos, éramos irmãos, e depois da colaboração me transformei numa pessoa infame?". De resto, aconteceu o mesmo também com Buscetta, Contorno, Marino Mannoia e tantos outros...[67]

A despeito da relevância dos temas abordados durante o confronto com Filippo Graviano – a conexão Máfia-política e a subsistência de um pacto em curso –, o único elemento sobre o qual ele deseja falar é quanto à malograda deslegitimização e o formal respeito recíproco:

> Aquela acareação foi muito importante pra mim, por vários motivos. O primeiro foi me encontrar diante da pessoa que eu considerava meu pai. A segunda diz respeito à esfera judiciária: Filippo Graviano foi leal, leal porque em parte confirmou minhas declarações. O terceiro motivo, porque não jogou ninguém contra minha pessoa. Saiba que, quando entrei no tribunal, primeiro estendi a mão pra cumprimentá-lo, ao que ele retribuiu. Considero que é um episódio único na história da Cosa Nostra. Jamais aconteceu de um mafioso apertar a mão de um daqueles que ele definiu como infames. O mesmo aconteceu ao sairmos.[68]

Mas como conciliar essas palavras transigentes com o que foi declarado aos magistrados a respeito do próprio Filippo Graviano e da habilidade de sua estratégia judicial? Como ignorar as consequências de sua colaboração para os dois irmãos e para toda a organização?

---

67 Encontro de 24 nov. 2012.
68 Encontro de 2 mar. 2013.

MP CRINI – Mas o fato de ele dizer: "Diga isso ao meu irmão também", como o senhor avalia isso?

SPATUZZA – Devem resolver esse negócio. Minha colaboração: eles estão destruídos. Estão destruídos por uma questão sentimental. Destruídos, não tanto Filippo Graviano, porque não sabe até onde eu poderia chegar. Filippo não sabe que eu, que seu irmão Giuseppe me contou detalhadamente que tudo tinha sido fechado.[69]

6. A VERDADE, PORÉM, AINDA CAUSA MEDO...

O relacionamento com os irmãos Graviano, o controverso tema da dissociação, os contatos políticos mais ou menos ocultos por trás das frases de Giuseppe Graviano, as pistas falsas e as lacunas de informações sobre o atentado de Via D'Amelio, as presenças alheias à Cosa Nostra que surgem no palco dos massacres são pontos obscuros e motivam confrontos acirrados entre nós.

Assuntos que mal podem ser tocados; com cautela, na fase dos encontros, com um tenaz desejo de controle na fase de redação final do texto da entrevista. Volto várias vezes a esses temas, aparentemente de forma desordenada, buscando baixar suas defesas, registrando detalhes, para compor com eles uma narração única.

É só quando estamos no final de nosso itinerário – e só depois de me falar longamente sobre seu processo de regeneração – que volto a lhe perguntar por que, mesmo tendo pensado em colaborar já no início de sua detenção, se decidiu a fazê-lo apenas em 2008. Mas pergunto-lhe, principalmente, qual a razão que o levou a citar os nomes de Marcello Dell'Utri e de Silvio Berlusconi mais de um ano depois do início da colaboração, arriscando

69 Transcrição verbal de 30 jul. 2009, em *Io accuso*, 2010, p.264.

sua inserção no programa de proteção.[70] Sua resposta, apesar de parcial e muito concisa, está cheia de alusões e referências:

> Por trás da minha escolha, pensava que outros também me seguiriam. E isso teria levado – na minha opinião – ao esclarecimento de tantos mistérios que ainda se ocultavam por trás dos atentados. Mas me massacraram e, pelo contrário, servi como um elemento de dissuasão pra outros que tivessem a intenção de colaborar.
>
> Não vou lhe esconder que esperava até uma colaboração dos Graviano. Você pode achar inverossímil, mas minha colaboração também parecia impossível. O próprio Mangano havia ouvido de um advogado sobre minha suposta colaboração, difundida pela mídia, e comentou: "Arranco minha cabeça se Spatuzza colaborar". Ninguém pensava que eu faria isso.
>
> Pensei que fosse possível abrir uma nova fase. A verdade, porém, ainda causa medo...[71]

Tentativas de dissuasão que foram concretizadas por uma desaceleração de sua admissão ao programa de proteção.[72] Medos ligados ao perfil político dos personagens que ele iria colocar

70 A decisão tardia de relatar as palavras de Giuseppe Graviano sobre Silvio Berlusconi e Marcello Dell'Utri, além das dificuldades para ser admitido no programa de proteção e aos numerosos ataques por parte da imprensa e dos políticos, provocou também contra Gaspare Spatuzza uma avaliação crítica de inconfiabilidade por parte da Tribunal de Apelação de Palermo, nomeada para julgar o senador Dell'Utri (Tribunal de Apelação de Palermo, Sentença contra Dell'Utri Marcello e Cinà Gaetano (falecido), 29 jun. 2010, n. 2265/10 RgSent, n. 378/2006 Rg). Sobre esse ponto, cf. cap.5, par.5.3.

71 Encontro de 2 jul. 2013.

72 Apenas em setembro de 2011 – três anos após o início de sua colaboração – Gaspare Spatuzza será formalmente admitido no programa especial de proteção. O percurso de sua colaboração será assinalado por dificuldades e obstáculos, dos quais é possível encontrar uma descrição sintética e eficaz no documento do Tribunal de Palermo com o qual, em 30 de junho de 2011, revogam ao colaborador "a medida preventiva pessoal por supervisão especial de p.s. com obrigação de permanência, pela duração de cinco anos", que o próprio Tribunal de Palermo havia lhe atribuído apenas um ano antes (Tribunal Civil e Penal de Palermo – Seção para a aplicação das medidas preventivas contra pessoas socialmente perigosas, Decreto n. 177/98 RMP, 30 jun. 2011).

em jogo, mas também dúvidas quanto ao sobressalto que suas declarações produziriam sobre o trabalho dos magistrados de Caltanissetta e sobre os processos pelo atentado de Via D'Amelio, já concluídos com sentenças corroboradas pela Cassação.

São tantos os motivos que dificultam a colaboração de Spatuzza, que mesmo antes de citar o nome de Silvio Berlusconi, ao se preparar para falar sobre as conexões entre a Máfia e as instituições e do pacto em curso, do qual teve conhecimento durante o encontro com Giuseppe Graviano em Campofelice di Rocella, pede aos magistrados garantias precisas para sua segurança pessoal:

> O acordo, pelo que me consta, foi até 2003 [...]. Eu, antes de tudo, gostaria de dizer uma coisa [...]. Já que se fala aqui de assuntos institucionais, os senhores acham que no momento em que sair daqui uma linha do gênero, minha segurança está no máximo, porque se eu já joguei fora minha comida em vários dias quando aparece um guarda que eu não conheço, pensem então no momento em que sair algo do gênero, em que condições ficarei.[73]

Garantias para si e para sua família, sobre as quais voltará a insistir mais peremptoriamente quando, ao ser informado de sua entrada no programa de proteção, decidirá citar os nomes dos políticos dos quais Giuseppe Graviano havia lhe falado:

> Gostaria, em primeiro lugar, de dizer que cerca de um ano atrás não me sentei com o Estado. [...] eu me ajoelhei com o Estado. Não pedi nada: simplesmente pedi garantias pra minha família, pra minha máxima segurança penitenciária, porque sei com quem estou me chocando e com quem me chocarei. Daí que o medo é total por dentro. [...]
>
> Meus medos, porque sabia desde o início que eu deveria ir contra uma parte da magistratura que já havia encerrado abun-

73 Transcrição verbal de 17 nov. 2008, em *Io accuso*, 2010, p.86.

dantemente os processos, com declarações que eu deveria colocar em questionamento. Mas eu devia também ir contra uma parte das instituições, das quais havia traços também do ponto de vista da orientação política. [...] eu devo ir contra o Estado, o Estado judiciário e uma parte do Estado que eu poderia também chamar "anti-Estado". Então me vi no meio de dois fogos, porque devo entrar em guerra contra as instituições judiciárias, porque vão ter que desmontar processos, dezesseis anos daquilo... [...] daí, devo entrar em conflito. E, assim, tenho medo. Medo, diga, que te façam mal? Não, porém eu devo me chocar contra um sistema que seguramente me destruirá. Do lado político, se assim podemos dizer, devo também me chocar contra esses sujeitos. [...]. Com esses sujeitos políticos. Assim, meu medo é total.[74]

Spatuzza voltará a tratar do tema de sua segurança alguns dias depois, quando – entrecruzando a história de sua conversão religiosa com a escolha de colaborar com a Justiça –, ao reafirmar sua confiança em relação àquela magistratura na qual havia decidido confiar, destacará a extrema delicadeza de sua posição e o risco de ser deslegitimado, eliminado ou considerado louco:

---

74 Transcrição verbal de 16 jun. 2009, em *Io accuso*, 2010, p.144-6. Dom Massimiliano De Simone discorreu quanto ao impacto do testemunho de Spatuzza em relação às conexões entre Máfia e política, observando: "Eu estava convencido de que a Máfia nos anos... se não fosse o apoio, durante anos, de quem governa, não seriam capazes de fazer o que fizeram... não fiquei surpreso... O que eu, naquele momento, sinceramente esperava, era que não tivesse que atacar o sistema político... [...] porque Spatuzza, quando começou a citar os nomes dos políticos, como aconteceu com outros colaboradores também, se desencadeiam uma série de coisas... não se acredita mais... a proteção falha, por questões técnicas... [...] arrisca-se, também, que as verdades maiores sejam esquecidas ou sejam silenciadas, sempre para encobertar o costumeiro sistema da política... [...] Daí, eu meio que estremeci quando soube que estes nomes eram revelados, mas estremeci por ele... Porém é uma outra prova de coragem, porque houve um período em que lhe revogaram até sua proteção... porém tudo somado ele continuou... não é que disse 'vou parar aqui'... [...] teve força e determinação para ir adiante" (Entrevista com dom Massimiliano De Simone, 28 set. 2012).

> Ajoelhei-me diante do dr. Grasso e lhe disse: "Veja, não estou aqui pra barganhar minhas declarações". [...]. Não peço nada ao Estado. [...]. Eu pedi garantias pra minha família. [...] E garantias pra mim dentro das instituições. Não as garantias na ca... nas instituições, porque eu tenha medo da magistratura, se assim posso... Nenhum medo. Mas como... terei que tocar em processos já encerrados. E daí, nesse ponto, pela minha experiência pessoal, e se me colocarem numa camisa de força e me levarem a uma penitenciária de um manicômio! [...] E por outro lado, podia ter medo que alguém pudesse me fazer algum mal.[75]

Os temores de Spatuzza são compreensíveis pois, como ele mesmo recorda, "a pessoa que eu deveria colocar em jogo já estava se preparando pra tomar o país nas mãos".[76] E a nomeação do honorável Angelino Alfano como ministro da Justiça decerto não foi, para ele, motivo de tranquilização.

> Quem foram nomear ministro da Graça e da Justiça! O... um conterrâneo meu! [...]. Esse ministro... nele vi a pessoa que eu devia mencionar, por uma confidência que me fizeram. Daí quando chegou a esse ponto, eu me achava na cova do leão. E quem se mexia mais! Mas como eu já disse lá no início... o que eu faço não é uma colaboração, é que pra mim eu a desposei como uma missão. Assim, omiti alguns detalhes que agora poderemos revisar.[77]

Nesse cenário, em junho de 2008, começa a colaboração de Spatuzza, o qual – antes de citar os nomes de políticos importan-

75 Transcrição verbal de 29 jun. 2009, em *Io accuso*, 2010, p.215-6.

76 Transcrição verbal de 16 jun. 2009, em *Io accuso*, 2010, p.147. O colaborador alude ao quarto governo Berlusconi, que prestará juramento em 8 de maio de 2008, concluindo sua experiência em 16 de novembro de 2011.

77 Ibid., p.147-8. "[...] é a reencarnação de Berlusconi e de Dell'Utri. Assim, começo a pensar que estou dentro de uma estrutura penitenciária dirigida por esses indivíduos", acrescentará Spatuzza durante o interrogatório de 29 jun. 2009 (Transcrição verbal de 16 jun. 2009, em *Io accuso*, 2010, p.217).

tes – espera ser formalmente admitido no programa de proteção. Pretendia, assim, evitar a acusação de querer credenciar-se como colaborador, ao citar interesseiramente o nome de políticos importantes. Nesse intervalo, porém, expiraram os 180 dias previstos pela lei para a definição do verbal ilustrativo:

> Pensei que em seis meses tudo se encerraria, porque deveria se encerrar tudo. Pois, com tudo o que Caltanissetta tinha nas mãos e com o que a Procuradoria de Florença tinha, estava tranquilo que em seis meses conseguiríamos obter o programa de proteção e, depois, eu me abriria com essas declarações. Infeliz e desgraçadamente, a Procuradoria de Caltanissetta, eu construía pontes e ela demolia tudo a [incompreensível], digamos, porque é justo que são questões muito delicadas e se deve agir com muita cautela. [...]. Passaram-se os seis meses e eu não podia mais me abrir. O que devemos fazer? Eu pensava: "Como me darão o programa de proteção, então contarei as partes que..." [...]. Porque não queria parecer como se fosse alguém que poderia chegar amanhã e dizer que eu, pra conseguir o programa de proteção, usei, pus em jogo personalidades que... pra fazer a figura, digamos assim, de colaborador, estou desfrutando tudo de que posso desfrutar. [...]. Pelo contrário, não, eu procurei conseguir primeiro o programa de proteção pra depois me abrir. Infelizmente, é uma pena isso não ter acontecido. [...] o tempo já tinha expirado. Porém, como são coisas que não consigo guardar... [...] ... das quais falaremos.[78]

O testemunho prestado por Gaspare Spatuzza em 16 de junho de 2009 é fértil em detalhes, denso de mistérios e de peças ainda faltantes. São numerosas as menções a personagens específicos (cujos papéis ele irá esclarecer em seguida) e as análises pessoais, produzidas através da junção de revelações explícitas e deduções baseadas na observação dos fatos. Os assuntos abordados abrem um turbilhão no qual Spatuzza se esforça para não

78 Transcrição verbal de 16 jun. 2009, em *Io accuso*, 2010, p.148.

ser engolido, mantendo, o quanto possível, o plano analítico em estreita conexão com a esfera dos fatos. Mas, certamente, não se trata de uma operação simples:

> PM NICOLOSI – Pois então nos explique qual era a correlação entre esse acordo, entre o acordo entre os dois indivíduos que o senhor mencionou hoje, Berlusconi e Dell'Utri, e os atentados.
>
> SPATUZZA – O acordo... eu, podemos partir pela questão da "Tangentopoli".[79] [...] Em Milão estourou o escândalo da Tangentopoli. Então em Palermo estavam tentando... pôr em ordem essa questão no nível político com aqueles três ou quatro homicídios, que foram cometidos. Dos quais, em Roma, tínhamos Matteo Messina Denaro, e entre... Giuseppe Graviano, os coronéis que estavam prosseguindo com um projeto dos palermitanos. Esses indivíduos políticos, um pouco pra resolver o problema de... da Tangentopoli, tentar meio que desviar a situação, contataram, isso é o que eu acho, porém é mais que uma opinião minha, porque hoje se tornou realidade. Daí, tiveram que entrar em contato com alguém pra criar uma distração, chamar a atenção pra um outro [incompreensível] político. E daí, como podiam fazer? Entrar em contato com os palermitanos. E quem é que podia fazer contato com os palermitanos? Marcello.[80]

---

79 Tangentopoli: termo que se difundiu a partir do jornalismo, com o significado de sistema político-administrativo no qual é uma prática normal dar e receber suborno ou propina (no italiano, *tangente*), e daí, por antonomásia, passou a se referir ao escândalo da corrupção no mundo político italiano, a partir das investigações judiciárias realizadas pela magistratura de Milão, em 1992, e mais tarde em outras cidades da Itália, que levaram à dissolução de alguns partidos históricos italianos, entre os quais a Democracia Cristã e o Partido Socialista Italiano. (N. T.)

80 Transcrição verbal de 16 jun. 2009, em *Io accuso*, 2010, p.158. A existência de uma negociação, de um pacto em curso entre a ala dos corleoneses, representada pelos irmãos Graviano, e membros das instituições foi admitida por Spatuzza mesmo antes de que ele decidisse citar os nomes dos políticos que a teriam conduzido: "(Giuseppe Graviano) não me deu nenhum indício sobre quem estava pactuando ou se havia... sei que estavam fazendo um pacto. Palavras dele: se uma situação estiver de pé, de pé uma situação, que situação? Eu estava lá pra cometer os atentados. E se aquilo não era um pacto, do que é que iríamos falar? Havia um mal-estar generalizado e

Compondo as declarações prestadas no tribunal e as várias pistas reveladas durante nossos encontros, busco aprofundar alguns aspectos pouco claros sobre o relacionamento entre a Máfia e a política. Inspiro-me em fatos notórios sobre os quais peço um comentário ou uma opinião sua. Muitas vezes ele se mostra disposto a discutir esses temas, mas, infelizmente, quando, ao fazer a revisão, mostro-lhe o texto de suas reflexões, Spatuzza intervirá de maneira drástica, reduzindo meu escrito a frases sintéticas, quase totalmente desinfetadas pela exclusão de menções precisas a pessoas ou fatos.

Seus silêncios e censuras revelam a atenção com a qual observa personagens e episódios que ele conhece: são demasiados os interesses em jogo. Demasiados indivíduos estão envolvidos. São demasiadas as variáveis a considerar. Demasiados os buracos negros. Não podendo controlar tudo, então é melhor não se expor, especialmente quanto àqueles tópicos resvaladios, sobre os quais é difícil exibir provas e confirmações precisas. Trata-se de episódios que apresentam uma natureza multifacetada, situações sobre as quais é possível expressar opiniões pessoais mais ou menos apoiadas por evidências indiretas; circunstâncias que deixam entrever duras provas de força e chantagens mais ou menos dissimuladas.

Busco obter mais algum detalhe. Torno minha pergunta mais delimitada e precisa, perguntando-lhe qual foi seu papel pessoal no massacre de Via D'Amelio. A resposta, ampla e articulada, abre-se com a eloquente premissa que me antecipa as omissões que ele necessariamente irá efetuar em sua longa narração:

> Infelizmente, esta entrevista, como você bem sabe – pois ainda há investigações e processos em curso – está condicionada pelo fato de que eu tenho limites. Algumas coisas posso dizer, outras não. Não pra ser omisso; eu gostaria de falar à vontade, até pra dar

---

todas as pessoas que atribuem a nós a... o 41-*bis*, isto é, os autores que... por nossa culpa foi emitido o 41-*bis*" (Transcrição verbal de 17 jul. 2008, em *Io accuso*, 2010, p.61-2.

uma contribuição social – sobre os fatos dos quais fui testemunha direta e em parte, também indireta – à sociedade civil, que, não nos esqueçamos, foi ofendida e tem o direito de conhecer a verdade. Mas neste momento não posso entrar em detalhes porque existem processos ainda em curso e é preciso respeitar o trabalho que toda a magistratura está realizando pro bem de todos, mas sobretudo pela verdade.

Pelo meu conhecimento, Capaci e Via D'Amelio tiveram um significado especial, já que o dr. Falcone e o dr. Borsellino eram inimigos históricos da Cosa Nostra, mas as modalidades terroristas já dizem muito por si sós.[81] Assim como o deslocamento dos objetivos que têm como alvo atingir o coração do Estado e não eliminar servidores individuais do Estado. Aqui se entra em algo que vai muito além da simples Cosa Nostra.[82]

---

81 Numa outra ocasião, Spatuzza será mais preciso, especificando que, quanto aos atentados de Capaci, de Via D'Amelio e de Via Fauro, os fatos relevantes dizem respeito às modalidades terroristas adotadas (não necessária e potencialmente danosas para a Cosa Nostra, na ausência de uma estratégia específica que as justificasse), a partir do atentado de Via dei Georgofili registrou-se uma anomalia posterior, pois os atentados no continente, além das modalidades, tiveram também objetivos "terroristas", não sendo mais orientados para atingir pessoas específicas, mas para danificar o patrimônio artístico, criando, assim, terror e instabilidade (ou pedidos de estabilização). Cf. Tribunal de Caltanissetta – Rito GIP Seção GIP/GUP penal, Transcrição verbal de audiência, Audiência de 8 jun. 2012, p.178-83).

82 Encontro de 15 dez. 2012. Em um boletim da DIA (Direção de Investigações Antimáfia), transmitido em 11 mar. 1994 aos procuradores distritais da DDA (Direção Distrital Antimáfia) de Florença, Milão, Roma e Palermo, lê-se: "Paralelamente à consolidação do quadro indiciário acerca de uma matriz mafiosa nos atentados de Roma, Florença e Milão, tem-se reforçado nos investigadores a sensação de que o novo alvo dos atentados, inaugurado pela Máfia, persiga na realidade objetivos que estão para além dos interesses exclusivos da 'Cosa Nostra' ou, pelo menos, tinham em vista alcançar objetivos comuns ou convergentes com grupos criminais de diversa extração com os quais existem relações estáveis ou que, no passado, tenham convivido com a Máfia" (DIA, Operação "Oceano" – Boletim Informativo n. 4.222 de 4 mar. 1994, n. 125/II/1 ^ Div/H2-106 de prot. 422/94, p.6). Mais adiante, o boletim especifica quais eram as "entidades criminais" presentes na cena dos atentados, indicando, por um lado, outras organizações mafiosas – Camorra, 'Ndrangheta, Sacra Corona Unita – e, por outro, "forças ilegais de diferente extração", entre as quais associações maçônicas extraviadas, grupos subversivos de direita e serviços secretos. Antes ainda, houve um relatório interessante, transmitido em 2 set. 1993

(em plena onda de atentados) pelo dr. Maurizio Ortolan (na época servidor do SCO) aos seus dirigentes: dr. Gilberto Caldarozzi, dr. Antonio Manganelli e dr. Alessandro Pansa, na qual informa sobre um diálogo telefônico com Francesco Marino Mannoia sobre "os recentes eventos italianos, com menção à prisão de foragidos excelentes e à execução de atentados em várias cidades". Estas foram as análises de Francesco Marino Mannoia: "Os membros da Cosa Nostra recentemente detidos vão tentar de tudo para não passar o resto da vida na cadeia; um objetivo primário, neste contexto, foi a ação para desacreditar os 'colaboradores' e obstaculizar de todos os modos qualquer legislação 'premial'; os atos terroristas realizados, 'fora da Sicília', foram dirigidos contra alvos simbólicos (patrimônio artístico, monumental), adequados para depreciar a imagem da Itália no mundo, combatendo o efeito produtivo produzido na opinião pública pelos recentes sucessos na luta contra a criminalidade organizada; tal estratégia, verossimilmente, foi planejada não só pela Cosa Nostra, mas combinada com outras forças ou grupos de poder a ela aliados, que perseguem objetivos compatíveis com aqueles, imediatos, da organização. Em outras palavras, a promessa de uma anistia generalizada ou um projeto separatista que, de qualquer modo, contemple essa possibilidade, pode constituir a base de um pacto que vê a Cosa Nostra agir como um 'braço armado' para a consecução de objetivos políticos. Nesse sentido, Mannoia propunha reconsiderar com extrema atenção: a. o projeto de 'golpe' de Junio Valerio Borghese; b. a questão do separatismo siciliano; c. os contatos de Michele Sindona com Bontate e Inzerillo sob a ótica das relações reciprocas entre a Maçonaria e a Cosa Nostra" (Relatório de Serviço do dr. Maurizio Ortolan, enviado ao sr. dirigente da II Seção do Núcleo Anticrime, 2 set. 1993). Os jornais, após certo tempo, voltaram a concentrar sua atenção sobre os documentos despachados pelo SCO (Serviço Central Operacional) e pelo SISMI (Serviço de Informações e Segurança Militar), que já mencionavam, no verão de 1993, "negociações" em curso e duras ameaças contra altas personalidades do Estado (cf. *La Repubblica*, 4 mar. 2011 e *Corriere della Sera*, 17 out. 2014). Igualmente interessantes são os resultados investigativos da DIA, chamada pelo DDA de Palermo e de Caltanissetta para examinar a fundo "o fenômeno dos movimentos separatistas e de independência nas regiões centro-meridionais" (cf. DIA – II Repartição, Delegação de investigação n. 490/94 R. Mod.44 de 31 maio 1996 da Procuradoria da República junto ao Tribunal de Caltanissetta – DDA e delegação de investigação n. 2659/96 de 16 maio 1997 da Procuradoria da República junto ao Tribunal de Palermo – DDA, 125/ II/^Div./H2-106, Roma, 31 jan. 1998). De "terrorismo e de subversão da ordem constitucional" fala-se explicitamente nas acusações que o Tribunal de Florença utilizou para a sentença do chamado "processo Tagliavia" (cf. Tribunal de Florença – II Tribunal de Florença, Sentença emitida em 5 out. 2011 na causa penal contra Tagliavia Francesco). As modalidades terroristas e sobre os interesses convergentes de outras entidades criminais são tratadas no relatório despachado pela Comissão Antimáfia presidida pelo honorável Pisanu, evidenciando anomalias nos comportamentos de alguns membros das instituições que poderiam comprovar a suspeita de negociações ocultas (cf. Comissão parlamentar de inquérito sobre o fenômeno da Máfia e

Não devemos esquecer que o *mandamento* de Brancaccio é o único que será ativamente envolvido em todos os ataques, desde Capaci até o atentado frustrado contra a Arma dos carabineiros, ou melhor dizendo, aquele do Estádio Olímpico de Roma.

Pelo que me foi sugerido por Giuseppe Graviano – a conversa tida em Campofelice di Roccella e a conversa que tivemos no Bar Doney –, essa orientação terrorista tem um significado claro de caráter político. E não posso acrescentar mais nada a respeito.

Pra ser uma mentira, é preciso que se acredite nela. E tantos, infelizmente, acreditaram. Essa nossa história foi desvendada graças ao fato de que a Cosa Nostra tinha interesse em matar Borsellino e tinha motivos pra fazê-lo, na época. Se Via D'Amelio não for compreendida, não se entenderá mais nada em toda essa história.

Quanto ao ataque de Via D'Amelio, porém – como eu já contei várias vezes, durante os depoimentos nas salas de tribunais –, não participaram somente os homens da Cosa Nostra.[83]

---

sobre outras associações criminais, inclusive estrangeiras, XVI Legislatura, Comunicações do presidente Sem. Giuseppe Pisanu sobre grandes delitos e atentados da Máfia dos anos 1992-93, 50ª seção, 30 jun. 2010, p.8 e 11).

83 Encontro de 15 dez. 2012. Relatando aos magistrados o que se seguiu à entrega do carro Fiat 126, Spatuzza menciona uma garagem próxima à Via dei Cantieri, em Palermo, onde – tendo ido lá por indicação de Fifetto Cannella – encontrou dois homens: o primeiro é Renzino Tinnirello, que ele conhece bem, o segundo um desconhecido misterioso (cf. Tribunal de Caltanissetta – Rito GIP Seção GIP/GUP penal, Transcrição verbal de audiência, Audiência de 7 jun. 2012, p.278). Para reforçar quanto à presença de sujeitos estranhos à Cosa Nostra na realização dos atentados, Spatuzza recorda a exígua competência demonstrada pelo grupo de Brancaccio na realização de atentados à distância com explosivos acionados com controle remoto: "Podemos dizer que [...] nenhum de nós é perito em eletrônica e estávamos todos inseguros, porque se alguém não tem grande habilidade com eletrônica, isto é, ir lá por acidente ou por algo dessa dimensão, não é simples. De fato, tudo o que nós, como grupo de Brancaccio, fizemos na parte eletrônica, deu tudo errado [...]. Deu tudo errado conosco no atentado contra o dr. Costanzo na Via Fauro, na primeira e na segunda vez, deu tudo errado no atentado do Olímpico, sempre com a parte da eletrônica, deu tudo errado com o atentado contra Totuccio Contorno [...] então podemos dizer que quanto à eletrônica em Via D'Amelio, temos certeza de que não foi pela obra de pessoas de Brancaccio" (ibid., p.287).

No início, negaram-me o programa de proteção. Erraram comigo porque a requisição estava bem fundamentada, com provas investigadas e defendida por três procuradorias e pela DNA. Em Florença e Palermo, em Caltanissetta e também pela DNA, todos estavam de acordo em me conceder o programa de proteção.

Desde as primeiras frases, minha colaboração suscitou muitas dúvidas – vistos os processos já definitivamente encerrados – por parte de algumas procuradorias. Dúvidas que foram superadas com o tempo. Até os magistrados – na medida em que eram encontradas provas das minhas declarações – se convenceram de que eram falsas as provas sobre as quais foram construídos aqueles processos que, enquanto eu relatava, eles estavam questionando.

Pra mim não foi nada fácil. Não me trataram com rosas e flores... Pra falar claro, as procuradorias me viraram várias vezes pelo avesso. Eles tiveram que sondar profundamente minha confiabilidade e a veracidade das minhas declarações. Por sorte, encontraram as sapatas dos freios do 126, e não só elas. Novas, como eu havia indicado no meu depoimento, e essa foi uma prova muito importante quanto à veracidade da minha colaboração. Conseguirem encontrá-las depois de dezoito anos me pareceu quase um milagre. Ninguém sabia das sapatas novas, somente eu e Giuseppe Graviano. Foi um complemento à verdade; seu desenvolvimento em si mesma.[84]

O trabalho feito pela Procuradoria de Caltanissetta e pela DIA é indescritível. É uma sensação muito forte que experimento, quando penso no fato de ter sido – lamentavelmente, gostaria de dizer hoje – o protagonista de todos esses atentados. Junto com Giuseppe Graviano, sou uma presença única: ambos estivemos juntos em todos os atentados.

84 Encontro de 15 dez. 2012. A descoberta das sapatas dos freios do Fiat 126 usado no atentado de Via D'Amelio – novas, tais como Gaspare Spatuzza havia indicado – constitui um dos elementos que mais solidamente comprovaram sua credibilidade como colaborador, já que ninguém antes dele havia mencionado esses fatos (Procuradoria da República junto ao Tribunal de Caltanissetta – DDA, Memória do Gabinete do Procurador da República ilustrativa de novas provas, p.409).

No entanto, eu não sou inexperiente. Sabia tudo o que podia acontecer de bom e de ruim. Já calculei tudo o que pode me acontecer. Confio nas instituições e naqueles que honram suas funções.

Sinto fortemente o peso das responsabilidades que pesam sobre minhas costas. A responsabilidade ligada a todo o meu comportamento: aqui, eu mesmo fui investigado a fundo por nada menos que quatro Procuradorias.[85]

Pergunto-lhe ainda por que as investigações sobre o atentado de Via D'Amelio tinham sido tão difíceis, expostas a manobras de obstrução e a falsos testemunhos, e por que a verdade sobre o que aconteceu ainda causa medo. Ele se esquiva e acrescenta:

Houve uma manobra de obstrução total sobre o atentado de Via D'Amelio. É preciso, ainda hoje, de um esclarecimento total, pra explicar as coisas. Um atentado não pode ficar impune. [...]. Existe uma página de verdade histórica a ser escrita que nos impõe e obriga todos nós a cumprirmos nosso dever.

Por que deram tanto crédito a Vincenzo Scarantino e a tantas mentiras que passaram por verdades? Esses são os fatores que me deixam espantado.[86]

Quando voltamos ao assunto, no último encontro antes do verão, ele repetiu incisivamente:

Como eu já disse, o núcleo de tudo é a Via D'Amelio. É lá que é preciso procurar. É sobre o que aconteceu na Via D'Amelio que é preciso se aprofundar, pra entender quem foram todos os atores no palco. Nós tínhamos um interesse especial nesse aten-

85 Encontro de 15 dez. 2012.

86 Id. As interrogações levantadas por Gaspare Spatuzza, mais de vinte anos após os atentados, ainda não foram respondidas, a despeito de, durante os numerosos processos realizados até aqui, muitas anomalias terem sido encontradas no comportamento de alguns investigadores e de alguns importantes membros das instituições.

tado, pois Borsellino representava um inimigo da Cosa Nostra. A um certo ponto, os alvos mudaram: não mais servidores do Estado, mas a sociedade civil.[87]

O contexto histórico se complica, deixando entrever presenças e motivações que se esvaem no plano de fundo, aproveitando-se de seu poder e da intricada teia de chantagens entrecruzadas que o circundam. Mas sua ausência deixa rastros nos inúmeros vazios e nas contradições que voltam à superfície e se fixam nas expressões de medo e na cautela de todos os que estiveram – mesmo que por pouco tempo ou ocasionalmente – em contato com eles.

De sua parte, Spatuzza aprendeu que só pode confiar em sua lucidez. Se as palavras falham, permanece a dura intensidade de seu olhar e o endurecimento dos músculos faciais, cada vez que tocamos os temas que colocam em jogo entidades ou interesses alheios ao mundo mafioso. Uma raiva que é sabiamente contida.

Nesses longos dezesseis anos, ele fez um enorme esforço para consolidar seu equilíbrio; para refinar suas capacidades de percepção, para estudar e conhecer; para obter instrumentos que o auxiliem a se adaptar ao mundo, quando necessário; para fingir não entender quando for útil; para ir tão longe quanto for possível fazê-lo; para continuar a "jogar" no "grande jogo", considerando claramente, porém, os próprios limites, sabendo ser apenas uma pequena peça dele. Em poucas palavras, aprendeu o necessário para sobreviver.

7. É UMA HISTÓRIA MUITO COMPLICADA...

Nossa acidentada digressão sobre a Máfia, a política e os atentados possui um adendo importante, que atua como seu complemento e diz respeito às opiniões manifestadas por

87 Encontro de 2 jul. 2013.

Gaspare Spatuzza sobre o equilíbrio de poder dentro da Cosa Nostra. Também nesse caso, não se trata de uma argumentação orgânica, mas de diversos fragmentos registrados em momentos diferentes, na medida em que o relato encontrava seus vários protagonistas.

É em um de nossos primeiros encontros que, após ter lhe perguntado sobre os motivos de sua entrada na Cosa Nostra, surge o nome de Riina, seu despótico estilo de liderança e a violenta coesão da ala corleonesa:

> Provenzano e Riina sempre foram como duas faces de uma mesma moeda. A política dos corleoneses foi uma política vencedora, como estratégia praticada em âmbito criminal.
>
> Cometeram um erro quando decidiram compactuar com indivíduos de fora da Cosa Nostra: refiro-me à onda de atentados, na qual a Cosa Nostra, mesmo agindo como protagonista, não foi a única a tomar decisões, tendo em vista o desvio dos alvos, de um ataque direto aos "inimigos" e servidores do Estado a uma ação que atingia o coração do Estado, envolvendo como vítimas indivíduos da sociedade civil... Além do mais, a Cosa Nostra saiu dessas ações com os ossos quebrados.
>
> De fato, não houve dentro da Cosa Nostra uma ala terrorista e uma ala moderada. Os chamados "moderados", aqueles que, por exemplo, faziam parte das famílias de Santa Maria del Gesù e de Porta Nuova e de outras famílias, embora tivessem ficado em cima do muro, foram eles que deram consentimento à realização dos massacres.[88]
>
> Na outra ala, havia uma estratégia diferente, mais "elevada". Filippo Graviano sempre considerou que Riina e Provenzano eram a

---

88 Encontro de 10 nov. 2012. As relações entre os homens de Brancaccio e as famílias de Santa Maria del Gesù, ou da Guadagna, e da própria Porta Nuova jamais foram idílicas. Não faltaram as discordâncias sobre as formas de conduzir os "negócios", tanto quanto ao peso a ser atribuído ao elemento econômico, mais que ao do controle violento do território, tanto enfim em relação a decisões específicas, embora importantes, como o prosseguimento da estratégia terrorista no início dos anos 1990.

mesma coisa. Acho que algumas verdades jamais serão totalmente compreendidas. É uma história muito complicada.[89]

Associo imediatamente o emaranhado evocado por Spatuzza e as circunstâncias não esclarecidas que se seguiram e precederam a detenção de Riina, passando através do obscuro incidente da ausência de perquisição de seu esconderijo. Instado a falar sobre esses temas, meu interlocutor prossegue, não escondendo suas incertezas e preocupações:

> Trata-se de um dos tantos buracos negros. Provavelmente Riina tenha sido "vendido". Mas mesmo sobre a captura dos Graviano há a suspeita de que alguém possa tê-los entregado. Filippo Graviano, tal como seu irmão Giuseppe, sempre teve dúvidas de que houve algo anormal em sua prisão.
>
> É preciso ainda esclarecer a verdade histórica, além daquela judiciária. Estamos numa fase muito delicada no terreno das investigações judiciais. Muitos dos magistrados competentes sobre os crimes de Máfia e com grande experiência no setor estão agora todos prestes a se aposentar, torço para que seus substitutos tenham as mesmas capacidades e a mesma vontade de procurar a verdade.
>
> Eu também tive muitas dificuldades no início da colaboração. De fato, não me levaram a sério quando comecei a colaborar. Estava convencido de que minha colaboração iria provocar uma convulsão, no sentido positivo, dentro da Cosa Nostra. Que poderia levar a um arrependimento pra acertar as contas com um passado doloroso, que fez mal a todos, até pelas circunstâncias que gritam por vingança, isto é, por justiça.
>
> Outra pessoa ainda teria podido colaborar, se tivesse se achado num terreno menos insidioso do que aquele em que eu me encontrava.[90]

---

89 Encontro de 10 nov. 2012.

90 Id. As declarações prestadas por Spatuzza a partir de 16 jun. 2009, quando ele abandona o segredo sobre os nomes dos políticos e aprofunda o mistério sobre o atentado de Via D'Amelio, provocam – dentro da Cosa Nostra – reações significativas. Salvatore Riina instrui seu advogado Luca

A recorrente – embora velada – insinuação de Spatuzza às relações de poder existentes entre as diversas famílias mafiosas e às relações pessoais e profissionais existentes entre elas, me permite granjear análises interessantes quanto aos equilíbrios e estados de ânimo no mundo da Cosa Nostra.[91] Também nesse caso, trata-se de breves reflexões distribuídas ao longo de nossos encontros. Assim, em um dos primeiros encontros, após ter ouvido sua descrição sobre o surgimento e a evolução do *man-*

Cianferoni a informar os jornais que por trás do atentado de Via D'Amelio havia responsabilidades políticas precisas, e que ele é apenas "o para-raios" de interesses superiores, que é preciso esclarecer vários mistérios e sobre a participação pouco clara de Vito e Massimo Ciancimino e do senador Mancino (cf. *La Repubblica*, 19 jul. 2009; *Corriere della Sera*, 19 jul. 2009). Imediatamente depois, pediu para ser ouvido pelos juízes, aos quais declarou: "Isso tudo começou com Spatuzza, foi Spatuzza que falou que não foi Scarantino, que o Comissário La Barbera não tem nada o que ver, não... tudo é uma... então eu disse ao advogado: *Mas então pra quem foi feito?* Porque em Monte Vergine estavam os Serviços Secretos quando explodiu a bomba de Borsellino [...]. Não, não, em Castello Utteveggie, depois lá... estavam as várias... pessoas... onde houve a explosão, a sra. Borsellino disse: *Meu marido tinha uma agenda rosa que não foi encontrada...* Então eu disse: *Mas... quem, o que é que aconteceu? Quem cometeu esse homicídio de Borsellino?* [...] ... Doutor, eu me sinto um para-raios italiano, me sinto trapaceado da manhã à noite [...] por isso pedimos pra sermos ouvidos [...] pela Procuradoria de Caltanissetta pra dizer... mas querem procurar? Querem encontrar? Querem ver? [...] Sr. Procurador, eu lhe imploro, uma vez e sempre, busque a verdade; vamos parar de usar Riina como para-raios, Riina e Totò Riina. Riina não é ninguém" (Procuradoria da República junto ao Tribunal de Caltanissetta – DDA, Transcrição verbal de interrogatório de pessoa submetida a investigações em procedimento conexo e/ou coligado, n. 1595/08 Rg Mod. 21, n. 1861/08 Rg Mod. 44, de 24 jul. 2009, p.8-10).

91 Nesse diálogo à distância entre Salvatore Riina e Gaspare Spatuzza, é importante considerar as insinuações de Riina a respeito do papel ambíguo desempenhado por Gaspare Spatuzza, acusado de não dizer a verdade e de ter sido sempre um "colaborador": "Pergunte ao Spatuzza. Spatuzza [...] ao que parece sabe mais que todos. [...] Spatuzza sempre colaborou, pelos seus interesses, porque... entrou no processo de Florença...". E, após ter dito que não conhece Spatuzza, quando o dr. Gozzo lhe perguntou o que ele queria dizer ao afirmar que Spatuzza "sempre colaborou", Riina responde, enigmaticamente: "Ele sempre colaborou com os outros... sempre foi um colaborador... é um arrependido? Não sei", acrescentando logo depois: "Mas isso não podia dizer a verdade?" (Procuradoria da República junto ao Tribunal de Caltanissetta – DDA, Transcrição verbal de interrogatório de pessoa submetida a investigações em procedimento conexo e/ou coligado, p.40-2).

damento de Brancaccio, pergunto qual o tipo de relacionamento que há entre os mafiosos presos e aqueles que ainda estão em liberdade. Spatuzza responde, lapidar:

> Trata-se de dois planetas em órbitas diversas, as medidas muito restritivas do 41-*bis* dificultaram, em parte, a comunicação entre esses dois mundos, e isso retarda a administração rotineira.[92]

Indago então, que tendo em vista sua condenação à prisão perpétua, se seria concebível uma substituição de Riina na cúpula da Cosa Nostra:

> Seria preciso um golpe de Estado – diz, sério. – Quem vai assumir essa responsabilidade, indo contra o *status quo*? A prisão de Riina, de fato, não mudou nada. Mesmo ele estando na prisão, sua estratégia continua. Devíamos alcançar nosso objetivo final. O caminho já tinha sido definido. Por que, com a prisão de Riina, nada mudou, e com a detenção dos Graviano, parou tudo? Em 22 de janeiro de 1994 houve o atentado fracassado ao Estádio Olímpico. Em 27 de janeiro, com a prisão dos Graviano tudo parou, porque tudo já tinha sido concluído?[93]

Solicito sua opinião sobre o estado de saúde da Cosa Nostra. Após manifestar sua desilusão pelas oportunidades desperdiça-

---

92 Encontro de 24 nov. 2012.

93 Id. Na verdade, em 22 de janeiro de 1994, Spatuzza se encaminha para levar o explosivo ao local do atentado programado para o dia 23 de janeiro de 1994, durante a partida entre o Roma e o Udinese. Reconstituir exatamente a data do atentado malsucedido ao Estádio Olímpico (em um primeiro momento, fixada pelos investigadores em 31 de outubro de 1993) foi um processo muito desgastante para o qual a colaboração de Spatuzza contribuiu de forma decisiva. Cf. Tribunal de Apelação de Palermo, Sentença contra Dell'Utri Marcello e Cinà Gaetano (falecido), e Tribunal Criminal de Apelação de Florença – II Seção, Sentença no processo de reenvio pelo Tribunal de Cassação contra Tagliavia Francesco, n. 7 RgSent, n. 10/15 Rg, n. 9043/10 RgNR, em 24 fev. 2016 (depositada em 20 maio 2016).

das na luta contra a Máfia, e reafirmar a solidez econômica da Cosa Nostra, ele utiliza uma metáfora eficiente:

> Pra tentar explicar melhor o perigo da Cosa Nostra, a despeito das dificuldades em que parece estar, eu poderia usar uma metáfora: "A casa está ali. Os moradores são poucos, mas a casa existe". Como a Constituição é remodelada, a mesma coisa acontece com a Cosa Nostra.[94]

E quando pergunto o que a organização poderia fazer, em sua opinião, para continuar prosperando, ele me diz:

> Continuar no tráfico de drogas como atacadistas, usando traficantes de fora. A estratégia é simples: a gestão do mercado do crime é transferida por contrato em suas manifestações sangrentas, violentas ou desagradáveis, e gerido apenas como um negócio. Isso tornaria mais simples a vida da Cosa Nostra e, ao mesmo tempo, dificultaria persegui-la e provar nos tribunais seus crimes. Eu mesmo gerenciava o contrabando, mas, pegando o dinheiro, não cuidava do tráfico. A extorsão é o veículo que expõe os negócios ilícitos de cada família. Mas não vamos agora ficar nessa de eu dar lições a eles sobre como sobreviver e sobre como mudar... Estou apenas imaginando a transformação que pode ocorrer ou que talvez já tenha ocorrido...[95]

94 Encontro de 24 nov. 2012.

95 Id. Nessa ocasião, a resposta de Spatuzza fora precedida por uma ampla premissa sobre as relações entre as Máfias, e por uma reflexão sobre o desenvolvimento dos modelos de organização adotados pelos diversos núcleos criminais: "Se olharmos à distância a Cosa Nostra americana, a Cosa Nostra siciliana e a 'Ndrangheta, perceberemos que cada uma está dez anos mais avançada que a outra. Se nos anos 1970 a Cosa Nostra americana saiu do contrabando e das extorsões e passou à construção civil, a Cosa Nostra siciliana chegou aí dez anos depois. É o que me dizia Filippo Graviano: 'Na Cosa Nostra estamos uma década atrasados, em relação ao que vive a Máfia americana'. A Máfia americana é mais avançada porque é projetada segundo o mundo dos negócios. O mesmo acontece no âmbito dos investimentos. A 'Ndrangheta, nesse ponto, está dez anos atrasada em

Alguns meses depois, volto ao assunto para lhe perguntar como vivem hoje os chefes mafiosos no cárcere. Diz, enigmático:

> A população carcerária está cansada. Têm fé de que algo vai acontecer, porém não acontece nada.[96]

Para depois prosseguir:

> Riina é o chefe reconhecido pela ala corleonesa – e Provenzano também – com os Graviano e Messina Denaro. Eles têm uma mentalidade empresarial; sabem administrar o dinheiro com a desenvoltura necessária. Não têm nenhum interesse em questionar a liderança de Riina. Nesse ponto é fácil entender por que, depois da prisão de Riina, os atentados continuaram do mesmo jeito e, após a prisão dos Graviano, pararam. Tudo acabou ou tudo começou com o fim dos atentados?[97]

Curiosa com sua resposta e aproveitando o ensejo da recente transmissão de um vídeo que mostrava Bernardo Provenzano, na prisão, com o rosto inchado, enquanto, visivelmente pertur-

---

relação à Cosa Nostra e vinte anos atrasada comparada à Máfia americana. A 'Ndrangheta seguirá o destino da Cosa Nostra. [...] A Cosa Nostra americana não pratica extorsões diretamente há muito tempo. As extorsões são o fio que liga a família à cadeia...". Sobre os processos de influência recíproca entre as Máfias das margens do Atlântico e do Mediterrâneo, cf. Lupo (2008).

96 Encontro de 2 jul. 2013. O fato de o equilíbrio dentro da Cosa Nostra ter sido rompido, e de existir uma tentativa de redefinir a posição da organização em relação às instituições e ao mundo político, é testemunhado pelas frases trocadas por Salvatore Riina, durante o banho de sol no cárcere de Opera em Milão, com o chefão da Sacra Corona Unita, Alberto Lorusso (cf. *Le confessioni del diavolo* [As confissões do diabo], 2014).

97 Encontro de 2 jul. 2013. Reafirmando que "a verdade" sobre os atentados é conhecida apenas por Riina, pelos Graviano e por Matteo Messina Denaro, Spatuzza atribui uma grande autonomia operacional aos irmãos Graviano, os quais, em sua opinião, seriam capazes de administrar a onda de atentados mesmo na ausência do próprio Riina, ao qual teriam deixado o comando formal da Cosa Nostra, reservando-se a função de cuidar das relações com o mundo dos negócios e com o mundo da política.

bado, falava com o filho Francesco Paolo,[98] tento perguntar sua opinião sobre o papel efetivo de Provenzano no organograma mafioso e se ele achava verossímil a hipótese – formulada pela imprensa – de que o velho chefão tivesse sido surrado na prisão. Olhou-me seriamente e respondeu:

> Não acho mesmo que Provenzano tenha apanhado. Na prisão, isso não pode acontecer. Talvez tenha havido abusos em Pianosa, mas, de resto, é inconcebível que alguém seja surrado na cadeia. [...] Mas, se eu não acredito que Provenzano apanhou, também não creio que ele caducou. Nem, de forma alguma, que ele quisesse se suicidar. O que ele fez foi enviar mensagens, pra observar o que aconteceria. Na minha opinião, ele está apenas testando o terreno pra entender se há interlocutores capazes de escutá-lo. Mas não acredito que irá colaborar. Seria algo maravilhoso, mas não acredito que ele jamais o fará. Além do mais, humanamente experimento um sentimento de compaixão pela sua enfermidade.[99]

---

98 Durante uma transmissão do programa *Servizio Pubblico* (Serviço Público) de 23 maio 2013 foram mostradas as imagens de um encontro, de 15 dez. 2012, entre Bernardo Provenzano e seus parentes. Às perguntas dos familiares que lhe perguntam o que teria acontecido – pois dois dias antes, o idoso chefão fora encontrado no chão de sua cela, com um hematoma na cabeça, mostrando uma visível dificuldade para falar e se movimentar –, primeiro ele sussurrou: "*Pigghiai lignate*"*; depois, porém, retificou: "Eu caí" (cf. *Il Fatto Quotidiano*, 23 maio 2013).

* Em dialeto siciliano, no original, com o sentido aproximado de "Me bateram". (N. T.)

99 Encontro de 2 jul. 2013. Em 13 de julho de 2016, Bernardo Provenzano faleceu (enquanto ainda estava submetido ao regime especial do 41-*bis*) no hospital San Paolo, em Milão, onde se encontrava havia quase dois anos, a partir do agravamento irremediável de suas condições de saúde (cf. *La Repubblica*, 13 jul. 2016). Ao responder à segunda parte da pergunta, Spatuzza pareceu cauteloso e evasivo. Tive a sensação de que eu não era mais sua interlocutora. Talvez pensasse que nossa conversação poderia estar sendo gravada ou imaginava que algumas de suas reflexões não deveriam se tornar públicas. Não é por acaso que as perguntas posteriores que eu lhe apresento sobre o estranho "suicídio" na prisão de Antonino Gioiè, sobre sua interlocução com Paolo Bellini, sobre a morte de Luigi Ilardo, recebam apenas algumas respostas esparsas que – embora superficiais – ele me pede, a seguir, para apagar da entrevista, a qual ele deseja que conserve apenas uma parte de suas incertezas e desilusões.

Nosso encontro é concluído com essas reflexões. Com a chegada do inspetor do GOM que nos informa que o tempo acabou, nos despedimos. Spatuzza aperta minha mão, pega os copos, a garrafa com os restos de café e se dirige à sua cela. Ao sair do cárcere, sinto um grande cansaço. Estou contente pela confiança recebida, pela profundidade dos argumentos que abordamos e pelas inúmeras informações que assimilei. Mas estou consciente das dificuldades que encontrarei para dar voz aos muitos silêncios com os quais me deparei. A partir deste momento, será mais difícil decidir como utilizar o material coletado; estabelecer que forma lhe dar e como torná-lo publicável.

– 4 –

A REVIRAVOLTA

É, precisamente, como uma ilusão que a religião aparece a Freud, ilusão gloriosa, porém, já que ele a entendia no sentido do equívoco de Cristóvão Colombo ou dos alquimistas. Como essas experiências pré-científicas, das quais, entretanto, surgirão a geografia moderna e a química, a religião seria uma construção escassa em realidade, mas capaz de expressar com precisão a realidade do desejo de seus sujeitos.

Julia Kristeva, *No princípio era o amor:* Psicanálise e fé.

1. UMA DISTÂNCIA ÍNTIMA

É 2 de março de 2013. Vejo Gaspare Spatuzza pela quinta vez. O encontro anterior, perto do Natal, exigira um forte esforço para que eu controlasse as emoções.[1] Permaneceu a dúvida

1 Sobre as relações entre identidade e emoção, cf. Hochschild (2003; ed. it. 2006, p.72 e 77-6), Turnaturi (1990) e Cerulo e Crespi (2013). Para uma reflexão geral sobre a sociologia das emoções, cf. Iagulli (2011).

sobre a origem do desconforto que me acompanhou durante toda a nossa conversa e que tornou difícil passar aquelas três horas em sua companhia.

Eu tinha de avaliar com atenção as dolorosas repercussões que o relato desse homem evocava em mim; começava a hesitar quanto à oportunidade de avançar com a entrevista, e também a respeito das possíveis sobreposições do plano pessoal com uma situação que devia ser observada dentro de um quadro analítico claro.[2] Justamente por isso, decidi-me por um longo período de pausa, necessário para repensar meu comportamento em relação a este "trabalho".

Quando voltei à prisão, haviam se passado dois meses e meio. Durante esse período, trabalhei na redação de um artigo sobre o uso do mal-entendido em uma conversação entre mafiosos. Um estudo no qual analisei a acareação, no tribunal, entre Gaspare Spatuzza e Filippo Graviano, inspirando-me nas reflexões de Searles sobre as relações patológicas, e recorrendo amplamente à literatura sociológica sobre o tema. Um confronto totalmente fundado sobre o *mal-entendido duplamente claro*, uma situação comunicativa em que, graças ao recurso intencional de uma mentira consciente (habilmente oculta em uma forma dialógica ambígua), os dois interlocutores conseguem comunicar algo que vai além das palavras trocadas, em uma luta pela afirmação da própria identidade e pelo reconhecimento da própria autoridade. Movimentam-se como equilibristas, explorando a esfera do indizível, beirando o abismo dos argumentos, que, caso fossem explicitados, causariam horror, provocando rupturas incontroláveis. Trata-se de uma situação que mais se assemelha a um duelo que a um diálogo (Searles, 1960; 1965; Jankelevitch, 1957).[3]

---

2 Reconsiderando esse desconforto através das reflexões de Hochschild (2003; ed. it. 2006, p.82), poderia dizer que minha desorientação se originou do fato de não haver um "roteiro" a ser respeitado, mas de ter que construir, junto com Spatuzza, as "molduras emotivas" nas quais deixar o nosso diálogo se desenvolver.

3 O trabalho foi publicado na *Revue des sciences sociales* (Dino, 2013a). Uma nova versão do estudo – aprofundada na parte metodológica – foi publicada na revista *Polis* (Dino, 2015a).

No fundo era um modo de submeter aos critérios analíticos o que acontecera durante o último encontro, antes do Natal, quando meu interlocutor, abrindo para mim um espaço de maior intimidade (com o presente do livro, a dedicatória e com minha admissão aos espaços de seu cotidiano privado), gerou em mim um esforço maior de distanciamento.

Escrever o ensaio sobre o mal-entendido reforçou minha decisão de relatar a história de Spatuzza abandonando uma sistematização definida, adotando um estilo narrativo (Atkinson, 1990; Brockmeir, 2001; Cardano, 2003; 2006; Goldthorpe, 2000; Riessman, 1983; 2008) e "confundindo" gêneros e instrumentos (Blumer, 1969; Burke, 1965; Clifford, 1988; Giglioli, 1990; Giglioli; Dal Lago, 1983; Geertz, 1973; Goffman, 1959; 1961; 1967; 1971b; Hughes, 1958; O'Reilly, 2012; Piasere, 2002; Schwartz-Shea; Yanow, 2012).

Decidi, assim, evidenciar as vivências e as sensações, colocando-as no centro de meu trabalho e de minha análise. Trata-se de uma experiência nova e não pouco arriscada. Porém, já me encontro totalmente mergulhada nessa situação. A oportunidade que me foi oferecida é única e irrepetível. Para o homem que está diante de mim, para sua história pessoal, para o ambiente do qual se origina e por seu forte e insistente desejo de perdão e proximidade.

Esse mundo lamacento e sórdido que Spatuzza me apresenta com seus relatos e com sua pessoa é o mesmo mundo do qual, adolescente, respirei os miasmas em Palermo, aprendendo a conhecer sua violência muitas vezes evidente e ruidosa, mas, ainda com mais frequência e perigo, capciosa e difundida no cotidiano.

É dentro dessas atmosferas dolorosas que se define minha relação com Spatuzza. Por causa disso percebi – especialmente ao abordar o âmago das relações entre a Máfia e a política – a sensação de um peso insustentável, fazendo-me reviver o passado e seu clima. Um misto de atração e de repulsa por essa verdade "impossível" que aos poucos emergia. É difícil pôr de lado a repulsa e a raiva diante daquela malignidade banal. Porém, também é difícil experimentar sentimentos de aversão contra quem foi seu dedicado intérprete.

Havia chegado a um momento decisivo. Tinha de decidir se devia escapar ao olhar petrificante daquele horror rotineiro ou me expor ao risco da "contaminação", aceitando a brutal normalidade e me conscientizando do fato de que não encontraria resposta a inúmeras interrogações.

Voltaram-me à mente as reflexões de Ernesto De Martino, quando, em algumas densas passagens do *Fim do mundo*, ele propõe transformar a dor pessoal em um processo compartilhado e vinculado à história; enraizá-la e relê-la dentro dos ritos e contextos culturalmente elaborados que permitam o distanciamento (De Martino, 1964; 1977).[4] Decidi aceitar o desafio.

Às dez em ponto do dia 2 de março atravessei a soleira da prisão. Lá fora, era um dia ensolarado, embora gélido. Levava comigo um livro para Spatuzza; dessa vez, a escolha foi simples: Dostoiévski, *Os irmãos Karamázov*. No último encontro, falei-lhe sobre o personagem de Ivan, de seu diálogo com o diabo e da *Lenda do Grande Inquisidor*. As reflexões sobre o relacionamento entre o poder e a liberdade, as motivações complexas de uma fé difícil de ser assumida, todas estão ali, e para mim esse livro é como um guia para reconectar as tramas emaranhadas de seu relato. Dessa vez quero concentrar nossa conversa sobre sua "conversão" religiosa. Sobre os motivos de sua transformação. Era um assunto que ele me propusera desde o primeiro encontro, e que eu, porém, quis deixar à parte para encará-lo somente depois que tivéssemos falado sobre seu papel nos atentados.

Finalmente nos sentamos à mesa em torno da qual se desenrolará nosso colóquio. Não espero que ele decida, escolho eu os lugares. Para mim, reservo a cadeira de costas para a parede, onde está pendurado o quadro pintado por Spatuzza; à frente está sua biblioteca, e à esquerda, a porta que dá acesso à cela. Spatuzza se senta do outro lado da mesa; às suas costas, a biblioteca, e diante dele o quadro: seu mundo encerrado no horizonte dessa cela...

4 Sobre o tema, cf. Dino (1997).

2. MEDO DA MORTE

> Determinante, pra minha guinada, foi a presença da morte. A consciência da morte. O que encontrei dentro de mim era um desastre. Precisava admitir que eu era um assassino. Esse foi o impulso. E a solidão me ajudou a dar esse passo. É preciso admitir os próprios fracassos. Fracasso como pai, como marido, como filho.[5]

São lúcidas e precisas as motivações que Spatuzza expõe para explicar o que o levou a abandonar a Cosa Nostra, colaborar com a Justiça e empreender um percurso de fé. Também é exato o evento – identificado retrospectivamente na reconstrução narrativa – que o conduziu à ruptura simbólica com o passado e a tentar recontar a si mesmo à luz de uma nova percepção: o iminente encontro com a morte, a vulnerabilidade, a finitude,[6] experimentada no momento de sua detenção.

Quando, em 2 de julho de 1997, encontrou-se diante de homens armados que o intimaram a parar, apresentando-se como policiais, o temor de Spatuzza é o de ter chegado ao fim, de estar diante de um grupo de *homens de honra* com ordem de eliminá-lo:

> Como foragido, aluguei um miniapartamento, junto com minha mulher. Disse à senhoria que a mulher que me acompanhava era minha companheira, pedindo-lhe discrição, vistas as circunstâncias...
>
> Eu era, porém, muito cauteloso e depois de ter encontrado pela primeira vez minha senhoria não queria que ela me visse de novo, pra evitar que ela pudesse me reconhecer. Assim, precisando pagar o aluguel, entreguei o dinheiro à minha mulher e saí de casa pra não me encontrar com a senhora, quando ela viesse buscar o

---

5 Encontro de 15 dez. 2012. Olagnero (2008, p.40) aborda o tema dos "pontos de virada" (*turning point*) como uma categoria crucial da literatura sobre o percurso de vida, marcando seu valor narrativo. Sobre o ponto, cf. também Pearlin (1982).

6 Sobre o valor dolorosamente cognoscitivo do encontro com a morte, cf. Boitani (2014, p.449).

dinheiro do aluguel: o apartamento era muito pequeno pra que eu pudesse me esconder adequadamente, e pra não correr riscos era melhor sair.

Passei todo o dia 1º de julho fora de casa, não tendo nada de importante a fazer, mas a senhoria não passou pra pegar o aluguel. Voltei tarde da noite e no dia seguinte saí cedo sem olhar a televisão, como eu costumava fazer. Não sabia que Giovanni Garofalo tinha sido preso e que começara a colaborar e, tendo tempo livre à disposição, liguei pra ele e marquei um encontro no hospital Cervello.

Marcar encontros em enfermarias e salas de espera de hospitais era um hábito dos mafiosos foragidos. Várias vezes fingi ser um parente de algum doente em Villa Serena. Cheguei lá levando flores, como se minha mulher tivesse dado à luz, e depois deixei-as diante da imagem de Nossa Senhora, antes de sair.

Assim, me dirigi ao hospital Cervello e de lá telefonei pra Garofalo, quando ele não chegou na hora marcada. Ele havia me tranquilizado, mas eu, notando movimentações estranhas ao meu redor, suspeitei de alguma coisa. Era um período extremamente delicado. Ninguém confiava em ninguém.

Desconfiado, resolvi ir embora. Enquanto estava percorrendo a passagem de saída, vi dois carros que vinham na contramão. De repente começaram a atirar. Me assustei de verdade, pensando que fosse uma emboscada mafiosa. Mas era a polícia. É paradoxal, mas isso me tranquilizou, apesar de terem tido que atirar pra me capturar, ferindo-me num dedo.[7]

7 Encontro de 2 jul. 2013. Em outra ocasião, Spatuzza voltará a falar do episódio de forma mais explícita e introspectiva: "O medo da morte é um ponto de virada. Sentir medo, quando antes você se sentia invencível. Ter levado um tiro no momento da minha prisão me trouxe a consciência do meu limite. Virou a situação de cabeça pra baixo. As balas queimam... nunca me acontecera antes. [...] Diante da morte, abre-se um outro mundo. No momento em que se toma consciência do sentido da vida, você se sente diverso e não pode mais compartilhar nada com quem ainda não entendeu o que é a vida. Mas para entender a vida se deve encarar o deserto e a solidão. É preciso parar. Saber esperar. Apoderar-se da própria vida é um

Entre as dobras do relato, o temor da morte e a dor real pela ferida na mão estão estreitamente ligados a outra vivência, sempre latente nas relações dentro da Cosa Nostra: uma vivência de traição, muitas vezes mesclada à fidelidade e ao afeto. Voltando às memórias do passado, o próprio Spatuzza é quem sugeriu essa associação e essa chave de leitura, quando – depois de ter falado aos juízes sobre o entusiasmo que o invadiu por ocasião da descoberta do esconderijo de seu velho inimigo – ouviu Giuseppe Graviano retrucar que "não havia tempo a perder com Contorno":

> [...] talvez foi ali que tenha caído a ficha da minha recusa, da minha... da traição sofrida, porque se eu me dediquei totalmente... dediquei-me totalmente à Cosa Nostra, para perseguir um inimigo, porque... por isso hoje sou um grande defensor do perdão, porque através do perdão é possível se atingir a fraternidade; se eu tivesse perdoado Totuccio Contorno, não teria arruinado minha vida, não teria arruinado a vida da minha família, não teria... não teria arruinado a vida também de outras pessoas. Infelizmente não perdoei Contorno, eu o odiava – e sinto muito por isso – foi a partir daí que minha vida dentro da Cosa Nostra morreu de repente. Me senti traído, podemos dizer que foi isso.[8]

Foram vários os sinais do mal-estar sentido por Spatuzza no verão de 1993. Todos estão ligados a experiências de traição: traição da promessa de vingança, traição de uma suposta amizade, traição a uma dedicação total, traição de um ideal de "justiça" expresso através da violência, embora sempre (na sua opinião) regulamentado e justificado pelo respeito às regras e

---

gesto de liberdade" (Anotações sobre o encontro de 14 set. 2013. Embora tenha sido reconstituído respeitando suas palavras, este breve texto não foi revisado por Spatuzza).

8 Tribunal de Florença – II Tribunal Criminal de Florença, Sentença emitida em 5 out. 2011 no processo penal contra Tagliavia Francesco, NR Sent 3/10, RgNR 5/10, RgNR 9043/10, p.221).

aos limites.[9] Daí sua progressiva autopercepção como *outsider*,[10] aliada à aparição de um crescente sentimento de insegurança, emudecido pela dificuldade de uma ruptura que certamente iria causar sua eliminação.[11]

> Então eu cometi o erro, que não era um erro, ao expressar um pensamento, um mal-estar pessoal, mas um pensamento meu, um mal-estar pessoal meu que era bastante [incompreensível] compartilhado por outros integrantes, porque algum mal-estar já tinha surgido entre Lo Nigro, Giuliano, porque já estavam falando disso... então o eixo já tinha sido desviado mais para o lado do terrorismo que do mafioso, não era mais... não falávamos abertamente, mas não era bom pra Máfia, porém era bom... era um mal menor comparado... é sempre um mal, um mal enorme, porém, não tínhamos aquele senso de...[12]

O distanciamento emocional da Cosa Nostra (e, antes ainda, a desilusão em relação aos irmãos Graviano) amadurece progressivamente, como também aos poucos emerge o engodo escondido por trás de suas promessas. Gaspare Spatuzza explica isso muito bem, dirigindo-se aos magistrados durante uma acareação com seu velho amigo Vittorio Tutino:

> Quando os irmãos Graviano foram presos, o sr. Vittorio Tutino foi espezinhado, ele, sua mulher e sua menina, [...] e este foi, o...

---

9 O significado público da traição e de sua dúplice capacidade de destruir e reconstruir os vínculos sociais é descrito por Flores (2015, p.15-6). Sobre as múltiplas dimensões (cosmológicas, políticas, teológicas, metafísicas, éticas, artísticas etc.) da traição, cf. também Giorello (2012).

10 Forasteiro, estranho, intruso. Em inglês no original. (N. T.)

11 Enfatizando a estreita conexão entre fidelidade, lealdade e traições, Turnaturi (2014, p.18) chama a atenção sobre como as várias formas do trair comportam, todas elas, uma "redefinição das relações", já que produzem um "duplo deslocamento".

12 Tribunal de Caltanissetta – Rito GIP Seção GIP/GUP penal, Transcrição verbal de audiência, Processo penal RgGIP 1125/09 – RgNR 1595/08, contra Spatuzza Gaspare + 8, Audiência de 8 jun. 2012, p.159.

o presente dado pela família Graviano, por todo o respeito que ele lhes demonstrou em sua vida, o... Vittorio Tutino. E o mesmo presente foi dado a mim, eu passei toda a minha vida na Cosa Nostra, minha pena de prisão perpétua [...] todos os sofrimentos que causei à minha mulher, [...] ao meu filho, a toda a minha família... e isso, pra mim, foi um peso muito... insuportável, e eu dizia: mas como é possível... eu que dediquei toda a minha vida a esses senhores, e quando eu me torno o gerente do *mandamento* de Brancaccio, e da Família, venho a tocar todos esses bilhões, que passavam pelas mãos desses indivíduos. Mas como? Minha mulher jogada no meio da rua, minha mulher... os móveis da minha mulher jogados no depósito? A mulher de Vittorio Tutino expulsa, sua filha expulsa? Então eu dei a vida pelo quê? [...] então, antes de eu ser preso, já sentia esse arrependimento, de redenção, de sair dessa barafunda em que me meti... me prenderam em 97, e logo depois decidi colaborar com a Justiça, imediatamente. Porque o que eu havia acumulado...pensava, quem sou eu? Mas esses aí é que representavam meus pais...e o que fizeram comigo? Carne pra abate??!![13]

A percepção de terem sido traídos se impõe no nível racional. Difícil é aceitar suas consequências no plano emotivo, e ainda mais difícil sair da Cosa Nostra conseguindo salvar a própria vida.

3. ENTRE A FÉ E A JUSTIÇA

Ao recontar as etapas do processo de sua reabilitação, Spatuzza move-se sinuoso, tocando várias vezes um assunto para depois voltar e aprofundá-lo e inspirando-se, muitas vezes, em

13 Tribunal de Caltanissetta – DDA, Memorial do Gabinete do Procurador da República ilustrativa de novas provas ex. art. 630 c.c.p., cartas c) e d), Proc. n. 1595/08 RgNR Mod. 21 DDA (depositada junto à Procuradoria-Geral da República junto ao Tribunal de Apelação de Caltanissetta em 13 set. 2011 pela DDA da Procuradoria da República de Caltanissetta), p.241.

episódios aparentemente distantes. Voltamos a falar sobre o assunto crucial que assinalou sua mudança, em um de nossos últimos encontros. Em 14 de setembro de 2013 fui encontrá-lo para revermos juntos as transcrições das entrevistas anteriores e obter seu consentimento para a publicação. Antes de começarmos a trabalhar, partindo da menção de um novo livro de Joe Dispenza que acabara de ler, meu interlocutor se empenha em explicar os múltiplos componentes de sua metamorfose existencial.[14]

É um longo percurso que começou há muito tempo, surgido de um profundo mal-estar. Um progressivo senso de exclusão que cresce a partir de microfraturas que acompanham o gesto estrepitoso da reviravolta existencial. Uma reviravolta na qual Spatuzza, árdua e dolorosamente, tenta mergulhar todo o seu ser, ao lado de ambos os elementos de sua regeneração, a leiga e a religiosa, visando recuperar uma identidade sólida dentro de um eu renovado (Stromberg, 1990).

Tento me lembrar da primeira vez em que discuti o assunto com ele. Era nosso primeiro encontro e, para quebrar o gelo, perguntei o que o levou a colaborar com a Justiça:

> Estou preso por conta de condenações passadas em julgado – respondeu Spatuzza –, e por isso estou cumprindo prisão perpétua. Por livre escolha, vivo num regime de isolamento completo, com ausência praticamente total de relações. Por ser colaborador de justiça, fui inserido no programa especial de proteção.
>
> Se me perguntar o porquê da minha tardia decisão de colaborar com a Justiça, respondo que o assunto é muito complexo, por várias razões. Veja, eu pretendia colaborar desde que fui preso, mas infelizmente isso não foi possível.[15]

14 Spatuzza atribui à leitura do texto de Dispenza (2012) o mérito de ter lhe fornecido "a possibilidade de compreender, de forma leiga, a imensa força de vontade que irrompeu dentro de mim, pra redimir aquele homem que estava perdido" (cf. também cap.1).

15 Encontro de 12 out. 2015.

A religião é certamente um elemento importante, mas não o único, de seu percurso de transformação. Com a perda do sólido amparo da *fé* na Cosa Nostra, sobre a qual ele intimamente estruturou a própria vida, compartilhando momentos de grande intensidade emocional e de profunda violência, Spatuzza teve a necessidade de encontrar um novo apoio – igualmente sólido e denso de sentido – dentro de uma nova fé, fosse ela enraizada em uma esfera terrena ou ultraterrena, leiga ou religiosa. Descreveu seu processo de mudança como tendo sido orientado por dois timoneiros (penso institivamente no *Fedro* platônico e no mito do auriga); afirmou ter se beneficiado de um suporte leigo e de um suporte religioso; ambos determinantes, em sua opinião:

> Entre 1998 e 1999 cheguei a Tomezzo, vindo de Viterbo. [...]. Naquela época fui condenado definitivamente pelo homicídio do beato dom Puglisi, cuja pena era a prisão perpétua e dois anos de isolamento diurno. Aproveitei-me e enviei uma carta à direção, na qual pedi pra me aplicarem o isolamento diurno. O diretor, perplexo, me procurou um domingo pra entender o que estava acontecendo. Era, de fato, "anômalo" que um mafioso do meu calibre solicitasse o isolamento diurno.
>
> Tem um detalhe belíssimo... Antes de chegar a Viterbo, na biblioteca do cárcere de L'Áquila encontrei um belíssimo livro de Rudolf Höss, *Comandante de Auschwitz*.[16] Li a história dos campos de concentração, e ao ler, me coloquei do lado das vítimas. Refletindo, disse a mim mesmo: "Aspano, você também fez coisas assim".
>
> Refletindo mais tarde, entendi que não podia me colocar do lado das vítimas, já que eu também tinha sido um carrasco.[17]

---

16 O memorial de Rudolf Höss, comandante do campo de concentração de Auschwitz, condenado à morte em abril de 1947 pela Suprema Corte de Varsóvia, foi publicado postumamente, em 1958 (Höss, 1958).

17 Encontro de 10 nov. 2012. As semelhanças que Spatuzza identifica entre a vida dentro da Cosa Nostra e a atmosfera do campo de concentração de Auschwitz, sua tomada de consciência sobre a "excepcionalidade" da forma como havia vivido, recordam as belas reflexões de Agamben (2012, p.44) sobre a situação-limite e sobre a "capacidade singular" do homem

A consciência de ter sido um carrasco – ela também intimamente entrelaçada ao encontro com a morte, diferença extrema e lugar de rediscussão de todas as certezas – produz uma lenta erosão na imagem de si mesmo.

É significativo o fato de que, ao falar do processo de transformação pelo que atravessou, Spatuzza se refira a dom Pino Puglisi. O encontro com o sacerdote e a troca veloz de um olhar, alguns segundos antes de matá-lo, ficarão indelevelmente impressos em sua memória, tornando-se um dos fios mais importantes para retraçar o relato da construção de seu novo eu, a meio caminho entre a necessidade de justiça e a afirmação da fé. Dom Massimiliano De Simone, que durante um longo tempo testemunhou as angústias de Spatuzza, relata:

> Esse encontro com Puglisi... [...]. Parece que a função de Spatuzza foi a de roubar sua carteira, pra não parecer ter sido um homicídio da Máfia... [...] ... e ao tirar a carteira, os olhos de Spatuzza e os olhos de dom Puglisi, na minha opinião, se encontraram... houve uma troca quase que de amor; porque eram os olhos de um criminoso e os olhos de alguém que sofreu um crime e perdoou... Eu acho que não houve palavras; houve apenas um olhar e esse olhar foi determinante, pois ele começou a ver a figura de Puglisi como algo inquietante, foi sempre uma figura que suscitou algo dentro dele. Até que, muito provavelmente, não teve a possibilidade de meditar sobre isso, porque estava ocupado com todo o resto, ser foragido e tudo o mais..., mas quando teve a oportunidade de meditar sobre isso na prisão...

---

em se adaptar a ela, transformando-a em hábito: "Justamente essa incrível tendência da situação-limite de converter-se em hábito é o que todas as testemunhas, mesmo aquelas submetidas às condições mais extremas [...] comprovam unanimemente. [...] Auschwitz é precisamente o lugar em que o estado de exceção coincide perfeitamente com a regra, e a situação extrema se torna o próprio paradigma do cotidiano". Uma análise sobre o cotidiano da Máfia como local de familiarização com a violência é encontrada em Siebert (1996; 2010b). Para uma leitura da Máfia sob a ótica do fundamentalismo, cf. Lo Verso (1998), Lo Verso e Lo Coco (2003), Di Maria (1998) e Di Maria e Di Nuovo (1988).

> [...] nos folhetos distribuídos para a missa, no final desses folhetos há sempre meditações, e muitas meditações, muitas frases eram de dom Puglisi e ele notou isso... Penso, aliás, que houve essa primeira sacudidela, e depois ele percorreu um caminho com muita dificuldade... [...] Ele começou seu caminho, sobretudo com a leitura do Evangelho, porque a Bíblia é um pouco dura... Daí, na medida em que lia, em que se informava, em que meditava, justamente, ele tomava consciência do que tinha sido, e muito provavelmente sentia-se impelido a poder remediar, dizendo a verdade, pois não podia fazer nada além disso...[18]

A progressiva tomada de consciência da enormidade dos crimes cometidos leva Spatuzza a repensar integralmente sua vida. Para superar o sentimento de dilaceração são necessários atos concretos, que assinalem visivelmente sua passagem de um antes a um depois: da "dissociação" dos irmãos Graviano e da Cosa Nostra à colaboração, da leitura do Evangelho e da Bíblia à confissão e à conversão. Um processo difícil que requer também a coragem de expor partes inteiras de si, nas quais é preciso reconhecer a inquietante consonância com o mal do qual ele quer se afastar.

Referindo-se a essa vivência, dom Massimiliano explica:

> Assim, quando vimos sua vida sob a luz do Evangelho, ele entendeu que era necessário dar um passo desse tipo e daí dizer tudo o que sabia, e então mudar de vida... mudar de vida não dizendo "o que foi, foi"; mudar de vida e tomar consciência e assumir a responsabilidade do que houve no passado... aqui ele... isso foi... era tal como se fosse uma podadura... quando uma poda... a planta parece no momento, sofrer, mas depois você extrai os elementos que a impedem de crescer e assim ele...
>
> A cada vez que ele se decidia a cortar um pedaço da sua vida como ela fora antes havia dor, mas não porque ele quisesse renegar

18 De minha entrevista com dom Massimiliano De Simone, Castelnuovo (L'Áquila), 28 set. 2012.

> o que tinha sido..., mas porque, de qualquer modo, cada um de nós, quando corta uma parte... Porém, nesse meio-tempo, ele encontrava a força justamente ao andar adiante... [...] Ele dialogava comigo, mas também aprendeu a rezar... e depois [...] a confissão sacramental com o bispo e o início concreto da colaboração... ele entendeu o significado... Fez tudo sozinho...
>
> Eu, muitas vezes, não me senti apto a lhe aconselhar nada, pois ele é uma pessoa inteligente... entendeu quais eram as passagens necessárias, seja para encarar uma confissão sacramental, e depois, é óbvio, essa é a passagem obrigatória... é preciso assumir suas próprias responsabilidades.[19]

Mudar de vida significa assumir para si as próprias responsabilidades. Quando, além disso, a mudança é acompanhada pela conversão religiosa, as transformações da identidade pessoal são estruturadas em um novo relato, capaz de fornecer os recursos simbólicos para enfrentar os novos problemas de significado colocados pela própria, velha e nova, existência.[20] E, já que a conversão exige escolhas individuais, tanto racionais quanto irracionais, em seu novo relato identitário Spatuzza busca trazer consigo o máximo possível do próprio passado:

> No Natal de 2002, enquanto estava na prisão de Tolmezzo, um sacerdote me presenteou com uma cópia do Evangelho, com uma dedicatória. Depois, procurei obter uma cópia da Bíblia. Assim, comecei a ler as Sagradas Escrituras. Era o fim de 1999. No período imediatamente anterior ao Jubileu.[21]

---

19 De minha entrevista com dom Massimiliano De Simone, Castelnuovo (L'Áquila), 28 set. 2012.

20 Retomando Stromberg (1990) e examinando os processos de narrativa das experiências de conversão, Pannofino (2008, p.285) menciona uma "interpretação discursiva da identidade", cujo relato, porém, padeceria de um caráter "ideologicamente condicionado", que não elimina totalmente os conflitos e demonstra a progressão e o caráter conflituoso do processo. Sobre o uso da identidade nas ordens autossubstitutivas da sociedade, cf. Luhmann (1979).

21 O Jubileu do ano 2000 foi inaugurado pelo papa João Paulo II com a bula *Incarnationis Mysterium*, datada de 29 de novembro de 1998, e festejou os

Procurei fazer que Filippo Graviano também se interessasse por essas leituras, e explicava-lhe algumas passagens, das quais, porém, ele deformava o conteúdo. Assisti pela televisão à abertura da Porta Santa. E foi logo após essa cerimônia que começou minha curiosidade pela Bíblia. Na minha família não havia uma tradição religiosa concreta, não frequentávamos a igreja regularmente. Minha mãe, uma dona de casa, era muito religiosa, e meu pai – servente de pedreiro – não. Comecei a encontrar a história de São Paulo e me apaixonei por essa figura. Em 2004, encontrei-me pela segunda vez pra um interrogatório investigativo com o dr. Vigna. O primeiro foi em 1998. Mas eu ainda não tinha a intenção de colaborar.[22]

A narrativa prossegue, mas não sem digressões e interrupções. Quando lhe peço para falar sobre o relacionamento estabelecido com o padre Pietro Capoccia, na prisão de Ascoli Piceno, surge mais uma importante peça do mosaico: o encontro, a princípio fortuito, mas depois, apreciado e denso em repercussões, com a psicóloga que o atendia naquele instituto penitenciário:

Quando cheguei em Ascoli Piceno, conheci o padre Capoccia, que era o capelão da prisão. Ali a situação era diferente e havia mais contato com a área educativa. Podia-se também consultar um psicólogo. Mas entre os detentos do 41-*bis* quase nenhum consultava, por ser considerado uma desonra.

Um dos meus companheiros de cárcere era Gaetano, um membro da *Stidda*,[23] que participou do assassinato do juiz Livatino. Passava muito tempo conversando com ele sobre literatura. Daí nasceu uma amizade. Foi ele que me estimulou a ir falar com a psicóloga. Eu tinha tantas dúvidas, até porque não tenho nenhum

---

2 mil anos de nascimento de Cristo, e por isso foi considerado um Jubileu mais significativo que os demais. O 26º Jubileu, ou Ano Santo, foi comemorado desde a noite de Natal de 1999 a 6 de janeiro de 2001. (N. T.)

22 Encontro de 2 mar. 2013.

23 Stidda: organização criminosa oriunda da Sicília, com uma estrutura menos rígida que a da Máfia. (N. T.)

> problema de caráter psicológico nem de caráter físico. Mas, de qualquer modo, decidi ir e assim marquei a primeira consulta e foi belo, belíssimo! Não é que pudéssemos falar como estamos falando, hoje, agora. Eu não era colaborador de justiça, então não podia falar livremente, certamente não podia contar fatos relativos à Cosa Nostra.
>
> Minha escolha de falar com a psicóloga não passou despercebida na prisão. E um dia Mariano Agate perguntou-me: "Asparuzzu, mas o que você vai fazer com essa mulher, você está doente?". Respondi: "Não, sabe, cara... vou lá pra bater um papinho". Era evidentemente um sinal de que meu comportamento representava uma anomalia.[24]

A necessidade de interlocutores alheios ao mundo mafioso e o desejo de sair do circuito fechado do 41-*bis* levam Spatuzza a fazer uma escolha, não indiferente, de abertura ao mundo exterior. Apesar do isolamento, cada movimento é realizado sob os olhos atentos dos outros homens de honra. Falar com o psicólogo da prisão (especialmente se mulher) sem a finalidade de fingir uma suposta patologia que fosse utilizada instrumentalmente para obter um desconto da pena ou regimes carcerários mais suaves (De Rosa, 2011; De Rosa; Galesi, 2013), mas pelo desejo de passar algum tempo conversando com ela sobre assuntos amenos, para conseguir ser tratado como uma "pessoa normal", é certamente uma anomalia na visão da Cosa Nostra. Uma anomalia que deveria ser observada:

> Essa conversa com a psicóloga me ajudou muito. Ela sabia ouvir. Jamais falávamos sobre a Cosa Nostra nem do meu papel dentro dela. Falávamos sobre a família, sobre crianças. Sobre coisas normais. Ela me perguntava o que é que eu gostaria de fazer. Falávamos de tudo, menos do mundo penitenciário. Ou seja, eu experimentava uma nova linguagem, nova no sentido extrapeni-

---

24 Encontro de 2 mar. 2013.

tenciário: entrei em contato com um mundo diferente. Eu também era tratado como uma pessoa normal.[25]

No contato com a psicóloga, Spatuzza experimentou um tipo de relação que ele desconhecia, livre de motivações instrumentais e de coações violentas. Com ela, pôde despir momentaneamente os trajes do mafioso e imaginar a possibilidade de um futuro diferente, a ser construído fora do controle da Cosa Nostra. Voltar a planejar a própria vida a partir dos próprios desejos. Viu-se agradavelmente surpreso pela novidade, apesar de consciente da dor e das dificuldades que o esperavam (Dino; Callari, 2011). Pronto para percorrer de novo e para reler sob outra ótica as experiências de sua existência anterior:

> Tudo parte do encontro entre indivíduos. Falávamos de temas vitais, percebi que é mais difícil ser mau que ser honesto. Ou seja, é preciso mais esforço para se tornar mau que para expressar sentimentos de amor. Já havia começado em mim um percurso interior; um processo que se desenvolveu entre 2000 e 2008. Meus parâmetros de avaliação já começaram a ser alterados. A barra se endireitou; em outras palavras, apoiava-se na vida. Não imagine, porém, que de um dia para o outro quero mudar minha vida e mudo... São processos lentos, difíceis e sobretudo dolorosos.[26]

Gaspare Spatuzza, o carrasco auxiliar de Brancaccio. Gaspare Spatuzza, assassino impiedoso; capaz de misturar com um cabo de vassoura os restos de um cadáver que se dissolve no ácido,

---

25 Id.

26 Id. Na fase de releitura do texto, Spatuzza redimensionou o valor desse encontro e corrigiu meus escritos, substituindo a palavra "psicóloga" pelo termo "psicólogo". Quando perguntei a razão dessa correção, ele respondeu que não acreditava que houvesse em italiano a palavra "psicóloga". Garanto-lhe sobre o fato de que existe sim o feminino de "psicólogo". Com aparente indiferença, ele concorda com a necessidade de reintegrar no texto a versão feminina do termo.

enquanto come um sanduíche comprado com o dinheiro achado no bolso de sua vítima.[27]

E, então, Gaspare Spatuzza, que confia à conversa com uma mulher o sonho de sua normalidade. Quaisquer que sejam os motivos e as consequências para as escolhas futuras, trata-se de um sinal importante.[28]

4. ENTRE SACERDOTES

Quaisquer que sejam os motivos de sua mudança, e qualquer que seja a parte desempenhada por cada um deles na orientação das escolhas gradualmente realizadas, Spatuzza atribui um peso importante às relações pessoais estabelecidas durante o período de encarceramento. Nelas, transparece o desejo de experimentar formas de relações e sintonias inadmissíveis anteriormente; de sentir novas emoções; mas também de conhecer partes de si mesmo que surgem pela interseção do ouvir e do refletir-se no outro. A partir desses encontros desabrocham, assim, novas curiosidades e aumenta o desejo por conhecimento:

---

27 Alfonso Sabella (2208, p.54) foi quem recordou a anedota sinistra, contada durante um interrogatório: "Giovanni Ciaramitaro, um colaborador de justiça afiliado ao mesmo grupo, me contou uma vez que o tinham encarregado de ir ao interior, em Bolognetta, pra comprar alguns sanduíches com o dinheiro tirado de um jovem ladrão recém-estrangulado. Voltando ao casebre, encontrara Gaspare Spatuzza mexendo com um cabo de vassoura o balde cheio de ácido e, evidentemente faminto, lhe pedira o sanduíche: '*Cu'na manu manciava e cu l'avutra arriminava!*'. Comia com uma mão e com a outra remexia!".

28 Sob a perspectiva de um novo olhar relacionado às figuras femininas, podemos ler as palavras que Spatuzza dedicou a Francesca Morvillo, respondendo a Lirio Abatte: "Desejo recordar a figura da dra. Francesca Morvillo, que muitas vezes é esquecida. Penso nessa magnífica mulher que, consciente do risco que corria, não hesitou em seguir o homem que amava. Ela que era a única capaz de perceber as sensações e talvez também notar o sofrimento moral do desconforto do dr. Giovanni Falcone, por conta das circunstâncias que todos conhecemos. A dra. Morvillo lembra-me muito as mulheres representadas nos Evangelhos: aquelas santas mulheres que seguiram Nosso Senhor Jesus Cristo até o fim" (*L'Espresso*, 28 jul. 2010).

> Quando eu estava na prisão de Tolmezzo, li em algum lugar a palavra "empatia". Peguei o dicionário, curioso, e li. "Empatia: capacidade de identificar-se com outra pessoa, de imergir nos seus pensamentos e estados de espírito". Ou seja, de entrar no estado de espírito das pessoas que você ofendeu. Apenas esse sentimento de compaixão faz que você, mais que ver, sinta dentro de si todo o mal que cometeu. Essa é a chave que nos dá acesso a todo o resto. Queria ser capaz de dizer algo mais, mas entraremos numa dimensão muito íntima...[29]

A história da conversão se desenvolve em torno da figura de três sacerdotes. Cada um deles desempenha um papel importante no percurso de aproximação à religião.

A cada um deles Spatuzza atribui uma função precisa, atentamente definida seja pelo que diz respeito à esfera "afetiva", seja com relação à dimensão mais "institucional" do caminho de fé.

Assim, ao reevocar os "quadros da memória", cada uma das representações iconográficas e cada uma das etapas de seu itinerário são associadas a uma face específica, a um encontro diferente:

> O percurso do meu arrependimento de caráter espiritual começou em 2000. Nesses primeiros passos, fui acompanhado em primeiro lugar pelo capelão do cárcere de Tolmezzo, dom Giordano. Tratava-se, porém, apenas de uma primeira abordagem, que em seguida seria aprofundada com o capelão de Ascoli Piceno, o padre Pietro Capoccia. No momento em que cheguei à prisão de L'Áquila, conheci o capelão, dom Massimiliano. Por causa de um imenso desejo meu, o de fazer uma confissão total, contei a dom Massimiliano esse meu desejo. Falando com ele, solicitei-lhe ter como confessor o bispo, e a possibilidade de me ministrarem a unção aos enfermos. Quando tudo foi programado, chegou o dia, muito importante pra mim, porque há muito, muito tempo eu o esperava. Não posso entrar em detalhes porque são coisas pura-

29 Encontro de 10 nov. 2012.

> mente pessoais, apenas posso dizer que desejo profundamente que cada pecador possa experimentar o que senti naquela circunstância: momentos de dor profunda por todo o mal que eu carregava dentro de mim, mas também a imensa felicidade por ter libertado minha alma, totalmente, das mãos de Satanás.[30]

Entrei pessoalmente em contato com os três religiosos com os quais Spatuzza empreendeu sua jornada de conversão. Dois deles não estavam disponíveis para nos encontrarmos e nossa relação limitou-se a um ou dois telefonemas. Quanto ao terceiro, tivemos a oportunidade de conversar longamente, em particular. O que emergiu de suas palavras (ou de seu silêncio) ajuda a compreender e a completar o relato de Spatuzza.

4.1. Padre Pietro Capoccia e os estudos de teologia

Por mais que as raízes do trajeto de conversão remontem a um período anterior (que coincide com o ingresso no cárcere de Tolmezzo, no final de 1999), as primeiras rupturas, os primeiros sinais tangíveis de uma inquietude que se transformou em ação foram manifestados por volta de 2005, quando Gaspare Spatuzza, transferido para a prisão de Ascoli Piceno, instaurou uma relação mais estável com o capelão do instituto penitenciário, o padre Pietro Capoccia.

A evolução de seu relacionamento foi lenta, e só aos poucos Spatuzza se abriu (parcialmente) ao seu interlocutor, manifestando-lhe a necessidade de aprofundar o conhecimento das Sagradas Escrituras, evitando, porém, entrar no mérito de suas responsabilidades processuais. De resto, o padre Capoccia também não manifestava nenhum desejo de conhecer esse passado.

Os primeiros encontros foram marcados por uma desconfiança recíproca. Os dois se estudaram, para entender até onde

---

30 Id. Sobre os quadros sociais da memória falou Halbwachs (1925; 1950). Sobre esse ponto, cf. também Namer (2000), Jedlowski (2002; 2009), Sciolla (2005) e Fabietti e Matera (1999).

poderiam chegar e para definir o nível de profundidade de sua interação. Spatuzza relatou aos magistrados:

> [...] com o capelão, nas primeiras vezes ele me tratou como um detento comum. Detento comum em que sentido? Que a linguagem de um detento é sobre problemas da investigação... isto é, o capelão age mais como psicólogo e educador do que como guia espiritual. [...] ... falamos de... investigação, das pessoas da saúde, da direção. [...]. Sobre a vida comum de todo dia. Linguagem carcerária.[31]

Uma cautela semelhante transparece do relato do padre Pietro Capoccia aos funcionários da DIA:

> No que diz respeito aos detentos do 41-*bis*, sempre quis que meus contatos com eles, por quaisquer motivos, fossem formais; assim, realizei encontros e confissões com tais detentos sempre por meio de uma solicitação por escrito. [...] quando celebrava a missa na seção do 41-*bis*, exigia que perto de mim houvesse sempre um guarda, especialmente na hora da comunhão, para evitar que algum detento pudesse adotar comportamentos que poderiam ser mal interpretados. [...] Spatuzza participava sempre da missa que eu realizava na sua seção, e às vezes salientava ter apreciado a homilia, até destacando alguns trechos que tinham sido lidos durante a celebração. Devo dizer que durante a missa na seção do 41-*bis* os presos permanecem cada um na sua cela, e eu me posto no centro do corredor; ao terminar a celebração, passo por cada um, do lado de fora, cumprimento-os e recebo também seus vários comentários e agradecimentos. [...] Nesse contexto [Spatuzza] me revelou, numa ocasião, sua vontade de ter um encontro, e eu lhe informei que ele devia enviar um pedido por escrito, o que acho que ele fez. Os encontros com Spatuzza começaram alguns meses depois de ele ter chegado em Ascoli. [...] Como era com todos, também com Spatuzza, eu o encontrava uma, no máximo duas vezes por mês. Essa é uma prática que sempre adotei, até para

31 Transcrição verbal de 29 jun. 2009, em *Io accuso*, 2010, p.211-2.

não gerar dúvidas sobre meu trabalho e para não ser envolvido emocionalmente por causa das histórias pessoais dos detentos.[32]

Com o passar do tempo, porém, o relacionamento se transformou. E, da "linguagem carcerária" (como Spatuzza a denomina), as conversas se tornam cada vez mais direcionadas ao âmbito espiritual:

> Assim, o primeiro encontro, segundo... quarto encontro, disse: "Padre Pietro, olha, que eu vim aqui por um problema pessoal sério, porque eu cometi..." e contei-lhe toda... tudo aquilo que eu havia feito, principalmente nesses anos de prisão. Daí ele entendeu tudo. [...]. Uma angústia interior. Daí ele meio que entendeu minha situação, e daí eu lhe disse: "Estou tentando aprofundar essa coisa".[33]

As recordações e a vivência do padre Pietro demonstram uma sintonia total:

> [...] me recordo que Gaspare Spatuzza estava sempre atento durante a leitura dos salmos e também durante toda a missa. Spatuzza demonstrava conhecer todos os passos da cerimônia, revelando um interesse fora do comum. [...]. Durante os primeiros encontros, falamos sobre problemas genéricos, devidos às problemáticas normais da vida carcerária dos detentos; os encontros têm, normalmente, como finalidade o conhecimento recíproco, para depois

32 DIA – Centro operacional de Florença, Massacres de Florença, Roma, Milão 1993-1994 – Processo penal 10625/08 Mod. 44. Execução do mandato de 1º jul. 2009. Resultados da atividade executada, n. 125/FI/2°/G2-33-2 do prot. 3382/09, Al.1, folhas 1 e 2. O interrogatório, elaborado de forma resumida pelos oficiais encarregados, foi realizado em 9 jul. 2009 nas dependências da prisão de Ascoli Piceno, onde o padre Pietro Capoccia ainda servia como capelão. O "Registro das confissões" registra catorze encontros entre o padre Capoccia e Spatuzza. O primeiro encontro foi em 4 mar. 2005, dois meses após sua chegada na penitenciária, situada na região das Marcas (Marche).

33 Transcrição verbal de 29 jun. 2009, em *Io accuso*, 2010, p.212.

poder instaurar uma relação de confiança; depois, os assuntos passaram exclusivamente para o setor espiritual e religioso, e a partir daqui Spatuzza me manifestou sua vontade de estudar e se preparar quanto aos temas teológicos.[34]

Na medida em que o conhecimento se aprofunda – e se estabelece, de modo inequívoco, no âmbito "seguro" da espiritualidade –, o padre Pietro começa a apreciar as qualidades introspectivas de Spatuzza, nos quais não deixa de perceber alguns traços de caráter, juntos com uma profunda inquietação. Para combater essa inquietação, o sacerdote aconselha, em primeiro lugar, a leitura das Sagradas Escrituras e, depois, inscrever-se no curso de teologia:

> Durante os encontros, fiquei muito impressionado pela sensibilidade especial que Spatuzza demonstrava ao assimilar os argumentos de caráter religioso que eu lhe expunha [...]. Percebi que, já antes de se encontrar comigo, Spatuzza já tinha um certo conhecimento dos conceitos e que participava ativamente nas discussões sobre temas de caráter filosófico e teológico. Lembro-me de que ele tinha uma personalidade introspectiva, era capaz de descrever bem algumas sensações que guardava em si e em manifestá-las. [...] após o primeiro período, no qual falamos sobre vários problemas e procuramos nos conhecer, ele me revelou a vontade de se dedicar aos estudos religiosos, mas não fazia ideia de como e o que estudar. Informei-lhe que em Ascoli havia o Instituto Superior de Ciências Religiosas no qual ele poderia [inscrever-se], apesar de só ter formação elementar.[35]

Spatuzza também relembra a evolução do relacionamento com o padre e sua decisão entusiasmada de frequentar o curso de teologia:

---

34 DIA – Centro operacional de Florença, Massacres de Florença, Roma, Milão 1993-1994, Al.1, folha 2.

35 Ibid., Al.1, folhas 1 e 2.

Todas as segundas, ou aos sábados, ele vinha celebrar a missa na prisão. Foi como nos encontramos. Um dia eu lhe disse que deseja falar sobre Deus de uma forma mais profunda. Perguntei-lhe onde e como eu poderia aprofundar o conhecimento dos Textos Sagrados. Alguns dias depois, ele voltou e me disse: "Posso inscrevê-lo no Instituto Superior de Ciências Religiosas". Eu respondi imediatamente: "Mas só estudei até a quinta série elementar". "Veremos o que é possível fazer", respondeu.

Assim começou minha nova trajetória. Daí me inscrevi como ouvinte. Ele me especificou que poderia surgir um problema pois eu, caso conseguisse me formar, não poderia fazer nada com o diploma, pois ele não teria valor jurídico algum. Eu nem sequer poderia utilizá-lo – como tantos fazem em geral – como prova de reabilitação. "Mas meu objetivo não é esse", eu lhe falei.[36]

Spatuzza mergulha apaixonadamente na leitura dos textos sagrados; começa a estudar teologia com a convicção de "estar reforçando" uma tensão espiritual que ele já sentia presente. Inscrito como ouvinte no Instituto Superior de Ciências Religiosas, descobre que a escola de Ascoli é apenas uma filial da Pontifícia Universidade Lateranense de Roma, que tem sua sede em São João de Latrão.[37] Essa particularidade o perturbou bastante, e voltando-se ao sacerdote, explicou-lhe: "Veja que eu fui encarregado de derrubar aquela igreja".[38]

36 Ibid., Al.1, folha 2.

37 San Giovanni in Laterano ou Arquibasílica Papal de São João de Latrão é a catedral da Diocese de Roma e a Sé episcopal oficial do bispo de Roma, ou seja, o papa. É a primeira e a mais antiga das cinco basílicas papais do mundo e uma das quatro "basílicas maiores" de Roma. Como mais antiga igreja do Ocidente, abriga a cátedra do bispo de Roma e, embora localizada fora das fronteiras do Vaticano propriamente dito, nos limites da cidade de Roma, sua paróquia goza de direitos extraterritoriais, como uma das propriedades da Santa Sé (segundo o Tratado de Latrão, de 1929). (N. T.)

38 Spatuzza relatou aos magistrados ter informado o padre Capoccia que foi um dos autores materiais do atentado que, na noite entre 27 e 28 de julho de 1993, danificou fortemente a Basílica de San Giovanni in Laterano (Transcrição verbal de 29 jun. 2009, em *Io accuso*, 2010, p.212).

O estudo prossegue sem problemas e durante um breve período de tempo ele consegue ser submetido a seis exames, com bons resultados.[39] Mas, para além dos bons resultados acadêmicos, trata-se para ele de uma aventura nova e estimulante, pela qual ele é grato ao capelão do cárcere:

> O padre Capoccia comprou-me todos os livros e também pagou minha inscrição, sem que eu soubesse. Comecei a estudar e experimentei uma sensação indescritível. Eu gostava demais. Preparei-me pras minhas primeiras três matérias. Chegou o dia dos exames, e entre os examinadores estava também o reitor.
>
> Ao ser examinado, vivenciei uma sensação indescritível. Submeter-se a um exame... Jamais tinha sentido essa emoção. Não dormi nada na noite anterior. Foram sensações totalmente diversas do que eu havia sentido até aquele momento. No final dos exames, fui dar uma caminhada: perguntavam-me como eu tinha ido, mas eu ainda não tinha sido informado. Num certo momento, um inspetor me felicitou, pois eu tinha conseguido boas notas. Subi as escadas pra entrar no departamento feliz, entusiasmado como um menino. Com esse resultado, "me libertei". Me sentia como um cavalo que foi retirado do cabresto e que, finalmente, pode correr livre.
>
> Uma vez iniciada a colaboração, infelizmente, tive que interrompê-la, por motivos de segurança. Fiz seis matérias no total. O capelão estava muito contente com os resultados. O aprofundamento dessas matérias e desse estudo me desestabilizou, no sentido positivo e no sentido construtivo, naturalmente.[40]

39 Entre 5 de julho e 5 de dezembro de 2007, Gaspare Spatuzza prestou seis exames diante de uma comissão de docentes, dos quais fazia parte o próprio reitor do instituto. O padre Capoccia recorda: "Spatuzza se dedicou muitíssimo à preparação dos exames [...], até foi cumprimentado pela comissão examinadora do Instituto de Ciências Religiosas de Ascoli Piceno pela ótima preparação. [...] é muito raro que uma comissão examinadora expresse tal satisfação em relação aos examinandos que são detentos" (DIA – Centro operacional de Florença, Massacres de Florença, Roma, Milão 1993-1994, Al.1, folha 3).

40 Spatuzza explicou no tribunal o significado da desestabilização provocada pelos estudos teológicos: "Assim, estudando um pouco a filosofia e os fundamentos do cristianismo, você é levado a pensar, não pode estar com

> Com esse estado de espírito, nos preparamos para a inscrição ao segundo ano. Era preciso pagar a matrícula. Eu trabalhava. Lavava os banheiros e ganhava bem. Quis pagar eu mesmo, desta vez, a taxa de inscrição. A promessa era que, desta vez, eu pagaria a taxa e os livros, mas tenho certeza de que o padre Pietro não teria aceitado isso.[41]

As discussões com o padre Capoccia, porém, não se limitam a assuntos teológicos e à expressão de seu crescente mal-estar interior. Em certo ponto, Spatuzza pede para se confessar, mas – como ele próprio admite – se trata de uma confissão "parcial", "num nível privado", durante a qual, mesmo falando sobre seu envolvimento em atos terríveis de violência – sobretudo o assassinato de dom Puglisi –, ele evitará aprofundar suas responsabilidades e, muito menos, aludir à responsabilidade de "terceiros":[42]

> Apesar de ele ser meu capelão, as confissões eram parciais. Até porque eu tinha medo de ser interceptado; assim, me forcei a não dar acesso a ninguém às profundezas do meu espírito.
>
> Chegou a hora de seguir o caminho da colaboração, mas a estrada é atribulada, insidiosa e muito escura. Imaginava com quem eu poderia falar sobre essa minha intenção de colaborar com a Justiça. Conhecia o procurador Grasso, por toda a sua história,

---

um pé em dois sapatos diferentes: ou está com Deus ou não está com Deus. Se eu fosse condenado por todos os meus crimes, iria pra cadeia de olhos fechados e tranquilo. Porém, já que [...] ... eu era e sou o portador de verdades desconhecidas pelo Estado, que existem pessoas condenadas à prisão perpétua que são inocentes. [...] Me vi responsável quanto aos indivíduos envolvidos na política que foram coniventes com 'Cosa Nostra'. [...] fui incitado a tentar colaborar, mas não tanto por uma questão pessoal minha: uma questão pelo fato de que eu, agora, já fiz as pazes com Deus. Mas era um compromisso [...] porque eu devia pedir desculpas à população à qual eu causei tanto mal" (Transcrição verbal de 29 jun. 2009, em *Io accuso*, 2010, p.214).

41 Encontro de 2 mar. 2013.

42 Transcrição verbal de 29 jun. 2009, em *Io accuso*, 2010, p.213.

a começar pelo maxiprocesso.[43] Decidi solicitar uma entrevista investigativa com ele. Tendo obtido o encontro, comuniquei ao dr. Grasso minha intenção de colaborar. O medo era imenso. Apesar da minha determinação.

O primeiro interrogatório com as procuradorias conjuntas remonta a 26 de junho de 2008...

O padre Capoccia jamais me incentivou a colaborar. Mas eu também jamais falei com ele sobre esse meu desejo. Ele não aproveitou a oportunidade que poderia representar minha proximidade e minha colaboração. Apenas cumpriu seu dever como capelão. Ele contribuiu com meu desejo de buscar a Deus.[44]

Anoto com certo interesse a consciência que Spatuzza possui quanto à natureza excepcional de seu caso e quanto à eventual "publicidade" que sua conversão poderia garantir ao sacerdote, caso ele tivesse sido seu primeiro intermediário direto. Espanto-me também com o fato de que ele considere normal confessar de forma seletiva suas culpas, à espera de revelar aos juízes as próprias responsabilidades penais. Tudo, mais uma vez, é filtrado por um controle férreo e rigoroso, do qual não escapam nem mesmo as emoções mais fortes. É como se tivesse sido estabelecido com o padre Capoccia um pacto silencioso de "discrição" recíproca, que não exclui a plena consciência da real situação da parte de ambos. Embora sob sua ótica essa situação pareça normal, procuro chamar a sua atenção para a singularidade de uma confissão "parcial". E Spatuzza reconhece seu caráter anômalo:

---

43 O maxiprocesso de Palermo é a denominação dada pelos jornalistas ao processo penal realizado em Palermo contra os crimes de Máfia (Cosa Nostra), entre os quais homicídio, tráfico de drogas, extorsão, associação mafiosa e outros. Teve início em 10 de fevereiro de 1986 e foi finalizado em 30 de janeiro de 1992, com a sentença final do Tribunal de Cassação. O nome "maxiprocesso" deve-se às suas proporções imensas: em primeiro grau, os réus eram 475 e havia cerca de 200 advogados defensores. O processo de primeiro grau foi concluído com pesadas condenações: dezenove penas de prisão perpétua e penas de detenção em um total de 2.665 anos de reclusão. É considerado o maior processo penal já realizado no mundo, pelo menos na Era Contemporânea. (N. T.)

44 Transcrição verbal de 29 jun. 2009, em *Io accuso*, 2010, p.213.

> Eu também sentia que era meio que uma falta de respeito, mas naquele momento eu não podia fazer diferente. Naquela época eu poderia colocar minha vida em sério risco, não tanto pela desconfiança, porque nutro uma imensa estima por este capelão, ou seja, pelo padre Capoccia.
>
> Ele sempre me acompanhou de forma discreta. Queria apenas cumprir seu dever. E cumpriu, na minha opinião. Mas não era idiota, daí não creio que não tenha entendido minha efetiva vontade. Não queria se intrometer. Posso afirmar que com seu comportamento ele conseguiu de mim o máximo possível, ao levar pra junto de Deus um grande pecador. Me fez compreender a diferença entre o bem e o mal, entre o justo e o injusto. Ele jamais se expôs. Pra mim foi importante, pois ele sempre foi imparcial.[45]

O padre Capoccia realmente dá uma importância especial à sua "imparcialidade". Uma imparcialidade que se traduz por um explícito desinteresse em relação aos processos judiciais dos detentos, cuidadosamente excluídos dos encontros na prisão, estritamente limitados ao "aspecto religioso".[46] Assim, não causa espanto o fato de que, quando os funcionários da DIA lhe perguntaram se Gaspare Spatuzza jamais conversara sobre "suas responsabilidades nos atentados", o sacerdote admita serenamente:

> Nunca me falou dessas coisas, que, além do mais, eu busco não encorajar, já que não diziam respeito ao cumprimento da minha função. Eu me interessava apenas pelo aspecto religioso da vida de cada um dos detentos que conversavam comigo. Todos os outros aspectos materiais, inclusive os processos judiciais ligados a eles, não queria que fossem trazidos ao meu conhecimento, pois não queria que fossem utilizados por eles próprios. Com Spatuzza, jamais conversamos sobre nenhum de seus processos judiciais [...].

---

45 Encontro de 2 mar. 2013.

46 Tocamos aqui em um ponto crítico e delicado, e já muito debatido (sobretudo em épocas mais recentes).

Spatuzza jamais acusou outras pessoas pelos crimes em razão dos quais ele estava preso. Recordo que ele afirmava estar arrependido pelo que havia feito e que considerava sua detenção justa.[47]

A única exceção a esse pacto de silêncio é o homicídio de dom Puglisi, cuja autoria é explicitamente reconhecida por Spatuzza ao capelão.[48]

Partindo dessa situação, proponho a Spatuzza uma questão potencialmente embaraçosa. Imaginando que, no lugar do padre Capoccia estivesse dom Pino Puglisi, pergunto-lhe se, em sua opinião, o sacerdote de Brancaccio teria assumido a mesma atitude "imparcial" quanto às suas revelações.

Evitando qualquer confronto, Spatuzza desvia o argumento para o plano "meramente religioso", mostrando uma sintonia com o padre Capoccia realmente admirável:

> Não sei. Tudo deve ser colocado no seu contexto. Tudo tem uma trama, uma ordem sua. Vai evoluindo, trocando aos poucos de posição. Existem fatores que se interagem e interferem. E há também os fatores externos. Na base de tudo o que acontece em nossa vida existe um encontro.

---

47 DIA – Centro operacional de Florença, Massacres de Florença, Roma, Milão 1993-1994, Al.1, folha 4.

48 Sobre essa questão, o sacerdote expõe aos investigadores: "Afirmo que já sabia, pelos órgãos de informação, que Spatuzza era acusado de tal homicídio, mas, como repito, jamais falei de assuntos ligados aos processos judiciais dos detentos a quem presto assistência. Esse argumento [...] surgiu durante um encontro, no qual me disse exclusivamente que se sentia responsável por aquela morte. Não lhe perguntei outros detalhes daquele episódio nem ele jamais me voltou a falar sobre isso. [...] depois desse encontro, durante uma missa na seção em que Spatuzza estava preso, distribui o folheto "O Domingo", no qual justamente dom Puglisi era mencionado. Assim que o li, notei que Spatuzza ficou abalado com tal circunstância, tanto que atraiu a minha atenção, levantando o folheto e expressando que ele tinha revivido naquele instante, ao ler o trecho de dom Puglisi, o drama daquele crime. Foi nesse contexto que Spatuzza me contou que sentia a necessidade de se libertar dos problemas que ele sentia por dentro" (DIA – Centro operacional de Florença, Massacres de Florença, Roma, Milão 1993-1994, Al.1, folha 3-4).

Pra mim, a figura do beato dom Puglisi foi determinante. Foi tocante e decisivo ler no missal de 16 de março de 2008 um escrito do beato dom Puglisi sobre a liberdade. Conservo ainda, ciumentamente, a cópia daquele missal, vou ler os trechos pra você. O primeiro é uma introdução, o segundo pertence ao beato dom Puglisi: 1) "Esquecemo-nos de que o pecado sempre possui uma dimensão social e eclesial. É uma ferida infligida à Igreja"; 2) "Homem nenhum está distante do Senhor. O Senhor ama a liberdade, não impõe seu amor. Não força o coração de nenhum de nós. Cada coração tem seu tempo, que sequer nós conseguimos compreender. Ele bate e está à porta. Quando o coração estiver pronto, abrir-se-á".

Essencialmente, ele diz que o Senhor respeita tanto a liberdade do homem que não o obriga a aceitar seu amor. Quando o coração do homem estiver pronto pra acolher o amor de Deus, se abrirá.

Pra mim, foi particularmente difícil aceitar o pensamento de me confessar. Hoje tudo é diferente. Porque compreendi que a confissão é como um retorno à casa do Pai, é o início de uma reintegração no interior da sociedade civil.[49]

4.2. *Dom Massimiliano De Simone: uma relação intensa e conturbada*

Quando, em 20 de março de 2008, foi transferido do cárcere de Ascoli Piceno à prisão de L'Aquila, as celebrações pascais estavam próximas. No domingo seguinte, em 23 de março,

49 Encontro de 2 mar. 2013. Como mencionado no Prólogo, tentei entrar em contato várias vezes pelo telefone com o padre Capoccia em 16 e 17 de julho e em 22 de setembro de 2012 para solicitar-lhe um encontro. Embora tendo conversado longamente comigo ao telefone (divagando sore sua função de capelão na penitenciária, mas evitando qualquer pergunta direta sobre Gaspare Spatuzza, e expressando inclusive o temor de que eu pudesse estar gravando nosso telefonema), excluiu qualquer possibilidade de uma entrevista. Alegou a necessidade de discrição acerca de uma história que não lhe pertencia. Redimensionou o seu desempenho na trajetória da conversão religiosa de Spatuzza. E, enfim, declarou não apreciar as posições de uma Igreja que grita contra a Máfia, ao invés de pregar o Evangelho.

era Páscoa, e nessa ocasião Gaspare Spatuzza pôde conhecer o capelão do cárcere.[50]

Se o padre Capoccia é o confessor a quem ele revelará verdades parciais, dom Massimiliano De Simone é o amigo com quem abre o próprio coração, sem, porém, jamais chegar a uma confissão religiosa formal. Seu relacionamento, imediatamente marcado pela confiança e intimidade, está destinado, entretanto, a uma brusca interrupção.

Com ele – talvez, inclusive, pela juventude e pelos modos diretos e abertos do sacerdote – instaura-se imediatamente uma relação de confiança. Dom Massimiliano, que, porém, já havia se documentado sobre o perfil criminal daquele detento sob o regime do 41-*bis* que lhe solicitara uma entrevista,[51] rapidamente entra em sintonia com seu interlocutor, e – embora entrando em contato com um mundo totalmente novo para ele – sente uma proximidade singular. De seu lado, também Spatuzza se vê inteiramente à vontade.

Assim, os encontros se intensificam, tornando-se quase diários:

> Os encontros com Gaspare Spatuzza ocorriam quase todos os dias, cada um com uma duração diferente – conta o sacerdote –, pois ele tinha inúmeras coisas a me contar.[52]

Seus encontros são tão constantes que dom Massimiliano tem a sensação de que – para além do conforto religioso – Spatuz-

50 DIA – Centro operacional de Florença, Massacres de Florença, Roma, Milão 1993-1994, Al.3, folha 2.

51 Quando, durante a entrevista com dom Massimiliano, perguntei qual era seu grau de conhecimento dos crimes cometidos por Spatuzza na primeira vez que o encontrara, respondeu: "Quando ele disse seu nome e sobrenome fui procurar na internet... É óbvio que não se falava de tudo aquilo que se fala atualmente, porém, de qualquer forma, condenado por... já tinha condenações definitivas e aí entendi a dimensão... entendi que não era um simples participante do baixo escalão da Máfia... mas tinha um papel de destaque" (Entrevista com dom Massimiliano De Simone, 28 set. 2012).

52 DIA – Centro operacional de Florença, Massacres de Florença, Roma, Milão 1993-1994, Al.3, folha 2.

za utilize essas conversações para aperfeiçoar a reconstrução dos eventos criminais nos quais se envolveu, e que se prepara para relatá-los aos magistrados durante a já iminente colaboração:

> Nas primeiras vezes, eu me dizia: "Não sei se ele está me usando pra repassar as coisas...". Bem, eu falava comigo mesmo... porque ele demonstrava muita disposição pra me contar... [...] o que ele havia feito, o que o atormentava...[53]

E ainda:

> Spatuzza parecia sempre muito abatido e esgotado antes de me encontrar, sobretudo quando não tínhamos nos encontrado por alguns dias. Foi justamente essa sua vontade de querer contar toda a sua verdade sobre os crimes a respeito dos quais ele sabia que o levava a retomar esses fatos comigo, tentando se lembrar de forma meticulosa o máximo possível de detalhes, tendo consciência do fato de que essa sua verdade seria objeto de verificação por parte dos órgãos investigadores, que, ele esperava, pusessem em curso novos inquéritos para revelar a verdade. Sobre o atentado de Via D'Amelio, contou-me que queria antes recuperar todas as imagens possíveis tiradas dos jornais pra poder encarar um confronto com aquele que havia confessado ter roubado o Fiat 126 usado pro atentado, o qual ele afirmava estar dizendo falsidades.[54]

Spatuzza confidencia a dom Massimiliano detalhes importantes que chegam a tocar também o relacionamento entre a Máfia e a política. Relata suas dificuldades para percorrer a via da colaboração com a Justiça que o levaria inevitavelmente a descobrir os inúmeros erros cometidos pelos magistrados, e por seus colegas réus envolvidos nos processos pelo atentado de Via D'Amelio:

---

53 De minha entrevista com dom Massimiliano De Simone, 28 set. 2012.

54 DIA – Centro operacional de Florença, Massacres de Florença, Roma, Milão 1993-1994, Al.3, folha 3-4.

> Pois eu lhe explicava que minha situação era muito complexa. [...] ... explicava: "Mas você percebe que aqui estamos mexendo com... assuntos sobre a magistratura e também tem umas correntes políticas".[55]

Confia-lhe também emoções e sentimentos que dom Massimiliano defende de qualquer forma de publicidade, recusando-se a falar deles aos investigadores, durante o interrogatório.

Quando, depois, durante nosso encontro, relembra sua cautela, compara-a à intimidade requerida por uma história de amor, revelando a saudade por um relacionamento profundo que – a despeito de sua interrupção repentina – ele não considera esgotado:

> [...] suas emoções, suas coisas... permanecem suas, ou nossas, se ele quis compartilhá-las comigo. É como, pra dar uma ideia, é como a história de amor entre duas pessoas. Existem coisas que... Muitas vezes, nos casamentos, digo... que estão lá os fotógrafos e as câmeras de TV, prontos pra registrar o momento do matrimônio... Mas existem coisas que nenhuma gravação jamais vai conseguir mostrar e existem coisas íntimas entre duas pessoas que podem estar escondidas numa lágrima, num olhar, num abraço. Porém, no íntimo há tanta história. E assim foi a história de confiança que ocorreu entre mim e Spatuzza. Tantas coisas, tantas emoções – que podem até ser as minhas emoções – porém... permanecem só nossas.[56]

A intimidade de seu relacionamento tem a oportunidade de se fortalecer quando – após finalmente decidir iniciar a via da colaboração e tê-lo comunicado à família – Gaspare Spatuzza se depara com uma muralha de hostilidade, desacordo e oposição. Passar para o lado do Estado é ainda mais doloroso: exige o sacrifício de seus mais queridos afetos, apresentando a

55 Transcrição verbal de 29 jun. 2009, em *Io accuso*, 2010, p.222.
56 De minha entrevista com dom Massimiliano De Simone, 28 set. 2012.

perspectiva de uma solidão ainda maior e provocando muitos momentos de desalento. Nessas ocasiões, dom Massimiliano está sempre próximo:

> Através dos encontros e conversas, no momento de maior aflição, eu o apoiava, encorajando-o a continuar cultivando a vontade de colaborar com as autoridades. Eu o apoiei muito por ocasião do rompimento com a família, que ocorreu depois que sua colaboração com a Justiça se tornou oficial. Lembro-me de que, desde o início, nas suas cartas que enviava, ele tinha informado à família sobre essas intenções. Fui nomeado seu tutor em dezembro de 2008, pois ele, então, confiava apenas em mim.[57]

A nomeação como tutor é um ato de grande confiança. Amparada pelo fato de que o sacerdote já conhece muitos antecedentes da vida de Spatuzza, a escolha possui um alto valor simbólico. Dom Massimiliano sabe disso e desempenha o novo papel com uma mistura de satisfação e senso de responsabilidade:

> Ele me escolheu como tutor porque... muitas vezes, quando eu me atrasava – porque não é que podia ir sempre – e ele, na mesma hora: "me abandonou", pra ele era importante... A escolha como tutor... eu praticamente conheço sua história. É provável que ele tivesse tido dificuldade, naquele momento, que era um momento especial da sua vida, de contar outras coisas a uma outra pessoa. Porque, de qualquer modo, um tutor tem que conhecer algumas coisas, um tutor deve saber... o tutor é quem deveria gerir tudo o que ele perdeu... daí me lembro também do filho, que se tornou maior de idade bem naquela época... Pois, enquanto ele era menor, eu não podia tentar entrar em contato com ele... apenas falei com ele pelo telefone... mas ele não quis ouvir nada... [...]

57 DIA – Centro operacional de Florença, Massacres de Florença, Roma, Milão 1993-1994, Al.3, folha 3. Após revogar a designação da mulher, Rosalia Mazzola, Gaspare Spatuzza pede que dom Massimiliano De Simone seja nomeado seu tutor; este assume o encargo a partir de 5 de dezembro de 2008.

> Digamos que senti pela primeira vez a importância de ser um tutor. Porque eu já era tutor de diversos detentos. [...]. Porém, no seu caso específico, foi diferente [...]. Ele me dizia: "se for difícil pra você, se você acha que possa colocá-lo em dificuldades"... dava muita atenção a essas coisas..., "porém eu ficaria contente", me disse, "se você pudesse ser meu tutor" [...]. Sim, ele confiava em mim...[58]

É um momento idílico em seu relacionamento. Referindo-se àquela época, Spatuzza confiou aos magistrados:

> Então, quando eu via essa figura do capelão, de dom Massimiliano, para além da esfera religiosa, eu via meu pai, minha mãe.[59]

A expressão usada trai um pensamento não exprimido e evoca associações que se expõem a múltiplas leituras. Spatuzza várias vezes usou a mesma expressão, "eu o considerava meu pai", com relação a Giuseppe e Filippo Graviano. Aponto o fato a dom Massimiliano, que oferece sua interpretação pessoal:

> Também notei isso... ele, muito provavelmente, via o pai dos irmãos Graviano – mais que os próprios irmãos – ... deve a ele o fato de não ter crescido totalmente nas ruas, porque, de qualquer modo, Brancaccio sempre foi um dos bairros mais pobres de Palermo [...]. Daí, na minha opinião, o fato de ele não ter tido uma linguagem muito correta. Ele queria dizer que, no nível criminal ele o renegava, tanto é verdade que inclusive tiveram um confronto, no qual ele disse: "Mas como você não se lembra?"... Ele disse: "Não me esqueço do bem que me fizeram pessoalmente"... Não conheço bem os detalhes... porque eles devem ter-lhe feito muita coisa boa... então ele provavelmente o considerava uma figura paterna... Porém, eu acho que ele se explicou mal... escreveram...

58 De minha entrevista com dom Massimiliano De Simone, 28 set. 2012.
59 Transcrição verbal de 29 jun. 2009, em *Io accuso*, 2010, p.223.

> porque muitas vezes, o que o Spatuzza diz é interpretado... Justamente pelos problemas de linguagem. Porque, quando se escreve, temos tempo de refletir e assim, de não cair em paradoxos, porém às vezes, falando, se verbaliza assim como a coisa foi dita... Porém, na minha opinião, o assunto era outro... "Não posso fingir que não houve... o bem que me fizeram... Porém, aqui começamos a falar sobre outra coisa..." Tanto é verdade que Spatuzza inclusive os convidou a se arrependerem.[60]

Quaisquer que sejam os motivos pelos quais ele utilizou a mesma expressão para assinalar sua proximidade, ora com os antigos chefes, ora com o novo tutor, resta o fato de que – a despeito dos laços estreitos instaurados com dom Massimiliano – Spatuzza jamais pediu para que ele o confessasse, mas, desde o primeiro encontro, pediu a intermediação do jovem sacerdote para se encontrar com o bispo e receber os sacramentos da unção aos enfermos e da confissão:

> Em 20 de março de 2008, assim que cheguei a L'Aquila, pedi pra falar com o capelão e lhe disse que queria fazer uma confissão total. Eu tinha lido, durante meus estudos teológicos, que em casos de crimes graves como o meu, era necessária também a unção dos enfermos e a solicitei. Trata-se do sacramento que é subministrado aos doentes, para que retomem suas forças. Eu desejava, pela primeira vez, uma confissão total.
>
> Pedi pra poder me confessar com o bispo porque, pra pecados graves assim, a Igreja prevê o recurso a interlocutores mais fortes e com maior autoridade. Eu precisava dele. Encontrei-o pela primeira vez na Páscoa. Depois, decidi escrever uma carta à Igreja...[61]

Interrogado sobre a mesma questão pelos funcionários da DIA, dom Massimiliano responde:

60 De minha entrevista com dom Massimiliano De Simone, 28 set. 2012.
61 Encontro de 2 mar. 2013.

> Devo informar que jamais confessei Spatuzza e que esse sacramento lhe foi oficiado apenas pelo bispo de L'Aquila, por ocasião do Natal de 2008. Não queria ser confessado por considerar que eu fosse pra ele principalmente um pai espiritual, e não por causa da hierarquia. Assim, tudo o que ele me revelou foi durante conversas normais entre mim e ele.[62]

Curiosa, volto ao assunto e pergunto a dom Massimiliano se ele ficara surpreso pela escolha de Spatuzza. Nessa ocasião, o sacerdote também não manifesta qualquer espanto, salientando a proximidade com Spatuzza, apesar de, e talvez até graças ao fato de que ele não o tenha confessado:

> Ele quis fazer a primeira confissão com o bispo... [...] porque, bem, o simbolismo permanece nessas pessoas... pedir pra ser quase reintegrado oficialmente dentro da Igreja... quase pedir, através de um dos membros mais altos das hierarquias da Igreja, o perdão à Igreja, o perdão a Deus e a reintegração ao tecido da Igreja... [...]. Sinceramente eu o agradeço por várias coisas, pois... se ele tivesse se confessado comigo [...] ... eu não teria dado nenhuma entrevista... porque, bem, recordar depois de tanto tempo o que foi dito na confissão e o que não foi... Há coisas que ele me disse em confissão, mas que também comentou em segredo... que jamais contarei... [...] porque são coisas íntimas, íntimas demais, coisas pessoais e me pareceria traí-lo, no que ele me contou... são coisas íntimas, passagens da sua transformação, das suas coisas, das suas muitas fraquezas, porque enfim, se alguém for capaz de se colocar, nu, diante de Deus, corre o risco de se esconder como fez Adão... esconder-se, porque se sente nu, verdadeiramente se envergonha de tudo.[63]

O relacionamento com dom Massimiliano, tão intenso e pessoal, sofre uma interrupção drástica quando – algum tempo

---

62 DIA – Centro operacional de Florença, Massacres de Florença, Roma, Milão 1993-1994, Al.3, folha 2.

63 De minha entrevista com dom Massimiliano De Simone, 28 set. 2012.

após o interrogatório no qual Spatuzza mencionou pela primeira vez os nomes de Dell'Utri e de Berlusconi –, em 27 de novembro de 2009, o *Corriere della Sera* publica um artigo, assinado por Giovanni Bianconi, que cita algumas declarações do sacerdote.

Em seguida, Spatuzza retira a nomeação a tutor de dom Massimiliano, que, nesse meio-tempo, precisou abandonar "por razões de segurança" sua função de capelão do cárcere.

É difícil esclarecer os motivos dessa ruptura, pois as opiniões divergem e os dois interlocutores não gostam de falar sobre ela. Spatuzza, após ter insinuado se sentir traído pelas declarações do sacerdote, me diz explicitamente que não deseja aprofundar o assunto e – durante a revisão da entrevista – apaga as poucas referências ao incidente. Dom Massimiliano, por sua vez, interpreta a revogação de Spatuzza como uma forma de protegê-lo, relacionando-a ao abandono da função de capelão no cárcere de L'Aquila. Quanto a essa divergência nas versões dos fatos e do vivido, podemos somente nos limitar a oferecer um testemunho, escutando a versão de dom Massimiliano, a única que deixou alguns traços em uma gravação:

> Deixei o cárcere porque perdi a confiança dos outros detentos. A história de Spatuzza depois saiu nos jornais... [...] porque os outros do 41-*bis*... [...] porque, para eles, Spatuzza era um infame... porque falava... Então se esse foi o instrumento, porque Spatuzza afirmou tranquilamente que eu o auxiliei nessa opção, então eles não me viam mais com os mesmos olhos de... Eles já são desconfiados, entre eles... os pedidos de encontros caíram de forma assustadora, ninguém mais fazia pedidos e me lembro de que, em algumas celebrações, alguns exigiam ficar fechados, blindados [...]. Depois do caso de Spatuzza, não havia mais razão pra eu continuar ali, pois não podia mais me movimentar, não me escutavam, não me queriam mais... [...]. O tutor teria que encontrá-lo fora do cárcere também... e isso era mais um elemento que, se alguém o procurasse, o tutor devia ir... Estes deviam ter tempo e paciência para fazer isso [...]. E, já que ele era um ótimo espião quando vivia na organização, era um daqueles que, prati-

> camente, desentocava todos os colaboradores de justiça em todas as direções, então ele conhecia seus métodos, e ele fez o que fez pra me proteger.[64]

As explicações de dom Massimiliano se contrapõem ao silêncio de Spatuzza. E, enquanto percebo que, das inúmeras conversas com o colaborador, as referências a dom Massimiliano – as que escaparam dos cortes – limitam-se a duas ou três menções, a entrevista com o sacerdote é longa e cheia de insinuações. Comigo, dom Massimiliano é generoso com as lembranças, embora não esconda uma certa desconfiança: "Quando a senhora me telefonou, a primeira coisa que fiz foi pesquisar na internet, coloquei seu nome e sobrenome e vi tudo quanto...", me diz, após me receber com muita gentileza na casa da irmã. E quando, antes de me despedir, pergunto-lhe como ele se sentiu durante o interrogatório com os agentes da DIA, responde-me:

> [...] quando eu falo com a senhora, posso lhe dizer: não vou responder a isso, não e não. Lá, porém, às vezes eles nos forçam. Ou melhor, agora não tenho dificuldades... nem vou ler suas anotações. Um dia escreverá e se disser algo ao contrário do que eu lhe disse, não terei problemas em desmenti-la. Lá não... é uma tarefa e tanto...[65]

Observo-lhe que o fato de eu estar gravando nosso diálogo é uma garantia para mim e para ele. Dom Massimiliano olha-me, sério, e seguindo seu discurso, continua:

> Se amanhã eu ler um artigo seu ou qualquer coisa e achar que não foi aquilo que eu disse, há uma forma de desmentir... Mas não é possível poder desmentir com a mesma facilidade a DIA ou algo assim [...] ... Ficamos muitas horas lá, falando... mas só mesmo

64 Id.
65 Id.

> pros relatórios verbais [...]... No final, não é que eu possa dizer outra coisa. Posso te falar apenas sob o aspecto espiritual daquela pessoa. Eu não entro no mérito, por todo o resto, veja só. Se, depois me perguntar se eu acho que a conversão é autêntica, eu afirmo que sim. Me pergunta se seguiu um caminho... digo que sim. Mas sobre muitas outras coisas, eu respondi "não posso dizer". Coisas um tanto íntimas... "se ele quiser, ele conta a vocês. Já que ele é um colaborador, conta ele". Eu não senti tê-lo traído... com o coração. Porque a pessoa que confia num sacerdote... Ao sacerdote você realmente entrega sua alma e são coisas que é bom que persistam.[66]

4.3. A confissão "total" com o bispo de L'Aquila

> Sou Gaspare Spatuzza, aquele Gaspare Spatuzza que foi o autor de tantos, tantos crimes: primeiramente contra Deus e, depois, contra todos os homens. Por tudo isso estou cumprindo a pena de prisão perpétua. Sei que jamais será o bastante pra compensar quem não está mais vivo, as muitas famílias que perderam seus caros e toda essa sociedade civil que foi tão ultrajada e ofendida.[67]

Assim começa a carta que Gaspare Spatuzza escreveu em 7 de novembro de 2008, enviando-a a dom Massimiliano De Simone para que a entregasse ao monsenhor Giuseppe Molinari, bispo de L'Aquila na época, que Spatuzza conhecera logo após a sua chegada ao cárcere, em um primeiro e fugaz encontro, durante as celebrações pascais:

> Se eu pudesse, voltaria atrás – continua a missiva – para mudar, lá onde minhas escolhas me levaram a errar e cometer todo, todo esse mal. Infelizmente isso não é possível, mas posso contar com o presente, e assim decidi passar para o lado do Estado. Há alguns meses estou colaborando com a Justiça. [...]

---

66 Id.

67 DIA – Centro operacional de Florença, Massacres de Florença, Roma, Milão 1993-1994, Al.5-ter.

> Dito isso, gostaria de falar que há oito anos estou percorrendo esse belo percurso espiritual, que eu compararia ao Êxodo que vai em direção à Terra Prometida. [...] Agora, meu maior desejo é pedir perdão e me reconciliar com Deus, a Santa Igreja e com todos os meus próximos. [...] Através do sacramento da penitência, pra renovar o ato do batismo.[68]

Ao encontrar o bispo de L'Aquila pela primeira vez, Gaspare Spatuzza está prestes a formalizar sua colaboração com a autoridade judiciária. Trata-se de uma visita rápida, intermediada por dom Massimiliano De Simone, o qual, aproveitando-se de sua presença na prisão durante as celebrações da Páscoa de 2008, faz que o alto prelado se encontre com o detento por alguns minutos. Trata-se de um intercâmbio intenso, como lembra dom Massimiliano:

> [...] eu não contei tudo a ele... pois eu teria criado um... teria representado uma pessoa... o bispo devia conhecê-lo tal como ele era então. Porque, se eu dissesse "olha que se trata de..." ... ele ficaria prevenido... teria partido dos preconceitos... Eles se encontram – só por alguns minutos – e depois... o que sei é que o bispo o abraçou. [...] E ele, talvez, sentiu ali o próprio abraço da Igreja, mais do que o abraço de Giuseppe Molinari como homem, ou como bispo. Foram vários elementos... na minha opinião, era o momento perfeito...[69]

A partir desse primeiro contato, Spatuzza tem a oportunidade de meditar e refletir. O processo de colaboração é oficializado no final de junho; é o momento certo para pensar em formalizar também seu percurso paralelo de fé. Isso acontece quando, em 7 de novembro de 2008, o ex-chefe de *mandamento* decide escrever uma carta ao monsenhor Molinari na qual, após admitir suas responsabilidades e informar o bispo acerca do pro-

68 Ibid.
69 De minha entrevista com dom Massimiliano De Simone, 28 set. 2012.

cesso de colaboração acertado com a Justiça italiana, comunica-lhe seu arrependimento, a dor pelos crimes cometidos e solicita uma reconciliação formal com a Igreja, através dos sacramentos da unção aos enfermos e da confissão, a qual ele deseja que seja ministrada pelo próprio bispo:

> [...] fizemos a confissão total, a carta que... a carta que enviei à Igreja [...]. E por isso, o bispo da cidade de L'Aquila veio justo, de propósito pra mim, pela minha situação, ao cárcere de L'Aquila. [...]. Porque eu pretendia seguir o caminho judiciário com o Estado, mas também o caminho com a Igreja. Assim, eu solicitei, graças à direção, assim o bispo de L'Aquila veio. [...]. Contei-lhe minhas questões, e solicitei nesta carta... em parte, pedi perdão por tudo aquilo que fiz, e pedi pra ser incluído novamente na graça divina, pela confissão e pela unção aos enfermos, o que foi realizado aqui na prisão.[70]

> Escrevi-a uma noite, quando estava em Ribibbia. Escrevi a carta de uma só vez e a enviei na mesma hora ao bispo. Finalmente aconteceu o encontro com ele. Foi muito emocionante. Não tinha tido ainda a honra de encontrar Deus em pessoa, mesmo que eu já o tivesse encontrado em espírito. De modo inesperado pra mim, a confissão se mostrou extremamente libertadora.[71]

70 Transcrição verbal de 29 jun. 2009, em *Io accuso*, 2010, p.222-3.

71 Encontro de 2 mar. 2013. Quando perguntei a dom Massimiliano se ele havia ajudado Gaspare Spatuzza a redigir a carta para o bispo, e se a missiva teria sido, de algum modo, verificada pela Cúria antes da confissão, ele respondeu: "Não, não, não. Ele a escreveu. [...] nem ao menos corrigi os erros. Ele me dizia: 'Corrija meus erros' e eu respondia: 'Não, deve mandá-la do jeito que está', ele falava de erros de ortografia... [...] Se a senhora tiver a oportunidade de encontrá-lo, irá perceber que é uma pessoa inteligente e concreta. Ele se demonstrou concreto para o mal e penso que o seja também para o bem. Até porque, nós, nesta vida, temos um grande potencial: de nos transformarmos em grandes criminosos ou em grandes santos. Ele, na primeira parte da sua vida, usou um dos lados do seu potencial, agora esperemos que ele use a outra parte" (Entrevista com dom Massimiliano De Simone, 28 set. 2012).

Finalmente o encontro acontece. Um encontro durante o qual Spatuzza decide fazer sua primeira confissão "total", sobre a qual, com muita discrição, me deixa intuir o clima, contando-me um detalhe tocante:

> Devo dizer que, além da carta – que está anexada aos atos processuais – antes da confissão, redigi uma lista com os nomes de todas as pessoas em cuja morte eu estive, direta ou indiretamente, envolvido. E durante a confissão – que durou muito tempo – os nomes dessa lista foram lidos um por um e nós paramos pra rezar por cada um deles...[72]

Um momento emocionante, portanto, para Gaspare Spatuzza, com certeza, mas um momento particularmente intenso também para o monsenhor Molinari, que, ao final da confissão – segundo a reconstituição do ex-homem de honra – o abraça e lhe agradece:

> Há uma bela passagem do Evangelho na qual se fala do que acontece no Paraíso quando um filho volta à casa... Bem, o bispo no final me abraçou e me agradeceu pelo que eu havia feito. Num certo sentido esse encontro, pra ele também, constituía algo de especial. Encontrava em mim aquele que no seu passado encarnava o semblante de Satanás, pela crueldade dos atos cometidos. Por isso o capelão que trabalhava no cárcere agradeceu.[73]

Quanto aos contatos entre Gaspare Spatuzza e o monsenhor Molinari, além do breve relato aqui reconstruído, não ficou muito mais. O pouco que resta nem sempre é preciso. Ao reconstituir os traços de seus colóquios através do documento redigido pela DIA, os encontros na prisão devem ter sido três: dois em situações "comuns" (Páscoa e Natal), e um em uma

---

72 Encontro de 2 mar. 2013.

73 Id.

situação "extraordinária", quando o bispo foi até Spatuzza para confessá-lo pela segunda vez, em fevereiro de 2009:[74]

> O alto prelado – lê-se numa anotação sobre a atividade da polícia judiciária, redigida em 13 de julho de 2009 – confirmou ter encontrado o citado Spatuzza em dezembro do ano de 2008 junto à Casa de Detenção de L'Aquila, após receber destes uma carta por intermédio da direção do instituto penal. Na ocasião do segundo encontro, ocorrido em fevereiro deste ano, o Mons. Molinari afirmou ter constatado em Spatuzza um sincero arrependimento pela conduta negativa mantida durante a vida pregressa, aproximando-se do sacramento da confissão justamente naquelas circunstâncias.[75]

Três encontros, duas confissões e duas cartas, ao todo.

Após os três encontros na prisão e depois da primeira carta, em 7 de maio de 2009, Gaspare Spatuzza, que nesse ínterim fora transferido para outra localidade, por causa do terremoto que atingiu L'Aquila, volta a escrever – por intermédio do dr. Scarsella – ao monsenhor Molinari. Nesta última epístola, pede notícias da cidade, testemunha de seu "renascimento espiritual"; cidade à qual se declarou "profundamente ligado", mostrando-se triste pelo terremoto que a atingira; agradece mais uma vez ao alto prelado o seu auxílio no caminho da conversão; e após ter

74 Nas declarações prestadas pelo diretor do cárcere de L'Aquila, dr. Tullio Scarsella, sobre as datas de entrada do monsenhor Molinari no instituto carcerário em questão, lê-se: "A tal propósito referiu que o alto prelado, além das visitas ordinárias feitas durante a Páscoa e no Natal, como é tradição, fez outra na qual encontrou pessoalmente Spatuzza, para confessá-lo. Após consultar suas atas, o dr. Scarsella informou que o bispo o visitou em 7 de novembro de 2008, confessando-o nessa ocasião" (DIA – Centro Operacional de Florença, Massacres de Florença, Roma, Milão 1993-1994, Al.5-quater). Na realidade, em outra parte do documento (Al.4) afirma-se – de modo mais plausível – que o monsenhor Molinari fora à prisão para confessar Gaspare Spatuzza pela primeira vez não em 7 de novembro (dia em que foi enviada a carta discutida acima), mas nas proximidades das festas de Natal, em 19 de dezembro de 2008.

75 Ibid., Al.5.

acenado à sua solidão, conclui dando um "forte, forte" abraço ao bispo e assinando com o nome de Paolo Gaspare:

> À Sua Excelência Giuseppe Molinari,
> Arcebispo de L'Aquila
>
> Sou Paolo Gaspare, e poder dar o bom-dia a S. E. me enche o coração de alegria. Espero muito mesmo que a presente O encontre em ótima saúde com o Ânimo sereno.
>
> Mesmo que, graças à algumas de Suas aparições na TV me permitissem constatar que o senhor não foi atingido diretamente, mas posso imaginar Seu sofrimento diante desse evento desastroso.
>
> Desejava muito mesmo enviar a S. E. minhas lembranças [...] para expressar minha profunda dor. [...]. Se ontem havia algo de muito importante ligando-me a esta Cidade de L'Aquila – meu renascimento espiritual –, hoje posso afirmar, com o coração nas mãos, que estou profundamente ligado à mesma. [...]
>
> Informo-Lhe que estou bem. Quanto à minha situação judiciária [...] enfim foi reconhecida minha Honestidade, em minhas declarações. Mesmo que por tudo isso eu esteja pagando um preço muito, muito alto. A perda dos afetos mais Caros: Minha família [...].
>
> Não disse que por enquanto estou em Roma Rebibbia. Aqui também estou bem, mas, como posso assegurar, meu Coração permanece em L'Aquila, à qual espero poder retornar o mais breve possível.
>
> Dito isso, resta-me apenas cumprimentá-lo e me recomendar às Suas orações.
>
> Com tanto Afeto e Bem, O abraço forte, forte.
>
> Paolo Gaspare,
> Roma 7 de maio de 2009.[76]

76 Ibid., Al.5. A circunstância pela qual Gaspare Spatuzza acrescenta ao seu nome o de Paolo de Tarso surpreende o bispo, que a menciona explicitamente em seu depoimento diante dos funcionários da DIA. Dom Massimiliano De Simone oferece uma interpretação pessoal: "Paulo foi um perseguidor da Igreja... Paulo matou... o primeiro mártir da Igreja, santo Estevão, foi

Depois de maio de 2009, não há mais sinal de outros contatos ou encontros. No que lhe diz respeito, o monsenhor Molinari deseja manter o mais rigoroso sigilo, expressando sua decepção sempre que seu nome é mencionado nos jornais, por seus encontros com Spatuzza. Decepção que se transforma em irritação quando – a partir de junho de 2009 – o colaborador cita os nomes de Silvio Berlusconi e Marcello Dell'Utri.[77]

De sua parte, Spatuzza parece considerar sua relação com o bispo uma intensa experiência do passado, a ser vista com gratidão e da qual se deve reconhecer o elevado significado simbólico, ligado à importante função desempenhada pelo prelado nas hierarquias religiosas. Parece voltar-se sem arrependimentos, agora que encontrou, dentro da Igreja, novos interlocutores, aos quais confiar, com ímpeto renovado, as fases sucessivas de seu percurso espiritual:

> Tive outros encontros com outros ministros da Igreja. Hoje, seguindo meu caminho de fé, existem novas figuras, importantes; diversos membros da Igreja que me assistem nesse difícil percurso. Pessoas que me escreveram e que eu tive a oportunidade de conhecer e estimar. Mas não quero citar seus nomes. Não porque elas não queiram. Eu é que não quero revelar seus nomes para evitar sua exposição. [...]
>
> De resto, voltando ao assunto da confiança, não é preciso um diploma em psicologia pra entender que se está diante... Basta verificar se existe respeito pelo homem.

---

pelas mãos de Paulo. Paulo, ao perseguir os cristãos, no caminho caiu do cavalo na estrada de Damasco. A história de Paulo é fascinante. Ele a estudou, a leu com atenção... por isso assina Paolo" (Entrevista com dom Massimiliano De Simone, 28 set. 2012).

77 Em 17 de dezembro de 2009, *Apocalisse Laica* (Apocalipse Leiga) republicou uma notícia (de uma matéria publicada um dia antes pelo *Corriere della Sera*) que soa como uma tentativa de distanciamento do bispo quanto ao clamor suscitado pelas declarações de Spatuzza aos juízes e pelos vazamentos sobre a sua conversão (disponível em: <http://apocalisselaica.net/>; acesso em: 7 dez. 2009).

Belíssimo é o encontro que não é movido por um interesse pessoal específico. Estes são os encontros que me gratificam imensamente. Estou honrado de ter a amizade deles.[78]

5. A FÉ REENCONTRADA

O encontro com os três sacerdotes interliga um processo de aprofundamento das Sagradas Escrituras que levará Gaspare Spatuzza a considerar de forma crítica o uso da religião pelo contexto mafioso. É um modo totalmente singular de conceber a própria essência de ser um cristão:

> Um dia, discutindo sobre religião com Giuseppe Lucchese, ele me disse: "Eu e a fé somos como marido e mulher, dormimos em dois quartos diferentes". [...]
>
> Giuseppe Guttadauro me disse outra coisa também a respeito, quando em relação aos meus estudos de teologia me disse: "Asparinieddù, *iamuci lieggio*".[79] Com o sentido de eu não me entregar totalmente à fé. Isso diz muito sobre o que é a religião, especificamente a cristã, dentro da Cosa Nostra...[80]

Um longo processo de conversão é relatado como uma ruptura profunda, um momento decisivo que produz não apenas uma transformação em sua identidade (presente e futura), mas oferece também uma lente nova através da qual voltar a olhar

78 Encontro de 2 mar. 2013. Eu desejaria ter falado pessoalmente com o bispo Giuseppe Molinari, para esclarecer alguns pontos obscuros e registrar suas impressões. Procurei-o insistentemente, inclusive recorrendo a um amigo bispo, para tranquilizá-lo acerca das finalidades científicas de meu interesse. Consegui apenas falar pelo telefone com ele em 18 de julho de 2012. Foi uma conversa breve – suave no tom, mas muito concisa quanto ao conteúdo – durante a qual, decidida e firmemente, o monsenhor Molinari recusou qualquer possibilidade de um encontro.

79 Em dialeto siciliano no original. Tem o significado aproximadamente de "vai devagar", porém no sentido de nosso coloquial "pega leve". (N. T.)

80 Encontro de 2 mar. 2013.

e reinterpretar o próprio passado, mediante diversas categorias analíticas.[81]

Após alguns encontros, durante os quais havíamos tocado o tema várias vezes, quando lhe peço explicitamente para falar-me sobre seu relacionamento renovado com a fé, Spatuzza me corrige:

> Você me perguntou sobre a fé reencontrada. Devo dizer que não a reencontrei, pois aquele tipo de princípios que meu ser reconhecia não representava o verdadeiro cristianismo em sua plenitude. Assim, seria mais correto dizer que a fé, eu a encontrei.
>
> Posso contar o que agora sou hoje: um homem que ama a justiça e que soube reconhecer os próprios erros e está oferecendo sua colaboração à Justiça. Essa é uma parte, não que conduz, mas consequencial, da procura de Deus; análise que me levará a encontrar o homem. Quero citar uma reflexão que apreendi numa das tantas leituras que faço cotidianamente: "A lembrança do passado pessoal serve ao cristão apenas pra sublinhar ainda mais a alcançada *reconciliação* com Deus em Cristo e, portanto, pra enraizar-se cada vez mais na fé, que desde agora faz que nos unamos a Ele, e na esperança que nos impulsiona cada vez mais pra frente".[82]

Em seguida, quase como se notasse um lampejo de incredulidade em meus olhos, acrescenta:

> Percebo que esse tipo de linguagem pode parecer incongruente na boca de quem representava o mal absoluto. Às vezes, faço de tudo para não falar de temas tão profundos com pessoas que

81 Trata-se de um processo que segue um esquema já conhecido na literatura (Brockmeir, 2001; Bonica; Cardano, 2008; Hervieu-Léger, 1999; Stromberg, 1990). Em particular, Brockmeir (2001) fala de "teologia retrospectiva", referindo-se àquelas histórias que, adotando uma perspectiva circular do tempo, releem o passado através do presente, selecionando os episódios aí relevantes com base na nova condição alcançada.

82 Encontro de 2 mar. 2013.

não conhecem meu jeito de ser; por isso, prefiro que sejam eles a falarem de mim. Ou melhor, aproveito a ocasião pra dizer que você não ouvirá mais falar sobre mim em primeira pessoa, pois não quero dar outras entrevistas, se assim podemos descrever este nosso encontro.[83]

Guardo comigo minhas dúvidas e volto, em minha memória, alguns meses atrás. Recupero seus relatos de "antes", sobre o período anterior à conversão, quando ele considerava compatível ser "cristão", mesmo sendo um homem de honra, ou seja, um mafioso.

Diante dessa situação que hoje ele não considera mais aceitável, Spatuzza explica como, na época, tudo parecia absolutamente "normal":

> Antes eu era cristão, mas o que significava ser cristão... Eu nem sequer me perguntava isso. Mas me sentia cristão. Hoje percebo que é uma pura blasfêmia declarar-se cristão e praticar ações de opressão contra seu próximo, pra não falar daquilo que é definido o maior pecado: dar fim à vida de um ser humano. [...]
>
> Uma vez, enquanto estava foragido e hospedado com minha mulher na casa de outras pessoas, antes de começar a comer fiz o sinal da cruz, e notei que esse meu gesto criou bastante estupor entre meus anfitriões, que conheciam minha verdadeira identidade. Eu mesmo me espantei: mas que será que eles imaginavam de mim... Por que achavam estranho que eu fizesse o sinal da cruz antes de começar a comer? Hoje, porém, compreendo que era uma insensatez aquele sinal da cruz feito por aquela pessoa que eu era naquele momento, isto é, o mal absoluto![84]

83 Id.

84 Encontro de 24 nov. 2012. Até mesmo a entonação e as expressões, à primeira vista enfáticos, utilizados por Spatuzza, estão alinhados com a tradição dos "relatos de conversão": "Como nota Hervieu-Léger (1999), os relatos de conversão apresentam uma estrutura recorrente e estereotípica, que opõe um *antes* trágico (ou crítico, medíocre etc.) a um *depois* caracterizado pela plenitude de sentido" (Pannofino, 2008, p.286).

Portanto, levando-me para dentro daquela que eu mesma defini uma "religião subvertida", Spatuzza fala do relacionamento singular de Matteo Messina Denaro com a fé perdida, argumento do qual me ocupei em um dos volumes que havia lhe presenteado e que ele demonstra ter lido com muita atenção (Dino, 2008; 2011):[85]

> Como já havia lhe dito, várias vezes, não leio livros que tratam de temas sobre a Máfia, mas o seu, já que você me deu de presente, eu li. Você descreveu bem a figura de Matteo Messina Denaro em seu livro *Os últimos chefões*. Em especial, nos últimos capítulos que tratam justamente da sua ascensão na Cosa Nostra.
>
> Fiquei particularmente interessado pelo último capítulo do seu livro, no qual se fala da religiosidade – ou melhor, da perda da fé – por parte de Matteo Messina Denaro. Acho que posso compartilhar as reflexões que Matteo Messina Denaro dedicou ao tema da religião. Eu mesmo vivi uma experiência emocionalmente muito forte e muito perturbadora durante minha detenção, em particular quando meu isolamento começou.
>
> O isolamento permite que você se veja por dentro. Muitos têm medo de permanecer a sós porque "sabem como a mente escapa naquelas circunstâncias". Pra um detento, o que mais pesa é a impossibilidade de fazer qualquer coisa pra resolver os problemas da própria família. Nesse ponto sua ineficiência, sua impotência vai te levar a pensar cotidianamente, pois você se sente insignificante. Enquanto antes você era como um chefe de Estado, agora se sente como um comandante que está sem seu navio.
>
> Das reflexões que surgiram das cartas de Matteo Messina Denaro, penso que talvez algo esteja se movimentando também dentro dele. O que li é muito importante. Na sua solidão, talvez

85 É significativa a associação que Spatuzza fez entre mim e Matteo Messina Denaro, associação introduzida, aliás, num preâmbulo com o qual – ao tratar da importância da confiança na Cosa Nostra – ele me comunicou ter se informado a meu respeito antes de aceitar me encontrar.

esteja elaborando conceitos que estão muito distantes da filosofia da Cosa Nostra...[86]

Na verdade, em meu livro, enfatizei o caráter anômalo da declaração explícita de ateísmo feita por Matteo Messina Denaro – que em suas cartas a Svetonio declara acreditar apenas em uma religião leiga da família[87] – e expus a hipótese de que tal afirmação pudesse ocultar o desejo de renovar a imagem pública da Cosa Nostra. Espanta-me o fato de que, por sua vez, Gaspare Spatuzza tenha visto, nas dúvidas e nos distanciamentos verbais da fé por parte do *chefão* de Castelvetrano, um percurso similar ao seu, interpretando-o, inclusive, como o sintoma de um provável processo de afastamento da Cosa Nostra:

> Quando surge em você a dúvida se Deus existe ou não existe, você encontrou Deus. Se, depois, a mutação em você exigir dias ou anos, não é dado a nós sabermos. Especificamente, Antonio Vaccarino é uma pessoa culta, situação raríssima na Cosa Nostra, encontrar indivíduos tão intelectualmente preparados. Os encontros com as pessoas cultas podem nos proporcionar tanta coisa e Matteo Messina Denaro encontrou em Vaccarino um aliado. Estamos no caminho justo.
>
> Se um Matteo Messina Denaro se mete em discussões sobre a esfera religiosa, este é um fato que me dá boas esperanças. A chave de interpretação que faço das suas diversas cartas me faz pensar – e lamento se não for assim – que nele já se iniciou uma discussão intelectual entre Matteo Messina Denaro, o homem, e Matteo Messina Denaro, o mafioso. [...] Justamente porque se trata de uma correspondência privada entre dois amigos, me faz ter a esperança de uma reconciliação sua com Deus, esse Deus que

86 Encontro de 24 nov. 2012.

87 Trata-se da abundante correspondência epistolar transcorrida – entre outubro de 2004 e julho de 2006 – entre Matteo Messina Denaro (com o nome artístico de "Alessio") e o ex-prefeito de Castelvetrano, Antonio Vaccarino (indicado nas cartas com o pseudônimo de "Svetonio") (Dino, 2011).

> sentimos dentro, porque bate à porta pra se manifestar nele, com a sociedade civil e com a vida que, certamente, ama. [...] Matteo Messina Denaro não decidiu renegar nada, fala com os outros, mas não renegou nada...[88]

Em seguida, quase como se respondesse a uma pergunta que não formulei, acrescenta:

> O que a religião me deu? Não coisas materiais. Deu-me a liberdade interior. Fez que eu me apaixonasse pela vida. Me fez descobrir, no próximo, meu irmão. Esse processo, pra mim, começou no cárcere.
>
> Quando o homem fica a sós consigo mesmo e começa a refletir, se materializam elementos que o ajudam a tomar iniciativas que você jamais teria pensado adotar nesta vida. Fui verdadeiramente tocado pela graça de Deus. Nem todos, porém, conseguem receber a graça de Deus, até porque isso implica grandes sacrifícios. Somos nós que devemos estar capacitados pra acolhê-la...[89]

O que Spatuzza relata como sua experiência de fé, até por ser movida por um anseio de transparência, incompatível com o mundo da Cosa Nostra, assinala um ponto de ruptura posterior com seu passado. A partir daí é preciso reedificar uma nova imagem de si, que inexoravelmente o leva a encarar seu ser passado. Nesse processo de plena revisitação da própria história, pessoal, ocorre-lhe experimentar a sensação de liberdade autêntica, entre as grossas paredes de uma prisão de segurança máxima:

> Desde o momento em que me dissociei, exatamente em 2000, vivo *minha* vida; não me deixo condicionar por ninguém. Claro que sinto a restrição física da prisão. Sinto-me freado nos movimentos e escolhas. Tomei o partido da Justiça e estou pagando um preço

88 Encontro de 24 nov. 2012.
89 Id.

caro por essa decisão, mas virtualmente sou livre. Quando estava na Cosa Nostra também me sentia livre, mas na verdade havia uma corrente pesada que me ligava ao mal... Sim, hoje sou livre, mas verdadeiramente livre![90]

A partir daqui, o discurso se dilui e, quando voltamos a enfrentar o tema, Spatuzza se empenha em comunicar-me o peso dessa liberdade recuperada, que não anula as responsabilidades do passado. E aí, identificando um paralelismo singular com sua situação, recorda a renúncia do papa Bento XVI como um ato de autêntica liberdade:

> Deus sabe como me aproximei d'Ele de coração. Acredito que limitar a liberdade e o pensamento de um homem é uma derrota pra toda a humanidade. Sou livre por dentro porque respeito a liberdade do próximo. Hoje creio em Deus, mas respeito profundamente quem não crê n'Ele, o importante é que não seja prejudicial ao próximo. Pode-se sempre exercitar a própria liberdade, mesmo quando se tem tremendas responsabilidades...
>
> Estamos assistindo nestas semanas ao caso do papa...[91] Na minha opinião, foi um ato de liberdade dele, que quer viver livre e entende que, dentro da sua função, não pode mais sê-lo. Quando prosseguir se torna prejudicial à própria liberdade, ali se deve intervir.[92]

Nessa obra de rediscussão contínua das próprias categorias cognitivas, e de adaptação drástica da percepção de si, Spatuzza procura com tenacidade manter unidos os percursos da conversão e da colaboração, amarrando-os no relato de sua nova identidade. Enfatiza-o com clareza, em especial nas ocasiões públicas: durante os debates nos tribunais e os confrontos

90 Encontro de 15 dez. 2012.
91 Refere-se à excepcional e recém-formalizada (era o dia 28 de fevereiro de 2013) renúncia do papa Bento XVI ao seu encargo pontifício.
92 Encontro de 2 mar. 2013.

com seus ex-correligionários, quando se dispõe, com precisão analítica, a redefinir conceitos e palavras carregados de forte intensidade emocional, que pertencem ao seu passado e que hoje são revisitados à luz da transformação que ele declara ter atravessado. É emblemático o modo como reivindica – em uma acareação com Vittorio Tutino – a veracidade de suas palavras, retomando um conceito de "honra" profundamente arraigado no passado, mas revisitado à luz de sua presente condição:

> [...] daí a confusão a esse ponto... eu repito, eu aqui... é minha palavra... estejamos atentos, aqui é minha palavra, não são minhas declarações, é a palavra de Gaspare Spatuzza, homem de honra... sim, mas sobretudo cristão. Não se esqueçam disso. Homem de honra! Não um homem de honra que... mata crianças, obriga pessoas a abortarem... que desmancha pessoas no ácido, estamos falando de um homem de honra. [...] ... é minha palavra... [...]. Assim, nesse ponto, se você me desmentir, põe em dúvida minha honra... [...] ... você vai dizer aqui à Procuradoria de Caltanissetta, especialmente ao procurador... Asparino Spatuzza é um trapaceiro e está mentindo.[93]

93 Procuradoria da República junto ao Tribunal de Caltanissetta – DDA, Memorial do Gabinete do Procurador da República ilustrativa de novas provas ex. art. 630 c.c.p., cartas c) e d), Proc. n. 1595/08 RgNR Mod. 21 DDA (depositada junto à Procuradoria-Geral da República junto ao Tribunal de Apelação de Caltanissetta em 13 set. 2011 pelo DDA da Procuradoria da República de Caltanissetta), p.261-2. Durante a acareação com Filippo Graviano, Gaspare Spatuzza – mencionando a posição singular de seu ex-chefe, que havia se definido como um "parente prejudicado" pelas acusações contra o irmão Giuseppe – dirigiu-se a ele, desejando-lhe um percurso de legalidade e referindo-se mais uma vez à sua condição de homem de honra; "Não, desejo a Filippo Graviano, desse percurso que ele iniciou nove anos atrás, que seja realmente uma questão interior e de proporcionar-lhe um futuro de verdadeiras sinceridade e honestidade. Pois eu sempre disse (ser) um homem de honra. E quem é um homem de honra? Homem de honra eu me sinto agora, homem de honra. E me sinto em paz com todos. Por isso te desejo realizar um percurso de verdadeira legalidade" (Procuradoria da República de Florença, Transcrição da acareação em 20 ago. 2009 entre Graviano Filippo e Spatuzza Gaspare, n. 11531/09/21, p.48-9).

Há uma ligação inextrincável entre a fé e a colaboração. Isso pelo menos no relato de Spatuzza que, no entanto, deseja e é capaz de diferenciar linguagens e instrumentos a ser utilizados no tribunal e nos momentos de reflexão espiritual.

Uma ligação que os próprios magistrados, mesmo enfatizando o caráter leigo da colaboração e a absoluta irrelevância de uma eventual conversão religiosa na consubstanciação de verdades judiciárias, a ser comprovadas através de evidências e fatos, tendem a sublinhar, no entanto, ao confirmar a fiabilidade das declarações do colaborador:

> A Corte considera enganosa a procura dos estigmas de uma catarse purificadora real e interna, considerada tanto mais exigível quanto mais graves são as culpas, como chave de interpretação da autenticidade e da confiabilidade do colaborador de justiça. [...]
>
> *Sobre o caráter genuíno do sentimento religioso cultivado por Spatuzza, até o ponto de representar o fulcro de sua decisão de colaborar com a Justiça, que poderia ser intimamente muito mais profundo e "revolucionário" em relação à sua própria colaboração, não é possível se pronunciar, considerando-se a índole insondável da alma humana e os limites encontrados pela tarefa de julgar.*
>
> Pode-se apenas constatar que, das atas processuais, mesmo em sua aridez, não emerge nenhum elemento concreto capaz de desmentir o caráter efetivo de uma revisão também moral, e de um despertar de sua consciência para a fé.
>
> Quanto aos objetivos do juízo a ser expresso sobre a veracidade e confiabilidade de suas palavras, contam os critérios racionais e os parâmetros jurídicos nos quais inseri-los. Sobre esse aspecto, a Corte considera que uma resposta afirmativa pode ser considerada alcançada.[94]

94 Tribunal de Florença – II Tribunal Criminal de Florença, Sentença emitida em 5 out. 2011 no processo penal contra Tagliavia Francesco, NR Sent 3/10, RgNR 5/10, RgNR 9043/10, p.296 e 302. Justamente as sentenças dos procedimentos contra Francesco Tagliavia – cujas vicissitudes inconstantes recordam em algumas passagens o percurso tortuoso seguido

6. PERDOAR O IMPERDOÁVEL?

> [...] o perdão, se houver, só existe no imperdoável. O perdão, se houver, não é possível, não existe como possível, não existe a não ser como exceção à lei do possível, se não se impossibilizando, por assim dizer, e na capacidade de sustentação infinita do impossível como possível (Derrida, 2004; trad. it. 2004, p.100).

---

pelos processos contra Marcello Dell'Utri – acabam por confirmar a plena confiabilidade das declarações de Gaspare Spatuzza, cujo testemunho desempenhou um papel-chave na decisão dos juízes quanto à culpabilidade do réu. Após a sentença de primeiro grau que condenou Tagliavia à prisão perpétua e ao isolamento diurno durante três anos – atribuindo a ele a responsabilidade em todos os episódios terroristas ocorridos entre o atentado a Maurizio Costanzo e o atentado fracassado ao Estádio Olímpico de Roma – o julgamento de segundo grau, de 10 de outubro de 2013, embora sancionando a não participação de Tagliavia na emboscada contra Contorno, confirmou a prisão perpétua pelas outras imputações e reduziu o período de isolamento para dois anos. O Tribunal de Cassação, porém, anulou esse último veredito, reconhecendo no mesmo "uma espécie de circularidade do raciocínio probatório, marcado por fortes deficiências conjecturais" (Suprema Corte de Cassação – VI Seção penal, Sentença sobre recurso no interesse de Tagliavia Francesco, Sent. N. sez. 1390, RgN 11619/2014, de 17 set. 2014 [depositada em 27 fev. 2015], p.102), estabeleceu que só havia evidências que comprovavam a participação de Tagliavia na estratégia terrorista no atentado de Via dei Georgofili, e que as mesmas estavam ligadas à "eventualidade de uma única fonte de provas, isto é, as declarações de Gaspare Spatuzza" (ibid., p.99). Ao anular a condenação precedente, sem se referir às demais imputações, a Suprema Corte enviou o processo para um novo julgamento em outra seção do Tribunal de Apelação de Florença, para julgar a responsabilidade de Tagliavia apenas no atentado de Via dei Georgofili. Recorrendo amplamente ao testemunho de Gaspare Spatuzza, a II Seção do Tribunal Criminal de Apelação de Florença reconfirmou a solicitação de pena de prisão perpétua para Francesco Tagliavia, considerando a sentença da Cassação no processo Dell'Utri uma posterior, embora indireta, confirmação da genuinidade da colaboração de Spatuzza. Os juízes escreveram: "Enfim, é citada a sentença do Tribunal de Cassação 9/5/14 que rejeitou o recurso apresentado por Marcello Dell'Utri, do qual confirmou a condenação em caráter irrevogável, anulando consequentemente as dúvidas apresentadas pela defesa acerca da credibilidade de Spatuzza, extraídas da anterior sentença do Tribunal de Cassação de anulação com reenvio, feito nesse meio-tempo, no mesmo procedimento e hoje superada pela citada definitiva pronunciação de legitimidade supracitada" (Tribunal Criminal de Apelação de Florença – II Seção, Sentença no processo de reenvio pelo Tribunal de Cassação contra Tagliavia Francesco, n. 7 RgSent, n. 10/15 Rg, n. 9043/10 RgNR, em 24 fev. 2016 [depositada em 20 maio 2016], p.117; cf. também cap.5, par.3).

Quando discuto com Gaspare Spatuzza o tema, muito caro a ele, do perdão – o perdão como fase prenunciadora de uma ansiada reconciliação, pressuposto indispensável para iniciar uma vida que deixe para trás a crueldade e a mesquinhez de uma existência sem "confiança" –, a distância entre ele, que relata, e eu, que o escuto, paradoxalmente se aprofunda. Altera-se a moldura de nossa relação, que insinua o direcionamento a um plano mais emocional, mas, sobretudo, mais avaliativo. Plano dentro do qual não desejo permanecer.

De fato, não se trata mais de discutir episódios e eventos concretos em apoio aos quais é possível, eventualmente, apresentar argumentos e comprovações; ou de lidar com sequências analisáveis a partir de fontes e modelos interpretativos definidos (de um lado, os normativos; do outro, os científicos; por outro lado ainda, aqueles ligados à coerência interna da narrativa...). Não se trata apenas de descrever e reconstruir uma história a partir da intercepção dos planos narrativos e da negociação dos espaços entre quem fala e quem escuta. Ao recontar sua experiência de fé – ligada a uma exigência categórica de perdão – Gaspare Spatuzza não se limita a descrever um processo, mas me compromete, diretamente, pedindo-me, sem explicitá-lo, que testemunhe seu "autêntico" arrependimento, tornando-me a fiadora de sua sinceridade e intermediária, quanto ao mundo exterior, de um apelo por reabilitação que – depois de acolhida por mim mesma (perdoando-o?) – possa se transferir aos futuros leitores de nossas conversas.

Muitas vezes me perguntei o que teria motivado Gaspare Spatuzza a aceitar encontrar-se comigo e o que – após o primeiro contato – o convencera a me receber de novo. Aos poucos me parecia cada vez mais claro que, entre os motivos principais de sua disponibilidade, existia o desejo de "reabilitação", de legitimação de seu percurso de arrependimento; uma confirmação de sua nova identidade da qual ele me pedia para fornecer, pessoal e profissionalmente, uma garantia de sinceridade.

Compreendia seu pedido e reconhecia que era racional e plausível. De resto, no sentido almejado por ele, também foi realizada a única entrevista (além daquela a mim outorgada) que ele decidiu conceder, rompendo a barreira do silêncio midiático,[95] e que velozmente convergiu em uma publicação que, ao duplo "arrependimento" de Gaspare Spatuzza, fornecia total legitimação.[96]

Minha abordagem, porém, era diferente, e na estrada da legitimação não era possível segui-lo nem no plano profissional nem, muito menos, no plano pessoal. Profissionalmente – como eu havia lhe explicado desde o primeiro encontro –, desejava registrar seu testemunho para inseri-lo em um enquadramento histórico e submeter as lógicas de sua argumentação à apuração da coerência e ao confronto com diferentes visões sobre o mesmo tema. Não pretendia nem avaliar nem julgar, mas compreender e fazer que suas palavras interagissem dentro da trama mais ampla de sua história pessoal. A escolha do método de análise, apesar de aberto à dimensão relacional do ouvir, e fundamentado sobre a subjetividade do relato, me levava a proceder nesse sentido.[97]

Eu também não teria sido capaz de – ou teria desejado – propor a mim mesma como juiz ou fiador da autenticidade de sua narrativa ou, ainda menos, de sua "conversão". Não só pela exígua disponibilidade em relação a ele ou por uma vontade específica de distanciamento, mas por respeito ao papel que

95 Durante o último encontro, perto do Natal de 2012, discutindo o tema do perdão, Spatuzza mencionou da seguinte forma os motivos que o haviam levado a aceitar relatar sua história: "Espero que o que eu disse possa levar à reflexão as inúmeras pessoas que perseveram no erro sobre quais são os verdadeiros valores da vida. Não quero me impor; até agora pretendi tutelar, com meu silêncio em relação à imprensa, sobretudo a figura do colaborador de justiça (com todo o seu conteúdo de conhecimentos criminais) e, depois, minha interioridade, minha figura humana" (Encontro de 15 dez. 2012).

96 Refiro-me ao livro de Giovanna Montanaro (2013) que, desde seu título, *La verità del pentito* (A verdade do arrependido), explicita a intenção de "demonstrar" a "veracidade" do percurso colaborativo (mas também de conversão) empreendido por Gaspare Spatuzza (ibid., p.xii e 3).

97 Analisando os problemas metodológicos colocados pela chamada "abordagem biográfica", Chiara Saraceno (1986, p.19) sugere salvaguardar a pluralidade dos métodos, das teorias e dos instrumentos, embora mantendo com rigor analítico a distinção entre *processos e estruturas objetivas e processos e estruturas subjetivas* (Bertaux, 1980).

interpretava, pelo método de trabalho que havia escolhido e pelas convicções pessoais que apoiavam minha decisão.[98] Jamais acreditei em verdades absolutas e considero que a esfera dos valores e das crenças pessoais não pode se submeter a juízos científicos, mas apenas a opiniões subjetivas, distantes dos interesses de meus estudos.

Não figurava entre as indagações de minha pesquisa se a "conversão" de Spatuzza é ou não autêntica. Verificar se seu relato é "sincero" ultrapassa as finalidades de meu trabalho. Não sendo este um objeto de análise, eu bem podia me conceder o luxo de manter em aberto a dúvida, deixando à sua consciência qualquer resolução a respeito e dando espaço à emersão de eventuais contradições.[99]

E depois, para compreender seu pedido de perdão, eu deveria ter compartilhado de sua fé e de sua ideia de arrependimento. Mas tudo isso estava bem longe de se verificar. Eu teria de me desviar do plano empírico ao transcendente, num contexto dentro do qual não só eu não me reconheceria, mas do qual não compartilhava modelos nem princípios.[100]

---

98 Novamente Saraceno (1986, p.20), ao refletir sobre o vínculo entre objeto cognoscitivo e estatuto da pesquisa, distingue entre "reconstrução das histórias de vida como tais" e reconstrução das "histórias de vida ou seus fragmentos para identificar tipos de nexos entre recursos e comportamentos, entre sequências de eventos, entre trajetórias diversas"; distinção bem adequada à abordagem selecionada por mim.

99 Quanto à dificuldade de distinguir entre "simulação" e "verdade" e sobre a inconsistência de uma procura da "verdade" na esfera das emoções e das vivências, analisei extensamente a controversa perícia psiquiátrica de Baldassare di Maggio (Dino, 2002).

100 Relacionando o conceito de "perdão" (e de "culpa") ao de "pessoa" (e de "responsabilidade"), Brague (2013, p.6) reivindica a origem religiosa do perdão, subtraído à esfera leiga e àquela do direito e das instituições. Analisando a questão de um ponto de vista oposto a esse (interior à fé) adotado pelo estudioso francês, estou de acordo com o fato de que é difícil adotar a dimensão do perdão de fora de uma perspectiva religiosa. É um motivo a mais para apoiar a decisão de não considerar o mérito dos pedidos de perdão formulados por Spatuzza. Com um espírito totalmente diverso e através de uma argumentação oposta, também Derrida (2004; ed. it. 2004, p.32-3) separa claramente as dimensões do perdão e do direito, quando – recordando as reflexões de Jankelevitch (1967) – afirma: "O perdão

Sobre esses temas tão intensos eu podia apenas registrar seu testemunho e encontrar um espaço para ele no relato de sua história. Sem julgamentos e sem validações. Colocando-me – como sugerido por Levi – *aquém* do bem e do mal (Levi, 1991, p.45).[101]

6.1. Entre Leon Tolstói e os irmãos Graviano

Com essa disposição, dispus-me a escutar uma longa divagação de Spatuzza sobre o tema do perdão, estimulada pelas impressões suscitadas pela leitura do romance *Guerra e paz*, de Tolstói:

> Amo a leitura, principalmente a formativa. O livro *Guerra e paz* de Tolstói me marcou. Quando comecei a lê-lo, não consegui ir além das primeiras cem páginas. Depois o retomei, e me agradou tanto que o reli duas vezes. Recordo as palavras pronunciadas, no fim da vida, pelo príncipe Andrei sobre o homem que havia lhe roubado a noiva.
>
> Pensando no seu inimigo, o príncipe Andrei manifesta estes sentimentos: "Sim, o amor, porém não o amor que ama por algo em troca, ou por algum motivo, ou por alguma razão, mas o amor que senti pela primeira vez quando, no leito de morte, vi meu inimigo e o amei ao mesmo tempo. Experimentei o sentimento do amor, que é a própria essência da alma e que não precisa de um objeto. E agora também experimento essa sensação de felicidade. Amar meu próximo, amar meu inimigo. Amar tudo, amar a Deus em todas as Suas manifestações. Pode-se amar uma pessoa querida com um amor humano, mas um inimigo só pode ser amado com um amor divino. Por isso, experimentei tanta alegria quando senti

---

do pecado é um desafio à lógica penal. Lá onde o perdão excede a lógica penal, ele é estrangeiro a todo o espaço jurídico". E acrescenta, citando os versos de Paul Éluard: "Não há salvação na terra até que se possa perdoar os algozes" (ibid.; ed. it. 1969, p.35).

101 Sobre a impossibilidade de resolver analiticamente o problema do mal e da culpa, cf. Agamben (2012, p.18-9).

amar aquele homem. [...]. Amando com o amor humano, do amor pode-se passar ao ódio: mas o amor divino é imutável. Nada, nem mesmo a morte, nada pode destruí-lo. É a própria essência da alma. Mas odiei tantas pessoas em minha vida!".

No que me diz respeito, eu também odiei, persegui meu inimigo, mas no final, eu o perdoei. Com certeza não estava no fim da vida, mas na prisão, em certos aspectos, se sente algo parecido.[102]

Prosseguindo com suas reflexões, sentindo-se ofendido pela Cosa Nostra e enganado pelos irmãos Graviano, Spatuzza se detém na análise da ala que o vê no papel de quem é chamado a perdoar:

Não tenho inimigos, mas, se alguém alimenta rancores em relação a mim, isso me angustia. O perdão está relacionado tanto à esfera leiga quanto à religiosa, mas na esfera religiosa, em particular, como cristão não se pode dizer: "Eu não te perdoo".

Como eu li em algum lugar: "Recusando-se a perdoar, nós adicionamos novas correntes. Nosso perdão, ao contrário, se torna libertação. O perdão recria a comunhão, faz viver o ofensor quando confessa seu erro e pede uma resposta ao ofendido. A culpa procura o perdão, o amor vence o medo, a morte doa a vida. Ninguém pode ser capaz de uma escolha e das suas consequências definitivas, eternas, se antes não tiver adquirido o pleno conhecimento e o domínio da própria liberdade".

Jesus Cristo, Nosso Senhor, morreu pra reconciliar o homem consigo mesmo, com o próximo e com Deus. Percebo estar exprimindo opiniões muito profundas, mas creio fielmente que se a Verdade for irmã da Justiça, o perdão é sua Mãe.[103]

---

102 Encontro de 15 dez. 2012.

103 Id. O apelo ao perdão é frequente. Também durante o incidente probatório de 7 de junho de 2012, à pergunta do magistrado sobre o que o estimulou a colaborar, ele responde: "Gostaria de dizer antes de tudo algo que pra mim é fundamental, sobre toda esta história. Eu desejo pedir o perdão às vítimas de Capaci e de Via D'Amelio, e com eles, aos seus familiares. Desejo pedir perdão por não ter colaborado antes, por ter me calado nesses onze

E acrescenta:

> A coisa mais importante é a sinceridade... É preciso desejar bom-dia mesmo ao pior inimigo. Da comunicação nasce a ternura. O perdão é um reflexo de Deus. Abre-se em direção ao apaixonar-se e à pureza dos sentidos. À beleza de poder se refletir no outro... O perdão é capaz de transformar um coração de pedra num coração de carne, e enquanto antes você não percebia o mal cometido, depois você se depara lucidamente com suas responsabilidades.[104]

Relata, então, que a experiência do perdão o acompanhou também nos momentos de desilusões profundas, da parte de pessoas em que havia depositado sua confiança e pelas quais se sentira traído:

> Às vezes tive desilusões. Mas nem por isso jamais pensei ter que mudar meu comportamento, como homem ou colaborador de justiça. O pior é fechar-se em si mesmo, pintando todos de preto, não deixar espaço aos outros pra entrarem em nossos pensamentos. [...] E também sou um forte defensor do perdão: a necessidade de dar mais uma possibilidade a quem errou torna o mundo mais humano.[105]

É difícil – olhando seu passado – imaginá-lo sob as vestes de quem concede o perdão. Mas Spatuzza não se esquiva de seu passado e aborda o tema, bem mais doloroso, do pedido de perdão; com suas aporias, com a alusão ao mal cometido, com a carga de sofrimento que traz consigo:

> Quem cometeu o mal, e eu cometi tanto mal, ao pedir pra ser perdoado demonstra ter superado essa condição e estar tra-

---

anos de detenção" (Tribunal de Caltanissetta – Rito GIP Seção GIP/GUP penal, Transcrição verbal de audiência, Audiência de 7 jun. 2012, p.186).

104 Encontro de 15 dez. 2012.

105 Encontro de 2 mar. 2013.

balhando a favor da justiça. Diversa é a ótica da vendeta pra que seja feita justiça. É difícil perdoar...

Pelo que posso dizer, meu senso de culpa, em certos aspectos, faz que eu viva num inferno por causa do que fiz; sei que destruí a vida de famílias inteiras; mas não posso voltar atrás pra mudar o passado. Dentro da minha capacidade, estou tentando remediar onde posso e como posso, o melhor possível, doando-me totalmente ao Estado, à magistratura, pra que a justiça seja feita. Essa convicção enche meu coração de deleite.

O tema que estamos discutindo é muito delicado, porque há pessoas que perderam seus parentes, e respeito sua dor e aceito qualquer julgamento que eles possam expressar a meu respeito. É difícil explicar a uma mãe, a um pai, a um irmão que a lógica criminal e perversa te dava a possibilidade de justificar qualquer gesto hostil à vida.[106]

Nas memórias do sofrimento acarretado e no confronto com a dor das vítimas, Spatuzza parece vivenciar a ética hiperbólica do perdão, entrando em contato com sua impossibilidade, impropriedade, ou até mesmo sua imoralidade (Derrida, 2004; ed. it. 2004, p.37).[107]

---

106 Encontro de 15 dez. 2012. Mais explícitas são as referências às crueldades cometidas durante uma acareação com Cosimo Lo Nigro, quando Spatuzza, dirigindo-se ao dinamitador de Brancaccio, amigo e parceiro de incursões criminosas, recorda: "Me desassociei em 2000 dos meus pais, os irmãos Graviano Filippo e Giuseppe. [...] realizei nesses nove anos, últimos nove anos, um percurso belíssimo pra mim e num certo momento decidi passar pro lado do Estado, de estar do lado da razão. Porque confiei minha vida, a sua vida, a nossa vida, às mãos de quatro loucos que nos transformaram em monstros. [...] ... uma criança. Eu fiz isso, e o fiz junto com ele. Dissolver pessoas em ácido. Fizemos isso juntos. Eu sei o que significa dissolver um ser humano. Mas minha mente não conseguia conceber uma monstruosidade do gênero com um menino de 12 anos! Isso é covardia demais!" (Transcrição verbal de 10 set. 2009, em *Io accuso*, 2010, p.279).

107 No quadro da ótica hiperbólica do perdão se inserem também o pedido de Gaspare Spatuzza e o decidido repúdio da mãe de Giuseppe Di Matteo, Franca Castellese, de perdoar os assassinos do próprio filho. Quando, durante uma audiência do processo pelo homicídio do garoto Di Matteo, Spatuzza expressou seu arrependimento pelo cruel delito, pedindo para

6.2. *A correspondência com Giovanna Maggiani Chelli*

16 de junho de 2010

Gentilíssimo Sr. Gaspare Spatuzza,

Escrevo-lhe em nome da associação que represento, a dos familiares das vítimas do atentado de Via dei Georgofili.

O senhor bem sabe o que aconteceu aos nossos parentes em Via dei Georgofili em 27 de maio de 1993, porque o senhor estava ali presente naquela noite nefasta.

O senhor bem conhece nosso sofrimento durante o processo de Florença, da jaula onde o senhor estava, olhava a todos nós e então, talvez com desprezo, mas não era capaz de perceber a dor que nos invadia pela perda de nossos caros e o sentimento de reparação quanto à insolência de vocês, mafiosos, que transparecia de suas jaulas.

Depois, um dia, sua mulher levou-lhe seu filho: tinha poucos meses, creio que oito. Dizia-se que o senhor jamais o vira, naquele momento eu sei, sua petulância desapareceu e, creia-me, nenhum de nós sentiu nada além de ternura por aquela criaturinha que não tinha culpa de nada.

Hoje o senhor colabora com a Justiça, na qual fortemente confiamos e, a despeito de tudo, quando as Procuradorias o declararam

---

ser perdoado: "Peço perdão à família do pequeno Giuseppe Di Matteo e a toda a sociedade civil que violentamos e ultrajamos", a sra. Castellese respondeu-lhe, exibindo todo a sua profunda e insuperável dor: "Não estou disposta a perdoar nenhum dos assassinos do meu filho, um menino inocente que foi sequestrado, torturado, ultrajado mesmo depois da sua morte. Como posso perdoar? [...] Espero que todos aqueles que participaram do sequestro e do assassinato do meu filho fiquem para sempre na prisão, a começar por esse monstro do Giovanni Brusca" (*La Repubblica*, 2 dez. 2010). E acrescenta, ainda com mais eloquência: "Meu coração sangra há dezessete anos [...]. É impossível me conformar, assim como é impossível perdoar". Enfim, ao comentar as palavras de Spatuzza, a sra. Castellese contestou: "Não sei se é realmente sincero, não estive presente no processo. Talvez diga isso para obter benefícios: por esse motivo peço que os assassinos do meu filho jamais saiam da prisão, pois terão que enfrentar sua consciência. Certamente não posso perdoá-los" (*Live Sicilia*, 2 dez. 2010). A respeito, cf. as reflexões de Giuè (2015a, p.70-3).

confiável, o consideramos e depositamos no senhor todas as nossas esperanças de verdade e, por conseguinte, de completa justiça.

O momento é terrível para o senhor e para todos nós, o Estado aplica a lei neste caso, ainda que administrativa, e não podemos fazer nada sobre isso, podemos protestar, mas a lei é a lei e ninguém aprendeu a respeitá-la mais que nós.

Somente quem determinou 180 dias para declarar tudo aos sujeitos como o senhor hoje deve se envergonhar, o resto dos italianos pode apenas esperar a conta justa dos famigerados 180 dias e torcer para que exista uma deposição sua datada de antes dos 180 dias em questão, ou que qualquer iluminado mude esta norma com um decreto.

Dito isso, o que quero pedir-lhe em nome de todos nós é: não dê para trás agora, sr. Spatuzza, como insinuou aos magistrados de Florença. Não tenha medo, seja você mesmo, como o foi no dia em que encontrou pela primeira vez seu filho, e se é verdade que foi nossa Caterina que colocou sua consciência em crise, demonstre--o com coragem porque nós estamos com o senhor: devemos isso aos nossos filhos.

Cordiais saudações,

Giovanna Maggiani Chelli

Vice-presidente porta-voz da Associação dos Familiares das Vítimas do Atentado de Via dei Georgofili[108]

Quando, no início de junho de 2010, a Comissão Central rejeitou o pedido de admissão de Gaspare Spatuzza ao programa especial de proteção, alegando como base de sua decisão o fato de o colaborador ter feito novas declarações após o prazo dos 180 dias previstos pela lei, Giovanna Maggiani Chelli, à época vice-presidente e porta-voz da Associação dos Familiares das Vítimas do Atentado de Via dei Georgofili, decidiu escrever uma comovente carta a Spatuzza, pedindo-lhe para continuar testemunhando.

---

108 Disponível em: <http://archivio.antimafiaduemila.com/notizie-20072011/47-cronache-initalia/28983-assgeorgofili-a-spatuzza-a-lei-guardiamo-per-verita.html>.

É uma missiva que exala sofrimento; na qual o desejo por justiça e verdade faz que a mulher, com lucidez e equilíbrio, dialogue com o assassino dos próprios parentes; colocando momentaneamente de lado sua dor e qualquer sentimento, compreensível, de aversão; mostrando entender o esforço do colaborador, ao qual não deixa de revelar seu apoio, em vista de uma finalidade que, segundo ela, os une: a investigação da verdade.[109]

Alguns dias depois, em 24 de junho de 2010, Spatuzza – que apreciou muito esse gesto – enviou sua resposta à sra. Maggiani Chelli. Uma mensagem na qual, junto à desilusão por ter sido excluído do programa de proteção, decisão de um Estado em que ele, no entanto, reafirma confiar, deixa transparecer suas dúvidas acerca do efetivo desejo de esclarecimento quanto às responsabilidades dos atentados:

> Sou Gaspare Spatuzza, e através de meu representante legal, a advogada Valeria Maffei, tive conhecimento de sua carta de solidariedade e encorajamento.
>
> Certamente, eu não esperava minha não admissão ao Programa de Proteção de modo definitivo. [...] ninguém imagina pelo que passa uma pessoa na fase transitória que antecede a decisão de passar para o lado do Estado [...]
>
> Dito isso, quero poder falar que seu encorajamento me consolou imensamente, até porque provém de pessoas que receberam apenas o mal do indivíduo que eu fui, e para mim tudo isso é uma honra, sinto uma grande alegria em dirigir-me a vocês. [...] porque lhes pedir perdão é muito mais que um dever meu. [...]
>
> Para mim, não foi simples enfrentar toda essa história como um homem só, mesmo que deseje aqui expressar um vivo agradecimento pelas "Instituições" que, por várias razões, estão se ocupando de toda essa dolorosa situação. [...]

109 Sobre a dificuldade de compartilhar uma memória "comum" entre vítimas e algozes, cf. Siebert (2010a), Fabietti e Matera (1999) e Dematteo (2006).

> Se, aqui, alguém ainda não compreendeu, combateu-se uma guerra entre o Estado e o anti-Estado. Por isso eu sinto seu apoio como um incentivo, e espero poder despertar a consciência dos muitos que ainda fingem não ter compreendido.[110]

O emaranhado de sentimentos que se agita em sua alma emerge em toda a sua riqueza: dor, solidão, sentimento de abandono, desejo de perdão, consciência sobre as dificuldades de obter tal perdão, necessidade de renegar totalmente sua identidade passada... Recordando essa correspondência, enquanto falamos sobre perdão e dor, pergunto a Spatuzza sobre o que resta daquele período e daquele intercâmbio epistolar.[111] Olhando-me diretamente nos olhos, ele responde:

> Abriu meu coração. É uma carta belíssima. Me abriu o coração... até porque chegou num momento muito particular, no qual um órgão do Estado me negava a proteção... Não quero entrar em detalhes, posso apenas dizer que a apreciei muito, mesmo que não expressasse a vontade de me perdoar, a interpretei como um abraço, como um apoio moral e físico.
>
> A coisa mais importante são as relações entre as pessoas... Podemos até ficar cada um na sua posição, mas nada tira o aspecto humano que nos une.[112]

Logo depois, acrescenta:

---

110 A cópia datilografada da carta de Gaspare Spatuzza foi-me entregue pela advogada Valeria Maffei.

111 Em várias ocasiões, Giovanna Maggiani Chelli voltou publicamente a confirmar – em nome da Associação presidida por ela – o apoio ao colaborador e a confiança na veracidade de suas declarações. Suas palavras separam claramente a dimensão pragmática da colaboração de suas motivações religiosas, sobre as quais expressará suas dificuldades de compreensão (disponível em: <www.stragedeigeorgofili.org>; <http://www.gonews.it/2015/03/04/strage-deigeorgofili-la-cassazione-annulla-lergastolo-a-tagliavia-le-accuse-di-spatuzza-sono-da-verificare/>; acesso em: 4 mar. 2015).

112 Encontro de 15 dez. 2012.

> Houve tanto sofrimento na minha vida, e gostaria de contá-la pra explicar que não vale a pena fazer escolhas que vão contra a vida. Sei o que significa a essência da privação dos afetos mais queridos. Gostaria de poder disseminar uma mensagem de legalidade. Minha escolha foi dolorosa, mas estou buscando alcançar a vida eterna e a confiança de um Estado que eu combati e tanto ofendi.[113]

Diante de palavras tão decididas e inspiradas, penso poder avançar um pouco mais. Por causa do ódio contra Salvatore Contorno, Spatuzza ingressou na Cosa Nostra, imprimindo à sua vida uma direção irreversivelmente carregada de violência. Pergunto-lhe, assim, se – em sua nova condição – ele havia conseguido perdoar Salvatore Contorno. Sem hesitação, ele replica:

> Claro que o perdoei! Não apenas perdoei Salvatore Contorno, como também todos aqueles que me fizeram mal. Foi a primeira coisa que fiz. Como posso falar sobre perdão se não sou eu o primeiro a perdoar? Gostaria de encontrar todos, sim, todos aos quais fiz mal, em primeiro lugar pra pedir perdão pessoalmente, e mesmo que isso não me fosse concedido, bastaria um simples aperto de mão.[114]

113 Id. Para compreender como, mesmo no que tange ao sofrimento, Spatuzza identifica diferenças entre sua posição de colaborador convertido e a dos homens de honra na prisão, é interessante relembrar o diálogo com Cosimo Lo Nigro, durante uma acareação no Tribunal de Justiça. Após terem declarado um respeito recíproco, relembrando as relações entre as respectivas famílias, Cosimo Lo Nigro diz-lhe, secamente: "Mas o que está fazendo! [...]. Desculpe, mas veja que você é tão sofredor quanto eu!". Spatuzza responde-lhe com dureza semelhante: "Que sofrimentos! Quem te disse [...]. Eu estou pagando pelas culpas que tenho (incompreensível) foram minhas escolhas e estou pagando. O sofrimento, quem te causou esse sofrimento? O Estado? O padre Puglisi? Você que procurou". Lo Nigro pergunta ainda: "Qual é seu objetivo?", e quando Spatuzza replica: "Restituir a verdade à história", seu ex-correligionário conclui, definitivamente tomando distância dele: "Você tem o direito de fazer o que bem entender, mas com suas coisas pessoais. Mas não que afetem a mim, afetem a outras pessoas!" (Transcrição verbal de 10 set. 2009, em *Io accuso*, 2010, p.283-4 e 286).

114 Encontro de 2 mar. 2013.

Pergunto-lhe, com um pouco de ceticismo, se o perdão é o bastante para se livrar do sentimento de culpa. Spatuzza fica sério e me diz:

> Não, é claro que não. Pessoalmente jamais me esquecerei da vida que tive e as muitas vidas que destruí e a dor que provoquei a tantas famílias. É justamente o não esquecimento que me ajuda a esforçar-me pra fazer sempre o melhor, pois a única coisa que desejo é deixar uma marca positiva, que possa deixar uma recordação de mim, não só pelo que eu era, mas por aquilo em que me transformei: um homem.[115]

As palavras de Spatuzza soam nítidas e claras, mas sua imagem continua a refletir as contradições das quais origina sua história; e sua tentativa de apor a palavra fim ao seu passado está destinada a falir, pois se trata, citando mais uma vez Derrida (2004; ed. it. 2004, p.51), de "um ser passado que não passa".

7. AFERRADO À ESPERANÇA

7.1. Lençóis em Brancaccio

O relato de Spatuzza prossegue, justapondo a esfera pessoal à esfera pública; reinterpretando o passando à luz de um presente incerto e de um futuro ainda mais indeterminado. Entre mistérios não resolvidos e meias verdades, é difícil que o passado se transforme em pretérito.

Não faltam sinais de rupturas capazes de provocar mudanças sensíveis. Como quando, nas sacadas das casas de Brancaccio, se estendem dúzias de lençóis contra a Máfia:

> Um dia, não me lembro bem se após os atentados de Capaci ou de Via D'Amelio, ou depois do homicídio de dom Puglisi,

115 Encontro de 2 jul. 2013.

> Giuseppe Graviano me encarregou de dar uma volta pelo bairro de Brancaccio, chateado pelos lençóis que foram estendidos nas janelas. Queria que eu anotasse quem havia pendurado o lençol pra depois poder, num momento sucessivo, puni-lo ou intimidá-lo de alguma forma. Quando me encontrei com Giuseppe Graviano, lhe disse: "Giuseppe, aqui as coisas estão muito sérias! De fato, nem anotei nomes e sobrenomes, porque são muitas janelas com lençóis pendurados". De fato, embora o número não fosse muito elevado, pro bairro de Brancaccio era algo de anormal. Ainda me lembro da expressão da cara de Gravano: parecia um marciano.

> A reação de Graviano aos lençóis foi de grande estupor: "Mas como, até no nosso bairro?".[116]

Privado do consenso dos cidadãos, o poder mafioso se desintegra e perde o vigor. A sensação de perda que Gaspare Spatuzza lê nos olhos de Giuseppe Graviano – e que ele próprio vive, em primeira pessoa – lança uma nova luz sobre a suposta onipotência da Cosa Nostra e seu controle ramificado do território. Como tomar nota de todos aqueles que discordam e, sobretudo, de que serve fazê-lo quando o descontentamento amadure no cerne do próprio reino? Diante desse distanciamento ostensivo até as relações de força vacilam e, com estas, a certeza de que se está alinhado do lado justo.

Com o olhar voltado ao passado, Spatuzza continua:

> Pra sociedade civil, aquela era a ocasião certa pra destruir esse sistema de criminalidade organizada. Como na época eu o

116 Encontro de 15 dez. 2012. A experiência do "Comitê dos Lençóis" em Palermo, impregnada por uma forte carga simbólica, amadurece de forma bastante espontânea logo após o atentado de Capaci. Um grupo de cidadãos palermitanos, que mais tarde constituíram uma associação, atordoados de dor pelo acontecido, decidiu manifestar sua oposição à Máfia, através de uma linguagem imediata e evocativa, veiculada mediante a exposição em público de um lençol, objeto íntimo e ligado ao cotidiano. Maria Cimino, sua idealizadora, é quem relata apaixonadamente o surgimento dessa experiência (Alajmo, 1993, p.23-4).

avisei, tenho certeza, pelo que eu podia perceber de Graviano, de que ele também experimentou uma sensação de profundo desmantelamento; ele não achava que tinha tantos inimigos em casa.

Compreende que seus inimigos não têm medo de mostrar o rosto. Percebi que eu mesmo não estava mais seguro no meu bairro... E, efetivamente, os Graviano temiam não poder contar com aquela cobertura total do acordo de silêncio[117] que os havia protegido até então. Eu mesmo, aliás, todas as vezes que, enquanto foragido, chegava a Brancaccio, imediatamente chegava a polícia, alertada por algum telefonema anônimo sobre minha presença. Não podia mais gozar da proteção e da serenidade necessárias a um foragido.[118]

Refletindo sobre o presente e colocando-se do lado de quem, na época, expunha os lençóis, junto a um singular sentimento de nostalgia por algo que não lhe pertenceu, Spatuzza demonstra a desilusão pelo que ele considera uma oportunidade perdida:

Refiro-me àquele período histórico, talvez, infelizmente, irrepetível. Hoje não sei como estão as coisas e não sei se aquele impulso emotivo de liberação popular continua inalterado.

Hoje eu considero Falcone, Borsellino e dom Puglisi e todos os que pagaram com a vida sua integridade moral e o desejo de resgate da sua terra (e falo também de jornalistas, políticos, representantes das forças da ordem, cidadãos comuns, empresários...), mártires da Igreja e heróis da sociedade laica.[119]

Prossegue, então, indo em busca das possíveis causas desse retrocesso, que desestabiliza, que tira as forças daquele Estado e daquela sociedade civil, ao lado da qual ele afirma ter se alinhado:

117 No original, *omertà*; veja cap.3, n.58. (N. T.)
118 Encontro de 15 dez. 2012.
119 Id.

> Pelo que ouço da imprensa [...] me parece que hoje a população está em dificuldade por causa da crise e da falta de trabalho. O problema da justiça parece ter ficado em segundo plano.[120]

Aos poucos, sua argumentação, partindo de uma análise sumária do cenário histórico-social, dirige-se cada vez mais para o plano pessoal, e do julgamento sobre o passado transfere-se para um exame do presente, estendendo o olhar para o futuro, a ponto de interrogar-se sobre a contribuição que cada um poderia oferecer a um desejado processo de transformação:

> O que podemos fazer contra a Cosa Nostra? Mesmo a Igreja deveria se perguntar e transformar sua vida, adotando novos princípios e se posicionando mais incisivamente sobre os sacramentos, a partir daquele do batismo. Não é uma ideia só minha, mas me parece que é o que está propondo e fazendo atualmente o papa Francisco.
>
> Infelizmente, as periferias não podem contar com estruturas estatais com as quais poder assimilar o sentido do Estado, incentivo pra afastar o desvio comportamental daqueles que, num certo ponto, começam a delinquir. Entendo que esta não é uma justificação. Eles não conhecem o Estado porque ele é ausente. Não reconhecem os princípios da legalidade e da justiça. Sobretudo não conhecem o significado da liberdade, que abrange todos os outros princípios sacrossantos que todo homem tem o dever de respeitar. A cultura é uma "essência" fundamental pra um rapaz.[121]

As gamas que prevalecem não são as do desconforto, mas da esperança, à qual, significativamente, Spatuzza atribui as formas e o semblante de um antigo patriarca bíblico:

---

120 Id. No "Memorial" enviado ao *L'Espresso*, Gaspare Spatuzza também ressaltou o fato de que a força da Máfia não reside tanto em sua intrínseca capacidade de ser desejável, mas em sua eficiência em responder aos problemas concretos do cotidiano; chega a teorizar que a maior parte dos habitantes de Brancaccio era, de fato, "obrigada" a conviver com a mesma. Cf. *L'Espresso*, 28 jul. 2010.

121 Encontro de 15 dez. 2012.

Contudo, essa é uma fase histórica a qual, caso seja possível concretizar até o fim o processo de esclarecimento, poderemos dizer que foi verdadeiramente bela. Uma fase de transição belíssima, que poderia determinar uma reviravolta, se houvesse um maior número de homens de boa vontade capazes de aperfeiçoar – tanto no plano processual quanto no histórico e social – o processo de transformação, do qual, embora hoje pareça que estejamos passando por um impasse, podemos entrever, de qualquer modo, algumas espirais. Como se fosse um arco-íris que aos poucos está se materializando.

Espero que um novo Noé, com sua arca, nos salve desse novo dilúvio e nos conduza à Terceira República. Estamos todos indiferentes e apreensivos. Mas essa é uma história que pertence a todos nós. Se conseguirmos, poderemos finalizar essa partida bem, agora. Se não, é o fim...[122]

7.2. *Olhando para o futuro*

Ao se falar sobre o futuro, é fácil nos surpreendermos a fazer balanços. Sobre aquilo que nós fomos, mas principalmente sobre as consequências que nossas escolhas poderão exercer sobre o próprio cotidiano. Embora tente, com determinação, deixar o passado para trás e encerrá-lo nos confins dos trâmites judiciários (certamente controversos, mas com certeza mais gerenciáveis no plano emotivo que na esfera privada), Gaspare Spatuzza não esconde as inúmeras dificuldades a ser enfrentadas, em vista de um possível retorno à liberdade:

> A normalidade vai ser muito difícil pra mim... por tudo que vejo... por tudo que já vi. Será muito difícil, mas não tenho alternativas. Em 2008, tomei a decisão de colaborar com a Justiça, que considero uma guinada irreversível. Estou pronto pra enfrentar, hoje, todas as suas consequências.

122 Id.

> Essa escolha amadureceu com o tempo. Isto é, em onze anos de cárcere duro começou a transformação no plano religioso e moral e o desejo de justiça. Tornou-se, então, uma necessidade pra mim. Sentia-a como algo instigador. Sabia que este seria um caminho tortuoso.[123]

Gaspare Spatuzza passou suas primeiras horas de liberdade no interior de um convento. Breves pausas, cheias de emoções, situações e experiências a ser provadas, entre o medo de se confrontar com um mundo mudado e o impacto com uma normalidade que não faz mais parte do próprio cotidiano. Com a redescoberta de pequenas alegrias, ligadas a gestos simples dos quais, no cárcere, se perdem os traços, e o prazer de retornar à própria cela, sentida como uma cápsula de proteção:

> Recentemente, em certos aspectos, vivi uma breve experiência como homem livre, algumas horas de licença passadas fora da prisão. Tenho que confessar que esses momentos foram passados junto às estruturas religiosas. Com a mais absoluta discrição. No lugar pra onde fui, aliás, quase ninguém conhecia minha verdadeira identidade. Você pode achar estranho, mas o que mais me impressionou – depois de quinze anos de isolamento no cárcere, com um medo enorme de encontrar um mundo transformado, no qual não houvesse mais espaço pra mim – foi a possibilidade de reviver momentos, de certa forma, de normalidade.
>
> Certamente não posso esconder o sofrimento de não poder compartilhar esse dom, embora limitado, de liberdade, que me foi concedido pelo Estado, com as pessoas que amo, isto é, minha família.
>
> Não sei como descrever a emoção que experimentei ao sentar-me numa cadeira, ao comer com talheres de metal [...] em poder ter pessoas em volta com as quais falar e a quem escutar. Poder dizer a alguém, do mundo de fora da prisão, "bom dia". Recomeçar do zero, vivendo quase uma nova existência, apesar da recordação

123 Encontro de 24 nov. 2012.

indelével sobrecarregada pelos crimes do passado. Fazer que me conheçam pelo que sou hoje...

[...] a emoção sentida durante minha última licença foi realmente incrível. Embora se tratasse de uma saída temporária, ao voltar à prisão, tive a mesma sensação de voltar pra casa. Porque, agora, o cárcere de dezesseis anos, embora seja um local de detenção, tem sido minha casa; o lugar do meu renascimento. Pareceu como se tivesse voltado à minha casa... Apreciei-o ainda mais do que todas as outras vezes...[124]

O cárcere como uma casa. Local de solidão que concede uma gradual reconciliação consigo mesmo; que retarda o momento em que a nova imagem de si será submetida ao julgamento dos outros, tentando corroer as memórias do próprio passado de matador. O cárcere, prisão que protege também contra as possíveis vendetas mafiosas, com o medo de ter que pagar uma conta pesada pelas próprias escolhas; a despeito das cautelas; apesar da tentativa de manter relações dialeticamente "respeitosas" com os próprios ex-chefes e com o próprio mundo. Esse complicado percurso emotivo é pontualmente descrito no prosseguir da narrativa:

Essas experiências fora da penitenciária foram muito importantes; do ponto de vista humano, eu me encontrava num mundo novo, mas, sobretudo emotivamente, me reconciliei com tudo o que encontrava. Sou eternamente devedor de tudo e todos e grato a este Estado, que deu uma segunda oportunidade a um mafioso, como eu era, pra se redimir. Nesse fundamento apoia-se o benefício que me foi concedido, embora limitado, de liberdade.[125]

Os breves períodos que passa fora do cárcere são acompanhados pela curiosidade e pela esperança. Pela vontade de anotar minuciosamente todas as transformações observadas num

124 Encontro de 15 dez. 2012.
125 Id.

mundo do qual estava afastado havia tantos anos. É como voltar à infância. Gaspare Spatuzza procura aprender avidamente a se comportar segundo os princípios daquele outro eu, à construção do qual se dedicou nas longas horas passadas na prisão. Um trabalho que o mantém distante de seu passado, projetando-o num futuro que – até o momento em que possa ser vivido – pode imaginar de sua cela, como melhor o deseja.

Compreendo a importância dessas passagens quando, durante um de nossos últimos encontros, pedindo-me para ser discreta sobre seu conteúdo, mostra-me um documento com inúmeras páginas, um relato de uma de suas primeiras experiências fora da prisão. Trata-se de uma estada por dois dias numa localidade secreta. Ouvindo sua leitura, reflito sobre seu sentimento de admiração em relação a um mundo sensivelmente mudado: dos modelos dos automóveis às roupas das crianças levadas a passeio em "carrinhos espaciais". Anoto seu estupor e também o prazer de poder se olhar por inteiro num espelho: observar a própria imagem refletida, para verificar as alterações ocorridas.

O desejo de comprar com o "próprio" dinheiro limpo, dinheiro do Estado, alguns objetos: dois pares de sapatos, um agasalho de cor fúcsia, alguns livros. Noto com espanto seu desejo, às vezes ingênuo, de verificar a taxa de legalidade dos comerciantes a partir do fato de oferecerem ou não as notas fiscais. Entrevejo aí quase uma necessidade de ser tranquilizado acerca da "bondade" desse mundo ao qual confiou sua nova vida. Mas percebo também a necessidade de demonstrar e de se sentir honesto, do lado dos justos.

Reconectando-me ao seu relato, pergunto-lhe o que mais lhe falta da vida cotidiana:

> Nada de especial. Pequenos desejos. Gostaria, por exemplo, de poder comer uma torta de maçã... mesmo que aqui ninguém me proíba. Veja, contento-me com pouco, saiba que gasto cerca de 20 euros por semana.[126]

---

126 Id.

Em seguida, volta a contar suas experiências como homem livre:

> Durante essas licenças, apreciei muito a possibilidade de me aproximar de pessoas que não conhecia e que não me conheciam. Pra mim foi como um teste. Ter que me defrontar com pessoas que usavam outra linguagem, bastante nova. Experiências que foram cada uma mais bela que a outra, nas quais tive que quebrar o gelo do meu isolamento. Você tem que encarar e conversar com pessoas das quais não conhecia nada, antes. Fica, depois, a vontade de encontrá-las novamente.[127]

Pergunto-lhe se foi ele quem escolheu o lugar onde passar essas licenças-prêmio, e responde que jamais deu "nenhuma indicação nem de dias nem de locais" e não teve jamais "algo a recriminar". Em seguida, dando-me uma confirmação posterior de como era importante refletir sua experiência na experiência de outrem, continua, um tanto enfático:

> Devo dizer-lhe que eu era muito cético sobre o funcionamento do Serviço de Proteção. Essas convicções eram devidas a algumas entrevistas de colaboradores de justiça – que li num livro – que discutiam alguns problemas estruturais. Mas, ao ter conhecimento direto do sistema, percebi que essa imagem não correspondia à realidade. Posso afirmar que estou orgulhoso de ter encontrado agentes tão preparados profissionalmente, tanto no plano da segurança quanto no humano. Situação que me faz apreciar cada vez mais, no sentido positivo, a escolha de colaborar com a Justiça. Devemos considerar que o Estado concede a um assassino, desde que redimido, a "liberdade", um bem de valor inestimável, o resto é supérfluo. Outro dia, um colaborador, Carmine Schiavone, renegou sua escolha de ter colaborado com a Justiça, isso depois de vinte

127 Id.

anos. Eu lhe diria: "O que você fez com aquele bem precioso que o Estado te concedeu, a liberdade?".[128]

Logo depois, mudando uma vez de estilo e de expressão, volta a refletir sobre seu percurso e sobre as dificuldades que o acompanharam, apresentando-me, enfim, um balanço positivo:

> A despeito da solidão – que pra mim sempre foi instrutiva – e da situação que lhe descrevi, pelo que me diz respeito, só tenho a dizer que valeu a pena. Dei uma possibilidade aos magistrados, cujo trabalho foi realizado com imenso profissionalismo, de restituir um pedaço da verdade àqueles que foram prejudicados pela criminalidade organizada: ajudei a fazer justiça por aqueles que foram condenados erroneamente. Quando se decide tornar um colaborador de justiça, não deve se pensar no que se irá receber, mas no que se pode dar. O que espero é que se possa chegar a uma verdade total.[129]

Diante de uma resoluta rediscussão de si, diante do grave risco ao qual se expôs ao colaborar com a Justiça, colocando-se contra todos (magistrados, políticos, mafiosos, família), Gaspare

---

128 Id. As bruscas mudanças de estilo que frequentemente se verificam no relato de Spatuzza dão a impressão de que o que ele diz não é endereçado apenas a mim, mas que, por meu intermédio, são outros os interlocutores que ele pretende alcançar. Essas sobreposições ativam um jogo de múltiplas identidades, expostas em função de objetivos diversos, com um efeito de ambiguidade às vezes bem forte (Drescher, 2003; Galatolo, 2010; Heritage, 1985; Jacquemet, 1996; Matoesian, 2001). Trata-se de narrações multíplices que alternam diversas representações e diferentes versões dos fatos, entre as quais não é possível escolher nenhuma como a mais "veraz".

129 Id. Durante o encontro anterior, a propósito de sua renovada necessidade quanto à "verdade", ele observara: "Um mafioso, pra encobertar as ações ilícitas, deve sempre mentir: deve mentir à sua família, deve mentir à sua mulher, deve mentir aos seus fihos, deve mentir sempre, porque você é obrigado a mentir. Como pode olhar seus filhos nos olhos e dizer: "Olha que papai fez isso e aquilo... olha que o dinheiro que você gasta é fruto de ações violentas". Isso não é viver [...] mas vegetar. Eu amo a vida e pretendo vivê-la, não vegetar. Mesmo que meus dados pessoais não sejam mais os de Gaspare Spatuzza, desejo apaixonadamente viver em paz comigo mesmo e com todo o meu próximo" (Encontro de 24 nov. 2012).

Spatuzza anseia por certezas; agarra-se, pois, a um desejo de verdade que adota os matizes do absoluto:

> [...] mesmo que seja necessário falar com um doente terminal, acho que não é justo mentir, nem mesmo nesse caso. Uma forma de piedade mistificada impede ao moribundo de viver plenamente os últimos dias da sua vida. Prefiro a verdade num soco que a mentira numa carícia.[130]

Mas ele também anseia encontrar algo pelo qual valha a pena viver. Dar um sentido aos seus dias, evitando ser reabsorvido pelo passado e por seus horrores. Assim, agarra-se a ideais abstratos, a verdade, o amor, o perdão, a liberdade, fechando os olhos para não enxergar o que, no entanto, lhe é apresentado claramente através da difusa cor cinzenta que circunda sua vida. Sobre tudo isso, ele se cala, eliminando do relato qualquer traço de dúvida, qualquer elemento que poderia aludir a incertezas ou desilusões. A versão oficial de sua história é tranquilizadora e alinhada com o tudo o que se espera dele.

Quando pergunto se passará no convento seus dias de liberdade, mostra-se hesitante. E, embora reafirmando a profunda perturbação produzida nele pelo processo de conversão, responde, evasivo:

> [...] fiquei muito abalado, no sentido positivo; descobri sentimentos que jamais tinha experimentado; você se enamora pela sacralidade da vida, do próximo, de tudo aquilo que o cerca. Queria

130 Encontro de 24 nov. 2012. O desejo de acreditar numa verdade absoluta, tanto mais forte em um homem habituado a navegar na ambiguidade, assume uma coloração decidida durante os debates judiciários, quando se trata de defender a própria credibilidade. Desse modo, durante uma acareação com Cosimo Lo Nigro, Spatuzza o interpela enfaticamente: "Se você tem respeito por mim, ao chegar aqui deveria se valer do direito de não responder. Mas se você vem aqui no tribunal dizer que eu estou mentindo, isso me incomoda e dói em mim. Porque significa que eu estou mentindo! Eu não estou mentindo. Eu não digo a verdade: sou a verdade!" (Transcrição verbal de 20 ago. 2009, em *Io accuso*, 2010, p.283).

> me apropriar da vida como um cidadão comum, mas sabemos que tudo isso não é simples. Considero esse assunto muito importante, ele demanda uma reflexão profunda. Cada decisão definitiva, nesse sentido, encontrará sua resposta no tempo e no lugar devidos.[131]

Não é no convento que se encontra Deus. É melhor estar completamente a sós para encontrar a si mesmo. Seu modo de raciocinar continua a me surpreender. Espanta-me sua lucidez, seu ostensivo e imutável equilíbrio. Mas o que mais me impressiona é sua aparente serenidade. Como se pode deixar para trás o próprio passado e ser honesto consigo mesmo e com os outros sem ser esmagado pelas próprias responsabilidades? A fé pode realmente efetuar esse distanciamento em relação a quem já se foi?

Refletindo sobre a clareza de suas argumentações, pergunto-me se eu também estou sendo vítima de um processo de fascinação. Procuro dar-me uma explicação que não enfatize a situação. Devo, porém, evitar também redimensionar demais, por um preconceito oposto, a dimensão de sua transformação. Repito-me que não cabe a mim decidir se ele é mais ou menos sincero. Devo registrar tudo o que ele me diz e inseri-lo num único quadro hermenêutico. Percebo, todavia, que esse labirinto não tem saída. Não existe uma verdade única. Nem faz sentido procurá-la, sobretudo nesta história. O dado inegável é seu instinto de sobrevivência, sua enorme força de vontade.

Onde o "estado de exceção" se torna a regra e o paradigma do cotidiano, também os conceitos de bem e de mal, de verdadeiro e de falso se confundem e se invertem.[132]

---

131 Encontro de 2 mar. 2013. Sobre os projetos de Spatuzza posteriores à libertação, dom Massimiliano De Simone comentou: "Sei que entre os planos de Spatuzza [...] está o de voltar à Sicília e poder falar justamente na casa de Puglisi. Quer falar aos jovens do centro Padre Nostro, que correm o risco de cair nas malhas da Máfia" (Entrevista com dom Massimiliano De Simone, 28 set. 2012).

132 "É justamente essa tendência paradoxal a se transformar em seu oposto que torna interessante a situação-limite, escreve Agamben (2012, p.44),

Antes de deixá-lo, pergunto se ele não teme a solidão; se, com o passar do tempo, esta não pode representar um peso ou uma fácil escapatória diante de um mundo que não se tem a coragem de aceitar por aquilo que é. Responde-me que, quando alguém está bem consigo mesmo, não tem medo da solidão. Em seguida, após uma breve pausa, acrescenta, quase textualmente:

> Saio de uma prisão e entro numa outra prisão que me construíram de propósito. Mas a aposta é alta demais. O importante é não estar na situação de ter que destruir a dignidade, a lealdade entre as instituições e as pessoas. Descobre-se a liberdade quando nos sentimos perdidos. Quando se experimenta o vazio dentro e fora de si.[133]

---

a propósito de Auschwitz, "lugar no qual o estado de exceção coincidiu perfeitamente com a regra e a situação extrema tornou-se o próprio paradigma do cotidiano. Até que o estado de exceção e a situação normal sejam [...] mantidos separados no espaço e no tempo, então estes, embora se fundamentando secretamente entre si, permanecem opacos. Mas, assim que mostram abertamente sua convivência, [...] eles se iluminam um a outro, por assim dizer, a partir de dentro".

133 De minhas anotações (não revisadas por Spatuzza) sobre o encontro de 14 set. 2013.

– EPÍLOGO –
A APORIA DO RELATO

> Those who have not lived through the experience will never know; those who have will never tell; not really, not completely. [...] Between the memories of a survivor and their portrayal in words, even his own, there exists an unbridgeable gulf. The past belongs to the dead.[1]
>
> Elie Wiesel, *For some Measure of Humility*

> Existem identidades que são ditas com as palavras, mas outras que se afirmam com o silêncio.
>
> Renate Siebert, *Cenerentola non abita più qui* [Cinderela não mora mais aqui]

1. OUVIR O NÃO DITO

Paris, 21 de novembro de 1996

Caro Jean-Claude Romand,

Já se passaram três meses desde que comecei a escrever. Diferentemente do que pensei no início, o problema, para mim, não

---

1 "Aqueles que não viveram a experiência, nunca saberão; aqueles que a viveram, nunca a contarão; não realmente, não completamente. [...] Entre as memórias de um sobrevivente e sua representação por palavras, mesmo as suas, existe um golfo intransponível. O passado pertence aos mortos." Em inglês no original. (N. T.)

> é descobrir informações, mas encontrar um posicionamento meu em relação à sua história. Quando comecei a trabalhar, acreditei que era capaz de evitar o problema, costurando, peça por peça, tudo aquilo que sabia, e esforçando-me para ser objetivo. Mas num caso como este, a objetividade é uma mera ilusão. Tinha que escolher um ponto de vista. [...] Certamente, não cabe a mim dizer "eu" em seu nome, portanto, só me resta dizê-lo em meu nome falando de você – isto é, relatar em primeira pessoa [...] o que, em sua história, relaciona-se a mim e ecoa na minha história. O fato é que não sou capaz. Não encontro as frases, esse "eu" soa falso. Decidi, então, protelar o trabalho até que eu me sinta pronto (Carrère, 2000; ed. it. 2013, p.157-8).

Ao chegar ao final da narrativa de Spatuzza, quando tento dar uma forma na escritura, procurando não escapar do jogo de reverberações entre sua história e a minha, entre as suas e as minhas emoções, e tentando respeitar o rigor analítico e o esforço de "objetividade", encontro-me na situação descrita por Carrère: com a exigência de identificar um ponto de vista a partir do qual relatar e, experimentando, por minha vez, a dificuldade de encontrar um posicionamento em relação à sua história.

Também no meu caso não faltam as "informações", as notícias que – direta ou indiretamente – compõem um relato mais ou menos "veraz"; mas o que descobri no curso da narração – e ainda mais, ao encontrar com meu interlocutor – foi justamente o caráter ilusório de um ponto de observação que não seja colocado, de uma memória subjetiva que não esteja habitada pela presença do outro,[2] de um relato que não seja, ao mesmo

2 Maurice Halbwachs (1950; ed. it. 1987, p.38) escreveu: "Nossas lembranças vivem em nós como lembranças coletivas, e elas nos são lembradas pelos outros, mesmo quando se trata de acontecimentos nos quais só nós estivemos envolvidos, e de objetos que só nós vimos. O fato é que, na realidade, jamais estamos sós. Não é necessário que os outros estejam presentes, que sejam materialmente distintos de nós: pois cada um de nós traz sempre consigo e dentro de si uma quantidade de pessoas distintas".

tempo, escuta e reelaboração, um processo que renova o vivido e o reproduz diferentemente a cada exposição.[3]

Se essa é a experiência de toda narrativa autobiográfica,[4] então indefinições, sobreposições, verdades incompletas, silêncios e não ditos constituem o traço característico da história de Gaspare Spatuzza; sempre suspensa entre confirmações e bruscas reviravoltas, entre aberturas inesperadas e fechamentos drásticos; sempre condensada em pequenos fragmentos que aludem a um todo jamais explicitado, e sobre a qual pesa o enigma de uma decodificação aberta a múltiplas possibilidades.

Contribui para complicar o quadro o fato de que o "mistério Spatuzza" (aquele ligado à sua vida e às suas vivências) está entrecruzado com o mistério dos atentados que ensanguentaram a Itália no início da década de 1990. A história de Spatuzza está impregnada pelos humores da narrativa dos acontecimentos de que ele foi protagonista, e pelo contexto histórico no qual eles surgiram. Seu futuro, incerto e indefinido, é um reflexo do futuro opaco da Itália, ainda mais turvo por conta de um passado recente que ainda carece de muitas verdades.

No cenário de fundo, persiste uma democracia incompleta, que infantiliza seus cidadãos, dando-lhes explicações parciais e cheias de contradições; pedindo-lhes que aceitem cegamente versões oficiais repletas de obviedades, que normalizam tudo em nome de uma razão de Estado superior, de uma obra de pacifi-

---

3 Bela é a imagem com a qual Marguerite Yourcenar (1988; ed. it. 1989, p.238) alude à memória: "A memória não é uma coleção de documentos depositados em ordem no fundo de algum tipo de mim mesma; ela vive e muda; aproxima os pedaços de lenha apagados para novamente avivar sua chama".

4 Renate Siebert escreveu (1999, p.209 e 217): "O relato autobiográfico é uma pesquisa, não só uma mera descrição. [...] A narração é sempre uma construção, uma relação mediadora com fatos 'realmente acontecidos' ou estados de espírito efetivamente vividos. Também o relato autobiográfico ou biográfico representa uma interpretação, no qual os elementos da experiência relembrada se misturam com elementos retóricos e com mecanismos narrativos que aproximam a narração da ficção". Sobre os problemas metodológicos colocados pelo uso do relato biográfico, cf. também Chevalier (1979) e Bertaux (1980), além de Demazière e Dubar (1997).

cação difusa e tranquilizadora.[5] Ou, pior, mostrando a falência de uma justiça "enganada" por manobras desorientadoras e encalhada, após mais de uma década de investigações, em sentenças "injustas", abundantes de negligências, superficialidades e aproximações. Sentenças que geram novos processos; que deixam sem resposta demasiadas interrogações sobre questões importantes demais; sentenças que muitas vezes reconhecem as responsabilidades "precisas" apenas de indivíduos que já não estão vivos; que deixam o cidadão comum – aquele que Schütz chama o *homem da rua* – incerto se deve acreditar em um complô inverossímil ou em uma incompetência igualmente implausível e frustrante; se deve julgar o espetáculo desolador de homens políticos que se acusam reciprocamente de mentir como o fruto de uma complexa manobra desestabilizadora ou como a demonstração de uma banal carência de sentimento cívico e, mais uma vez, de incapacidade e inadequação.[6]

Em tal cenário, seria ingênuo pensar em descarregar, pela escritura, a trama unitária de uma narração verídica. Definir quadros analíticos indiscutíveis com base em reconstruções fundadas em fatos comprovados. Nada nesta história pode ser considerado indiscutível. Muito menos a ótica judiciária – muitas vezes mutável nos diversos graus de julgamento – que, embora permaneça um instrumento importante, deve ser manuseada com cautela e submetida a uma "averiguação empírica", quando é utilizada dentro da perspectiva teórico-metodológica do "relato de vida".

5 Não posso aprofundar aqui essas questões delicadas, em relação às quais cf. Bobbio (1994; 1998; 2005); Catanzaro (2010); Dalla Chiesa (2011); Davigo e Mannozzi (2007); De Lutiis (1984; 1986); Dino (2012c; 2014); Dino e Pepino (2008); Morabito (2005); Pepino e Nebiolo (2006); Ruggiero (1999; 2006; 2013); Santino (2013); Lodato e Scarpinato (2008) e Tranfaglia (1991; 2008).

6 Após os testemunhos de Massimo Ciancimino e de Gaspare Spatuzza, e à distância de mais de uma década dos fatos, alguns políticos e membros das instituições começaram a se lembrar de novos fragmentos de "verdades", em geral reciprocamente contraditórios. Cf. Tribunal de Palermo – Seção do GIP, Decreto de reenvio a juízo, 7 mar. 2013. Sobre o ponto, cf. também Dino (2015b).

Essas e outras reflexões preencheram os vários dias gastos revendo as anotações e reconsiderando os diálogos e os encontros com Gaspare Spatuzza. Procurando documentos e testemunhos que esclarecessem melhor o que eu havia escutado. Lendo textos e fascículos que me restituíssem o clima dos anos em que sua história se desenrolou.

Diante dessas dificuldades e sob a clara perspectiva de não poder evitá-las, nem de poder me livrar de uma persistente sensação de incompletude, de não encontrar um ponto de observação "justo", a partir do qual entregar ao público o relato do carrasco auxiliar de Brancaccio, também eu – como Carrère – decidi dar uma pausa, interrompendo a escrita e esperando que o turbilhão de emoções e dúvidas tivesse tempo para se sedimentar. Enfrentava o risco de invalidar o trabalho feito; de não obter aquele efeito surpresa que somente o caráter imediato da reconstituição é capaz de oferecer.

A história de Spatuzza, porém, continuou a me seguir furtivamente, a acompanhar meus dias e estudos. Comecei a escrever. Desenvolvi, no processo, meu estilo narrativo e verifiquei a validade do ponto de observação que, arduamente, identifiquei. Escolhi centralizar uma dimensão subjetiva, a cuja "rebelião diante das torqueses das análises sistêmicas" quis conceder o devido espaço (Siebert, 1999, p.247).

Após um longo período de pausa, atravessado por uma séria enfermidade, senti o dever de continuar; senti a necessidade urgente de oferecer um testemunho sobre o que havia escutado. Faria isso por mim,[7] faria isso para restituir a Spatuzza o reflexo dessa história da qual eu havia me tornado participante, faria isso para que tivessem a oportunidade de conhecer, através de minhas palavras, outra perspectiva sobre a história dos atentados. Consciente dos riscos, decidi enfrentar a aporia do relato, de

7 Nessa circunstância, experimentei em minha pele a veracidade das reflexões de Siebert (1999, p.216) sobre os "relatos que curam" e sobre os "relatos que ferem", experimentando a força iatrogênica e ao mesmo tempo terapêutica da narrativa.

escutar atenciosamente o não dito, tentando transformar minhas palavras em uma "liturgia para a dor": sofrida, provocada e, de qualquer modo, difícil de ser suportada.[8]

2. *À REBOURS:*[9] DA ESCRITURA À ORALIDADE

Seguindo essas reflexões e deixando que o passar do tempo produzisse a justa distância a partir da qual começar a narrativa, enfim elaborei meu trabalho, fruto da mediação entre minhas transcrições do relato de Spatuzza e a revisão final em comum do texto escrito: a versão oficial (pública e publicável) de sua história.

A obra de revisão, porém, pelo tempo que demandou (condensando em três encontros a mesma duração dos seis anteriores), pelas modalidades nas quais se desenvolveu, pela intensidade emocional que a perpassou e pelas viradas bruscas que a acompanharam, merece um relato à parte; um relato que percorre, ao inverso, os eventos já transcritos, conturbando, uma vez mais, a perspectiva narrativa e confiando a memória de tudo o que ocorreu não mais à escritura, e sim novamente à oralidade.

O que se segue, de fato – que se entrelaça com o relato principal, para dar o testemunho mais completo possível do ocorrido – é fruto de minhas anotações, redigidas sob a forma de um diário de bordo, durante os três últimos encontros com Gaspare Spatuzza, em 14 e 21 de setembro e 3 de outubro de 2013. Trata-se de uma outra tentativa de buscar dar voz ao não dito, enquanto retorna a centralidade do tema da negociação (no plano da realização) e o das censuras (no plano do relato dos conteúdos a ser publicados e da forma como fazê-lo).

---

8 Sobre a aporia do conhecimento histórico e da "não coincidência entre fatos e verdade, entre constatações e compreensão" falou Agamben (2012, p.8), descrevendo a situação da testemunha sobrevivente aos campos de extermínio, dilacerado entre o dever do testemunho e a impossibilidade da narração (ibid., p.9-10).

9 Em francês no original: às avessas. (N. T.)

2.1. Palavra por palavra...

Em 14 de setembro de 2013, atravessei o limiar da prisão pensando que será um encontro particular; um compromisso combinado há tempos e para o qual recebi uma autorização especial que me permitirá passar o dia todo na companhia de Spatuzza. Deveremos ler, juntos, o longo documento no qual transcrevi as conversas realizadas durante os seis encontros anteriores.

Entrando, após uma noite insone, na despojada portaria da prisão, espera-me uma agradável novidade: o inspetor que me acompanha é uma mulher, cordial e eficiente. Disponível e aberta no plano relacional, depois de me conduzir até meu interlocutor, deixa-me o número de seu celular, enquanto se despede, desejando-me bom trabalho e pedindo-me para avisá-la antes de ir embora.

São aproximadamente 10 horas quando entro na sala dos colóquios, onde Spatuzza me recebe, sorridente. Entrego-lhe o livro que levei como presente, o volume de Alfonso Giordano (2011) sobre o maxiprocesso. Ele me agradece e, tornando-se sério, acrescenta: "Tudo começou aí".

Lançamo-nos ao trabalho, sentados do mesmo lado da mesa, diante do texto que passa na tela do computador, e começamos a ler. São 57 páginas, repletas de conteúdos e reflexões. Passamos muito tempo revisando-as, e no final do dia, às 19 horas, quando paramos, exaustos, chegamos apenas à página 27.

No geral, Spatuzza parece contente com o trabalho que realizei. Em algumas passagens, está quase satisfeito pela maneira como apresentei sua imagem, e pelo modo como relatei sua história e suas emoções.

Mas também há dificuldades. Sentados, lado a lado, noto a atenção, às vezes obsessiva, que ele reserva a cada palavra. Quase como se se tratasse de um depoimento judiciário, apura, uma por uma, as expressões de meu texto, para evitar qualquer equívoco possível. Em algumas delas nos demoramos longamente. Desaparece a observação "miseráveis" que eu transcrevera ao lado do nome de uma família da Cosa Nostra. Discutimos por um longo tempo se devemos escrever "conluio" ou "cumplicidade" a propósito de um episódio que tem como protagonistas os irmãos Graviano, se devemos utilizar o verbo "sentir" ou "conhecer" a respeito de algumas notícias obtidas de outros homens de honra. Desaparecem – ou são especificadas com evidências detalhadas – todas as expressões que ele considera demasiado genéricas. Esforço-me para tentar lhe explicar que o trabalho que estamos fazendo deve ser inserido em um contexto diferente do judiciário. Ele, talvez, tema incorrer em disputas, reacender vendetas não totalmente aplacadas, expor-se a críticas. Tenho que defender um equilíbrio precário, exposto a condicionamentos e a decisões de indivíduos diferentes.

Spatuzza me pede para apagar um longo trecho no qual há menções a políticos que ainda desempenham cargos importantes. Elimina qualquer alusão a indivíduos de fora da Cosa Nostra (embora presentes nas atas judiciais, então públicas). Apago tudo, respeitando sua vontade; esclareço, porém, que dessa forma a "verdade" que ele tanto deseja jamais virá à luz.

Objeto dizendo que procurei relatar suas palavras. Ele me responde que suas "verdadeiras" palavras são aquelas que ele está me sugerindo agora. Ao mesmo tempo, porém, acontece algo que jamais esquecerei. Por um instante, parece que surpreendo em seus olhos um senso de prostração e de derrota. Em seguida raiva e impotência, diante de algo que não pode dominar. É só um breve momento, que me deixa com a dúvida de ter entendido mal seu sentido.

Penso novamente no diálogo durante a acareação entre ele e Filippo Graviano, quando, concluindo uma requintada escaramuça dialética, na qual cada um dos protagonistas buscava defender o próprio ponto de vista, manejando as ambiguidades e os não ditos, ambos concordam ao afirmar que "existem coisas que não podem ser explicitadas"; questões que todos conhecem, mas sobre as quais é impossível se aprofundar.[10]

---

10 São significativas as frases conclusivas da acareação, quando Filippo Graviano, respondendo ao promotor público, que tenta sondar sua disposição de

Também em nosso caso, ambos compreendemos que há coisas que não podem ser tornadas públicas. Sem nunca explicitar seus motivos, nós as comunicamos por meio de silêncios e não ditos. As censuras e os reescritos são a metáfora de um segredo que deve permanecer como tal, pela gravidade das questões em jogo, pela dificuldade de sua decodificação e a relevância dos indivíduos envolvidos.

Mas se Spatuzza está habituado a viver em condições pouco claras, para mim, o peso desse silêncio é difícil de suportar. Quer pelas consequências sobre nossa relação, quer pela sordidez que deixa entrever, sem oferecer – como compensação – quaisquer lampejos de mudança.

Reconsidero sua segurança inicial e tento imaginar as pressões às quais este homem – ao mesmo tempo dr. Jekyll e sr. Hyde – está constantemente submetido, e me espanto ainda com sua lucidez. Sua identidade permanece um mistério. Percebo os riscos aos quais irei me expor com este trabalho e a extrema cautela com a qual deverei tratar essa matéria.

Na despedida, decidimos nos rever o mais rápido possível, pois havia a possibilidade de que, muito em breve, sua condição carcerária mudasse.

---

colaborar, responde, enigmaticamente: "A legalidade é um conceito muito amplo, e eu, na minha modestíssima condição, [...] a cultivo há dez anos. Existe todo o resto, o que diz o senhor, que infelizmente não pode ser explicitado". O magistrado o instiga: "[...] porque o senhor, quero dizer, teria, estaria em condição de poder esclarecer justamente esta passagem específica. Todos... o senhor bem sabe ao que estamos nos referindo, o senhor sabe bem, nós sabemos bem e, portanto, quero dizer, se trata de um problema sobre querer ou não querer fazê-lo". A essas palavras, Graviano replica: "Quando se diz 'o senhor sabe bem, eu sei bem', não estamos dizendo... isso pode se referir a tudo. Repito: eu não espero nada de ninguém. [...]. Se, então, nós falamos e se diz alguma coisa e se entende outra, porém, atenção, sem ofensa para quem diz e para quem entende! Eu sinto muito, porém devo lhe dizer, não sei nada de política" (Procuradoria da República de Florença, Transcrição da acareação em 20 ago. 2009 entre Graviano Filippo e Spatuzza Gaspare, n. 11531/09/21, p.53 e 61-3).

2.2. *Mais cortes e rupturas*

Vou encontrá-lo uma semana mais tarde, pensando que aquela será realmente a última vez; conclui-se um ciclo, e depois deste encontro, começará a fase – ainda mais complexa – da seleção do material e da redação do livro.

Mais uma vez, quem me recebe na portaria é a dra. M., que me acompanha até o diretor da prisão, ao qual eu solicitara uma visita. Desejo cumprimentá-lo e agradecer-lhe pela disponibilidade demonstrada durante este ano de trabalho.

Logo depois, a dra. M. me conduz até Spatuzza. Como sempre, ao entrar comunico o que trago comigo: computador e *pen drive*, e também um livro de presente para Spatuzza. Dessa vez, trata-se do volume do monsenhor Vincenzo Bertolone (2013), *Padre Pino Puglisi beato:* Profeta e martire [Beato padre Pino Puglisi: profeta e mártir], que ele mesmo havia demonstrado o desejo de ler.

Meu interlocutor parece estar de bom humor. Deseja falar. Alude a uma nova licença-prêmio passada fora da prisão. Uma bela experiência, em sua opinião, pois a localidade à qual viajou está junto ao mar. Acrescenta outros detalhes; diz que se sente pronto para uma vida nova. Desejo me sentar para trabalhar, concluir o trabalho e dar-lhe uma nova estruturação.

Antes de começar, porém, tenho uma nova surpresa. Spatuzza releu o material que havíamos revisado juntos e determinou – marcando em azul, no texto, as partes que ele modificou e em vermelho os trechos a ser anulados – algumas mudanças posteriores.

As correções não são tantas, mas são significativas. Algumas são de caráter formal (a passagem do "nós" a "eles" quando se fala da Cosa Nostra, o uso de expressões mais suaves quando se refere a episódios violentos). Outras estão relacionadas à substituição de palavras isoladas, como quando, a propósito de sua experiência na Cosa Nostra, o verbo "trabalhei" é substituído, significativamente, por "militei".

São, porém, mais numerosas as intervenções em conteúdos e os cortes que me "propõe". Na nova versão de sua história, tudo parece suavizado. Construído para ser contado como se estivesse dentro de uma bolha de sabão. Tento, brandamente, defender meu velho texto, mas essa é sua vontade e devo respeitá-la.

Tento me consolar pensando que mesmo essas censuras estão carregadas de mensagens. Além disso, visto que seus testemunhos ocuparão apenas uma parte de meu trabalho, e que poderei dispor dos depoimentos processuais nos quais os assuntos eliminados foram abordados em profundidade, o dano não será tão grave assim.

Passamos, assim, a revisar o material restante, a segunda metade da transcrição que, no encontro anterior, não tínhamos conseguido reler.

Durante toda a manhã, o trabalho prossegue, diligente. Tendo compreendido os motivos de suas precauções, sei quando e onde ele irá me interromper para pedir algum corte. Interrompemos o trabalho por volta das 12h45. Uma breve pausa para comer algo no refeitório e às 13h30 estou de volta. Antes de recomeçar, bebemos juntos o café que ele preparou.

Sentamo-nos novamente para trabalhar. É o momento mais difícil de se aceitar. O trecho da entrevista que revisamos é o que sofrerá o maior número de cortes. Refere-se às relações entre a Máfia e a política. Spatuzza se mostra inflexível quanto a essas intervenções. Nem adianta discutir. Repete várias vezes que eu posso fazer todas as reflexões que quiser. Ele, porém, quer apenas dizer as "coisas certas". "De resto", acrescenta, "mesmo quando lhe falava sobre esses assuntos sempre disse que estas poderiam ser as suas reflexões..."[11]

Muito embora já contasse com essa eventualidade, não pude esconder certa desilusão.

---

11 A enorme cautela com a qual Gaspare Spatuzza encara as delicadas questões que colocam em jogo as relações entre a Máfia e os políticos é totalmente compreensível se pensarmos também na dura decisão expressa sobre sua

Por outro lado, ele aprofunda e se concentra sobre os trechos que tratam de seu relacionamento com a fé e a religião. É um fato positivo, pois, ao procurar não o transformar no tema dominante de nossas conversas, acabei por dedicar-lhe pouco tempo.

Durante nosso trabalho, muitas vezes percebo o cansaço. Num dado momento me acontece algo estranho, mas também muito significativo. Enquanto o escuto e escrevo no computador, olho para o maciço portão que nos separa da guarita. Fechado, trancado, enquanto estamos encerrados lá dentro. Só então compreendo que estou fechada à chave em uma cela com um homem que já matou. Olho suas mãos robustas. Imagino as vezes em que ele as usou para estrangular suas vítimas, sem hesitações. Vem à minha mente o relato de Alfonso Sabella, que apresenta

---

confiabilidade, pela Tribunal de Apelação de Palermo, durante o julgamento do senador Marcello Dell'Utri. Naquela oportunidade – a única, na verdade, no percurso processual de Spatuzza – o tribunal julga sua contribuição inconsistente e genérica, chegando a defender o caráter doloso de sua colaboração tardia (cf. Tribunal de Apelação de Palermo, Sentença contra Dell'Utri Marcello e Cinà Gaetano (falecido), 29 jun. 2010, n. 2265/10 RgSent, n. 378/2006 Rg, p.474). Essa sentença foi, porém, anulada pelo Tribunal de Cassação, que convocou um novo julgamento, alegando "vazios argumentativos" em geral traduzidos em "vícios de motivação" (Tribunal de Cassação – V Seção Penal, Sentença sobre o recurso apresentado pelo procurador-geral junto ao Tribunal de Apelação de Palermo e a Dell'Utri Marcello contrário à sentença n. 378/2006, Tribunal de Apelação de Palermo de 29 jun. 2010, Sentença n. 597/12, Rg7785/2011, de 9 mar. 2012, depositada em 24 abr. 2012). O novo processo de apelação reafirmou as responsabilidades de Marcello Dell'Utri, cujo papel como "mediador contratual" de um pacto entre a Cosa Nostra e Silvio Berlusconi levou à sua condenação de sete anos de prisão pelo crime de concurso externo em associação mafiosa pelo período compreendido entre 1974 e 1992 (Tribunal de Apelação de Palermo – III Seção penal, Sentença no processo penal contra Dell'Utri Marcello, n. 1352/2013 Sent., de 23 mar. 2013, depositada em 4 set. 2013). O mesmo veredito de culpa contra Marcello Dell'Utri foi manifestado pelo Tribunal de Cassação, que rejeitou todas as derrogações do recorrente, reconfirmando as conclusões da sentença de apelação (Suprema Corte de Cassação – I Seção Penal, Sentença sobre o recurso proposto por Marcello Dell'Utri, contrário à sentença n. 1352/2013 Tribunal de Apelação de Palermo de 23 mar. 2013, Sentença n. 643/2014, Rg 47340/2013, de 9 maio 2014, depositada em 1º jul. 2014). Sobre esse ponto, cf. também Montanaro (2013, p.240-2).

um Spatuzza que come pão com mortadela enquanto remexe um caldeirão onde um cadáver ferve em litros e litros de ácido...

Retorno àquelas mãos que facilmente tiraram a vida de tantas pessoas. É um pensamento instantâneo que me dá a ideia dos inúmeros fatores que entretecem nossa relação.

Esforço-me para continuar meu trabalho. Daí a pouco preciso ir ao banheiro; digo-o a Spatuzza, dirigindo-me para a saída. Ele me informa que há banheiros internos e que posso usá-los. Apenas um átimo de hesitação e sigo a direção indicada. Deixo sobre a mesa os materiais, o computador e os cadernos nos quais estão anotadas todas as minhas reflexões. Penso novamente na porta de ferro trancada à chave que nos separa da portaria. Logo depois percebo que a porta do banheiro não tem chave. Volto ao trabalho o mais rápido possível.

Demonstrando muita correção, Spatuzza se encontra no corredor; conversa com a guarda, longe do cômodo onde deixei minhas coisas.

Recomeçamos o trabalho. Paramos apenas para beber um copo d'água e comer um doce. Terminamos de ler e revisar todo o material por volta das 18h30. Ambos estamos muito cansados.

Ao se despedir, Spatuzza manifesta a disposição de me encontrar novamente, se eu considerasse útil, durante a redação do livro. Agradece-me. Eu também agradeço a ele. Pede que eu envie suas saudações a Palermo. Um aperto de mãos muito fugaz e me precipito para fora do cárcere. Quero respirar o ar fresco.

Os cômodos iluminados pela lúgubre luz de neon me dão um arrepio. Saboreio a violenta tristeza do cárcere. Acompanhada pelo inspetor, saio ao ar livre e me sinto mais aliviada.

Mas é só uma breve trégua. Um pensamento final me invade sem que eu consiga entender direito suas origens. Ao entrar no carro começa a náusea, cada vez mais forte, até se tornar insuportável. Aos poucos compreendo como esse itinerário de pesquisa se transformou em uma travessia existencial, tornando-se quase um paradigma, um espelho refletor. Ao longo desses encontros na prisão se desenrolaram tantas experiências do passado; defronto-me com a dor de minha adolescência; com o abandono de uma cidade violenta, entregue nas mãos dos prevaricadores e perenemente envolta pela ambiguidade. Com a morte de meu pai. Com as possibilidades e os espaços de mudança, cuja enorme dificuldade é revelada pelas enigmáticas contorções de Spatuzza.

Os problemas não terminam com o retorno a Palermo. Através de um telefonema da dra. Maffei, sou informada do fato de que Gaspare Spatuzza releu o material que havíamos revisado juntos por cerca de catorze horas e fez novas alterações. Também comunicou à sua advogada que ele mesmo se encarregaria de enviar nossa versão da "entrevista" (desconhecida por mim) à Comissão Central de Proteção.

Resolutamente, manifesto minha contrariedade em relação a essa ação insólita. Como pesquisadora, não posso aceitar que seja ele o elaborador do texto da entrevista em minha ausência e a providenciar, além de tudo, seu envio aos meus interlocutores institucionais. Comunico que desejo terminar meu trabalho respeitando os acordos, mas também os procedimentos. Sou eu quem deve transmitir o texto à magistratura e à Comissão Central de Proteção para que sua publicação seja autorizada.

Desligo o telefone perplexa, mas também determinada. Tudo está novamente em jogo. Existe o risco concreto de um ano de trabalho penoso e intenso ser inutilizado. Preciso encontrar uma saída para essa situação.

Até que penso numa solução. Ligo para a prisão e peço para falar com a dra. M., a quem explico em detalhes o que aconteceu. Exponho-lhe minhas dificuldades. Concordamos que o melhor seria poder marcar um novo colóquio. Com uma sensibilidade e uma atenção ao meu trabalho realmente incomuns, a dra. M., em primeiro lugar, se mostra disposta a conseguir junto ao diretor uma nova autorização para que eu entre na penitenciária. Em seguida – não tendo eu conseguido a permissão através de meu advogado – se oferece também para entrar em contato com Spatuzza para sondar sua disposição de me rever mais uma vez. Depois de alguns minutos me liga de volta, dizendo que resolveu tudo. Porém, eu deveria partir hoje mesmo para encontrá-lo no dia seguinte. À espera desse encontro, a dra. M. irá adiar a envio do envelope de Spatuzza à Comissão Central.

O jogo está em campo novamente; se, por um lado, meu interlocutor tem o direito de recuperar a posse de suas palavras da forma que, segundo ele, reflita melhor sua vivência; por outro, eu também tenho o direito de decidir se devo publicar ou não "sua" reelaboração como fruto de "meu" trabalho.

2.3. *O último encontro*

A partida é feita muito às pressas. Tenho tempo apenas para comprar a passagem, fazer uma mala e cumprir os procedimentos previstos pela burocracia carcerária e já estou no avião, bastante confusa e pensativa.

No carro, imagino qual será o clima desse encontro. Sei que terei de encontrar um equilíbrio entre a determinação e a acessibilidade. Entre o desejo de encerrar, de algum modo, a entrevista, e a necessidade de proteger o trabalho conduzido até aquele ponto. Não sei nem mesmo quanto tempo passarei na companhia de Spatuzza. Teoricamente, tudo poderia ser concluído em poucos minutos com a entrega do novo arquivo. Mas se conseguíssemos, como eu esperava, revisar juntos as modificações feitas no texto, pode ser que precisássemos de mais tempo.

Ao sair do carro, sinto muito frio.

Dirijo-me rapidamente à entrada.

Dessa vez, quem me espera é um jovem inspetor dos GOM. Acompanho-o, batendo papo. A dra. M. junta-se a nós, gentil e profissional como sempre. Tomamos um café juntas, e agradeço-lhe novamente por sua preciosa intervenção. Conversar com ela evita que eu pense no momento em que encontrarei Spatuzza. E, assim, em um certo momento, o vejo à minha frente.

Somos deixados a sós. Explico-lhe o motivo pelo qual estou ali. Digo-lhe que é preciso que seja eu a enviar o envelope às procuradorias. Antes mesmo que eu me sente, ele investe sobre mim com uma torrente de palavras.

Diz não ter nenhum problema comigo e que tem prazer em me ver. Compreende perfeitamente meus motivos. Ele apenas havia tentado acelerar as coisas. Nesse meio-tempo, porém, algo mudou. Logo após nosso encontro, ele foi informado sobre a rejeição de seu pedido de prisão domiciliar, por razões de segurança.

Está amargurado e desiludido. Parece estar revivendo o que já havia passado, quando, logo depois das novas declarações sobre Dell'Utri e Berlusconi, lhe foi negado o programa de proteção. Tudo isso depois das provações pelas quais ele passara, para defender a honestidade de sua escolha.

Pela colaboração, ele renunciou à sua família; não pode existir maior prova de sacrifício. Por um momento, recorda as palavras de sua mulher que o alertara quanto às consequências de sua decisão.

Spatuzza está visivelmente agitado por pensamentos conflitantes.

Tento aproveitar essa inesperada confidência para lhe explicar que o que acontecera deveria estimulá-lo a falar comigo abertamente; a não realizar mais cortes sobre o texto da entrevista. Ele, porém, contesta, dizendo que justamente o acontecido é que o obriga a ser cauteloso, para não colocar em perigo sua vida e sua credibilidade, para não ser esmagado por essa máquina.

Terminado o desabafo, explica-me que lamenta ter tido de cortar algumas partes da transcrição, mas que naquele momento não era possível fazer de outra forma. Compreendo seu ponto de vista e seus motivos. Trata-se de uma história repleta de mistérios, lacunas e pistas falsas, cuja condução não pertence apenas à Cosa Nostra. E se soa utópico pensar que é possível desvendá-la, salvar a própria vida permanece sendo um objetivo importante.

Finalmente, começamos a trabalhar. Já se passou mais de meia hora desde que cheguei, e penso que a leitura do documento será bastante rápida.

Assim que abro o arquivo percebo, com certa consternação, que dele só resta praticamente metade.

Procuro reafirmar, mais uma vez, a importância de uma clareza maior, ancorando-me em seu desejo por verdade; mas entendo que não é o melhor recurso. Não será através de conjecturas abstratas que serei capaz de obter algo. Serão necessários um maior pragmatismo e uma negociação de trecho por trecho.

Entendo que o melhor é trabalhar sobre um texto duplo. Ligo meu computador e enquanto no dele revisamos os trechos drasticamente alterados, no meu releio, parte a parte, as seções eliminadas, propondo sua reintegração (em alguns casos, depois de sua correção parcial). O esforço é considerável. Não conseguimos concluir até a hora do almoço. Temos de continuar o trabalho durante a tarde.

De minha parte, faço isso de bom grado. É muito importante tentar resgatar qualquer palavra a mais do poço dos não ditos. Imagino, porém, se Spatuzza – que acreditava ter redigido, solitariamente, o texto definitivo de sua entrevista – estará disposto a passar todo esse tempo em minha companhia, submetendo sua narrativa a uma enésima revisão.

Fico contente pelo fato de que ele queira. Parece feliz em fazê-lo. É como se compartilhássemos um segredo de que não podemos comunicar o conteúdo, mas do qual tentamos dar um vislumbre. A despeito de tudo isso, não consigo sentir que ele esteja do "meu" lado; sinto, porém, que para ele é importante, neste momento, tentar estar. E eu deverei ter o cuidado para que tudo se desenvolva respeitando as regras da pesquisa.

Fazemos uma pausa para o almoço. No refeitório, sento-me à mesa com alguns agentes da polícia penitenciária. Sinto-me uma forasteira. Visto-me de forma diferente. Tenho um sotaque diferente do deles. Não consigo apreender tudo o que eles dizem. Perto de nós, há uma mesa com outros homens que trajam uniformes mais solenes. Casacos e galões. Aproximam-se cortesmente para cumprimentar.

Depois do almoço, volto até Spatuzza. Surpreendo-me ao pedir-lhe se pode me fazer um café. Ele me atende de imediato. Lembra-se de que tomo café preto e me oferece biscoitos. Recuso, impelida mais uma vez por um contínuo jogo de equilíbrios entre aproximação e distanciamento.

Recomeçamos a revisão de seu arquivo. É um trabalho analítico e meticuloso. Mantendo a estrutura de meu antigo texto, ele modificou sensivelmente sua forma, para torná-la, em sua opinião, mais discursiva, acabando por apresentar uma nova versão do relato.

Ao se apropriar de suas respostas, ele significativamente substituiu, em todas as referências feitas a mim na entrevista, a terceira pessoa do singular pela segunda do plural, respeitando rigorosamente o "vós" pelo qual sempre se dirigiu a mim, mesmo no registro oral.[12]

Entretanto, na ação de reescrita, surgem no texto alguns erros: acentos desaparecem e a letra "h" no uso dos auxiliares.[13] As concordâncias artigo/substantivo/adjetivo frequentemente são desrespeitadas. Os substantivos femininos têm o plural em

---

12 Na língua italiana, em relação aos pronomes pessoais com função de sujeito, no uso corrente, os pronomes *tu* e *voi* (respectivamente, segunda pessoa do singular e segunda pessoa do plural) são usados para falar com pessoas com as quais temos mais intimidade (parentes, amigos, ou pessoas mais jovens); para falar com pessoas importantes, mais velhas, ou de posição superior e como forma de polidez, utiliza-se o pronome *Lei*, com o verbo na terceira pessoa do singular, correspondendo a "senhor" ou "senhora". Entretanto, há também uma segunda forma de cortesia, que é o uso do pronome *voi*; embora caída em desuso, permanece sendo usada em algumas regiões da Itália meridional ou por pessoas mais idosas. É empregada para indicar formalidade e respeito, indo um pouco além do *Lei*, pois denota certa consciência quanto à diferença de classes, hierarquias e tratamento entre falantes. Ao ser usada entre pares (pessoas da mesma classe social), em geral indica que os interlocutores se respeitam reciprocamente, de forma extrema. Sendo assim, as mudanças dos pronomes indicadas pela autora em seu texto tentam demonstrar que eles não são tão simples quanto podem parecer a quem não conhece essas diferenças de tratamento entre pessoas de estratos sociais e origens geográficas distintas em um mesmo país, a Itália. (N. T.)

13 Na língua italiana, apenas quatro palavras começam com a letra "h" (que é muda): *ho, hai, ha* e *hanno*, que são formas do verbo "avere" (ter). Todas as demais são palavras de origem estrangeira. Os verbos auxiliares são aqueles usados para formar os tempos compostos de outros verbos: *essere* (ser/estar) e *avere*. (N. T.)

"i".[14,15] Também nesse caso, decido negociar com ele um aceitável meio-termo. Tentando me manter o máximo possível fiel ao seu estilo narrativo, corrijo os erros gramaticais mais patentes, limitando ao mínimo as intervenções quanto à construção sintática das orações.

Ao final da última tarde passada em sua companhia, sou capaz de recuperar amplos excertos, precedentemente anulados. Na verdade, não se trata de um amplo resultado: o documento conclusivo reproduz – com alguns cortes a mais – o que fora ultimado no encontro anterior. Mais uma vez as operações de censura se concentraram sobre os mesmos temas que já tinham passado, antes, por uma drástica redução.

Terminamos a revisão do texto por volta das 16h30.

Antes de se despedir, Spatuzza me pergunta quando iremos nos rever. Quando eu acho que o livro sairá. Respondo, com otimismo, que não antes do próximo ano.

Cumprimentamo-nos com certa leveza. Quase com a sensação de que iremos nos encontrar de novo.

Quando pergunto se ele quer que eu lhe deixe uma cópia do arquivo no qual anotei os trechos reintegrados, me responde, resoluto: "Doutora, já nos entendemos. Eu confio na senhora".

Ao me despedir dele, constato a importância deste projeto de pesquisa. Sinto a profundidade e a magnitude do percurso profissional cumprido durante este longo ano de trabalho. Tomo consciência, porém, do esforço que deverei fazer para não sobrepor o texto à vida. Parece que estou dentro de um livro de Paul Auster. Devo estar atenta aos poderes deformadores do caderno azul.[16]

---

14 Não sou capaz de encontrar uma coincidência específica entre esse dado e seu complexo posicionamento em relação ao feminino.

15 Os substantivos femininos terminados em "a" fazem seu plural em "e", em italiano. (N. T.)

16 Trata-se de uma referência ao livro de Paul Auster, *Noite do oráculo* (2003), no qual é narrada a história de Sidney Orr, um jovem escritor que, após ter superado uma doença muito séria, recomeça penosamente sua vida. Um dia, passeando pelas ruas do Brooklyn, encontra em uma papelaria

3. POR DENTRO DO ENIGMA

Passaram-se mais de dois anos desde que encontrei Gaspare Spatuzza pela última vez.

Dois anos cheios de eventos e atravessados por uma experiência desafiadora de enfermidade. Dois anos durante os quais minha vida se transformou de modo profundo.

Cheguei a pensar muitas vezes que este livro jamais seria concluído. Longas e dolorosas pausas haviam sugerido que eu desistisse do projeto, do qual não sentia nem sua urgência nem a utilidade. Momentos de profunda escuridão. Em seguida, veio a recuperação.

Um lento reemergir, acompanhado pelo desejo de voltar à vida. Ao meu trabalho, que é parte constitutiva de minha vida. Retomei minhas anotações; os esquemas esboçados pelos quais eu tentara entremear a trama da narração. Experimentando a função terapêutica e iatrogênica deste relato. Caminhando com dificuldade, pois cada página escrita, junto com uma sensação de liberdade, me devolvia um quadro cada vez mais opaco e confuso.

O trabalho que entrego para a impressão é diverso daquele que eu havia pensado em realizar. Mas, em sua aparente excentricidade, ao não corresponder plenamente a nenhum dos gêneros literários ou dos cânones de pesquisa (relato de vida, relato autobiográfico, ensaio, romance, diário etc.), ele consegue dar conta fielmente do processo de contaminação entre mundos limítrofes, que serviu constantemente de pano de fundo, primei-

---

um caderno azul, que parece lhe dar novamente energia e inspiração para voltar a escrever. Durante nove dias ele vive sob o encanto da inspiração: escreve o início de um romance, trabalha em um texto cinematográfico, elabora algumas reflexões sobre uma trágica notícia da imprensa, encontra explicações para alguns fatos misteriosos que arriscam destruir sua vida e a de sua mulher Grace. Mas, gradualmente, a ficção se transforma em realidade: as peripécias do romance que ele começou a escrever tornam-se premonições do futuro que o espera, absorvendo as energias de Sidney, concentrado na decifração do mistério. Apenas quando a verdade emerge em sua crua violência, Sidney decide, por amor a Grace e à vida, renunciar para sempre à magia do caderno azul.

ro, aos encontros com Gaspare Spatuzza, e depois, à reconstrução dos eventos narrados por ele.

Contaminada a forma, com um texto nunca registrado e várias vezes remanejado por intervenções sucessivas de reescrita e de censura; contaminado o relato, intercalado por outras vozes e por outros documentos que completam o quadro e ajudam a dar voz ao não dito; contaminado o objeto do relato, repleto de figuras que não pertencem ao texto, cheio de omissões e de verdades parciais, de responsabilidades jamais apuradas e de lacunas evidentes.

Mais de uma vez, durante a reconstrução do "relato de vida", o plano micro se entrecruzou com o plano macro. O enigma representado pelo personagem de Spatuzza refletiu-se no enigma representado pelas "verdades" sobre os atentados. Enigmática e cheia de surpresas foi ainda nossa relação.

Por que se surpreender, então, com os segredos e as censuras, com as rápidas mudanças de rota e as emoções reprimidas, com as imprevistas aproximações e as igualmente rápidas interrupções? Por que não pensar que justamente a soma das ambiguidades, ao invés de um obstáculo a ser superado, talvez seja aquilo capaz de melhor representar a "verdade" deste relato?

Uma verdade difícil de ser relatada precisamente porque as mesas sobre as quais o jogo acontece são tantas, e tantas as variáveis a se considerar; demasiadas, para serem mantidas sob controle por um único indivíduo. Então é preciso cautela; dizer e não dizer; mandar sinais; manter a lucidez; abrir novos canais de comunicação; ter atenção às transformações e saber se adaptar a elas. Manter abertos vários canais de interlocução.

Enquanto isso, em relação ao papel desempenhado pela Cosa Nostra na história recente italiana, parece ter caído o silêncio. Um silêncio que é efeito da consunção. Interrompido ocasionalmente pela notícia de alguma prisão que prediz com monotonia a "iminente" captura do último dos chefões, aquele Matteo Messina Denaro ao qual pareceriam estar ligados os destinos da organização siciliana.

De resto, a atenção foi desviada para outros cenários: para a 'Ndrangheta, que há tempos parece ter roubado os holofotes à prima siciliana, na Itália e no exterior. Para a Camorra, cujos destinos tristemente se cruzam com os de nossa classe política, sem, porém, que isso provoque consequências sérias no plano das escolhas de governo. Os jornais dão um amplo destaque a outras investigações que reproduzem cenários paramafiosos, embora situados, na verdade, em contextos muito diferentes daqueles descritos aqui. E enquanto o termo "Máfia" torna-se uma garantia de atenção por parte do público, e de uma infalível e pronta ação repressiva por parte da magistratura, que testa suas atribuições também sobre fenômenos estruturalmente diferentes, em relação à Máfia siciliana, ao seu papel efetivo nos atentados, aos seus vínculos com ambientes externos ao estrito contexto criminal, aos seus negócios ininterruptos, às riquezas nunca sequestradas de seus chefões presos nas cadeias, fecham-se as cortinas.

Estudiosos, comentaristas, magistrados e políticos, com poucas exceções em cada uma dessas categorias, subclassificaram o problema dos atentados como um fenômeno apenas mafioso; do qual, defendem, já se sabe tudo, ou quase.

Fazendo uso mais de sua respeitabilidade que do rigor científico, estudiosos conceituados tranquilizam a opinião pública sobre o fato de que não existem mais mistérios, e que tudo o que aconteceu na Itália no início dos anos 1990 teve todos os seus responsáveis precisamente identificados e entregues aos cárceres da nação. Garantem que não é verossímil considerar o envolvimento de políticos e de membros importantes das instituições em eventos tão graves; que se alguns deles caíram nas armadilhas dos processos foi por ingenuidade, desejo de salvaguardar a segurança dos cidadãos num momento de emergência nacional ou, ainda com maior verossimilhança, pela ânsia de protagonismo e pela negligência dos magistrados que conduziram as investigações. Ressuscitando antigos paradigmas por eles mesmos criticados em outras ocasiões, falam de "necessidades compulsivas" e de "desejo por complôs", chegando a atribuir aos processos o papel exclusivo de metáfora de complexas, e muitas vezes perversas, "interações entre um uso politicamente antagonista da justiça penal, o sistema político-midiático" e a tentativa de responder, pela via judiciária, a questões demasiado complexas para a magistratura (Fiandaca; Lupo, 2014).[17] E ao invés de propor, serenamente, a própria opinião como uma ideia ao lado das demais e, portanto, passível de ser submetida a uma verificação empírica, acusam de extremismo e tendência ao psicodrama quem – com o auxílio dos dados – foca a atenção sobre as inúmeras peças que ainda faltam para alcançar um plano coerente de análise.

Enquanto se espera que o tempo, ao levar embora as últimas testemunhas, dissipe as memórias acerca das tantas questões não resolvidas, as investigações abertas sobre os atentados e o que gira em torno deles prosseguem, acumulando dados, provas e confirmações.

Em março de 2013, o juiz das investigações preliminares Morosini, ao assinar a solicitação de reenvio a juízo no processo pela denominada "tratativa",[18] reconstitui, através das atas judiciais, as conexões entre a Cosa Nostra "com 'outros ambientes', inclusive em vista de novos equilíbrios político-institucionais com projetos de tipo subversivo-separatista", e volta a teorizar que um projeto "subversivo da ordem constitucional" tenha sido tentado naquela época, através da aliança da Cosa Nostra com "facções de 'extração diversa', não apenas de matriz mafiosa (em particular, as vertentes oriundas da Catânia, Calábria e Messina)" e que tenham envolvido "'intermediadores' entre o crime organizado, terrorismo, ambientes transviados dos serviços de segurança e da maçonaria".[19]

---

17 Analisei essa questão em Dino (2014).

18 O processo conta, entre os dez imputados (por vários tipos de crimes), além de homens de honra do calibre de Salvatore Riina, Leoluca Bagarella, Giovanni Brusca e Antonino Cinà, também o ex-senador da Forza Italia, Marcello Dell'Utri, os generais Mario Mori e Antonio Subranni e o senador Nicola Mancino, investigado por falso testemunho (Tribunal de Palermo – Seção do GIP, Decreto de reenvio a juízo).

19 Ibid., p.6 e 8. É de particular interesse, na solicitação do juiz, uma passagem na qual é lembrada a carta que "o múltiplas vezes condenado Elio Ciolini", ligado aos ambientes da direita subversiva, enviou em 6 de março de 1992

Fundamentando essa hipótese com um sólido terreno probatório, o juiz identifica um "segundo plano" de ação da Cosa Nostra, mais estritamente "ligado às exigências contingentes de enfrentar a dura repressão por parte do Estado, já iniciada em 1991".

O magistrado assinala o complexo sistema de relações que orbitava, naquele período, em torno da organização criminal siciliana; um retículo de relações que, através de indivíduos ligados aos serviços de segurança, às lojas maçônicas e à subversão de direita, como Vito Ciancimino, Paolo Bellini e Rosario Pio Cattafi, abre o cenário a reconstruções mais articuladas. Recompõe-se, assim, um quadro analítico no qual todos os protagonistas encontram um posicionamento, e se esboça a possibilidade de identificar pistas úteis de pesquisa para responder aos inúmeros buracos negros ainda sem solução: desde aqueles ligados ao suicídio de Antonino Gioè ou à divulgação ilegal de notícias sobre a colaboração de Luigi Ilardo, até aqueles mais complexos ligados à não perquisição do esconderijo de Salvatore Riina, à desaparição da agenda de Paolo Borsellino, às incríveis pistas falsas sobre o processo de Via D'Amelio. São revelados episódios que haviam caído no esquecimento e que restituem fielmente o clima daquela época: das várias ameaças feitas a diversos políticos e membros das instituições, entre junho de 1992 e abril de 1993; às disposições e às circulares do chefe da polícia (Vincenzo Parisi) e do ministro do Interior (Vincenzo Scotti) "acerca dos possíveis planos de desestabilização das instituições e atentados contra nomes da política e das instituições poucos dias depois do homicídio Lima"; às anotações nas agendas de

ao juiz bolonhês Leonardo Grassi, encarregado pelas investigações sobre o atentado do Italicus, na qual se faz uma referência explícita a uma "nova estratégia da tensão na Itália", a ser realizada entre os meses de março e julho de 1992: "No período março-julho deste ano acontecerão fatos cujo objetivo é desestabilizar a ordem pública, como explosões por dinamite, projetadas para atingir as pessoas 'comuns' em locais públicos, sequestro e eventual 'homicídio' de expoentes políticos do PSI, PCI, DC, sequestro e eventual 'homicídio' do futuro presidente da República" (ibid., p.13).

Bruno Contrada; aos documentos que testemunham as antigas relações entre Vito Ciancimino e o general Subranni; às notícias acerca da tratativa Bellini-Gioè sobre a recuperação de algumas obras de arte roubadas; à multiforme figura do próprio Gioè, no centro de uma série de relações com membros da Máfia de Catânia, do clã Santapaola e figuras oriundas dos ambientes da extrema direita, como Pietro Rampulla (o dinamitador do atentado de Capaci) e Rosario Pio Cattafi, mas também relacionado a indivíduos como Domenico Papalia, pertencente à 'Ndrangheta e em contato com afiliados à maçonaria de Licio Gelli.[20]

Em setembro de 2014, a Procuradoria-Geral da República de Palermo depositou um documento requisitando a reabertura da fase de julgamento no processo contra Mario Mori e Mauro Obinu, acusados de cumplicidade com a Cosa Nostra e absolvidos em primeiro grau em julho de 2013, embasando o requerimento com os testemunhos de doze novos colaboradores – entre os quais se inclui o nome de Gaspare Spatuzza –, os depoimentos do ex-agente do SID, Mauro Venturi, e do juiz Giovanni Tamburino, os relatórios pessoais de Mario Mori para o SID e documentos até hoje inéditos, relativos ao denominado "Protocolo Farfalla".[21]

20 Ibid., p.9-14.

21 A propósito do ainda misterioso Protocolo Farfalla (Borboleta) e das declarações prestadas pelo colaborador de justiça Sergio Rosario Flamia, lê-se no memorial da Procuradoria-Geral da República de Palermo: "Deve-se ainda salientar que o tema das visitas à prisão pelos homens dos Serviços Secretos, com o objetivo de estabelecer contato com detentos para possíveis colaborações, é uma situação extremamente grave, e foi mais recentemente disciplinado pela Lei n. 124/07, mas durante muito tempo a matéria foi interpretada diversamente e nem sempre com práticas conformes à lei. Com uma nota de 4 de julho de 2014, a Procuradoria de Palermo transmitiu a este gabinete as atas relativas ao c.d. "Protocolo Farfalla", obtidas junto à Procuradoria de Roma no âmbito do processo penal n. 16512/07 RGNR Proc. Rep. Roma. O protocolo, do que é dado saber (a investigação romana encontra-se ainda em curso), era uma espécie de acordo celebrado entre a cúpula do Departamento de Administração Penitenciária e o SISDE, que previa uma colaboração entre a direção das penitenciárias e os serviços secretos para a 'gestão' de indivíduos de interesse investigativo. O ponto crítico de tal acordo é a falta de um controle legal por parte da magistratura, único organismo responsável pela gestão dos colaboradores de justiça, segundo severas e garantistas disposições de lei" (Procuradoria-Geral da

O juiz está convencido de que os novos materiais e os novos testemunhos produzidos possam fornecer, sobretudo pelo que diz respeito à posição do general Mori,

> [...] uma chave de leitura diferente sobre a conduta geral demonstrada [...] em relação aos acontecimentos nos quais esteve ininterruptamente implicado de 1992 a 1996: da não perquisição do esconderijo de Riina em janeiro de 1993 à fuga de Benedetto Santapaola em março de 1993 do local onde ele se encontrava foragido, à não valorização, durante a investigação, das revelações recebidas do infiltrado Paolo Bellini acerca de suas conversas com Antonino Gioè, até a não captura de Bernardo Provenzano em 1995, e ao não aproveitamento das informações oriundas do informante Ilardo, capazes de desmantelar a rede de apoiadores do idoso *boss* de Corleone.[22]

Em maio de 2016, porém, a V Seção penal do Tribunal de Palermo absolveu o ex-general do ROS[23] Mario Mori e o ex-coronel Mauro Obinu da acusação de favorecimento agravado em relação à falha em capturar o *boss* Bernardo Provenzano, em Mezzojuso, em outubro de 1995.[24]

República junto ao Tribunal de Apelação de Palermo, Memorial do PG ilustrativa das requisições de renovação da instrução de audiências Art. 603 c.p.p., Palermo, 26 set. 2014, p.15).

22 Ibid., p.9-14. Um dos capítulos do documento entregue pelos juízes Roberto Scarpinato e Luigi Patronaggio é dedicado às "falsas pistas institucionais subsequentes ao falido atentado contra o juiz Falcone na localidade de Addaura". Igualmente significativos e inquietantes, pelas modalidades com os quais foram concluídos – e pela adulteração das filmagens de vigilância que teriam permitido a identificação dos culpados – foram os repetidos atos intimidatórios que, precisamente em setembro de 2014, foram executados contra o próprio procurador Scarpinato (*La Repubblica*, 16 set. 2014 e 6 out. 2014).

23 ROS – Raggruppamento Operativo Speciale (Agrupamento de Operações Especiais), órgão investigativo dos Carabinieri contra ações do terrorismo e do crime organizado, foi instituído formalmente em 3 de dezembro de 1990. (N. T.)

24 Cf. *La Repubblica*, 19 maio 2016, e *Corriere della Sera*, 19 maio 2016. O resultado processual – importante, pela posição dos indivíduos investigados,

O nome de Gaspare Spatuzza retorna, de modo preocupante, também nas declarações de Vito Galatolo, filho de Vincenzo Galatolo, anteriormente representante do *mandamento* de Acquasanta e que, mais tarde, se tornou o chefe do *mandamento* de Resuttana, após sua afiliação formal à Cosa Nostra, ocorrida em 2012 na prisão de Pagliarelli, em Palermo, onde se encontrava recluso.[25]

Em 14 de novembro de 2014, Vito Galatolo decidiu iniciar a colaboração com os juízes do Tribunal de Palermo, alegando como principal motivação de sua escolha a preocupação de que "pudesse acontecer algo muito grave". O episódio que o homem de honra receia é o atentado ao magistrado Nino Di Matteo que, em sua opinião, já teria sido programado em dezembro de 2012, após explícita solicitação de Matteo Messina Denaro, o qual – através de duas correspondências enviadas a Domenico Biondino, chefe do *mandamento* de San Lorenzo – exigiu a participação do próprio Galatolo na realização do projeto.

Duas circunstâncias inquietantes surgiriam da carta de Messina Denaro. Trata-se de eventos que – para além da veracidade do relato, na avaliação dos magistrados – possuem um forte significado simbólico. Ambas as situações envolvem, direta ou indiretamente, Gaspare Spatuzza.

---

cujas responsabilidades diretas foram descartadas – deixa em aberto, no entanto, muitas incertezas quanto aos inúmeros buracos negros e sobre as inúmeras incongruências que não obtiveram respostas e muito menos responsáveis específicos. O fato de ainda existirem muitas questões não resolvidas sobre os motivos e as modalidades de execução dos atentados, e sobre os episódios intimidadores e os homicídios que as precederam, não é testemunhado apenas pelas várias lacunas nas atas judiciárias e o fornecimento de pistas falsas que, durante décadas, impediram de alcançar o esclarecimento, mas são enfatizadas por algumas vozes que – de diversas formas e com finalidades que ainda deverão ser esclarecidas e verificadas – são oriundas dos ambientes da Cosa Nostra. Em primeiro lugar estão as estranhas confissões que Salvatore Riina fez a Alberto Lorusso, inusitada figura de criminoso, ligado à Sacra Corona Unita e condenado por crimes de Máfia, homicídio e tráfico (cf. *Le confessioni del diavolo* [As confissões do diabo], 2014).

25 Tribunal Criminal de Palermo, Transcrição verbal de audiência, Processo penal Rg 01/13 – RgNR 11719/12 contra Bagarella Leoluca Biago + outros, Audiência de 7 maio 2015 (Depoimento da testemunha Galatolo Vito), p.13-5.

Galotolo relatou que, junto com o pedido de seu apoio na realização do atentado contra o juiz Di Matteo, Matteo Messina Denaro teria prescrito, na carta, critérios precisos para a seleção dos indivíduos que deveriam ser engajados. Era necessário escolher duas pessoas por cada *mandamento* envolvido, excluindo o dinamitador, cuja escolha Messina Denaro reservava a si próprio, propondo alistá-lo fora da Cosa Nostra:

> [...] nós devíamos levar duas pessoas, cada *mandamento* devia mandar duas pessoas. [...] Duas pessoas deviam [palavra incompreensível] no *mandamento* de Resuttana, duas pessoas do *mandamento* de San Lorenzo, duas do *mandamento* de Palermo Centro e uma pessoa seria levada diretamente por Matteo Messina Denaro, que a dava... Ele iria resolver, que é, digamos, o dinamitador para fazer este atentado. Porém, que nós não devíamos fazer nenhuma pergunta, entrar no particular de quem seria ou não seria. Porém, o que a gente mais estranhava era que, se era um homem de honra, ele devia ser apresentado a nós de qualquer jeito, me entende?[26]

Também Gaspare Spatuzza, ao descrever as fases anteriores do atentado ao juiz Paolo Borsellino, mencionara um desconhecido presente no momento da entrega do Fiat 126, em uma garagem próxima a Via dei Cantieri; e ao enfatizar a anormalidade da situação, relacionou-a à necessidade de utilizar uma competência de alto nível no manejo de explosivos, naquele momento, em

26 Ibid., p.41. Pouco depois, Galatolo especifica: "Sendo que todos já tínhamos sido apresentados como homens de honra, e que somente homens de honra poderiam fazer esse atentado, que éramos nós, e devíamos decidir nós, tomamos um pouco de tempo para decidir quem deveria participar. Quando dissemos sim, e depois foi dito que seis pessoas, mas que o dinamitador seria trazido por Matteo Messina Denaro, que o entregaria a Biondino, porém Biondino nos disse que não devíamos dizer quem era, nem quem não era, nem de onde vinha, não devíamos ser apresentados [...]. Automaticamente entendemos que não se tratava de um homem de honra, pois do contrário Biondino nos teria apresentado como um irmão nosso, como um homem de honra, me entende? Então compreendemos que não se tratava de um homem de honra, e algo era exterior a Cosa Nostra" (ibid., p.42-3).

sua opinião, dificilmente disponível na Cosa Nostra. Tanto em um caso como no outro, os dois homens de honra mencionam explicitamente a presença de indivíduos de fora da organização, na função de dinamitadores por ocasião de importantes atentados com a assinatura da Cosa Nostra.[27]

Continuando seu depoimento, Vito Galatolo recorda outro trecho da carta de Matteo Messina Denaro que implica Gaspare Spatuzza de forma ainda mais direta; nele, o chefão de Trapani pede expressamente a eliminação de dois colaboradores de justiça, Gaspare Spatuzza e Antonino Giuffrè.

Galatolo contou esse episódio quase de passagem; e, enquanto expressava suas dúvidas sobre o atentado contra o juiz Di Matteo, não fez nenhum comentário significativo sobre a circunstância adicional do assassínio desses dois colaboradores, sem, no entanto, que o juiz que o interroga peça para aprofundar suas razões:

> Não sei explicar, sabe, não estávamos tão convencidos desta situação. Mas acabamos aceitando, dizendo tudo bem, não tem problema, porém nessa carta estava escrito que também era preciso

27 Pelo relato de Spatuzza, cf. cap.3, par.6. São interessantes as considerações de Galatolo sobre os motivos do recurso a um dinamitador externo à Cosa Nostra para cometer o atentado contra o juiz Di Matteo: "Nosso problema era entender essa pessoa forasteira [...]. Não devíamos saber quem era essa pessoa e não fazer perguntas, ou seja, visualmente nós víamos quem era, se ele o trouxesse. [...] como é que, depois de vinte anos, como é que, depois de vinte anos, nós que devíamos resolver? [...]. Tendo toda a base, e tendo tudo aquilo que tínhamos, basta apertar um botão e pronto, não é que seja necessário... Bastava que alguém explicasse. O que mais nos espantava era isso, que ele deveria levá-lo, isto é, nós tínhamos que organizar tudo, a dinamite, nós, o dinheiro, nós, porém uma pessoa, que no final, devia ser aquela que iria apertar (o botão), o que devia cometer o atentado, não podíamos saber quem era. [...] não era apenas algo dirigido por Matteo Messina Denaro, mas por trás de Matteo Messina Denaro havia alguma pessoa superior. [...] Mas não da Cosa Nostra. [...] por trás de Matteo Messina Denaro havia outras pessoas, havia um aparato estatal que desejava essa situação, como aconteceu nos anos 1990" (Tribunal Criminal de Palermo, Transcrição verbal de audiência, Processo penal Rg 01/13 – RgNR 11719/12 contra Bagarella Leoluca Biago + outros, p.44-6 e 49).

eliminar dois colaboradores de justiça, Nino Giuffrè, conhecido como Manuzza, e Gaspare Spatuzza.[28]

No restante de seu depoimento, Vito Galatolo se dedica a ilustrar, com riqueza de detalhes e nomes, os contatos cotidianos entre membros dos serviços secretos e homens de honra, dentro e fora do cárcere; muitos dos quais pertencentes à família de Brancaccio, a mesma que administrou diretamente a temporada terrorista do início dos anos 1990:

> Depois aconteceu que, coisas através dos jornais, que antes de chegarem até Vincenzo Aiello, porém, aconteceu que se falava de Fifetto Cannella como o homem que tinha sido contratado, prestava serviços para o Serviço Secreto, para o ROS, Código Farfalla, todas essas ações. E aconteceram algumas mortes, muitas mortes, no sentido de um monte de mortos, e aquele cara estava ali, perto, estava conosco no plano, e Francesco Giuliano falava quase com todos, porque era ele que falava com todos, dizendo que nada daquilo era verdade, mesmo de mim, vieram muitas vezes me sondar, os ROS, os Serviços Secretos para colaborar, estas são difamações que estão espalhando. Mas o defendiam no próprio grupo, na própria zona de Brancaccio os mesmos homens de honra.[29]

28 Ibid., p.41.

29 Ibid., p.89. Lendo essa declaração, de cuja veracidade, enquanto escrevo, deverá ser averiguada, lembrei-me das insinuações que o advogado Luca Cianferoni, defensor de Salvatore Riina, formulou a respeito de um suposto vínculo entre o próprio Gaspare Spatuzza e aparatos estatais não identificados: "Mirou seu tiro para apresentar novos responsáveis, seu arrependimento é comandado, não que seja manobrado, mas ele oferece aquilo que os investigadores esperam. Assim, Spatuzza se tornou um emissário de uma parte do Estado contra outra parte, como Ciancimino, como Bellini Paolo. Eu acumulo, presidente... Bellini Paolo é muito... é de menor importância, porém é muito semelhante, como personagem, a Spatuzza, a Ciancimino Massimo. Eles são personagens ambíguos, que de manhã tomam café com o chefe de polícia e à noite frequentam o mafioso. De noite jogam cartas com o mafioso e de manhã vão até o chefe de polícia" (Tribunal de Florença – II Tribunal Criminal de Florença, Sentença emitida em 5 out. 2011 no processo penal contra Tagliavia Francesco, NR Sent 3/10, RgNR 5/10, RgNR 9043/10, p.312).

As investigações ainda em curso demonstram que os nós mais difíceis da trama ainda não foram deslindados. A persistência de tantos mistérios abre espaço para diferentes interpretações e para releituras parciais e tendenciosas.

"Acho que algumas verdades jamais serão totalmente compreendidas. É uma história muito complicada", alertou-me Spatuzza durante nosso primeiro encontro, quando – para sondar o terreno e nos conhecermos – começamos a explorar o escorregadio tema dos atentados, e eu tentava, de forma ingênua, incitá-lo a discutir claramente as questões que eu lhe propunha.

Relembro ainda as inúmeras dúvidas que seu relato me provocara. Os muitos vazios que jamais foram preenchidos. Em uma história cujo final é difícil de ser previsto.

Tenho quase a impressão de que o futuro incerto que Gaspare Spatuzza terá de enfrentar em sua vida particular retrata e se reflete no futuro incerto de nossa claudicante democracia, débil demais para encarar os repugnantes bastidores dos massacres.

Mas este não é o local para ampliar o campo de observação e divagar sobre questões tão amplas que poderiam se tornar genéricas. O perímetro de meu estudo se encerra em torno de Gaspare Spatuzza, de suas aflições e seu mistério. De suas inúmeras precauções, que deixam entrever outras tantas incertezas em relação a um equilíbrio construído com meticulosidade, mas continuamente exposto aos perigos que possam irromper.

Como conclusão de sua narrativa e de meu trabalho, finalmente compreendo os motivos de sua movimentação com extrema cautela, escrutando intimamente seus interlocutores, usando as oportunidades que cada um deles pode lhe oferecer, tentando conseguir aliados, aos quais, porém, sabe que é possível confiar apenas em parte.

Gaspare Spatuzza cresceu entre a manipulação das relações e a ambígua carência de afetividade dos vínculos emocionais. Daí, talvez, se origine essa força especial que transparece em suas palavras; essa capacidade de suportar golpe após golpe, que o impede de desmoronar diante da sordidez no qual se move e se moveu durante tanto tempo, e que hoje o abre, com curiosidade, à descoberta de um mundo que ele tenta conhecer a partir de uma perspectiva diferente. Ao mesmo tempo, são muitas as dúvidas que a gestão de sua experiência colaborativa, inclusive da parte dos órgãos políticos e institucionais, deixa em aberto, renovando a suspeita de que inúmeros são os jogos e as mesas nos quais se desenvolvem, ainda hoje, as barganhas.

Conhecendo bem a dimensão das apostas, é compreensível sua "prudência", que poderia ser confundida com a vontade de não romper por completo os laços com seu passado. Talvez se trate, muito simplesmente, de apego à vida. Através de suas escolhas e de seu comportamento, Gaspare Spatuzza pode hoje aspirar, verossimilmente, à salvação pessoal.

Percorrendo de novo, pela última vez, o caminho de saída da prisão que testemunhou nossos encontros, penso que se passou, ao mesmo tempo, um instante e uma vida. Sua história me comove, mas sua identidade permanece um mistério e sua mudança me parece carregada de questionamentos. Sinto-me ao mesmo tempo distante e próxima daquele mundo que acabei de deixar.

– APÊNDICE –

1. SIGLAS E ABREVIATURAS

c.p.	Código penal
c.p.p.	Código de procedimento penal
DAP	Departamento de Administração Penitenciária
DDA	Direção Distrital Antimáfia
DIA	Direção de Investigação Antimáfia
DNA	Direção Nacional Antimáfia
GICO	Grupo de Investigação da Criminalidade Organizada da Guarda de Finanças
GIP	Juiz das Investigações Preliminares
GOM	Grupo Operacional Móvel da Polícia Penitenciária
GUP	Juiz da Audiência Preliminar
NC	Notificação Criminal [*Notizia criminis*]
NR	Notificação de Delitos
PG	Procurador-Geral
PM(MP)	Ministério Público
PP	Processo Penal
Rg	Registro geral
RgCA	Registro geral do Tribunal Criminal
RgCAA	Registro geral do Tribunal Criminal de Apelação
RgGIP	Registro geral junto ao Juiz das Investigações Preliminares

RgNR	Registro geral da Notificação de Delitos
RgNRDDA	Registro geral da Notificação de Delitos da Direção Distrital Antimáfia
RgPM	Registro geral do Ministério Público
RgSent	Registro das Sentenças
RgT	Registro geral do Tribunal
RgUI	Registro do Gabinete de Instrução
RMP	Rol das Medidas Preventivas
ROS	Grupo Operacional Especial da Arma dos Carabinieri
SCO	Serviço Central de Operações da Polícia de Estado
SID	Serviço de Informações de Defesa
SISDE	Serviço para as Informações e a Segurança Democrática

2. ATAS E DOCUMENTOS JUDICIÁRIOS

Tribunal de Apelação de Palermo, Sentença n. 465/93 de 19 de fevereiro de 1993.

Tribunal de Apelação de Palermo, processo penal contra Dell'Utri Marcello, Audiência de 4 de dezembro de 2009.

Tribunal de Apelação de Palermo, Sentença contra Dell'Utri Marcello e Cinà Gaetano (falecido), 29 de junho de 2010, n. 2265/10 RgSent, n. 378/2006 Rg.

Tribunal de Apelação de Palermo – III Seção Penal, Sentença no processo penal contra Dell'Utri Marcello, n. 1352/2013 Sent., de 23 de março de 2013 (depositada em 4 de setembro de 2013).

Tribunal de Apelação de Palermo, I Seção, Sentença no processo penal n. 2774/00 contra Andreotti Giulio.

Tribunal de Apelação de Palermo, Seção de Instrução, processo penal n. 1/1954, Rg do Gabinete do Procurador-Geral, e n. 4/1954 do Gabinete de Instrução.

Tribunal Judicial de Bari, Sentença n. 3/68 Rg – n. 67/69 Sent.
Tribunal Criminal de Caltanissetta – III Seção, Sentença no processo penal n. 23/99 RgCAA contra Agate Mariano + 26.
Tribunal Criminal de Caltanissetta, II Seção, Sentença no processo penal n. 19/98 RgCA – Sent. n. 14/2000 contra Riina S. + 18.
Tribunal Criminal de Caltanissetta, Sentença no processo penal contra Riina S. + 17, de 13 de fevereiro de 1999.
Tribunal Criminal de Caltanissetta, Sentença no processo penal n. 3/95 + 5/95 RgCA contra Aglieri Pietro + outros.
Tribunal Criminal de Catanzaro, Sentença de 22 de dezembro de 1968 no processo penal contra La Barbera Angelo + 116.
Tribunal Criminal de Florença, I Seção, Sentença no processo penal n. 3309/93 Rgnr mod. 21 DDA n. 13/96 RgCA + 1/97, 4/97, 2/99 contra Graviano Giuseppe + 3.
Tribunal Criminal de Florença, II Seção, processo penal n. 12/96 RgCA n. 3309/93 Rgnr DDA – n. 1802/94 RgGIP, Audiências de 6, 9 e 10 de junho de 1997.
Tribunal Criminal de Florença, II Seção, Sentença n. 3/98 RgSent de 6 de junho de 1998 no Processo penal n. 12/96 contra Bagarella Leoluca + 25.
Tribunal Criminal de Palermo, Sentença de 15 de dezembro de 1998.
Tribunal Criminal de Palermo, Sentença de 16 de novembro de 2001.
Tribunal Criminal de Palermo, processo penal n. 2992/95 contra Aglieri Pietro + 46, Audiência de 13 de maio de 2003 e de 14 de maio de 2003.
Tribunal Criminal de Palermo, I Seção, Sentença no processo penal contra Abbate Giovanni + 474.
Tribunal Criminal de Palermo, I Seção, Sentença no processo penal contra Greco Michele + outros, conhecido como "dos delitos políticos" de 12 de abril de 1995.
Tribunal de Apelação de Palermo, I Seção, Sentença n. 53/2002 RgSent no processo penal n. 64/2001 Rg - 3059/95 Rgnr DDA PA.

Tribunal Criminal de Palermo, II Seção, Sentença n. 1/99 Rg. Sent, no Processo penal n. 3/97 CA contra Bagarella + 66, vol. V.

Tribunal Criminal de Palermo, II Seção, Sentença n. 17/98 Rg-Sent, no Processo penal contra Madonia A. + 25.

Tribunal Criminal de Palermo, II Seção, Sentença nos Processos penais reunidos n.s 8/97 e 21/97 RgCA.

Tribunal Criminal de Palermo, III Seção, Sentença no Processo penal n. 12/94 RgCA n. 5/04 RgSent contra Agate Mariano + 45.

Tribunal Criminal de Palermo, III Seção, Processo penal n. 2/06 Rg. contra Riina Salvatore, Audiências de 15 de junho de 2006 e de 11 de outubro de 2006.

Tribunal de Apelação de Palermo, IV Seção, Sentença n. 11/2003 RgCA – n. 9/2006 RgSent de 26 de setembro de 2006 no processo penal contra Marfia + 5.

Tribunal Criminal de Palermo, Ata verbal de audiência, Processo penal Rg 01/13 – RgNR 11719/12 contra Bagarella Leoluca Biago + outros, Audiência de 7 de maio de 2015 (Depoimento da testemunha Galatolo Vito).

Tribunal Criminal de Trapani, I Seção, Processo penal contra Agate Vito + 22, Audiências de 26 de junho de 1998 e 22 de setembro de 1998.

Tribunal de Apelação de Trapani, I Seção, Sentença n. 5/2000 RgSent de 19 de maio de 2000, no processo penal n. 4/96 RgCA TP – 3059/95 Rgnr DDA PA n. 139/96 RgGIP contra Accardo Antonino + 83.

Tribunal Criminal de Viterbo, Sentença de 3 de maio de 1952.

Tribunal de Apelação de Viterbo, Processo penal contra Provenzano Giovanni + outros, Audiências de 25 e 26 de julho de 1951.

Tribunal Criminal de Apelação de Florença – II Seção, Sentença no processo de reenvio pelo Tribunal de Cassação contra Tagliavia Francesco, n. 7 RgSent, n. 10/15 Rg, n. 9043/10 RgNR, em 24 de fevereiro de 2016 (depositada em 20 de maio de 2016).

Tribunal Criminal de Apelação de Palermo, III Seção, Sentença n. 47/2002 RgSent n. 20/2001 Rg no processo penal contra Accardo + 63.

Tribunal Criminal de Apelação de Caltanissetta, Sentença no Processo penal n. 19/00 + 14/01 + 17/01 RgCAA contra Agate Mariano + 26.

Tribunal Criminal de Apelação de Caltanissetta, Sentença no processo penal n. 11/2000 RgSent contra Aglieri P. + 38.

Tribunal Criminal de Apelação de Caltanissetta, Sentença n. 5/02 RgSent, no processo penal n. 31/99 Rg contra Riina S. + 16.

Tribunal Criminal de Apelação de Caltanissetta, Sentença n. 1/1996 emitida em 27 de janeiro de 1996 no processo contra Scarantino Vincenzo + 3.

Tribunal Criminal de Palermo, II Seção Penal, Ata verbal de audiência, Processo penal 007/09 contra Graviano Giuseppe + outros, Audiência de 14 de dezembro de 2010.

Tribunal Criminal de Apelação de Caltanissetta, Sentença n. 2/1999, emitida em 23 de janeiro de 199 no processo contra Profeta Salvatore + 3.

Tribunal de Cassação, I Seção, Sentença n. 1090/2000, emitida em 18 de dezembro de 2000 no processo contra Orofino Giuseppe + 2.

Tribunal Criminal de Caltanissetta, Sentença n. 2/1999, emitida em 13 de fevereiro de 1999 no processo contra Riina Salvatore + 17.

Tribunal Criminal de Apelação de Caltanissetta, Sentença n. 05/2002, emitida em 18 de março de 2002 no processo contra Riina Salvatore + 16.

Tribunal de Cassação, V Seção, Sentença n. 948/2003, emitida em 3 de julho de 2003 no processo contra Riina Salvatore + 14.

Tribunal de Cassação, V Seção Penal, Sentença sobre o recurso apresentado pelo procurador geral junto ao Tribunal de Apelação de Palermo e por Dell'Utri Marcello contrário à sentença n. 378/2006, Tribunal de Apelação de Palermo de 29 de junho de 2010, Sentença n. 597/12, Rg 7785/2011, de 9 de março de 2012 (depositada em 24 de abril de 2012).

Suprema Corte de Cassação – I Seção Penal, Sentença sobre o recurso proposto por Marcello Dell'Utri, contrário à Sentença n. 1352/2013 Tribunal de Apelação de Palermo de 23 de março de 2013, Sentença n. 643/2014, Rg 47340/2013, de 9 de maio de 2014 (depositada em 1º de julho de 2014).

Suprema Corte de Cassação – VI Seção Penal, Sentença sobre no interesse de Tagliavia Francesco, Sent. n. seç. 1390, RgNR 11619/2014, de 17 de setembro de 2014 (depositada em 27 de fevereiro de 2015).

Procuradoria da República junto ao Tribunal de Caltanissetta, DDA, Memorial do Gabinete do procurador da República ilustrativa de novas provas ex art. 630 c.c.p., cartas c) e d), Proc. n. 1595/08 RgNR Mod. 21 DDA (depositada junto à Procuradoria-Geral da República junto ao Tribunal de Apelação de Caltanissetta em 13 de setembro de 2011 pelo DDA da Procuradoria da República de Caltanissetta).

Procuradoria-Geral da República junto ao Tribunal de Apelação de Caltanissetta, Requisição de Revisão (art. 629 ss. c.p.p.) – Requisição de suspensão de execução da pena (art. 635 c.p.p.), n. 792Q11 R. Pareri, Caltanissetta, 13 de outubro de 2011.

Procuradoria da República junto ao Tribunal de Caltanissetta, DDA, Ata verbal de interrogatório de pessoa submetida às investigações em procedimento conexo e/ou coligado, n. 1595/08 Rg Mod. 21, n. 1861/08 Rg Mod. 44, de 24 de julho de 2009.

Procuradoria da República junto ao Tribunal de Caltanissetta, DDA, Ata verbal de interrogatório de pessoa submetida às investigações em procedimento conexo e/ou coligado, n. 2554/2009 Rg Mod. 21, n. 1207/2008 Rg Mod. 21, em 1º de julho de 2010.

Procuradoria da República de Florença, Transcrição da acareação realizada em 20 de agosto de 2009 entre Graviano Filippo e Spatuzza Gaspare, n. 11531/09/21.

Procuradoria da República de Florença, Transcrição da acareação realizada em 14 de setembro de 2009 entre Graviano Giuseppe e Spatuzza Gaspare, n. 11531/09/21.

Procuradoria-Geral da República junto ao Tribunal de Apelação de Palermo, Memorial do PG ilustrativo das requisições de renovação do processo de julgamento art. 603 c.p.p., Palermo, 26 de setembro de 2014.

Procuradoria da República de Palermo, Detenção de suspeitos de delito no âmbito do processo penal n. 18038/08 Rg Mod. 21 DDA PA, contra Adelfio Giovanni + 98.

Procuradoria da República de Palermo, Memorial depositada pelo MP no processo penal n. 3538/94 NR contra Andreotti Giulio, vol. IX.

Procuradoria da República de Palermo, Requisição de arquivamento do processo penal n. 2566/98 RgNR contra Gelli Licio + 13.

Procuradoria da República de Palermo, Ata verbal de interrogatório de 4 de agosto de 2009 de Massimo Ciancimino.

Procuradoria da República junto ao Tribunal de Palermo – DDA, Detenção de indiciados de delito no âmbito do processo penal 1291/10 NC contra Lupo Cesare + 16, 28 de novembro de 2011.

Procuradoria da República junto ao Tribunal de Palermo – DDA, Processo penal n. 171/93 contra Baldassare Di Maggio.

Tribunal de Caltanissetta – Gabinete do GIP, Sentença de aplicação de pena acordada, emitida em 9 de março de 1994 contra Candura Salvatore.

Tribunal de Caltanissetta – Rito GIP Seção GIP/GUP penal, Ata verbal de audiência, Processo penal RgGIP 1125/09 – RgNR 1595/08, contra Spatuzza Gaspare + 8, Audiência de 7 de junho de 2012.

Tribunal de Caltanissetta – Rito GIP Seção GIP/GUP penal, Ata verbal de audiência, Processo penal RgGIP 1125/09 – RgNR 1595/08, contra Spatuzza Gaspare + 8, Audiência de 8 de junho de 2012.

Tribunal Civil e Penal de Palermo – Seção para a aplicação das medidas preventivas contra pessoas socialmente perigosas, Decreto n. 177/98 RMP, 30 de junho de 2011.

Tribunal de Palermo – Tribunal Criminal, II Seção, Sentença contra Graviano Giuseppe + 5, n. 1/2012, RgSent; n. 7/2009, Rg; n. 2014/00, NR; n. 1657/01, GIP.

Tribunal Ordinário de Palermo – Tribunal Criminal, II Seção, Processo penal n. 7/09 Rg contra Giuseppe Graviano e outros, Audiência de 8 de março de 2011.

Tribunal de Palermo, Processo penal n. 5714/92 contra Riina Salvatore + 27, Audiências de 8 de junho de 1995, 9 de junho de 1995 e 30 de novembro de 1995.

Tribunal de Palermo, Sentença no processo penal n. 5714/92 contra Riina Salvatore + 27.

Tribunal de Palermo – II Seção, Sentença no processo penal contra Dell'Utri Marcello + 1.

Tribunal de Palermo, IV Seção, Processo penal n. 1760/08 Rg contra Mori Mario + 1, Audiências de 16 de dezembro de 2008, 7 de outubro de 2009, 8 de outubro de 2009, 1º de fevereiro de 2010, 2 de fevereiro de 2010 e 2 de março de 2010.

Tribunal de Apelação de Palermo – V Seção, Processo penal n. 3538/94 RgNRDDA PA contra Andreotti Giulio, Acusação do Ministério Público, Vol. I, VI e IX.

Tribunal de Apelação de Palermo – V Seção, Sentença n. 60/92 no processo penal contra Ciancimino Vito + 4, 17 de janeiro de 1992.

Tribunal de Palermo – Seção do GIP, Decreto de prisão preventiva, Processo penal n. 1623/99 RgGIP, 19 de julho de 1999.

Tribunal de Palermo – Seção do GIP, Ordem por requisição de validação de detenção e aplicação de medida preventiva pessoal contra Lupo Cesare + 16, Proc. n. 10090/10 RgGIP, n. 1291/10 RgNRDDA.

Tribunal de Palermo – Seção do GIP, Decreto de reenvio a juízo, 7 de março de 2013.

Tribunal de Palermo – Gabinete do GUP, Sentença contra Graviano Nunzia + 4, 27 de novembro de 2000.

Tribunal de Florença – II Tribunal Criminal de Florença, Sentença emitida em 5 de outubro de 2011 no processo penal contra Tagliavia Francesco, NR Sent 3/10, RgNR 5/10, RgNR 9043/10.

Tribunal de Caltanissetta – Gabinete do GIP, Decreto de arquivamento no processo penal n. 1370/98 RgNR – n. 908/99 RgGIP contra Berlusconi Silvio + 1.

Tribunal de Palermo, Gabinete do Juiz para as investigações preliminares, Sentença de 15 de novembro de 2006 no processo penal n. 3779/03 RgNR – n. 800001/06 RgGIP Tribunal, contra Spera Benedetto + 56.

Tribunal de Palermo, Gabinete do GIP, Ordenança de custódia cautelar n. 2358/99 Rgnr – n. 7339/2000 RgGIP contra Miceli + outros.

3. RELATÓRIOS JUDICIÁRIOS E ATAS PARLAMENTARES

Comissão parlamentar de inquérito sobre o fenômeno da Máfia na Sicília, Doc. XXXII, n. 2, Relatório conclusivo, Relator: Carraro, VI Legislatura, 4 de fevereiro de 1976, Tipografia do Senado, Roma.

Comissão parlamentar de inquérito sobre o fenômeno da Máfia na Sicília, Doc. XXXII, n. 2, Relatório minoritário, Relatores: La Torre, Benedetti, Malagugini, Adamoli, Chiaromonte, Lugnano, Maffioletti, Terranova, VI Legislatura, 4 de fevereiro de 1976, Tipografia do Senado, Roma.

Comissão parlamentar de inquérito sobre o fenômeno da Máfia na Sicília, Doc. XXIII, n. 2, Relatório sobre o tráfico mafioso de tabacos e narcóticos e sobre as conexões entre a Máfia e o banditismo ítalo-americano, Relator: Zuccalà, VI Legislatura, 4 de fevereiro de 1976, Tipografia do Senado, Roma.

Comissão parlamentar de inquérito sobre o fenômeno da Máfia na Sicília, Doc. XXIII, n. 1/ IV, Documentação anexada ao relatório conclusivo, VIII Legislatura, volume IV, tomos VI e X, Tipografia do Senado, Roma.

Comissão parlamentar de inquérito sobre o fenômeno da Máfia na Sicília, XIV Legislatura, Audiência do Procurador Nacional

Antimáfia, dr. Piero Luigi Vigna, e do Procurador Substituto do DNA, dr. Gabriele Chelazzi, sobre os atentados de 1992 e 1993, 19ª seção, 2 de julho de 2002.

Comissão parlamentar de inquérito sobre o fenômeno da Máfia na Sicília, Doc. XXIII, n. 16, Relatório conclusivo, XIV Legislatura, tomo II, 18 de janeiro de 2006, Tipografia do Senado, Roma.

Comissão parlamentar de inquérito sobre o fenômeno da Máfia e sobre outras associações criminosas, inclusive estrangeiras, XVI Legislatura, Comunicações do presidente Sen. Giuseppe Pisanu sobre os grandes delitos e os atentados mafiosos dos anos 1992-93, 50ª seção, 30 de junho de 2010.

Comissão parlamentar de inquérito sobre o fenômeno da Máfia e sobre outras associações criminosas, inclusive estrangeiras, XVI Legislatura, presidente Giuseppe Pisanu, Audiência do procurador da República junto ao Tribunal de Caltanissetta, dr. Sergio Lari, 102ª seção, 26 de março de 2012.

Comissão parlamentar de inquérito sobre o terrorismo na Itália e sobre as causas da falha em identificar os responsáveis pelos atentados, XII Legislatura, Proposta de Relatório Final do presidente Giovanni Pellegrino.

DIA – Operação "Oceano" – Transmissão Informativa n. 4222 de 4 de março de 1994, n. 125/II/1 ^ Div/H2-106 de prot. 422/94.

DIA – Centro Operacional de Florença, Atentados de Florença, Roma, Milão 1993-1994 – Processo penal 10625/08 Mod. 44. Execução do mandato de 1º de julho de 2009. Resultados das atividades realizadas, n. 125/FI/2º/G2-33-2 de prot. 3382/09.

DIA – Relatório do ministro do Interior ao Parlamento sobre as atividades realizadas e sobre os resultados obtidos pelo DIA, jul.-dez. 2012.

DIA – Centro Operacional de Roma, Transmissão de relatório verbal de conversação entre presentes registrada no interior da residência situada em Via G.B. Ughetti, 17 interno 38,

Palermo, em uso por La Barbera Gioacchino e Gioè Antonino, Roma, 1993, n. 125/RM7/H2-9.

DIA – Repartição II, Mandato de investigação n. 490/94 R. Mod. 44 de 31/05/96 da Procuradoria da República junto ao Tribunal de Caltanissetta – DDA e mandato de investigação n. 2659/96 de 16/05/97 da Procuradoria da República junto ao Tribunalde Palermo – DDA, 125/II/1 ^ Div./H2-106, Roma, 31 de janeiro de 1998.

Legião dos Carabinieri [Depto. de Polícia], Relatório de 28 de janeiro de 1985.

Ministério do Interior – Departamento de Segurança Pública, Relatório sobre o estado da segurança na Itália, Ministério do Interior, Roma, 2005.

Questura [Comissariado de Polícia] de Palermo – Companhia dos Carabinieri de Corleone, Relatório conjunto de 15 de setembro de 1958.

Relatório de Serviço do dr. Maurizio Ortolan, enviada ao sr. diretor da II Seção do Núcleo Anticrime, 2 de setembro de 1993.

Esquadra Móvel de Palermo, Relatório de 21 de abril de 2006.

Esquadra Móvel de Palermo – Núcleo Operacional dos Carabinieri de Palermo, Relatório conjunto n. 2832/2 de 13 de julho de 1982 (denominado "Relatório dos 161").

4. ENTREVISTAS E ENCONTROS

Gaspare Spatuzza, local protegido:
12 de outubro de 2012
10 de novembro de 2012
24 de novembro de 2012
15 de dezembro de 2012
2 de março de 2013
2 de julho de 2013
14 de setembro de 2013
21 de setembro de 2013
3 de outubro de 2013

Dom Massimiliano De Simone, Castelnuovo (L'Aquila), 28 de setembro de 2012.
Angelo Siino, local protegido, 26 de fevereiro de 2009, 21 de abril de 2009.
Giusi Vitale, local protegido, 8 de maio de 2009.

– REFERÊNCIAS BIBLIOGRÁFICAS –

AA.VV. *Uno sguardo dal bunker:* cronache del maxiprocesso di Palermo. Siracusa: Ediprint, 1987.

______. *La strategia delle stragi:* dalla sentenza della Corte d'Assise di Venezia per la strage di Peteano. Roma: Editori Riuniti, 1989.

______. *I collaboratori di giustizia:* legislazioni ed esperienze a confronto. Atti del Convegno della Fondazione "Giovanni e Francesca Falcone", Palermo, 21-22 maggio 1994. Palermo: Grafiche Renna, 1995.

______. *Come cambia la mafia:* esperienze giudiziarie e psicoterapeutiche in un paese che cambia. Milano: Angeli, 1999.

______. Reti di mafie. *Meridiana,* n.43, 2002, p.262.

______. *La mafia esiste ancora:* Mafia e antimafia prima e dopo le stragi del 1992. Roma: Nuova iniziativa editoriale, 2004.

______. *Nel nome del padre*. Palermo: Novantacento, 2010a.

______. Donne di mafia. *Meridiana,* n. 67, p. 238, 2010b.

ABBATE, L.; GOMEZ, P. *I complici:* tutti gli uomini di Bernardo Provenzano da Corleone al Parlamento. Roma: Fazi, 2007.

ABBOTT, A. *Methods of Discovery:* Heuristics for the Social Sciences. New York: Norton, 2004. [Ed. it.: *I metodi della scoperta:* come trovare delle buone idee nelle scienze sociali. Milano: Mondadori, 2007.]

AGAMBEN, G. *Quel che resta di Auschwitz:* L'archivio e il testimone. Torino: Bollati Boringhieri, 2012 [Ed. bras.: *O que resta de Auschwitz:* o arquivo e a testemunha. Trad. Selvino J. Assmann. São Paulo: Boitempo, 2008.]

AGAR, M. H. *The Professional Stranger:* An Informal Introduction to Ethnography. San Diego (CA): Academic, 1996.

ALAJMO, R. *Un lenzuolo contro la mafia*. Palermo: Gelka, 1993.

ALLUM, F.; SIEBERT, R. (Orgs.). *Organized Crime and the Challenge to Democracy*. London: Routledge, 2003.

AQUECI, F. La morale della mafia. *Segno,* v.106, p.11-24, 1989.

ARDICA, G. *Baby Killer:* storia dei ragazzi d'onore a Gela. Venezia: Marsilio, 2010.

ARENDT, H. *Eichmann in Jerusalem:* A Report on the Banality of Evil. New York: Viking, 1963. [Ed. it.: *La banalità del male*: Eichmann a Gerusalemme. Milano: Feltrinelli, 2001. Ed. bras.: *Eichmann em Jerusalém:* um relato sobre a banalidade do mal. Trad. José Rubens Siqueira. São Paulo: Companhia das Letras, 1999.]

______. *On Violence*. London: Harcourt, Brace, 1970. [Ed. it.: *Sulla violenza*. Parma: Guanda, 1996. Ed. bras.: *Sobre a violência*. Trad. André Duarte. Rio de Janeiro: Civilização Brasileira, 2009.]

______. *Was ist Politik?* München: Piper, 1993. [Ed. it.: *Che cos'è la politica?* Torino: Einaudi, 2006.]

ARMAO, F. *Il sistema mafia:* dall'economia del mondo al dominio locale. Torino: Bollati Boringhieri, 2000.

ATKINSON, P. A. *The Ethnographic Imagination:* Textual Constructions of Reality. London: Routlegde, 1990.

ATKINSON, R. G. *The Life Story Interview*. London: Sage, 1998. [Ed. it.: *L'intervista narrativa:* raccontare la storia di sé nella ricerca formativa, organizzativa e sociale. Milano: Cortina, 2002.]

AUSTER, P. *Oracle Night*. New York: Holt, 2003. [Ed. it.: *La notte dell'oracolo*. Torino: Einaudi, 2005. Ed. bras.: *Noite do oráculo*. Trad. José Rubens Siqueira. São Paulo: Companhia das Letras, 2004.]

AUSTIN, J. L. *How to Do Things with Words*. Oxford: Clarendon, 1962. [Ed. it.: *Come fare cose con le parole*. Genova: Marietti, 1987.]

BAGNOLI, C. The Mafioso Case: Autonomy and Self-respect. *Ethical Theory and Moral Practice*, v.12, n.5, p.477-93, 2009.

BALZAC, H. de. *La Recherche de l'Absolu*. Paris: Didot, 1834. [Ed. it.: *La ricerca dell'assoluto*. Milano: Garzanti, 1995. Ed. bras.: À procura do absoluto. Porto Alegre: Globo, 1954.]

BANDURA, A. Teoria socialcognitiva del pensiero e dell'azione morale. *Rassegna di Psicologia*, v.13, n.1, p.23-92, 1996.

______. Moral Disengagement in the Perpetration of Inhumanities. *Personality and Social Psychology Review*, v.3, n.3, p.193-209, 1999.

BASCIETTO, G. Stidda la Quinta Mafia, ovvero la storia dei bambini che hanno dichiarato guerra a Cosa Nostra, 26 febbraio 2009. Disponível em: <http://www.accadeinitialia.it>.

BAUMAN, Z. *Modernity and Holocaust*. Itacha (NY): Cornell University Press, 1989. [Ed. it.: *Modernità e Olocausto*. Bologna: Il Mulino, 1992. Ed. bras.: *Modernidade e holocausto*. Trad. Marcus Penchel. Rio de Janeiro: Zahar, 1998.]

BECCHI, A. *Criminalità organizzata:* paradigmi e scenari delle organizzazioni mafiose in Italia. Roma: Donzelli, 2000.

BECKER, G. *The Economic Approach to Human Behavior*. Chicago (IL): The University of Chicago Press, 1976.

BECKER, H. S. *Outsiders:* Studies in the Sociology of Deviance. New York: The Free Press, 1963. [Ed. it.: *Outsiders:* Saggi di sociologia della devianza. Torino: EGA, 1987.]

BECKER, H. S. *Tricks of the Trade:* How to Think about Your Research While You Are Doing It. Chicago (IL): The University of Chicago Press, 1998. [Ed. it.: *I trucchi del mestiere:* come fare ricerca sociale. Bologna: Il Mulino, 2007.]

BELLAVIA, E.; PALAZZOLO, S. *Falcone Borsellino:* mistero di Stato. Palermo: Edizioni della Battaglia, 2002.

______. *Voglia di mafia:* la metamorfosi di Cosa Nostra da Capaci a oggi. Roma: Carocci, 2004.

BELLUCCI, P. *A onor del vero:* fondamenti di linguistica giudiziaria. Torino: UTET, 2005.

BENJAMIN, W. *Schriften*. Frankfurt a.M.: Suhrkamp, 1955a. [Ed. it.: *Angelus Novus:* saggi e frammenti. Torino: Einaudi, 1995.]

______. *Die Aufgabe des Übersetzers*. Frankfurt a.M.: Suhrkamp, 1955b. [Ed. it.: *Il compito del traduttore,* 1995, p.56-69. Ed. bras.: *A tarefa do tradutor, de Walter Benjamin:* quatro traduções para o português. Org. Lucia C. Branco. Belo Horizonte: FALE/UFMG, 2008.]

______. Über den Begriff der Geschichte. Frankfurt a.M.: Suhrkamp, 1955c [Ed. it.: *Tesi di filosofia della storia,* 1995, p.75-86.]

BERTAUX, D. L'Approche biographique: sa validité méthodologique, ses potentialités, *Cahiers internationaux de sociologie,* v.69, p.197-225, 1980.

______. *Les Récits de vie:* perspective ethnosociologique. Paris: Nathan, 1997. [Ed. it.: *Racconti di vita:* la prospettiva etnosociologica. Org. R. Bichi. Milano: Angeli, 2003.]

BERTOLONE, V. *Padre Pino Puglisi beato:* profeta e martire. Milano: San Paolo, 2013.

BIAGI, L. *Corruzione*. Padova: Messaggero, 2014.

BIANCHI, S. M.; NERAZZINI, A. *La mafia è bianca*. Milano: Rizzoli, 2005.

BICHI, R. Il campo biografico: lo sviluppo, le articolazioni, gli approcci e la tipologia. In: BERTAUX, D. L'Approche biographique: sa validité méthodologique, ses potentialités, *Cahiers internationaux de sociologie,* v.69, 1980. [Ed. it.: 2003, p.9-28.]

BIONDO, N.; RANUCCI, S. *Il patto:* da Ciancimino a Dell'Utri. La trattativa fra Stato e mafia nel racconto di un infiltrato. Milano: chiarelettere, 2009.

BLUMER, H. *Symbolic Interactionism:* Perspective and Method. Englewood Cliffs (NJ), Prentice Hall, 1969.

BOAS, F. *Contributions to the Ethnology of Kwakiutl*. New York: Columbia University Press, 1925.

BOBBIO, N. *Democrazia e dittatura, Stato, governo, società:* per uma teoria generale della politica. Torino: Einaudi, 1985. p.126-57. [Ed. bras.: *Estado, governo, sociedade:* para uma teoria geral da política. Trad. Marco Aurélio Nogueira. Rio de Janeiro: Paz e Terra, 2009.]

BOBBIO, N. Arcana imperii: verità e potere invisibile. In: AA. VV., *Le ragioni della memoria:* interventi e riflessioni a vent'anni dalla strage di piazza della Loggia. Brescia: Grafo, 1994. p.95-107.

______. Disobbedienza civile. In: BOBBIO, N.; MATTEUCCI, N.; PASQUINO, G. (Orgs.). *Dizionario di politica*. Torino: UTET, 1998. p.338-42. [Ed. bras.: *Dicionário de política*. Trad. Carmen C. Varriale et al. Brasília: Ed. UNB, 1998.]

______. Della libertà dei moderni comparata a quella dei posteri. In: BOBBIO, N.; MATTEUCCI, N.; PASQUINO, G. (Orgs.). *Teoria generale della politica*. Torino: Einaudi, 1999. p.217-47. [Ed. bras.: *Teoria geral da política:* a filosofia política e as lições dos clássicos. Trad. Michelangelo Bovero e Daniela Beccaccia Versiani. Rio de Janeiro: Campus, Elsevier, 2000.]

______. *Il futuro della democrazia*. Torino: Einaudi, 2005. [Ed. bras.: *O futuro da democracia*. Trad. Marco Aurélio Nogueira. Rio de Janeiro: Paz e Terra, 2011.]

BOCCHIARO, P. *Psicologia del male*. Roma-Bari: Laterza, 2009.

BOITANI, P. *Riconoscere è un dio:* scene e temi del riconoscimento nella letteratura. Torino: Einaudi, 2014.

BOLZONI, A.; D'AVANZO, G. *Il capo dei capi:* vita e carriera criminale di Totò Riina. Milano: Rizzoli, 2011.

BONICA, L.; CARDANO, M. (Orgs.). *Punti di svolta:* analisi del mutamento biografico. Bologna: Il Mulino, 2008.

BOUDON, R. *Effets pervers et ordre social*. Paris: PUF, 1977. [Ed. it.: *Effetti perversi dell'azione sociale*. Milano: Feltrinelli, 1981. Ed. bras.: *Efeitos perversos e ordem social*. Rio de Janeiro: Zahar, 1979.]

______. *La Logique du social*. Paris: Hachette, 1979. [Ed. it.: *La logica del sociale*. Milano: Mondadori, 1980.]

BOURDIEU, P. *La Distinction:* critique sociale du jugement. Paris: Minuit, 1979. [Ed. it.: *La distinzione:* critica sociale del gusto. Bologna: Il Mulino, 1983. Ed. bras.: *A distinção:* crítica social do julgamento. Trad. Guilherme J. F. Teixeira. São Paulo: Edusp, 2007.]

______. *Raisons pratiques:* sur la théorie de l'action. Paris: Seuil, 1994. [Ed. it.: *Ragioni pratiche*. Bologna: Il Mulino, 2009. Ed. bras.: *Razões práticas:* sobre a teoria da ação. Trad. Mariza Corrêa. Campinas (SP): Papirus, 1996.]

______. Champ politique, champ des sciences sociales, champ journalistique. *Cahiers de recherche du groupe de recherche sur la socialisation*, n. 151996. [Ed. it.: *Sul concetto di campo in sociologia*. Roma: Armando, 2010.]

BOVENKERK, F. "Wanted: Mafia Boss": Essay on the Personology of Organized Crime. *Crime, Law & Social Change*, v.33, n.3, p.225-42, 2000.

BRAGUE, R. *Du dieu des chrétiens et d'un deux autres*. Paris: Flammarion, 2008. [Ed. it.: *Il Dio dei cristiani:* l'unico Dio? Milano: Cortina, 2009.]

BRAGUE, R. Il perdono: dal pentimento alla riparazione. In: RASPANTI, A (Org.). *Cultura della legalità e società multireligiosa*. Trapani: Il Pozzo di Giacobbe, 2013. p.61-7.

BRAITHWAITE, J. *Crime, Shame and Reintegration*. Cambridge: Cambridge University Press, 1999.

BRANCACCIO, L.; CASTELLANO, C. *Affari di camorra:* famiglie, imprenditori e gruppi criminali. Roma: Donzelli, 2015.

BROCKMEIR, J. From the End to the Beginning: Retrospective Teleology in Autobiography. In: BROCKMEIR, J.; CARBAUGH, D. (Orgs.). *Narrative and Identity:* Studies in Autobiography, Self and Culture. Amsterdam: Benjamins, 2001. p.247-80.

BRODY, S. Transitional Objects: Idealization of a Phenomenon. *Psychoanalytic Quarterly*, v.49, n.4, p.561-605, 1980.

BRUNER, J. S. *Making Stories:* Law, Literature, Life. Cambridge (MA): Harvard University Press, 2003. [Ed. it.: *La fabbrica delle storie:* diritto, letteratura, vita. Roma-Bari: Laterza, 2006.]

BRUNI, L.; FALDETTA, G. *Il dono:* le sue ambivalenze e i suoi paradossi. Trapani: Di Girolamo, 2012.

BURKE, K. *Permanence and Change:* An Anatomy of Purpose. New York: Bobbs-Merrill, 1965.

BUTLER, J. Can One Lead a Good Life in a Bad Life? Adorno Prize Lecture. *Radical Philosophy*, n.176, p.9-18, 2012. [Ed. it.: *A chi spetta una buona vita?* Roma: nottetempo, 2013.]

CALADEJO, S. L'ultimo rifugio di Riina. Storia di una fabbricazione mediatica. Milano, Futuro, 2014. Disponível em: <http://www.censurati.it.>

CAMUS, A. Giustizia e Verità. *MicroMega*, n.6, p.149-222, 2013.

CANDIANI, C. L. *La bambina pugile ovvero La precisione dell'amore*. Torino: Einaudi, 2014.

CANETTI, E. *Die Fackel im Ohr*. München: Hanser, 1980. [Ed. it.: *Il frutto del fuoco:* storia di una vita (1921-1931). Milano: Adelphi, 1994. Ed. bras.: *Uma luz em meu ouvido:* história de uma vida 1921-1931. Trad. Kurt Jahn. São Paulo: Companhia das Letras, 2010.]

CAPONNETTO, A. *I miei giorni a Palermo*. Milano: Garzanti, 1992.

CARDANO, M. Etnografia e riflessività: le pratiche riflessive costrette nei binari del discorso scientifico. *Rassegna Italiana di Sociologia*, v.42, n.2, p.173-204, 2001.

______. *Tecniche di ricerca qualitativa:* percorsi di ricerca nelle scienze sociali. Roma: Carocci, 2003.

______. Le narrazioni e la loro analisi. *Rassegna Italiana di Sociologia*, v.47, n.2, p.361-70, 2006.

CARRÈRE, E. *L'Adversaire*. Paris: POL, 2000. [Ed. it.: *L'avversario*. Milano: Adelphi, 2013. Ed. bras.: *O adversário*. Trad. Marcos de Castro. Rio de Janeiro/São Paulo: Record, 2007.]

CARRÈRE, E. *D'autres vies que la mienne*. Paris, POL, 2009. [Ed. it.: *Vite che non sono la mia*. Torino: Einaudi, 2014. Ed. bras.: *Outras vidas que não a minha*. Trad. André Telles. São Paulo: Objetiva, 2010.]

______. *Limonov*. Paris, POL, 2011. [Ed. it.: *Limonov*. Milano: Adelphi, 2012].

CASARRUBEA, G.; BLANDANO, P. *L'educazione mafiosa:* strutture sociali e processi d'identità. Palermo: Sellerio, 1991.

CASELLI, G. C. *Le due guerre:* perché l'Italia ha sconfitto il terrorismo e non la mafia. Milano: Melampo, 2009.

CATANI, M. Considerations sur les conditions de collecte et d'analyse des histoires de vie social. *Thud ha bro*, n.6, p.149-77, 1983.

CATANZARO, R. Le mafie e le responsabilità della politica. *il Mulino*, n.6, p.929-38, 2010.

CATANZARO, R.; SANTORO, M. Pizzo e pizzini: Organizzazione e cultura nell'analisi della mafia. In: CATANZARO, R.; SCIORTINO, G. (Orgs.). *La fatica di cambiare*. Bologna: Il Mulino, 2009. p.171-99.

CAVARERO, A. *Tu che mi guardi, tu che mi racconti:* filosofia della narrazione. Milano: Feltrinelli, 2009.

CERULO, M.; CRESPI, F. (Orgs.). *Emozioni e ragione nelle pratiche sociali*. Napoli: Orthotes, 2013.

CHEVALIER, Y. La biographie et son usage en sociologie. *Revue française de science politique*, v.29, n.1, 1979, p.83-101.

CHINNICI, G.; SANTINO, U. *L'omicidio a Palermo e provincia negli anni 1960-1966 e 1978-1984*. Palermo: Istituto di statistica e scienze demografiche e biometriche, 1986.

______. *La violenza programmata:* omicidi e guerre di mafia a Palermo dagli anni '60 ad oggi. Milano: Angeli, 1989.

CHINNICI, G. et. al. *Gabbie vuote:* processi per omicidio a Palermo dal 1983 al maxiprocesso. Milano: Angeli, 1992.

CIANCIMINO, M.; LA LICATA, F. *Don Vito:* le relazioni segrete tra Stato e mafia nel racconto di un testimone d'eccezione. Milano: Feltrinelli, 2010.

CICCARELLO, E.; NEBIOLO, M. *Fuga dall'illegalità:* Gela, i cittadini, le leggi, le istituzioni. Torino: EGA, 2007.

CIPRIANI, R. (Org.). *La metodologia delle storie di vita:* dall'autobiografia alla "life history". Roma: Euroma, 1995.

CIOTTI, L. Amo la Chiesa che interferisce. *narcomafie*, n.9, p.64, 2014.

CLIFFORD, J. *The Predicament of Culture:* Twentieth-Century Ethnography, Literature and Art. Cambridge (MA): Harvard University Press, 1988. [Ed. it.: *I frutti puri impazziscono:* etnografia, letteratura e arte nel secolo XX. Torino: Bollati Boringhieri, 1993. Ed. bras.: *A experiência etnográfica:* antropologia e literatura no século XX. Textos de James Clifford. Org. José Reginaldo Santos Gonçalves. Rio de Janeiro: UFRJ, 2003.]

CLIFFORD, J. *Routes:* Travel and Translation in the Late Twentieth Century. Cambridge (MA): Harvard University Press, 1997. [Ed. it.: *Strade:* viaggio e traduzione alla fine del secolo XX. Torino: Bollati Boringhieri, 1999.]

COCO, V. *La mafia dei giardini:* storia delle cosche della Piana dei Colli. Roma-Bari: Laterza, 2013.

COHEN, S. *States of Denial:* Knowing about Atrocities and Suffering. Cambridge: Polity, 2001. [Ed. it.: *Stati di negazione:* la negazione del dolore nella società contemporanea. Roma: Carocci, 2002.]

COLLINS, R. *Conflict Sociology:* Toward and Explanatory Science. New York: Academic Press, 1975. [Ed. it.: *Sociologia*. Bologna: Zanichelli, 1980.]

CORBETTA, P. *Metodologia e tecniche della ricerca sociale*. Bologna: Il Mulino, 1999.

CORRADI, A. *Non so se don Lorenzo*. Milano: Feltrinelli, 2012.

CROALL, H. *Understanding White-Collar Crime*. Philadelphia (PA): Open University Press, 2001.

______. White Collar Crime, Consumers and Victimization. *Crime, Law & Social Change*, v.51, n.1, p.127-46, 2009.

CUCCHIARELLI, P.; GIANNULI, A. *Lo Stato parallelo*. Roma: Gamberetti, 1997.

D'AGOSTINO, M. "Dalla voce già si capiva che era mafioso". Devianza linguística e devianza sociale: un'indagine a Palermo. *Segno*, n.110, p.29-38, 1989.

DALLA CHIESA, N. *La convergenza:* Mafia e politica nella Seconda Repubblica. Milano: Melampo, 2010.

______. *Lo statista Francesco Cossiga:* promemoria su un presidente eversivo. Milano: Melampo, 2011.

DALLA CHIESA, N.; PANZARASA, M. *Buccinasco:* la 'Ndrangheta al Nord. Torino: Einaudi, 2012.

DAL LAGO, A. *Oltre il metodo:* interpretazione e scienze sociali. Milano: Unicopli, 1989.

______. *I nostri riti quotidiani:* prospettive nell'analisi della cultura. Genova: Costa & Nolan, 1995.

DAL LAGO, A.; DE BIASI, R. (Orgs.). *Un certo sguardo:* introduzione all'etnografia sociale. Roma-Bari: Laterza, 2002.

DAL LAGO, A.; QUADRELLI, E. *La città e le ombre:* crimini, criminali, cittadini. Milano: Feltrinelli, 2003.

D'AMBROSIO, L.*Testimoni e collaboratori di giustizia*. Padova: CEDAM, 2002.

DAVIGO, P.; MANNOZZI, G. *La corruzione in Italia:* percezione sociale e controllo penale. Roma-Bari: Laterza, 2007.

DEAGLIO, E. *Raccolto rosso:* la mafia, l'Italia. E poi venne giù tutto. Milano: Feltrinelli, 1993.

DE LUTIIS, G. *Storia dei servizi segreti in Italia*. Roma: Editori Riuniti, 1984.
______. *Il lato oscuro del potere:* associazioni politiche e strutture paramilitari segrete dal 1946 ad oggi. Roma: Editori Riuniti, 1996.
DE MARTINO, E. Apocalissi culturali e apocalissi psicopatologiche. *Nuovi Argomenti*, n.69-71, p.105-41, 1964.
______. *La fine del mondo:* contributo all'analisi delle apocalissi culturali. Torino: Einaudi, 1977.
DEMATTEO, L. Le Refus de l'amnistie des "années de plomb". *L'Homme et la société*, n.159, p.71-85, 2006.
DEMAZIÈRE, D.; DUBAR, C. *Analyser les entretiens biographiques*. Paris: Nathan, 1997. [Ed. it.: *Dentro le storie:* analizzare le interviste biografiche. Milano: Cortina, 2000.]
DENZIN, N. K. *The Research Act*. Chicago (IL): Aldine, 1970.
DENZIN, N. K.; LINCOLN, Y. S. (Orgs.). *Handbook of Qualitative Research*. Thousand Oaks (CA): Sage, 2000.
DE ROBERT, D. *Sembrano proprio come noi:* frammenti di vita prigioniera. Torino: Bollati Boringhieri, 2006.
DE ROSA, C. *I medici della camorra*. Roma: Castelvecchi, 2011.
DE ROSA, C.; GALESI, L. *Mafia da legare*. Milano: Sperling & Kupfer, 2013.
DERRIDA, J. *Pardonner l'impardonnable et l'imprescriptible*. Paris: l'Hern, 2004. [Ed. it.: *Perdonare*. Milano: Cortina, 2004.]
DEVEREUX, G. *From Anxiety to Method in the Behavioral Sciences*. Paris, Mouton, 1967. [Ed. it.: *Dall'angoscia al metodo nelle scienze del comportamento*. Roma: Istituto della Enciclopedia Italiana, 1984.]
DI GREGORIO, R.; LAURICELLA, D. *Dalla parte sbagliata:* la morte di Paolo Borsellino e i depistaggi di via D'Amelio. Roma: Castelvecchi, 2014.
DI MARIA, F. (Org.). *Il segreto e il dogma:* percorsi per capire la comunità mafiosa. Milano: Angeli, 1998.
DI MARIA, F.; DI NUOVO, S. *Identità e dogmatismo:* sull'origine della "mentalità chiusa". Milano: Angeli, 1988.
DINO, A. *Identità e differenza:* processi comunicativi e legami sociali. Palermo: La Zisa, 1997.
______. Donne, mafia e processi di comunicazione. *Rassegna Italiana di Sociologia*, v.39, n.4, p.477-512, 1998.
______. Donne di Cosa Nostra. *Nuove Effemeridi*, v.13, n.50, p.74-91, 2000a.
______. Chiesa, mafia. Giustizia divina, giustizia terrena. In: SIEBERT, R. (Org.). *Relazioni pericolose:* criminalità e sviluppo nel Mezzogiorno. Soveria Mannelli: Rubbettino, 2000b. p.221-48.
______. *Mutazioni:* etnografia del mondo di Cosa Nostra. Palermo: La Zisa, 2002.

DINO, A. (Org.). *Pentiti:* i collaboratori di giustizia, le istituzioni, l'opinione pubblica. Roma: Donzelli, 2006.

______. Symbolic Domination and Active Power: Female Roles in Criminal Organizations. In: FIANDACA, G. *Women and the Mafia:* Female Roles in Organized Crime Structures. New York: Springer, 2007. p.67-86.

______. *La mafia devota:* chiesa, religione, Cosa Nostra. Roma-Bari: Laterza, 2008.

______. Un racconto allo specchio. La costruzione del mito mafioso attraverso le sue immagini. *Studi sulla questione criminale,* v.4, n.3, p.57-83, 2009.

______. Narrazioni al femminile di Cosa Nostra. *Meridiana,* n.67, p.55-78, 2010.

______. *Gli ultimi padrini:* indagine sul governo di Cosa Nostra. Roma-Bari: Laterza, 2011. [Ed. bras.: *Os últimos chefões*. Trad. Valéria Pereira da Silva. São Paulo: Ed. Unesp, 2013.]

______. Attrazioni fatali: genitori e figli nel quotidiano mafioso. In: MASSARI, M. (Org.). *Attraverso lo specchio:* scritti in onore di Renate Siebert. Cosenza: Pellegrini, 2012a. p.153-75.

______. Women and Transnational Organized Crime: The Ambiguous Case of the Italian Mafias. In: ALLUM, F.; GILMOUR, S. (Orgs.). *Routledge Handbook of Transnational Organized Crime*. London: Routledge, 2012b. p.321-34.

______. Resistere alle mafie nella crisi della democrazia. *Studi sulla questione criminale,* v.7, n.1, p.21-42, 2012c.

______. Au royaume des discours incomplets. Ambigüité et malentendu dans la conversation entre mafieux. *Revue des sciences sociales,* n.50, p.52-9, 2013a.

______. Chiesa, mafia e politica nella Sicilia del dopoguerra. In: ALIMENTI, S.; CHIAROTTO, F. (Orgs.). *Religione e politica in Italia dal Risorgimento al Concilio Vaticano II.* Torino: Aragno, 2013b. p.409-28.

______. La mafia non ha vinto. O forse sì? *Historia Magistra,* v.6, n.16, p.162-7, 2014.

______. Tra ambiguità e malinteso: schermaglie di "una battaglia per l'identità" in una conversazione tra mafiosi. *Polis,* v.29, n.1, p.33-58, 2015ª.

______. Mafia, politica e democrazia: il potere e le stragi in Italia. In: SANTORO, M. *Riconoscere le mafie:* cosa sono, come funzionano, come si muovono. Bologna: Il Mulino, 2015b. p.177-98.

DINO, A.; CALLARI, L. A. *Liberi di scegliere:* due racconti teatrali. Sesto San Giovanni: Mimesis, 2011.

DINO, A.; PEPINO, L. (Orgs.). *Sistemi criminali e metodo mafioso.* Milano: Angeli, 2008.

DI PIAZZA, S. *Mafia, linguaggio e identità.* Palermo: Centro Studi Pio La Torre, 2010.

DI PIAZZA, S. Pratiche linguistiche e costruzioni identitarie in Cosa nostra. *Paradigmi*, v.29, n.2, p.169-81, 2011.

DISPENZA, J. *Breaking the Habit of Being Yourself:* How to Lose Your Mind and Create a New One. Carlsbad (CA): Hay House, 2012. [Ed. it.: *Cambia l'abitudine di essere te stesso:* fisica quantistica nella vita quotidiana. Coriano: My Life, 2012.]

DOSTOIÉVSKI, F. *I fratelli Karamazov* (1880). Torino: Einaudi, 2005. [Ed. bras.: *Os irmãos Karamázov*. Trad. Paulo Bezerra. São Paulo: Editora 34, 2008.]

______. *Delitto e castigo* (1866). Torino: Einaudi, 2013. [Ed. bras.: *Crime e castigo*. Trad. Paulo Bezerra. São Paulo: Editora 34, 2016.]

DRESCHER, M. Les Conséquences affectives des malentendus dans la conversation. In: LAFOREST, M. *Le Malentendu:* dire, mésentendre, mésinterpréter. Québec: Nota bene, 2003. p.119-38.

ELDER, G.H. *Life Course Dynamics:* Trajectories and Transitions, 1968-1980. New York: Cornell University Press, 1985.

ELSTER, J. *Ulysses and the Sirens:* Studies in Rationality and Irrationality. Cambridge: Cambridge University Press, 1979. [Ed. it.: *Ulisse e le sirene:* indagini sulla razionalità e l'irrazionalità. Bologna: Il Mulino, 1983.]

______. *Sour Grapes:* Studies in the Subversion of Rationality. Cambridge: Cambridge University Press, 1983. [Ed. it.: *Uva acerba:* versioni non ortodosse della razionalità. Milano: Feltrinelli, 1989.]

ESPOSITO, M. *Uomini di camorra:* la costruzione sociale dell'identità deviante. Milano: Angeli, 2004.

FABIETTI, U.; MATERA, V. *Memorie e identità:* simboli e strategie del ricordo. Roma: Meltemi, 1999.

FALCONE, G. *Cose di Cosa Nostra*. Milano: Rizzoli, 1991.

FASANELLA, G. *Una lunga trattativa*. Milano: chiarelettere, 2013.

FELE, G. *Etnometodologia:* introduzione allo studio delle attività ordinarie. Roma: Carocci, 2002.

FERRARI, V. *Prima lezione di sociologia del diritto*. Roma-Bari: Laterza, 2010.

FERRAROTTI, F. *Storia e storie di vita*. Roma-Bari: Laterza, 1981.

FIANDACA, G. (Org.). *Women and the Mafia:* Female Roles in Organized Crime Structures. New York: Springer, 2007.

FIANDACA, G.; LUPO, S. *La mafia non ha vinto:* il labirinto della trattativa. Roma-Bari: Laterza, 2014.

FINKENAUER, C.; RIGHETTI, F. Understanding in Close Relationships: An Interpersonal Approach. *European Review of Social Psychology*, v.22, n.1, p.316-63, 2011.

FLAMIGNI, S. *La tela del ragno:* il delitto Moro. Roma: Associate, 1988.

______. *Trame atlantiche:* storia della Loggia massonica segreta P2. Milano: Kaos, 1996.

FLORES, M. *Traditori:* una storia politica e culturale. Bologna: Il Mulino, 2015.

FLORES D'ARCAIS, P. *Gesù:* l'invenzione del Dio cristiano. Torino: Add, 2011.

______. *Democrazia:* libertà privata e libertà in rivolta. Torino: Add, 2012.

FORTI, G.; BERTOLINO, M. (Orgs.). *La televisione del crimine.* Milano: Vita e Pensiero, 2005.

FOUCAULT, M. *L'Ordre du discours.* Paris: Gallimard, 1971. [Ed. it.: *L'ordine del discorso e altri interventi.* Torino: Einaudi, 2004.]

______. *Surveiller et punir.* Paris: Gallimard, 1975. [Ed. it.: *Sorvegliare e punire:* nascita della prigione. Torino: Einaudi, 1976.]

______. *Poteri e strategie:* l'assoggettamento dei corpi e l'elemento sfuggente. Sesto San Giovanni: Mimesis, 1994.

______. *Le Pouvoir psychiatrique:* cours au collège de France (1973-1974). Paris: Gallimard, 2003. [Ed. it.: *Il potere psichiatrico:* corso al Collège de France (1973-1974). Milano: Feltrinelli, 2004.]

FRANCESCONI, M.; SCOTTO DI FASANO, D. Il rispetto: un valore ibernato? *Quaderno de Gli Argonauti* , n.20, p.17-26, 2010.

FRATTINI, E. *I corvi del Vaticano.* Milano: Sperling & Kupfer, 2013.

FROMM, E. *Escape from Freedom.* New York: Rinehart, 1941. [Ed. it.: *Fuga dalla libertà.* Milano: Comunità, 1968.]

______. *On Disobedience and Other Essays.* New York: Harper & Row, 1981. [Ed. it.: *La disobbedienza e altri saggi.* Milano: Mondadori, 1982.]

FUMO, M. *Delazione collaborativa, "pentimento" e trattamento sanzionatorio.* Napoli: Simone, 2001.

GALATOLO, R. Le Malentendu en milieu conflictuel. Une révision du cas standard. In: LAFOREST, M. *Le Malentendu:* dire, mésentendre, mésinterpréter. Québec: Nota bene, 2003. p.65-93.

______. Malinteso intenzionale e conflitto. Alcuni spunti di riflessione. In: GALATOLO, R.; LORENZETTI, L. (Orgs.). *Forme e spazi della comunicazione.* Bologna: Clueb, 2010. p.67-77

GAMBETTA, D. *Codes of the Underworld:* How Criminals Comunicate. Princeton (NJ): Princeton University Press, 2009.

GARFINKEL, H. Conditions of Successful Degradation Ceremonies. *American Journal of Sociology*, v.61, n.5, p.420-42, 1955.

______. *Studies in Ethnomethodology.* Englewood Cliffs (NJ): Prentice Hall, 1967.

GEERTZ, C. *The Interpretation of Cultures.* New York: Basic, 1973. [Ed. it.: *Interpretazioni di culture.* Bologna: Il Mulino, 1987. Ed. bras.: *A interpretação das culturas.* Rio de Janeiro: LTC Editora, 1989.]

______. *Local Knowledge.* New York: Basic, 1983. [Ed. it.: *Antropologia interpretativa.* Bologna: Il Mulino, 1988. Ed. bras.: *O saber local:* novos ensaios em Antropologia Interpretativa. Trad. Vera Mello Joscelyne. Petrópolis: Vozes, 2013.]

GIGLIOLI, P. P. *Rituale, interazione, vita quotidiana:* saggi su Goffman e Garfinkel. Bologna: Clueb, 1990.

GIGLIOLI, P. P.; CAVICCHIOLI, S.; FELE, G. *Rituali di degradazione:* anatomia del processo. Cusani, Bologna: Il Mulino, 1997.

GIGLIOLI, P. P.; DAL LAGO, A. (Orgs.). *Etnometodologia.* Bologna: Il Mulino, 1983.

GINZBURG, C. *Rapporti di forza:* storia, retorica e prova. Milano: Feltrinelli, 2001.

______. *Il giudice e lo storico:* considerazioni a margine del processo Sofri. Milano: Feltrinelli, 2006.

GIORDANO, A. *Il maxiprocesso 25 anni dopo.* Acireale: Bonanno, 2011.

GIORELLO, G. *Il tradimento:* in politica, in amore e non solo. Milano: Longanesi, 2012.

GIUÈ, R. *Peccato di mafia:* potere criminale e questioni pastorali. Bologna: Dehoniane, 2015a.

______. *Vescovi e potere mafioso.* Assisi: Cittadella, 2015b.

GOBO, G. *Descrivere il mondo:* teoria e pratica del metodo etnográfico in sociologia. Roma: Carocci, 2001.

GODBOUT, J. T. *L'Esprit du don.* Paris: La Découverte, 2000. [Ed. it.: *Lo spirito del dono.* Torino: Bollati Boringhieri, 2002.]

GOFFMAN, E. *The Rappresentation of Self in Everyday Life.* Garden City (NY): Doubleday, 1959. [Ed. it.: *La vita quotidiana come rappresentazione.* Bologna: Il Mulino, 1969.]

______. *Encounters:* Two Studies in the Sociology of Interaction. New York: Bobbs-Merrill, 1961. [Ed. it.: *Espressione e identità:* gioco, ruoli, teatralità. Bologna: Il Mulino, 2003.]

______. *Interaction Ritual:* Essay on Face-to-Face Behavior. Garden City (NY): Doubleday, 1967. [Ed. it.: *Il rituale dell'interazione.* Bologna: Il Mulino, 1988.]

______. *Strategic Interaction.* Philadelphia: University of Pennsylvania Press, 1969. [Ed. it.: *L'interazione strategica.* Bologna: Il Mulino, 1988.]

______. *Modelli di interazione.* Bologna: Il Mulino, 1971a.

______. The Structure of Remedial Interchange. In: ______. *Relations in Public.* New York: Basic, 1971b. p.171-8. [Ed. it.: *La struttura dello scambio riparatore.* In: GIGLIOLI, P. P.; FELE, G. (Orgs.). *Linguaggio e contesto sociale.* Bologna: Il Mulino, 2000. p.69-95.

______. *Form of Talk.* Philadelphia: University of Pennsylvania Press, 1981. [Ed. it.: *Forme del parlare.* Bologna: Il Mulino, 1987.]

______. The Interaction Order. *American Sociological Review,* v.48, n.1, p.1-17, 1983.

GOLDTHORPE, J. H. *On Sociology:* Numbers, Narratives and the Integration of Research and Theory. Oxford: Oxford University Press, 2000.

GOMEZ, P.; TRAVAGLIO, M. *L'amico degli amici.* Milano: Rizzoli, 2005.

GOULDNER, A.W. *Patterns of Industrial Bureaucracy.* Glencoe (IL): The Free Press, 1954. [Ed. it.: *Modelli di burocrazia aziendale e Lo sciopero a gatto selvaggio.* Milano: Etas Kompass, 1970.]

GOULDNER, A.W. Sociology and the Everyday Life. In: COSER, L. A. (Org.). *The Idea of Social Structure:* Papers in Honor of Robert K. Merton. New York: Harcourt Brace Jovanovich, 1975. p.417-32. [Ed. it.: *La sociologia e la vita quotidiana*. Roma: Armando, 1997.]

GRAMSCI, A. *Lettere dal carcere*. Torino: Einaudi, 1947.

GRIBAUDI, G. (Org.) *Traffici criminali:* Camorra, mafie e reti internazionali dell'illegalità. Torino: Bollati Boringhieri, 2009.

GRUPPO ABELE (Org.) *Dalla mafia allo Stato:* i pentiti: analisi e storie. Torino: EGA. 2005.

HALBWACHS, M. *Les Cadres sociaux de la mémoire*. Paris: Alcan, 1925. [Ed. it.: *I quadri sociali della memoria*. Napoli: Ipermedium, 1996.]

______. *La Mémoire collective*. Paris: PUF, 1950. [Ed. it.: *La memoria collettiva*. Milano: Unicopli, 1987.]

HAMMERSLEY, M.; ATKINSON, P. A. *Ethnography:* Principles in Practice. London:, Routledge, 1995.

HERITAGE, J. Analyzing News Interviews: Aspects of the Production of Talk for an Overhearing Audience. In: VAN DIJK, T. A. (Org.). *Handbook of Discourse Analysis*. New York: Academic, 1985. p.95-119, v.3.

HERVIEU-LÉGER, D. *Le Pèlerin et le converti:* la religion en mouvement. Paris: Flammarion, 1999. [Ed. it.: *Il pellegrino e il convertito:* la religione in movimento. Bologna: Il Mulino, 2003.]

HERZFELD, M. Honour and Shame: Problems in the Comparative Analysis of Moral Systems. *Man*, v.15, n.2, p.339-51, 1980.

HOCHSCHILD, A. R. Emotion, Work, Feeling Rules and Social Structure. *American Journal of Sociology*, v.85, n.3, p.551-75, 1979.

______. *The Commercialization of Intimate Life:* Notes from Home and Work. Berkeley: University of California Press, 2003. [Ed. it.: *Per amore o per denaro:* la commercializzazione della vita intima. Bologna: Il Mulino, 2006.]

HÖß, R. *Kommandant in Auschwitz:* Autobiographische Aufzeichnungen des Rudolf Höß. Org. M. Broszat. Stuttgart: Deutsche Verlags-Anstalt, 1958. [Ed. it.: *Comandante ad Auschwitz*. Torino: Einaudi, 2005.]

HUGHES, E. C. Dilemmas and Contradictions of Status. *The American Journal of Sociology*, v.50, n.5, p.353-9, 1945; tb. in: ______. *The Sociological Eye*. New Brunswick (NJ): Transaction, 1984, p.141-50. [Ed. it.: Dilemmi e contraddizioni di status. In:______. *Lo sguardo sociologico*. Bologna: Il Mulino, 2010. p.149-62.]

______. *Men and Their Work*. Glencoe (IL): The Free Press, 1958.

HUSTVEDT, S. *What I Loved:* A Novel. New York: Holt, 2003. [Ed. it.: *Quello che ho amato*. Torino: Einaudi, 2004.]

IAGULLI, P. *La sociologia delle emozioni:* un'introduzione. Milano: Angeli, 2011.

INGRASCÌ, O. *Donne d'onore:* storie di mafia al femminile. Milano: Mondadori, 2007.
______. *Confessioni di un padre:* il pentito Emilio di Giovine racconta la 'Ndrangheta alla figlia. Milano: Melampo, 2013.
______. *Io accuso:* le stragi del 1992 e del 1993, i rapporti fra máfia e politica e il ruolo di Berlusconi e Dell'Utri: tutti i verbali di Gaspare Spatuzza, l'uomo che sta riscrivendo la storia d'Italia. Palermo: Novantacento, 2010.
JACQUEMET, M. *If He Speaks Italian It's Better:* Metapragmatics in Court. *Pragmatics*, v.2, n.2, p.111-26, 1992.
______. *Credibility in Court:* Communicative Practices in the Camorra Trials. Cambridge: Cambridge University Press, 1996.
______. Anger, Honor, and Truth: The Political Prosecution of Neapolitan Organized Crime. In: MEIERHENRICH, J.; PENDAS, D. (Orgs.). *Political Trials in Theory and History*. Cambridge: Cambridge University Press, 2016.
JANKÉLÉVITCH, V. *Le Je-ne-sais-quoi et le presque rien*. Paris: PUF, 1957. [Ed. it.: *Il Non-so-che e il Quasi niente*. Genova: Marietti, 1987.]
______. *Le Pardon*. Paris: Aubier-Montaigne, 1967. [Ed. it.: *Il perdono*. Milano: IPL, 1969.]
______. *Pardonner?* Paris: Le Pavillon, 1971. [Ed. it.: *Perdonare?* Firenze: Giuntina, 2004.]
JEDLOWSKI, P. *Storie comuni:* la narrazione nella vita quotidiana. Milano: Bruno Mondadori, 2000.
______. *Memoria, esperienza e modernità*. Milano: Angeli, 2002.
______. *Il racconto come dimora:* "Heimat" e le memorie d'Europa. Torino: Bollati Boringhieri, 2009.
Jervis, G. *Pensare dritto, pensare storto:* introduzione alle illusioni sociali. Torino: Bollati Boringhieri, 2007.
Just, P. Let the Evidence Fit the Crime: Evidence, Law and "Sociological Truth" among the Dou Douggo. *American Ethnologist*, v.13, n.1, p.43-61, 1988.
KAËS, R. *Les alliances inconscientes*. Paris: Dunod, 2009. [Ed. it.: *Le alleanze inconsce*. Roma: Borla, 2010.]
KARREMANS, J. C.; VAN LANGE, P. A. M. Forgiveness in Personal Relationships: Its Malleability and Powerful Consequences. *European Review of Social Psychology*, v.19, n.1, p.202-41, 2008.
______. *Kohèlet/Ecclesiaste*. Org. E. De Luca. Feltrinelli: Milano, 2014.
KELMAN, H. C.; HAMILTON, L. V. *Crimes of Obedience:* Toward a Social Psychology of Authority and Responsibility. New Haven (CT): Yale University Press, 1989.
KRISTEVA, J. *Au Commencement était l'amour:* Psychanalyse et foi. Paris: Hachette, 1985. [Ed. it.: *In principio era l'amore:* psicoanalisi e fede. Milano: SE, 2001 (2011); Bologna: Il Mulino, 2015.]

LA CECLA, F. *Il malinteso:* antropologia dell'incontro. Roma-Bari: Laterza, 2009.

LAFOREST, M. (Org.) *Le Malentendu:* dire, mésentendre, mésinterpréter. Québec: Nota bene, 2003.

LAING, R. D. *The Self and Others:* Further Studies in Sanity and Madness. London: Tavistock, 1961. [Ed. it.: *L'io e gli altri:* psicopatologia dei processi interattivi. Firenze: Sansoni, 1969.]

______. La ricerca sociale "scalza": l'etnografia come metodo e come esperienza. *Rassegna Italiana di Sociologia,* ano XLII, n.2, p.327, 2001.

LA LICATA, F.; GRASSO, P. *Pizzini, veleni e cicoria:* la mafia prima e dopo Provenzano. Milano: Feltrinelli, 2008.

LAMPE, K. von; JOHANSEN, P. O. Criminal Networks and Trust: On the Conceptualization and Empirical Relevance of Trust in the Context of Criminal Networks. *Global Crime,* v.6, n.2, p.159-84, 2004.

______. *Le confessioni del diavolo:* i dialoghi in carcere di Totò Riina. Palermo: Novantacento, 2014.

LEVI, P. *I sommersi e i salvati.* Torino: Einaudi, 1991.

LIMITI, S. *Doppio livello:* come si organizza la destabilizzazione in Italia. Milano: chiarelettere, 2013.

LODATO, S. *Potenti:* Sicilia, anni novanta. Milano: Garzanti, 1992.

______. *Ho ucciso Giovanni Falcone:* la confessione di Giovanni Brusca. Milano: Mondadori, 1999.

LODATO, S.; SCARPINATO, R. *Il ritorno del principe.* Milano: chiarelettere, 2008.

LODATO, S.; TRAVAGLIO, M. *Intoccabili:* perché la mafia è al potere. Milano: Rizzoli, 2005.

LO VERSO, G. (Org.) *La mafia dentro:* psicologia e psicopatologia di un fondamentalismo. Milano: Angeli, 1998.

LO VERSO, G.; LO COCO, G. (Org.) *La psiche mafiosa:* storie di casi clinici e collaboratori di giustizia. Milano: Angeli, 2003.

LUHMANN, N. Identitätsgebrauch in selbstsubstitutiven Ordnungen, besonders Gesellschaften. In: AA. VV. *Identität.* München: Fink, 1979. p.315-45. [Ed. it.: L'uso dell'identità negli ordini autosostitutivi, in particolare nelle società. In: SCIOLLA, L. (Org.). *Identità:* percorsi di analisi in sociologia. Torino: Rosenberg & Sellier, 1983. p.202-39.

LUPO, S. *Storia della mafia dalle origini ai nostri giorni.* Roma: Donzelli, 1993. [Ed. bras.: *História da Máfia:* das origens aos nossos dias. Trad. Alvaro Lorencini. São Paulo: Ed. Unesp, 2002.]

______. *Quando la mafia trovò l'America:* storia di un intreccio intercontinentale, 1888-2008. Torino: Einaudi, 2008.

______. Mafia. *Meridiana,* n.7-8, 1990.

MAKAPING, G. *Traiettorie di sguardi:* e se gli "altri" foste voi? Soveria Mannelli: Rubbettino, 2001.

MALINOWSKI, B. *Crime and Costum in Savage Society*. London: Routledge & Kegan Paul, 1926. [Ed. it.: *Diritto e costume nella società*. Roma: Newton Compton, 1972. Ed. bras.: *Crime e costume na sociedade selvagem*. Trad. Maria Clara Corrêa Dias. Brasília: UNB, 2003.]

MANCONI, L. et al. *Abolire il carcere:* una ragionevole proposta per la sicurezza dei cittadini. Milano: chiarelettere, 2015.

MANCONI, L.; TORRENTE, G. *La pena e i diritti:* il carcere nella crisi italiana. Roma: Carocci, 2015.

MANGIAMELI, R. Mafia a dispense, tra "fiction" e realtà. *Meridiana*, n.2, p.203-18, 1988.

______. *La mafia tra stereotipo e storia*. Caltanissetta-Roma: Salvatore Sciascia, 2000.

MANISCALCO, M. L. *Mafia e segreto:* meccanismi sociali della segretezza e criminalità organizzata. *Quaderni di sociologia*, v.XXXVII, n.5, p.93-109, 1993.

______. *Sociologia del denaro:* dimensioni sociali, culturali, etiche della moneta. Roma-Bari: Laterza, 2002.

MARESO, M.; PEPINO, L. (Orgs.). *Nuovo dizionario di mafia e antimafia*. Torino: EGA, 2008.

MARINO, G. C. *I padrini*. Roma: Newton Compton, 2001.

______. *Storia della mafia*. Roma: Newton Compton, 2006.

MARTINI, C. M. *Colti da stupore*. Milano: Mondadori, 2012.

MARTINI, C. M.; ZAGREBELSKY, G. *La domanda di giustizia*. Torino: Einaudi, 2003.

MARZANO, M. *Etnografia e ricerca sociale*. Roma-Bari: Laterza, 2006.

MASTROPASQUA, I.; BRANCHI, M. G. (Orgs.). *Svincolarsi dalle mafie:* pratiche educative con i minori coinvolti nella criminalità organizzata. Roma: Gangemi, 2011.

MATOESIAN, G. M. *Law and the Language of Identity:* Discourse in the William Kennedy Smith Rape Trial. New York: Oxford University Press, 2001.

MATZA, D. *Becoming Deviant*. Englewood Cliffs (NJ): Prentice Hall, 1969. [Ed. it.: *Come si diventa devianti*. Bologna: Il Mulino, 1976.]

MAURO, E.; ZAGREBELSKY, G. *La felicità della democrazia:* un dialogo. Roma-Bari: Laterza, 2011.

MAUSS, M. *Essai sur le don:* forme et raison de l'échange dans les sociétés archaïques. Paris: PUF, 1923-4 (Artigo publicado originalmente em *L'année sociologique*, 1923-4). [Ed. it.: *Saggio sul dono:* forma e motivo dello scambio nelle società arcaiche. Torino: Einaudi, 2002. Ed. bras.: *Ensaio sobre a dádiva*. Trad. Paulo Neves. São Paulo: Cosac Naify, 2003.]

MCILLWAIN, J. S. Organized Crime: A Social Network Approach. *Crime, Law & Social Change*, v.32, n.4, p.301-23, 1999.

MEAD, H. *Mind, Self & Society from the Standpoint of a Social Behaviorist*. Chicago (IL): The University of Chicago Press, 1934 [Ed. it.: *Mente, sé e società:* dal punto di vista di uno psicologo comportamentista. Firenze: Giunti-Barbera, 1966.]

MERTON, R. K. *The Sociology of Science:* Theoretical and Empirical Investigations, Chicago (IL): The University of Chicago Press, 1973 [Ed. it.: *La sociologia della scienza:* indagini teoriche ed empiriche. Milano: Angeli, 1981.]

MILGRAM, S. *Obedience to Authority:* An Experimental View. New York, Harper & Row: 1974 [Ed. it.: *Obbedienza all'autorità*. Torino: Einaudi, 2003.]

MOE, N. Il padrino, la mafia e l'America. In: GRIBAUDI, G. (Org.), *Traffici criminali:* Camorra, mafia e reti internazionali dell'illegalità. Torino: Bollati Boringhieri, 2009. p.325-51.

MOLA, A. A. *Storia della massoneria italiana dalle origini ai nostri giorni*. Milano: Bompiani, 1992.

MOLINARI, A. Etnografia sociale e storia. In: DAL LAGO, A.; DE BIASI, R. (Orgs.). *Un certo sguardo:* introduzione all'etnografia sociale. Roma-Bari: Laterza, 2002. p.5-26.

MONTALDI, D. *Milano, Corea:* inchiesta sugli immigrati. Milano: Feltrinelli, 1960.

______. *Autobiografie della leggera*. Torino: Einaudi, 1961.

MONTANARO, G. *La verità del pentito:* le rivelazioni di Gaspare Spatuzza sulle stragi mafiose. Milano: Sperling & Kupfer, 2013.

MORABITO, S. (Org.). *Mafia, 'Ndrangheta, Camorra nelle trame del potere parallelo*. Roma: Gangemi, 2005.

MOROSINI, P. *Il Gotha di Cosa Nostra:* la mafia del dopo Provenzano nello scacchiere internazionale del crimine. Soveria Mannelli: Rubbettino, 2009.

______. *Attentato alla giustizia:* magistrati, mafie e impunità. Soveria Mannelli: Rubbettino, 2011.

MORRIONE, R. (Org.). *Giornalismi & Mafie:* alla ricerca dell'informazione perduta. Torino: EGA, 2008.

NAMER, G. *Halbwachs et la mémoire sociale*. Paris: L'Harmattan, 2000.

NANCY, J.-L. Être singulier pluriel. Paris: Galilée, 1996. [Ed. it.: *Essere singolare plurale*. Torino: Einaudi, 2001.]

NEUMANN, J. von; MORGENSTERN, O. *Theory of Games and Economic Behavior*. Princeton (NJ): Princeton University Press, 1944.

NEWELL, J. L. *The Politics of Italy:* Governance in a Normal Country. Cambridge: Cambridge University Press, 2010.

NIETZSCHE, F. *Nietzsche Werke*. Org. G. Colli e M. Montinari. Berlin: de Gruyter, 1973 [Ed. it.: *Verità e menzogna e altri scritti giovanili*. Roma: Newton Compton, 1981. Ed. bras.: *Sobre verdade e mentira no sentido extramoral*. Trad. Fernando de Moraes Barros. São Paulo: Hedra, 2007.]

______. *Jenseits von Gut und Böse:* Vorspiel einer Philosophie der Zukunft. Leipzig, 1886 [Ed. it.: *Al di là del bene e del male*. Milano:

Adelphi, 1983. Ed. bras.: *Além do bem e do mal*. Trad. Paulo César Lima de Souza. São Paulo: Companhia das Letras, 2011.]

NOUWEN, H. J. M. *The Return of the Prodigal Son:* A Meditation on Fathers, Brothers, and Sons. New York: Doubleday, 1992 [Ed. it.: *L'abbraccio benedicente:* meditazione sul ritorno del figliol prodigo. Brescia: Queriniana, 2011. Ed. bras.: *A volta do filho pródigo:* a história de um retorno para casa. Trad. João Ferreira de Almeida. São Paulo: Paulinas, 1999.]

OCCHIOGROSSO, F. (Org.). *Ragazzi della mafia*. Milano: Angeli, 1993.

OLAGNERO, M. Corso di vita e transizioni biografiche. In: BONICA, L.; CARDANO, M. (Orgs.). *Punti di svolta:* analisi del mutamento biografico. Bologna: Il Mulino, 2008. p.27-47.

OLAGNERO, M.; SARACENO, C. *Che vita è:* l'uso dei materiali biografici nell'analisi sociologica. Roma: Carocci, N.I.S., 1993.

OLIVA, E.; PALAZZOLO, S. *L'altra mafia:* biografia di Bernardo Provenzano. Soveria Mannelli: Rubbettino, 2001.

ONG, W. J. *Orality and Literacy:* The Technologizing of the Word. New York: Methuen, 1982. [Ed. it.: *Oralità e scrittura:* le tecnologie della parola. Bologna: Il Mulino, 1986.]

O'REILLY, K. *Ethnographic Methods*. New York: Routledge, 2012.

PADRUT, F. Storia del voto a Palermo. *Segno*, ano XXXVI, n.313, p.20-30, 2010a.

______. Il voto a Palermo tra mafia e teocrazia popolare. *Segno*, ano XXXVI, n.314, p.89-99, 2010b.

PALAZZOLO, S. *I pezzi mancanti:* viaggio nei misteri della mafia. Roma-Bari: Laterza, 2010.

PALAZZOLO, S.; PRESTIPINO, M. *Il codice Provenzano*. Roma-Bari: Laterza, 2007.

PALMERINI, M. Detto, compreso e trascritto: il problema della rappresentazione dei fenomeni del parlato nello scritto, in un corpus di trascrizioni giudiziarie. In: PETTORINO, M. et AL. (Orgs.). *La comunicazione parlata*. Napoli: Liguori, 2008. p.1619-39, t.III.

PANNOFINO, N. Cambiar fede: narrazioni biografiche di conversione religiosa. In: BONICA, L.; CARDANO, M. (Orgs.). *Punti di svolta:* analisi del mutamento biografico. Bologna: Il Mulino, 2008. p.279-313.

PANTALEONE, M. *Mafia e politica*. Torino: Einaudi, 1978.

PAOLONI, A.; ZAVATTARO, D. *Intercettazioni telefoniche e ambientali:* metodi, limiti e sviluppi nella trascrizione e verbalizzazione. Torino: Centro Scientifico, 2007.

PATTI, M. *La Mafia alla sbarra:* i processi fascisti a Palermo. Palermo: Istituto Poligrafico Europeo, 2014.

PEARLIN, L. Discontinuities in the Study of Aging. In: HAREVEN, T.; ADAMS, K. (Orgs.). *Aging the Life Course Transitions:* An Interdisciplinary Perspective. New York: Guilford, 1982. p.55-74.

PENNISI, C. *La costruzione sociologica del fenomeno giuridico*. Milano: Giuffrè, 1991.

______. *Istituzioni e cultura giuridica:* i procedimenti come strutture di comunicazione. Torino: Giappichelli, 1998.

PEPINO, L.; NEBIOLO, M. (Orgs.) *Mafia e Potere*. Torino: EGA, 2006.

PETROTTA, F. *La strage e i depistaggi:* il castello d'ombre su Portella della Ginestra. Roma: Ediesse, 2009.

PEZZINO, P. Per una critica dell'onore mafioso. In: FIUME, G. (Org.). *Onore e storia nelle società mediterranee*. Palermo: La Luna, 1989. p.229-48.

PIASERE, L. *L'etnografo imperfetto:* esperienza e cognizione in antropologia. Roma-Bari: Laterza, 2002.

PINK, S. *Doing Sensory Ethnography*. London: Sage, 2015.

PIZZORNO, A. I mafiosi come classe media violenta. *Polis*, ano I, n.1, p.195-204, 1997.

PLATONE, *Apologia di Socrate* (399-388 a.C.). Milano: Bompiani, 2000. [Ed. bras.: Platão. *Apologia de Sócrates*. Trad. André Malta. Porto Alegre: L&PM, 2008.]

POGGI, G. *Forms of Power*. Cambridge: Polity, 2001.

POIRIER, J.; CLAPIER-VALLADON, S.; RAYBAUT, P. *Les récits de vie:* théorie et pratique. Paris: PUF, 1983. [Ed. bras.: *Histórias* de vida: teoria e prática. Trad. João Quintela. Oeiras: Celta, 1999.]

POLLNER, M. *Mundane Reason:* Reality in Everyday and Sociological Discourse. Cambridge: Cambridge University Press, 1987. [Ed. it.: *La ragione mondana:* la realtà nella vita quotidiana e nel discorso sociologico. Bologna: Il Mulino, 1995.]

POSNER, E.A. *Law and Social Norms*. Cambridge (MA): Harvard University Press, 2000.

PRINCIPATO, T.; DINO, A. *Mafia donna:* le vestali del sacro e dell'onore. Palermo: Flaccovio, 1997.

PRIORE, R.; LAVANCO, G. (Orgs.). *Adolescenti e criminali:* minori e organizzazioni mafiose: analisi del fenomeno e ipotesi d'intervento. Milano: Angeli, 2007.

PUGLISI, A. *Sole contro la mafia*. Palermo: La Luna, 1990.

______. *Donne, mafia e antimafia*. Palermo: CSD "Giuseppe Impastato", 1998.

PUGLISI, A.; SANTINO, U. Donne e mafia. *narcomafie*, out. 1995, p.25-31.

QUENEAU, R. *Exercices de style*. Paris: Gallimard, 1947. [Ed. it.: *Esercizi di stile*. Torino: Einaudi, 1983.]

RASPANTI, A. (Org.). *Cultura della legalità e società multireligiosa*. Trapani: Il Pozzo di Giacobbe, 2013.

______. *Diritto, giustizia, legalità*. Roma: Donzelli, 2014.

RENDA, F. *Storia della mafia*. Palermo: Sigma, 1997.

RIESSMAN, C. *Narrative Analysis*. Newbury Park (CA): Sage, 1993.

______. *Narrative Methods for the Human Sciences*. Thousand Oaks (CA): Sage, 2008.

RIZZA, S.; LO BIANCO, G. *L'agenda rossa di Paolo Borsellino*. Milano: chiarelettere, 2007.

RIZZOLI, F. Pouvoirs et mafias italiennes. Contrôle du territoire contre état de droit. In: *Pouvoirs*, v.1, n.132, p.41-55, 2010.

ROBINSON, S. L.; KRAATZ, M. S. Constructing the Reality of Normative Behaviour: The Use of Neutralization Strategies by Organizational Deviants. In: GRIFFIN, R. W.; O'LEARY-KELLY, A.; COLLINS, J. M. (Orgs.). *Dysfunctional Behavior in Organizations*. Stanford (CA): JAI, 1998. p.203-20.

RUGA RIVA, C. *Il premio per la collaborazione processuale*. Milano: Giuffrè, 2002.

RUGGIERO, V. *Delitti dei deboli e dei potenti:* esercizi di anticriminologia. Torino: Bollati Boringhieri, 1999.

______. Criminalità dei potenti. Appunti per un'analisi anti-criminologica. *Studi sulla questione criminale,* ano I, n.1, p.115-33, 2006.

______. "È l'economia, stupido!" In: DINO, A.; PEPINO, L. (Orgs.). *Sistemi criminali e metodo mafioso*. Milano: Angeli, 2008. p.188-208.

______. *Il delitto, la legge, la pena:* la contro-idea abolizionista. Torino: EGA, 2011.

______. *I crimini dell'economia:* una lettura criminologica del pensiero economico. Milano: Feltrinelli, 2013.

______. *Perché i potenti delinquono*. Milano: Feltrinelli, 2015.

SABELLA, A. *Cacciatore di mafiosi*. Milano: Mondadori, 2008.

SANTINO, U. *Dalla mafia alle mafie:* scienze sociali e crimine organizzato. Soveria Mannelli: Rubbettino, 2006.

______. *La mafia come soggetto politico*. Trapani: Di Girolamo, 2013.

SANTORO, M. *La voce del padrino:* Mafia, cultura, politica. Verona: ombre corte, 2007.

______. (Org.). *Riconoscere le mafie:* cosa sono, come funzionano, come si muovono. Bologna: Il Mulino, 2015.

SARACENO, C. *Corso della vita e approccio biografico*. Trento: Università di Trento, 1986.

SARAMAGO, J. *Ensaio sobre a cegueira*. Lisboa: Caminho, 1995 [Ed. it.: *Cecità*. Torino: Einaudi, 2015. Ed. bras.: São Paulo: Companhia das Letras, 1995.]

SCARPINATO, R. Caratteristiche e dinamiche degli omicidi ordinati e eseguiti da Cosa Nostra. *Segno,* ano XXII, n.176, p.75-94, 1996.

SCHERMI, M. (Org.). *Crescere alle mafie:* per una decostruzione della pedagogia mafiosa. Milano: Angeli, 2010.

SCHLENKER, B. R. (Org.). *The Self and the Social Life*. New York: McGraw-Hill, 1985.

SCHNEIDER, J.; SCHNEIDER, P. *Reversible Destiny:* Mafia, Antimafia, and the Struggle for Palermo. Berkeley: University of California Press, 2003. [Ed. it.: *Un destino reversibile:* Mafia, antimafia e società civile a Palermo. Roma: Viella, 2009.]

SCHÜTZ, A. *Collected Papers*. Den Haag: Nijhoff, 1971 [Ed. it.: *Saggi sociologici*. Torino: UTET, 1979.]

SCHWARTZ, H.; JACOBS, J. *Qualitative Sociology:* A Method to the Madness. New York: The Free Press, 1979. [Ed. it.: *Sociologia qualitativa:* un método nella follia. Bologna: Il Mulino, 1987.]

SCHWARTZ-SHEA, P.; YANOW, D. *Interpretative Research Design*. New York: Routledge, 2012.

SCIARRONE, R. Passaggio di frontiera: la difficile via d'uscita dalla máfia calabrese. In: DINO, A. (Org.). *Pentiti:* i collaboratori di giustizia, le istituzioni, l'opinione pubblica. Roma: Donzelli, 2006. p.129-62.

______. *Mafie vecchie, mafie nuove:* radicamento ed espansione. Roma: Donzelli, 2009.

______. (Org.), *Alleanze nell'ombra:* Mafie ed economie locali in Sicilia e nel Mezzogiorno. Roma: Donzelli, 2011.

______. (Org.), *Mafie del Nord:* strategie criminali e contesti locali. Roma: Donzelli, 2014.

SCIOLLA, L. (Org.). *Identità:* percorsi di analisi sociologica. Torino: Rosenberg & Sellier, 1983.

______. Memoria, identità e discorso pubblico. In: RAMPAZI, M.; TOTA, A. L. (Orgs.). *Memoria collettiva, mass media e discorso pubblico*. Roma: Carocci, 2005. p.19-30.

SCORDATO, C. *Dalla mafia liberaci o Signore:* quale l'impegno della Chiesa? Trapani: Di Girolamo, 2014.

SEARLES, H. F. *The Nonhuman Environment, in Normal Development and in Schizophrenia*. New York: International Universities Press, 1960. [Ed. it.: *L'ambiente non umano nello sviluppo normale e nella schizofrenia*. Torino: Einaudi, 2004.]

______. *Collected Papers on Schizophrenia and Related Subjects*. New York: International Universities Press, 1965. [Ed. it.: *Scritti sulla schizofrenia*. Torino: Boringhieri, 1974.]

SEBALD, W. G. *Austerlitz*. München: Hanser, 2001. [Ed. it.: *Austerlitz*. Milano: Adelphi, 2006.]

SEN, A. *Identity & Violence:* The Illusion of Destiny. London: Penguin, 2007. [Ed. it.: *Identità e violenza*. Roma-Bari: Laterza, 2008. IV ed.]

SIEBERT, R. "È femmina però è bella": tre generazioni di donne al Sud. Torino: Rosenberg & Sellier, 1991.

______. *Le donne, la mafia*. Milano: Il Saggiatore, 1994.

______. *Mafia, e quotidianità*. Milano: Il Saggiatore, 1996.

______. *Andare ancora al cuore delle ferite:* intervista con Assia Djebar. Milano: La Tartaruga, 1997.

SIEBERT, R. *Cenerentola non abita più qui:* uno sguardo di donna sulla realtà meridionale. Torino: Rosenberg & Sellier, 1999.

______. *Il razzismo:* Il riconoscimento negato. Roma: Carocci, 2010a.

______. Resoconti dal mondo accanto: quotidianità e criminalità. In: SCHERMI, M. (Org.). *Crescere alle mafie:* per una decostruzione della pedagogia mafiosa. Milano: Angeli, 2010b. p.13-68.

______. *Voci e silenzi postcoloniali:* Frantz Fanon, Assia Djebar e noi. Roma: Carocci, 2012.

SILVERMAN, D. *Doing Qualitative Research:* A Practical Handbook. Thousand Oaks (CA): Sage, 2000. [Ed. it.: *Come fare ricerca qualitativa*. Roma: Carocci, 2002.]

SIMMEL, G. *Soziologie:* Untersuchungen über die Formen der Vergesellschaftung. Leipzig, 1908. [Ed. it.: *Sociologia*. Milano: Comunità, 1989.]

SIMONE, R. Testo parlato e testo scritto. In: MUÑIZ MUÑIZ, M.; AMELLA VELA, F. (Orgs.). *La costruzione del testo in italiano:* sistemi costruttivi e testi costruiti. Firenze: Cesati, 1996. p.23-61.

SISTI, L.; GOMEZ, P. *L'intoccabile:* Berlusconi e Cosa nostra. Milano: Kaos, 1997.

SOMMIER, I. Repentir et dissociation: la fin des "années de plomb" en Italie? *Cultures & Conflits*, n.40, p.43-61, 2000.

SONTAG, S. *Regarding the Pain of Others*. New York: Farrar, Straus and Giroux, 2003. [Ed. it.: *Davanti al dolore degli altri*. Milano: Mondadori, 2009. Ed. bras.: *Diante da dor dos outros*. Trad. Rubens Figueiredo. São Paulo: Companhia das Letras, 2003.]

SORMANO, A. Fra teoria e metodo: punti di svolta nell'intervista. In: BONICA, L.; CARDANO, M. (Orgs.). *Punti di svolta:* analisi del mutamento biografico. Bologna: Il Mulino, 2008. p.327-52.

STAJANO, C. (Org.). *Mafia:* L'atto d'accusa dei giudici di Palermo. Roma: Editori Riuniti, 1986.

STARACE, G. *Vite violente:* psicoanalisi del crimine organizzato. Roma: Donzelli, 2014.

STEFANELLI, M. *Loro mi cercano ancora*. Milano: Mondadori, 2014.

STEIN, G. *The Autobiography of Alice B. Toklas*. New York: Harcourt, Brace, 1933. [Ed. it.: *Autobiografia di Alice Toklas*. Torino: Einaudi, 2003. Ed. bras.: *A autobiografia de Alice B. Toklas*. Trad. Rubens Siqueira. São Paulo: Cosac Naify, 2009.]

STONE, L. *The Past and the Present*. London: Routledge & Kegan Paul, 1981. [Ed. it.: *Viaggio nella storia*. Roma-Bari: Laterza, 1987.]

STROMBERG, P. G. Ideological Language in the Transformation of Identity. *American Anthropologist*, v.92, n.1, p.42-56, 1990.

SUTHERLAND, E. H. White-Collar Criminality. *American Sociological Review*, v.5, n.1, p.1-12, 1940.

______. *White Collar Crime:* The Uncut Version. New Haven (CT): Yale University Press, 1983. [Ed. it.: *Il crimine dei colletti bianchi*: la versione integrale. Milano: Giuffrè, 1987.]

SVEVO, I. *La coscienza di Zeno*. Bologna: Cappelli, 1923. [Ed. bras.: *A consciência de Zeno*. Trad. Ivo Barroso. Rio de Janeiro: Nova Fronteira, 2006.]

SYKES, G. M.; MATZA, D. Techniques of Neutralization: A Theory of Delinquency. *American Sociological Review*, v.22, n.6, p.664-70, 1957.

TARUFFO, M. *La semplice verità:* il giudice e la costruzione dei fatti. Roma-Bari: Laterza, 2009.

TESCAROLI, L. *Le faide mafiose nei misteri della Sicilia*. Soveria Mannelli: Rubbettino, 2003.

TODOROV, T. *Les Genres du discours*. Paris: Seuil, 1978. [Ed. it.: *I generi del discorso*. Milano: Rizzoli, 1999. Ed. port.: *Os gêneros do discurso*. Lisboa: Ed. 70, 1980.]

TOLSTÓI, L. *Guerra e pace* (1869). Torino: Einaudi, 2005. [Ed. bras.: *Guerra e paz*. Trad. Rubens Figueiredo. São Paulo: Cosac Naify, 2011. 2v.]

TOMEO, V. *Il diritto come struttura del conflitto:* una analisi sociologica. Milano: Angeli, 1981.

TORREALTA, M. *La trattativa*. Milano: Rizzoli, 2010.

______. *Il quarto livello*. Milano: Rizzoli, 2011.

TORREALTA, M.; MOTTOLA, G. *Processo allo Stato*. Milano: Rizzoli, 2012.

TRANFAGLIA, N. *La mafia come metodo nell'Italia contemporanea*. Roma-Bari: Laterza, 1991.

______. *Mafia, politica e affari 1943-2008*. Roma-Bari: Laterza, 2008.

TRAVAGLIO, M. È Stato la mafia. Milano: chiarelettere, 2014.

TURNATURI, G. (Org.). *La sociologia delle emozioni*. Milano: Anabasi, 1990.

______. *Tradimenti:* l'imprevedibilità nelle relazioni umane. Milano: Feltrinelli, 2014.

TUZET, G. Pragmatica dell'indeterminato. *Annali dell'Università di Ferrara*, v.XX, p.159-90, 2006.

VIGNALI, G. *La primula nera:* Paolo Bellini, il protagonista occulto di trent'anni di misteri italiani. Roma: Aliberti, 2009.

VOLPATO, C. *Deumanizzazione:* come si legittima la violenza. Roma-Bari: Laterza, 2011.

WEAVER, G. R. Virtue in Organizations: Moral Identity as a Foundation for Moral Agency. *Organization Studies*, v.27, n.3, p.341-68, 2006.

WEBER, M. *Geistige Arbeit als Beruf:* Vier Vorträge vor dem Freistudentischen Bund. Vortrag 1: *Wissenschaft als Beruf*; Vortrag 2: *Politik als Beruf*. München: Duncker & Humblot, 1919. [Ed. it.: *Il lavoro intellettuale come professione*: Due saggi. Torino: Einaudi, 1980.]

______. *Gesammelte Aufsätze zur Wissenschaftslehre*. Tübingen: Mohr, 1922a. [Ed. it.: *Il metodo delle scienze storico-sociali*. Torino: Einaudi, 1958.]

WEBER, M. *Wirtschaft und Gesellschaft*. Tübingen: Mohr, 1922b. [Ed. it.: *Economia e società*. 5 v. Milano: Comunità, 1981. Ed. bras.: *Economia e sociedade:* fundamentos da sociologia compreensiva. Trad. Regis Barbosa e Karen E. Barbosa. Brasília: Ed. UNB, 2004.]
WIESEL, E. For Some Measure of Humility. *Sh'ma Now. A Journal of Jewish Sensibilities*, v.5, n.100, p.314-6, 1975.
WINNICOTT, D. Transitional Objects and Transitional Phenomena. *International Journal of Psycho-Analysis*, v.34, n.2, p.89-97, 1953.
______. *Playing and Reality*. London: Tavistock, 1971. [Ed. it.: *Gioco e realtà*. Milano: Fabbri, 2014.]
WITTGENSTEIN, L. *Philosophical Investigations*. Oxford: Basil Blackwell, 1953. [Ed. it.: *Ricerche filosofiche*. Torino: Einaudi, 1995. Ed. bras.: *Investigações filosóficas*. Trad. José Carlos Bruni. São Paulo: Nova Cultural, 1999.]
______. *Tractatus Logico-Philosophicus*. London: Routledge & Keagan Paul, 1961; *Notebooks 1914-1916*. Oxford: Basil Blackwell, 1961. [Ed. it.: *Tractatus logico-philosophicus e Quaderni 1914-1916*. Torino: Einaudi, 1980. Ed. bras.: *Tractatus Logico-Philosophicus*. Trad. Luiz Henrique Lopes dos Santos. São Paulo: Ed. da Universidade de São Paulo, 2008.]
______. *On Certainty*. Oxford: Basil Blackwell, 1969. [Ed. it.: *Della Certezza:* l'analisi filosofica del senso comune. Torino: Einaudi, 1999. Ed. port.: *Da certeza*. Trad. Maria Elisa. Costa. Lisboa: Ed. 70, [s.d.].]
WOLF, C. *Medea:* Stimmen. München: Luchterand, 1996. [Ed. it.: *Medea:* voci. Roma: e/o, 2011.]
WRIGHT, K. A.; BOUFFARD, L. A. Capturing Crime: The Qualitative Analysis of Individual Cases for Advancing Criminological Knowledge. *International Journal of Offender Therapy and Comparative Criminology*, v.60, n.2, p.121-45, 2014.
YOUNG, R. M. *Mental Space*. London: Process, 1994.
YOURCENAR, M. *Quoi? L'éternité*. Paris, Gallimard, 1988. [Ed. it.: *Quoi? L'éternité*. Torino: Einaudi, 1989. Ed. bras.: *A eternidade, o que é?* Trad. Tati Morais. Rio de Janeiro: Nova Fronteira, 1989.]
ZAGREBELSKY, G. *Giuda:* il tradimento fedele. Torino: Einaudi, 2001.
______. *Imparare la democrazia*. Roma: L'Espresso, 2005.
______. *Scambiarsi la veste:* Stato e Chiesa al governo dell'uomo. Roma-Bari: Laterza, 2011.
ZARRI, A. *Teologia del quotidiano*. Torino: Einaudi, 2012.
ŽIŽEK, S. *La violenza invisibile*. Milano: Rizzoli, 2007.

– AGRADECIMENTOS –

O longo itinerário que levou à elaboração deste livro coincidiu com um período crucial de minha vida, de grande sofrimento e de reconstrução determinada.

Às dificuldades do tema, à morosidade dos procedimentos para obter as inúmeras autorizações, à delicadeza das escolhas metodológicas a ser adotadas para tratar de um material tão incandescente, juntou-se uma sofrida e profunda experiência de enfermidade que várias vezes me fez duvidar quanto à possibilidade (sem contar quanto à sua conveniência) de levar a termo este trabalho. Hoje, para mim, é particularmente significativo ter sido bem-sucedida neste projeto, graças ao apoio de tantos colegas, amigos e profissionais que me acompanharam com discreta, mas assídua proximidade nessa fase tão delicada de minha vida.

A todos eles – mesmo aqueles que não foram explicitamente nomeados – envio meu agradecimento e minha dívida de reconhecimento, sobretudo por me ensinarem como viver a vida sem pressa e sem medo.

Agradeço especialmente a Gaspare Spatuzza, que me presenteou, generosamente, com seu tempo e suas recordações, acompanhando-me ao fundo do abismo e deixando-me experimentar, ao vivo, a banal atrocidade da violência e o árduo caminho da mudança. A ele, tentei restituir uma história não edulcorada; com certeza incompleta, em alguns momentos talvez desagradável, mas profissionalmente honesta.

Desejo agradecer a Francesco Messineo, Sergio Lari e Giuseppe Quattrocchi, que, na condição de chefes das Procuradorias de Palermo, Caltanissetta e Florença, compartilharam com rigoroso profissionalismo os objetivos de meu trabalho, tornando possível sua realização.

Agradeço às mulheres e aos homens do Serviço Central de Proteção e do Departamento de Administração Penitenciária que me seguiram, com dedicação, em todas as fases do projeto, simplificando a superação de tantos obstáculos burocráticos.

Agradeço ao diretor do cárcere em local protegido, aos inspetores do Grupo Operacional Móvel e a todo o pessoal da estrutura penitenciária pela disponibilidade em receber-me e pelas inúmeras sugestões que me forneceram durantes as conversas fugazes trocadas durante minhas visitas. Agradeço especialmente à dra. M. por sua contribuição essencial em um momento no qual meu trabalho corria o risco de não ser finalizado.

Agradeço ao padre Pietro Capoccia, a dom Massimiliano De Simone e ao monsenhor Giuseppe Molinari por terem, cada um ao seu modo, fornecido o testemunho de seu encontro com Gaspare Spatuzza.

Agradeço a Fernando Asaro, Alessandro Crini, Maurizio De Lucia, Nico Gozzo, Franca Imbergamo, Piergiorgio Morosini, Gioacchino Natoli, Maurizio Ortolan, Michele Prestipino, Lia Sava e Vittorio Teresi pela paciente disposição no fornecimento de indicações, documentos e instrumentos hermenêuticos úteis para que eu fosse capaz de deslindar o complexo fenômeno dos atentados.

Devo um agradecimento especial a Roberto Scarpinato e a Walter Fanganiello Maierovitch pelas longas e esclarecedoras conversas, durante as quais fui obrigada a questionar algumas de minhas precipitadas “certezas”. Obrigada a ambos pela amizade sincera com a qual me presentearam.

Sou grata a Valeria Maffei, que, com profissionalidade e realismo, me acompanhou durante todo a trajetória da pesquisa, fornecendo-me materiais preciosos e colocando generosamente à minha disposição sua competência e sua experiência.

Desejo ainda agradecer a Renate Siebert, com quem discuti o projeto em sua fase embrionária, compartilhando com ela emoções e pensamentos, e encontrando em suas palavras e em seus escritos um guia seguro para enfrentar as questões mais delicadas. Muito obrigada a Nando dalla Chiesa, Monica Massari, Claudio Riolo, Vincenzo Ruggiero, Marco Santoro e Rocco Sciarrone pela dialética estimulante e pela afinidade profunda e humana.

Obrigada ao monsenhor Antonino Raspanti, ao padre Nino Fasullo e a dom Luigi Ciotti pelo tempo que me dedicaram, por sua paciência em ouvir e pelos vislumbres perspicazes que abriram em minhas reflexões, ajudando-me a superar a dificuldade de compreender os motivos de uma fé nascida no seio da violência.

Obrigada a Francesco La Licata e a Francesco Terracina pelas inúmeras sugestões, pela indicação de leitura de importantes materiais e pelo interesse que demonstraram por meu trabalho.

Obrigada a Diego Bonsangue e a Lia Di Trapani, amigos profundos e discretos.

Obrigada a Stella e a Anna, que, certo dia de um final de junho, na praia de Capalbio, chamaram minha atenção para um artigo de Enrico Deaglio dedicado ao "mistério Spatuzza".

Obrigada a Massimo, a Licia, a Gioconda, a Giovanna e às minhas irmãs, Chiara e Ornella, de cuja paciência e disponibilidade muitas vezes tirei proveito nos momentos mais difíceis.

Obrigada a Francesco, que atenta e meticulosamente releu várias vezes as diversas versões deste livro.

Obrigada a Alice que, com a sabedoria e o anseio de viver de seus dezessete anos, está junto comigo em seu difícil papel de filha.

Devo um último agradecimento a Filippo De Marinis, a Riccardo Masetti e a Claudia Napolitani, que, com sua qualificada competência, mas sobretudo com seus dons de humanidade, me devolveram a uma vida mais consciente.

– ÍNDICE ONOMÁSTICO –

SOBRE O LIVRO

Formato: 14 x 21 cm
Tipologia: Iowan Old Style 10/13,1
Papel: Offset 80 g/m² (miolo)
Cartão Supremo 250 g/m² (capa)
1ª edição Editora Unesp: 2018

EQUIPE DE REALIZAÇÃO

Edição de texto
Silvia Massimini Felix (Copidesque)
Beatriz de Freitas Moreira (Revisão)

Capa
Negrito Editorial

Editoração Eletrônica
Eduardo Seiji Seki (Diagramação)

Assistência Editorial
Alberto Bononi
Richard Sanches